游资江湖

股市游资帮派与大佬操盘手法揭秘

麻道明◎著

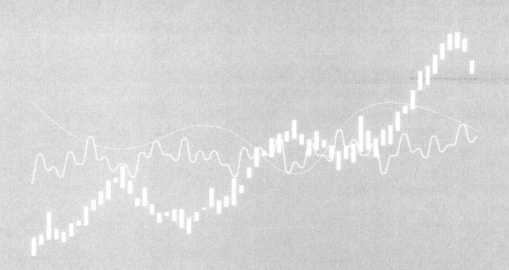

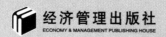

经济管理出版社

ECONOMY & MANAGEMENT PUBLISHING HOUSE

图书在版编目（CIP）数据

游资江湖：股市游资帮派与大佬操盘手法揭秘/麻道明著. —北京：经济管理出版社，2022.3
（2025.7重印）

ISBN 978-7-5096-8333-0

Ⅰ. ①游…　Ⅱ. ①麻…　Ⅲ. ①股票投资—基本知识　Ⅳ. ①F830.91

中国版本图书馆 CIP 数据核字（2022）第 041673 号

组稿编辑：勇　生
责任编辑：勇　生　亢文琴
责任印制：黄章平
责任校对：陈　颖

出版发行：经济管理出版社
　　　　　（北京市海淀区北蜂窝 8 号中雅大厦 A 座 11 层　100038）
网　　址：www. E-mp. com. cn
电　　话：(010) 51915602
印　　刷：唐山昊达印刷有限公司
经　　销：新华书店
开　　本：787mm×1092mm/16
印　　张：21.25
字　　数：414 千字
版　　次：2022 年 6 月第 1 版　2025 年 7 月第 2 次印刷
书　　号：ISBN 978-7-5096-8333-0
定　　价：78.00 元

前　言

一说起江湖，便是硝烟味道，刀枪场景，拳脚镜头。

股市如江湖，游资唱主角，大到国际国内风云变幻，小到盘前盘后蛛丝马迹。股市是一个充满诱惑、陷阱和无奈的地方，也是一个迷人的场所，是什么让许多人不惜代价闯入股市江湖？因为人有梦想，人在江湖中，正是为了不断地追寻自己的梦想。江湖儿女，执剑天涯，行侠仗义。江湖遵守的就是丛林法则，弱肉强食，适者生存。所以，在游资江湖中，有人走火入魔，有人审时度势，有人拼命厮杀，有人悠然自得，有人欲隐欲退，心境不同，走的路有别，结局也就不一样。

在游资江湖乱世中，总有人不断在市场中掀起风云，雄霸一方，也总有人在市场中屡屡战败，销声匿迹。游资江湖并不是条条大路通罗马，有阳光道，也有死胡同。有人从失败中崛起，有人从成功中跌落。置身于事外，道理都懂；投身于其中，不知所措。这里看不见刀光剑影的厮杀，却能看见你争我夺的场景；这里看不见暴力格斗的残酷，却能看见你死我活的结局。游资江湖中，这山望着那山高，这水总比那水深，有几个人能超脱到摆摆鱼尾，自由遨游于股海？

本书剖析了股市游资江湖帮派与游资大佬的操盘手法，力求做到：了解活跃游资席位，紧跟主流资金节奏；展示游资江湖列传，尽显英雄人物风貌；领略游资帮派风格，揭秘江湖生存之道。

全书内容分为三大部分。"游资江湖风起云涌"这一章让你了解活跃游资的动向，掌握游资席位的风格，跟随主流资金的进退；"游资江湖风云录"这一章让你领略游资大佬在资本市场中的生死劫难、惊险场面、曲折经历，进而了解他们的思想感悟、思维方式、处事风格，以及操盘秘笈、投资心得、警世语录；"游资江湖帮派揭秘"这一章为你披露主要游资帮派的操盘风格、特点和手法，进而帮你把握市场出入机会。

全书紧紧围绕游资独特的建仓、洗盘、拉升、出货以及盘面特征、分时走势、量价关系等方面展开详尽的剖析，对游资大佬和帮派的独门操盘秘笈进行全面曝光，对游资成功的操盘理念作了精辟的阐述。它是普通投资者掌握游资动向、了解游资手法

的最好读物，也是普通投资者提升自身实盘技能、实现稳定盈利的最好途径。本书内容对实盘中发现和跟踪游资操盘具有十分重要的指导意义。

目　录

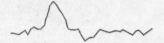

第一章　游资江湖风起云涌

第一节　散户大本营——"西藏双雄"

一、西藏东方财富证券简介

西藏东方财富证券股份有限公司前身是西藏自治区信托投资公司证券部，是全国性综合类证券公司，注册资本52亿元，注册地位于拉萨，总部办公地设在上海，员工总数超过1500人。2015年12月8日，东方财富证券控股股东变更为东方财富信息股份有限公司（简称"东方财富"，证券代码300059）。2017年7月，经过新一轮增资扩股，东方财富股权占比达99.88%，东方财富的全资子公司上海东方财富证券研究所有限公司是东方财富第二大股东，股权占比不到1%。

公司拥有齐全的证券业务牌照，经营范围涵盖经纪业务、证券投资基金代销、证券自营、财务顾问、证券投资咨询、证券资产管理、证券承销与保荐、融资融券、代销金融产品、为期货公司提供中间介绍业务、新三板推荐挂牌、交易、做市业务，创新业务也已有所起步，取得了约定购回、质押回购、互联网业务等资格。

截至2020年12月，公司在全国26个省（自治区、直辖市）共设有96家营业部和9家分公司；拥有2家全资子公司：同信投资有限责任公司、同信久恒期货有限责任公司。自成立以来，经过十多年的发展，东方财富已经成长为全国性中型综合类证券公司。根据中国证券业协会公布的证券公司经营业绩排名，2019年，公司净利润增长率行业排名第9位，净资产收益率行业排名第19位，成本管理能力行业排名第12位，净资本收益率行业排名第20位，风险覆盖率行业排名第11位，营业部平均代理买卖证券业务收入行业排名第13位，约定购回利息收入行业排名第29位，约定购回

业务规模行业排名第 26 位。

在近年的龙虎榜上，几乎每天都能看到"西藏双雄"的身影，它们是西藏东方财富下辖的拉萨团结路第二营业部和拉萨东环路第二营业部，2020 年，拉萨团结路第一营业部也跻身 100 强营业部。那么，这是什么席位？这是东方财富网上开户的投资者，经常上榜的拉萨营业部就是一个散户集中营，是所有东方财富散户买卖数据的大汇总。

东方财富网上开户的这批散户基本都算在拉萨的几个营业部，客户数量规模较大，有几十万元到上百万元的账户，滴水汇集成大海，其中一部分散户买一点就可以汇总到几百万元，这样就经常出现在当天的龙虎榜中，因此被称为"散户大本营"。

这几个散户席位从 2018 年 11 月出现在恒立实业（000622）等一大批高位股的顶部接盘，个股一旦出现这几个席位后，往往受到其他主力或游资的攻击，第二天大多出现低开埋人现象，所以手中个股如出现这些席位，第二天集合竞价应挂单清仓。

二、拉萨团结路第二营业部

近 3 年来，游资"新贵"东方财富拉萨团结路第二营业部异军突起。该营业部于 2018 年 7 月由东方财富拉萨金珠西路第二营业部更名为拉萨团结路第二营业部，地址也由拉萨市金珠西路变更为拉萨市柳梧新区国际总部城，此后该营业部一骑绝尘，持续登榜券商营业部龙虎榜榜首，"霸榜"位置难以撼动。

这个席位几乎每天都上龙虎榜，且一般上榜的不止一只股票，有十几只甚至二十几只，买入金额一亿多元，这只是上榜的，还有其他不符合上榜条件的股票，买入金额远不止一亿元。

无论在低迷行情还是火热行情中，一出手就好几亿元，哪路游资有这么大的实力？这就是散户集中营的特色。

在 2020 年行情中，东方财富拉萨团结路第二营业部龙虎榜成交金额 1001.12 亿元，上榜次数 5062 次，上榜金额和次数均居第一。该营业部延续 3 年来以强劲的势头，持续"霸榜"券商 100 强营业部榜首。

2020 年，该营业部上榜次数最多的是欣龙控股（000955），共 110 次，成交金额最高的是国药股份（600511），达 14.18 亿元，净买入 2.98 亿元。该营业部涉足的题材包括汽车、专用设备、化工制品等。

2020 年拉萨团结路第二营业部的协同营业部（共同出现在个股龙虎榜的买方名单上）有 2759 家，其中协同次数 100 次以上的有 12 家，协同次数超过 10 次（含 10 次）的有 280 家，协同仅 1 次的有 1221 家。协同最多的是东方财富拉萨东环路第二营业

部，一年中携手操作次数高达 2469 次，其次是招商上海牡丹江路营业部共 643 次，第三是东方财富拉萨团结路第一营业部共 638 次（见表 1-1）。

表 1-1　2020 年龙虎榜十大协同营业部

排名	协同营业部	协同次数
1	东方财富证券拉萨东环路第二营业部	2469
2	招商证券上海牡丹江路营业部	643
3	东方财富证券拉萨团结路第一营业部	638
4	银河证券北京中关村大街营业部	325
5	平安证券深圳深南东路罗湖商务中心营业部	261
6	中国中金财富证券北京宋庄路营业部	192
7	财富证券杭州庆春路营业部	157
8	平安证券银川凤凰北街营业部	137
9	国盛证券宁波桑田路营业部	118
10	东吴证券上海西藏南路营业部	116

资料来源：2020.1.2~12.31 龙虎榜统计数据。

三、拉萨东环路第二营业部

该营业部和拉萨团结路第二营业部被称为"西藏双雄"。该营业部前身为西藏同信证券拉萨察古大道第二营业部，后改为东方财富拉萨察古大道第二营业部，现在为拉萨东环路第二营业部。

在 2020 年行情中，该营业部成交额达 760.54 亿元，上榜次数 3847 次。上榜次数最多的是欣龙控股（000955），共 106 次，成交金额最高的是国药股份（600511），达 13.03 亿元，净买入 2.45 亿元。

2020 年，拉萨东环路第二营业部的协同营业部有 2220 家，其中协同次数 100 次以上的有 8 家，协同次数超过 10 次（含 10 次）的有 186 家，协同仅 1 次的有 1020 家。协同最多的是东方财富拉萨团结路第二营业部，一年中携手操作次数高达 2469 次，其次是招商上海牡丹江路营业部共 467 次，第三是东方财富拉萨团结路第一营业部共 409 次（见表 1-2）。

表 1-2　2020 年龙虎榜十大协同营业部

排名	协同营业部	协同次数
1	东方财富证券拉萨团结路第二营业部	2469
2	招商证券上海牡丹江路营业部	467
3	东方财富证券拉萨团结路第一营业部	409
4	银河证券北京中关村大街营业部	236
5	平安证券深圳深南东路罗湖商务中心营业部	215
6	平安证券银川凤凰北街营业部	134
7	财富证券杭州庆春路营业部	128
8	东吴证券上海西藏南路营业部	104
9	国盛证券宁波桑田路营业部	94
10	中国中金财富证券北京宋庄路营业部	80

资料来源：2020.1.2~12.31 龙虎榜统计数据。

第二节　著名游资席位

1. 国泰君安上海江苏路营业部

该营业部前身是"老君安"常德路营业部，现在是国泰君安所有分支机构中规模最大、综合实力最强、交易设施最完备的旗舰营业部，也是老牌游资聚集地之一，多年来游资上榜席位排名前列。在 2020 年龙虎榜中，该营业部成交金额达 310.27 亿元，位居第六；上榜 716 次，排名第 13。

该营业部实力非凡，声名远播，目前客户资产规模超过 1000 亿元，聚集了大量包括企业年金、保险、信托、公募、私募在内的机构客户和一大批在市场上具有影响力的个人高端投资者。该营业部被称为"亿万富翁创造基地"，坊间对它敬畏有加。

2020 年，该营业部偏好计算机软件、非银行金融、医疗器械等题材，成功狙击了星期六（002291）、省广集团（002400）、容大感光（300576）等一批年内大牛股。个股买入次数最多的是星期六（002291），共 23 次；成交金额最高的个股是航天彩虹（002389），达 5.39 亿元；净买入额最高的个股是 TCL 科技（000100），达 6.79 亿元。

该营业部 2020 年平均上榜成交额 4150 万元，最高上榜成交额 5.39 亿元。该营业部买入后，全年涨跌幅平均值为 0.49%，上涨概率为 52.37%，次日盈亏比为 19：18。

2020年，该营业部的协同营业部有514家，其中协同次数较多的除"西藏双雄"外，还有中信上海分公司、国盛宁波桑田路、国泰君安南京太平南路、光大深圳金田路、东方证券上海浦东新区银城中路、华鑫上海淞滨路、长城仙桃钱沟路和安信南昌胜利路等营业部，协同次数超过10次（含10次）的有29家，协同仅1次的有265家。

在资本市场上，该营业部具有个性化的特点：

（1）在选股方面，偏重于消息面，对热点题材把握准确及时，拿捏到位，而对流通市值的偏好不是十分明显。

（2）在操作方面，比较讲究技术，操盘手法屡屡出现教科书式的经典图形，操作手法上，相对沉稳、老到，操作周期比较长。

（3）在盈利预期方面，一般可以通过技术手段加以预测，从盘面上可以窥见端倪。

（4）在风控方面，历来比较沉稳，据说是目前最稳健的游资驻扎地之一。

2. 银河证券浙江绍兴营业部

银河证券绍兴营业部成立于1993年3月，其前身先后为建行浙江省信托投资公司绍兴证券营业部、中国信达信托投资公司绍兴营业部；多年来一直为客户全面代理沪深股票、基金、债券、权证、B股、三板等证券相关业务。

2020年，该营业部成功狙击了国盛金控（002670）、豫金刚石（300064）、中泰证券（600918）等一批年内大牛股。个股买入次数最多的是省广集团（002400），共19次；成交金额最高的个股是光大证券（601788），达6.77亿元；净买入额最高的个股是宁德时代（300750），达3.83亿元。

该营业部为"赵老哥"御用席位之一，为一线游资营业部。2020年，该营业部成交金额为222.81亿元，居第7位；上榜次数334次，居第32位；平均上榜成交额6473万元，最高上榜成交额6.77亿元；全年涨跌幅平均值为0.38%，上涨概率为58.33%，次日盈亏比为14∶10。

2020年，该营业部的协同营业部有320家，主要协同营业部除"西藏双雄"外，还有国泰君安上海江苏路、中信上海溧阳路、银泰上海嘉善路、安信厦门湖滨路、国泰君安南京太平南路、中信上海牡丹江路、华泰浙江分公司、华鑫杭州飞云江路等营业部，协同次数超过10次的有13家，协同仅1次的有188家。

该营业部的操作风格为：以短线打板为主，擅长主线题材炒作，捕抓龙头股。其手法大开大合，不拘一格，参与人气接力，盘中短时间内买入大量筹码直线封涨停，吸引市场资金关注认可。该营业部操作风格：

（1）以短线点火打板为主，擅长主线题材炒作，主抓龙头股。

（2）主要参与市场风口的龙头股接力板，激发市场资金持续接力。

（3）盘中操作手法主要以急速暴量扫货封板为主，利用资金优势万手大单排板，买入金额较大，通常在5000万元以上。

（4）擅长盘中参与风口板块，助推个股激发市场情绪，引导资金关注打造主线机会。

3. 华泰证券深圳荣超中心营业部

华泰证券深圳益田路荣超商务中心营业部历史悠久，业绩辉煌。

该营业部乔迁新居后，老客户一路相伴，新客户群贤毕至。随着各路资本市场投资英豪集结于此，这里已真正成为交名友、学投资、近高人的绝佳平台，已然是藏龙卧虎之地。此外，他们的VIP通道很快，其通道速度一度引发争议。

该营业部核心人物是深圳"赤子之心"资产管理有限公司赵丹阳，他是著名的私募经理人，有中国"私募教父"之称，具有12年的证券市场投资经验，以果断闻名于私募江湖。他以211万美元的高价拍下2008年巴菲特午餐的机会，并且在2009年6月24日兑现。此外，该营业部也是游资大佬"猪肉荣"的栖身之地。

2020年，该营业部成功狙击了浙商证券（601878）、深物业A（000011）、锐新科技（300828）等一批次新牛股。个股买入次数最多的是康华生物（300841），共10次；成交金额最高的个股是万泰生物（603392），成交额为2.14亿元，净买入1661.81万元；净买入额最高的个股也是万泰生物，净买入3.2亿元。

在龙虎榜中，2020年该营业部成交金额为97.67亿元，排名第29；上榜446次，排名第23；全年平均上榜成交额2173万元，最高上榜成交额2.14亿元。该营业部买入后，全年涨跌幅平均值为−0.27%，上涨概率为43.29%，次日盈亏比为3∶7。

2020年，协同营业部有543家，主要协同营业部除"西藏双雄"外，还有财通杭州体育馆路、银河北京建国路、中信上海分公司、海通蚌埠中荣街、国泰君安顺德大良、国盛宁波桑田路、国泰君安南京太平南路等营业部，协同次数超过10次的有8家，协同仅1次的有347家。

该营业部风格属于一日游，凶狠、快速、全力突击，散户跟风进场多数尸横遍野。华泰荣超在深圳的私募圈还是比较有名的，有传言称："这家营业部有一些特殊的优势。"善于排板是该营业部的最大特点，其频频出现在新股上市首日秒停，这是近年来其交易量大增的重要原因，另外也经常出现在连续一字板的重组股龙虎榜中。

4. 国泰君安南京太平南路营业部

国泰君安证券股份有限公司是国内大型综合类证券公司之一，由国泰证券有限公

司和君安证券有限责任公司于 1999 年合并新设，近年来经营业绩稳居业内前茅，经营管理、风险控制、合规体系、信息技术等水平领先。

江苏分公司是国泰君安证券重点分支机构之一，分公司位于南京市太平南路 371 号粮食大厦 3 楼，下属 7 家营业部分布于省内主要经济发达城市。作为江苏分公司重点营业部之一的南京太平南路营业部，通过多年来的努力，借助现代通信手段，已经构建了全省客户的无缝隙对接平台，经营规模、经济效益、管理水平和服务品牌等均在当地券商中名列前茅，在江苏各地区客户中拥有较强的影响力，是江苏地区具有竞争力的证券公司之一，业务有效覆盖全省。

游资作手"新一"就栖身在国泰君安南京太平南路营业部，其操作风格为：嗅觉灵敏，善于寻找当前市场最热品种，喜欢操作龙头个股。

该营业部经常出现在次新股龙虎榜上，如移远通信（603236）、拉卡拉（300773）、三角防务（300775）等，特别是在卓胜微（300782）和海星股份（603115）这两只次新股上的操作是比较成功的。同时，2020 年反复参与方晶科技（603005）、星期六（002291）、国轩高科（002074）等强势股的操作。2020 年个股买入次数最多的是天箭科技（002977），共 19 次；成交金额最高的个股是君正集团（601216），成交额为 4.61 亿元；净买入额最高的个股是万泰生物（603392），净买入 5.03 亿元。

在 2020 年龙虎榜中，该营业部成交金额 205.71 亿元，排名第 9；上榜 506 次，排名第 19。全年平均上榜成交额 3916 万元，最高上榜成交额 4.61 亿元。该营业部买入后，全年涨跌幅平均值为 1.00%，上涨概率为 54.67%，次日盈亏比为 16∶14。

2020 年，该营业部的协同营业部有 456 家，主要协同营业部有"西藏双雄"、国盛宁波桑田路、兴业陕西分公司、国泰君安上海江苏路和中信上海溧阳路 6 家营业部，协同仅 1 次的有 225 家。

5. 中信证券上海分公司营业部

中信证券股份有限公司上海分公司于 2010 年 10 月 26 日成立，经营范围包括：证券经纪、证券投资咨询、证券交易、证券投资活动等有关财务顾问；证券承销与保荐、证券资产管理、融资融券、证券投资基金代销、为期货公司提供中间介绍业务以及代销金融产品。

该营业部为"孙哥"御用席位之一，2020 年该营业部成功狙击了天山生物（300313）、长方集团（300301）、通裕重工（300185）等一大批年内牛股。2020 年个股买入次数最多的是深康佳 A（000016），共 9 次；成交金额最高的个股是韦尔股份（603501），成交额为 5.99 亿元；净买入额最高的个股是沙钢股份（002075），净买入

3.71 亿元。

在 2020 年龙虎榜中，该营业部成交金额 113.71 亿元，排名第 24；上榜 231 次，排名第 52；年内平均上榜成交额 4635 万元，最高上榜成交额 5.99 亿元。该营业部买入后，全年涨跌幅平均值为 1.44%，上涨概率为 60.16%，次日盈亏比为 2∶1。

2020 年，该营业部的协同营业部有 249 家，主要协同营业部除"西藏双雄"外，还有兴业陕西分公司、中信北京远大路、华鑫湖州劳动路浙北金融中心、国元上海虹桥路等营业部，协同次数超过 10 次的有 13 家，协同仅 1 次的有 160 家。

中信上海分公司营业部操作模式：

（1）擅长三连板及以上连板加速，偶尔二连板，但是投入兵力不多，主要是试探，短线投入最多兵力的是三连板及以上连板战法，成功率高，获利较大。

（2）喜欢玩行业龙头，均线多头，流动性好的趋势蓝筹股，基本都是参与一板，以大仓位稳健获利为主。

投资者喜欢打连板或加速龙头战法的，可以多参考该席位的第一种模式，借鉴性很大，喜欢做趋势的也可以埋伏该席位喜欢类型的趋势蓝筹，说不定游资就会为你抬轿。

6. 财通证券杭州体育馆营业部

财通证券股份有限公司杭州体育馆营业部于 2002 年 9 月 27 日成立，公司在发展壮大的 17 年里，始终为客户提供优质的产品和技术支持、健全的售后服务。近年来，该营业部成交金额不断上升，成为一线活跃营业部之一。

该营业部为"歌神"的代表席位，2020 年该营业部成功狙击了雄韬股份（002733）、春兴精工（002547）、万通智控（300643）、拓维信息（002261）等一大批年内牛股，获利最大的是雄韬股份。该营业部在 2019 年龙虎榜中，以 148.71 亿元的成交金额排名第 8，上榜 806 次，排名第 4，2020 年虽然淡出前 100 强，但实力仍然不可小觑。

该营业部经常协同的营业部有"西藏双雄"、国盛宁波桑田路、华鑫湖州劳动路浙北金融中心、华泰湖南分公司、华泰深圳益田路荣超商务中心、国泰君安南京太平南路、中信上海溧阳路、中投证券无锡清扬路、华泰成都蜀金路等营业部。

财通证券杭州体育馆营业部操作模式：

（1）喜欢做首板，手法果断自信、风格极为凌厉，敢于锁仓和加仓高位"妖股"。

（2）砸盘异常凶猛，是挂单跌停核按钮的最早传播者之一。

（3）擅长锦上添花与落井下石，理解力较强，且有一定的粉丝跟随基础。

7. 中信证券上海溧阳路营业部

该营业部有数位牛人入驻。号称游资界"金城武"的游资大佬孙哥也栖身在此，其职业灵敏嗅觉非同一般，江湖人称第一游资，其资金量据称逼近 50 亿元，实力由此可见，操作手法早已出神入化。

该营业部青睐的题材包括化学制品、计算机软件、专业设备等，2020 年成功狙击了达安基因（002030）、金达威（002626）、君正集团（601216）等一大批年内牛股。2020 年，个股买入次数最多的是漫步者（002351），共 13 次；成交金额最高的个股是君正集团（601216），成交额为 8.44 亿元；净买入额最高的个股是紫光国微（002049），净买入 8.55 亿元。

在 2020 年龙虎榜中，该营业部成交金额 332.66 亿元，排名紧靠"西藏双雄"之后，位居第三；上榜 491 次，排名第 20；全年平均上榜成交额 6452 万元，最高上榜成交额 8.44 亿元。该营业部买入后，全年涨跌幅平均值为 -0.37%，上涨概率为 49.48%，次日盈亏比为 10∶6。

2020 年，该营业部的协同营业部有 461 家，主要协同营业部除"西藏双雄"外，还有兴业陕西分公司、华鑫上海分公司、国泰君安上海江苏路、国盛宁波桑田路和银河绍兴等营业部，协同次数超过 10 次（含 10 次）的有 19 家，协同仅 1 次的有 267 家。

从操作风格上看，该营业部以"短、平、快"的短线操作为主，当日买入，次日卖出。

（1）个股选择上，在连续涨停后买入，大胆参与主升浪的个股。

（2）操作手法上，连续涨停加仓，这种连板加仓无比凶悍的手法，在超短游资中是非常罕见的，其中多数是隔日或者连板锁仓。

（3）买入逻辑上，在没有大题材持续性的情况下寻找小方面的机会，也就是在存量资金博弈下小题材容易受到青睐。借壳可以说是既小又没什么板块性的一个概念。

（4）再牛的游资也是跟随市场，溧阳路善于反思自己为什么没有抓住这样的机会，一旦抓住机会就大胆加仓，反败为胜。

8. 国盛证券宁波桑田路营业部

国盛证券股份有限公司宁波桑田路营业部是宁波的知名游资，资金体量在 10 亿元以上，操作风格彪悍凌厉，可以说是知名游资中溢价很高的游资席位，其交易风格多以打板买入为主，但并不拘泥于是低位板还是高位板，可以锁仓做 T 很久，也能跑得飞快，市场中多数"妖股"有其参与。

在近几年行情中，该营业部成功狙击了多只强势股，均获得较好的收益。例如，

科隆股份（300405）股价向上突破后，该营业部在 2019 年 4 月 26 日买入 1206.93 万元，卖出 60.62 万元；4 月 29 日买入 137.09 万元，卖出 895.03 万元；4 月 30 日买入 661.04 万元，卖出 1153.27 万元；5 月 7 日买入 1844.01 万元，卖出 224.97 万元；5 月 8 日买入 110.99 万元，卖出 2531.67 万元；5 月 10 日买入 1287.81 万元，卖出 814.52 万元；5 月 14 日买入 111.07 万元，卖出 1484.94 万元。7 进 7 出共买入 5358.94 万元，卖出 7165.02 万元，净盈利 1806.08 万元，实际盈利应超过这个数。

又如大港股份（002077）"军工＋太阳能"板块龙头，9 天 7 板，该营业部 4 天做 T 成功，在 2019 年 5 月 13 日买入 2107.01 万元，卖出 187.71 万元；5 月 14 日买入 1573.58 万元，卖出 2738.58 万元；5 月 15 日买入 2720.26 万元，卖出 523.55 万元；5 月 17 日买入 8.67 万元，卖出 1624.66 万元。4 进 4 出共买入 6409.52 万元，卖出 5074.03 万元（部分数据没在龙虎榜中出现），从走势图中看，实际盈利在 500 万元以上。

在 2020 年龙虎榜中，该营业部成交金额 220.65 亿元，排名第 8；上榜 878 次，排名第 9；全年平均上榜成交额 2250 万元，最高上榜成交额 5.22 亿元。该营业部买入后，全年涨跌幅平均值为 1.70%，上涨概率为 55.65%，次日盈亏比为 28∶15。

2020 年，该营业部的协同营业部有 713 家，主要协同营业部有"西藏双雄"、华鑫上海分公司、国泰君安上海江苏路、财富杭州西湖国贸中心、东莞证券北京分公司、西藏东方财富江苏分公司、华福温岭万昌中路等营业部，协同次数超过 10 次（含 10 次）的有 41 家，协同仅 1 次的有 359 家。

9. 浙商证券绍兴解放北路营业部

这是游资大佬——赵老哥驻扎地之一，赵老哥"八年一万倍"的股市收益，将 20 万元炒成 20 亿元。但自从 2016 年以来，其昔日传统席位鲜有表现，而根据其操盘手法及风格，目前市场上与之有传闻的席位包括中信上海淮海中路营业部、银河北京阜成路营业部、湘财上海陆家嘴营业部和浙商绍兴解放北路营业部共 4 个协同席位。

该营业部操作风格是专注短线，打板为主，波段操作，多在二板以上做接力。该营业部参与过很多牛股的拉升，如同力水泥（000885）、天山股份（000877）、江阴银行（002807）、张家港行（002839）、西部建设（002302）等个股的主升段都有该营业部的身影。

在经典个股冀东装备（000856）中，既不像古北路买入龙头调整加仓，也不像南北环纯粹的一日游，而是不断在该股来回买卖，看起来非常凌乱，但基本上是第一天买入，第二天出局，很少长期持有。快进快出，之后再涨再买，反复操作。做得比较成功的当数天山股份（000877），操作很流畅，利用两个营业部的优势，高位加仓不断做 T，最后分批出局，可以说从底部到顶部，吃完整段主升浪。还有南国置业（002305）也做得非常漂亮。

总结该营业部操作过的个股，有以下特点：

（1）跟随趋势时多数是在高位介入，很少第一板买入，多数在二板以后，甚至三板、四板，之前赵老哥自己也说过二板定龙头。

（2）介入后个股如果第二天继续涨停，一般并不出局，第二天调整则选择出局。

（3）善于做 T，在大波段来临时反复做 T 增加利润。

（4）介入个股股性活跃，且多数前期有较大涨幅，如白银有色（601212）、寿仙谷（603896）等。

（5）善于挖掘活跃个股的第二波行情。

（6）选择的股票都是市场内短期强势股，重点也是跟随趋势，趋势不变，则继续持有。

10. 中信证券上海古北路营业部

该营业部近年来异军突起，上榜的成交金额迅速攀升，成为龙虎榜上的常客，年轻一代稚气的脸庞，隐隐显露出少年侠客的气息，其势头极为迅猛，直逼以往老牌领跑者。

除成为龙虎榜常客外，该营业部还多次在关键时刻提振大盘，典型案例发生在2017 年 1 月 17 日，这天在创业板大跌之时，古北路大量买入乐视网（300104），随后带领创业板企稳反弹。同一天，古北路耗资 6261 万元买入新亚制程（002388），形成"地天板"（股价从跌停到涨停），成为引领大盘反弹的功臣之一。如此重大变化，说明该营业部在客户营销方面取得了重大成功，引进某个或某群知名实力游资强势入驻的概率相当大。据传，游资大佬——孙氏父子、赵老哥的分仓席位隐藏于身后，江湖故事屡见不鲜。

该营业部主要专注于两类个股：

（1）利用资金优势提前布局次新股，如皖天然气（603689）、道恩股份（002838）等。

（2）强势股的弄潮儿，热点题材板块里表现强势的个股，往往会在短期内备受游资轮番炒作。比如，太阳电缆（002300）这只"妖股"在龙虎榜中的表现，很能体现该营业部的特色。

在操作手法上，该营业部有两大必杀技：

一是擅长做热门股的加速冲刺阶段，且多半为加速后半程，很多时候如果股票这

段时间涨停板数量较少，涨幅不大，也就意味着这是高潮阶段。

二是梳理该营业部的操作记录，还可以发现其有时候也做一些"妖股"的反包形态，如 2017 年 1 月 9 日的宝色股份（300402）和 1 月 10 日的宝塔实业（000595）。

11. 银河证券北京阜成路营业部

该营业部也是游资大佬赵老哥的 4 个协同席位之一，营业部成立于 1990 年 8 月 27 日，是北京市首批设立的证券经营机构，目前客户数、交易量、客户资产（市值＋保证金）等多项指标位居同行业前列，在北京地区享有较高的声誉。

该营业部成功操作过北新路桥（002307）、首创股份（600008）、白银有色（601212）、创业环保（600874）等波段牛股。最得意的莫过于方大炭素（600516），几乎卖在最高价，大获全胜，资金翻了一倍多。

该营业部的个性化操作特点如下：

（1）选股方面，偏重于热门题材中的一般题材，不爱追赶最热点潮流，比较偏好中小市值的个股，绝少选择大盘权重股。

（2）操作方面，往往出手很重，经常出现在上榜数据的前列位置。经常采用盘中滚动，拉高出货与滚动套利结合，迷惑性很大。一般会在打板之后的一两个交易日内选择出货，甚至不断 T+0；如果个股股性活跃，会反复操作，不断进出场。

（3）盈利预期难以估计，诡异的操盘手法往往让人琢磨不透。

12. 光大证券佛山季华六路营业部

该营业部是最活跃的著名游资之一，其一举一动都有标杆性的效应，是龙虎榜爱好者不可忽视的重要力量。该营业部成交金额连年超过 100 亿元，为"百亿俱乐部"成员之一，被市场誉为"熊市生存之王"和硬板"缔造者"。

该营业部的操作手法是投入资金大，出手快，擅长低位吸筹，多为短线操作，喜欢那种暴力打板，分时直线拉升，大单封板，然后在次日冲高跑路，即来无影去无踪，有佛山"无影脚"之称，不过也有对一只股票连续打板的记录。

该营业部最喜欢做受消息刺激的低位首板和涨停"双响炮"两种模式，其出手迅速，基本上属于 1~2 分钟就封板，加上佛山资金雄厚，往往巨单封死。当然，如果想跟上其节奏，只看图形是不够的，大家需要用市场情绪（赚钱效应情况、资金情绪）去引导板块逻辑（分歧还是高潮），然后根据个股图形操作买卖点。

13. 中信证券上海淮海中路营业部

中信淮海中路算是少有的兼具气魄与号召力的营业部了，传说该营业部之前是"总舵主"徐翔的席位之一，在徐翔出事后，据说是"孙哥""赵老哥"入驻。

近5年来，该营业部活跃度递增，之前只有一股比较小的资金在活动，之后有一股规模更大、活跃度更高的资金进驻了该营业部。特别是在2017年，该营业部是唯一一个成交金额超过200亿元的游资席位，以成交金额250亿元而傲视群雄，名列榜首；上榜438次，排名第10。该营业部主要风格以追涨停为主，也可能是其买入行为更容易上龙虎榜，更容易被列入统计数据。

该营业部在第一创业（002797）和科恒股份（300340）的两场战役，足以奠定其江湖地位，两只股票一共赚了6000万元左右，并且持仓时间都不短，不是一日游，平均持仓时间都在一周左右，最关键的是淮海中路非常有责任心、很大气，绝不在股价虚弱的时候出货，并且盘中适时引导股价，在淮海中路的精心呵护下，两只股票的表现都很抢眼。

近年来，淮海中路交易一直很密集，股指上下震荡，没有大的涨幅，但淮海中路却赚得盆满钵满。典型的个股如太阳电缆（002300）、首创股份（600008）、博天环境（60603）等均大幅获利。最成功的一笔是在方大炭素（600516）中大胆出手，一下买入4亿元，然后在高位分批获利出货。

14. 华泰证券厦门厦禾路营业部

该营业部是福建游资聚集地之一，是著名实力游资黄长富的根据地。据了解，华泰厦门厦禾路的主力资金平时为人比较低调，很少和圈内人来往，操作手法还是以打涨停为主。

该营业部对特力A（000025）的穷追猛打，使其声名鹊起，在游资中独领风骚，其间反复出现在买入卖出席位中，持股周期常常只有一个交易日，该股也是厦禾路年度买入额最多的股票之一。此后，华泰厦门厦禾路频频出手，屡战屡胜，曾出现在多只大比例涨幅的"妖股"中，如中毅达（600610）、暴风科技（300431）、协鑫集成（002506），以及表现十分强势的梅雁吉祥（600868）等。从此，该营业部活跃度大增，按上榜成交金额计算，已跻身一线游资之列。

就资金成交额而言，华泰厦门厦禾路已经超过老牌游资聚集地光大宁波解放南路。有意思的是，华泰厦门厦禾路的崛起与银河厦门美湖路的消失在时间上非常巧合。同在厦门、一前一后风靡龙虎榜的这两家营业部是否有所关联？据了解，该营业部有部分资金确实来自于银河厦门美湖路。

华泰厦门夏禾路的主要操盘手法如下：

第一，连板战法。该席位和别的席位不一样，虽然也是做连板的，但是该席位将连板更加细分化，将连板分为换手连板、快速连板、一字顶板（秒板）、上午连板和下

午连板等。该席位特别喜欢早盘的连板秒板，属于快速板的那一种，基本都是开盘后 5 分钟以内快速连板的个股，更多是接近涨停高开的快速秒板的连板，与养家的那种直接大单一字封板不同，如果想参与这种板是可以做得到的，但是需要竞价就参与，或者竞价就挂涨停。开盘秒板的那种连板，代表就是诚迈科技（300598）二连板、三连板那种快速连板，想参与是有机会的，但是基本就是一分钟或者几十秒的参与时间，此外就是早盘开盘后 10 分钟之内快速连板的强势龙头个股。

（1）接近涨停开盘或者一字开盘快速秒板的连板。该席位手法只出来一个诚迈科技（300598），其余的快速秒板接近一字的连板获利幅度并不大，从概率上说不如换手连板出大牛的概率大，所以散户应谨慎学习，不要刻意模仿，该手法给大家的提示是连板这种战法还可以继续细化，还有很多子分类。

（2）早盘开盘后快速连板，如华微电子（300360）2018 年 3 月 27 日的走势，通达动力（002576）2020 年 3 月 20 日的走势，中央商场（600280）2020 年 3 月 20 日的走势，更多的实例可结合实盘走势进行分析。

第二，围绕次新股的超跌急拉一板。该席位也经常做次新股超跌后的急拉一板，属于连板和一板混合体，连板喜欢速度型连板，一板偏爱急拉板，叠加题材效果更佳。

第三，围绕之前人气股，超跌到位反弹急拉板，大型 N 字战法。这种战法华泰厦门夏禾路和"小鳄鱼"使用较多，看中的就是超跌到位及之前的人气，容易在主流高位分化时启动，一般都是在午后市场风险不大时启动的，要点是前期超级人气股，主流高位分化，以及超跌到位。根据启动位置可分为两种情况：

（1）股价回落至接近启动位置附近，前期超级人气股超跌反弹，如雪莱特（002076）2020 年 3 月 20 日的形态。

（2）主升浪之后的高位横盘，启动时机是之前主流高位分化，如星期六（002291）2020 年 2 月 18 日的形态。

第四，该席位还喜欢的一种方式就是做反包个股，而且不是传统游资的那种打板反包，更多的是喜欢换手反包。这种反包相对于盘龙那种急拉反包空间低，爆发力低，但是该席位买点低，所以也有盈利空间，这种反包也多是叠加次新个股。

第五，连续一字跌停之后的翘跌停板，该席位做得也不少，但是风险极大，不建议大家盲目模仿。

15. 中投证券无锡清扬路营业部

该营业部是无锡著名游资，该营业部托管资产总规模在万亿元以上，近年来频频现身龙虎榜。

该营业部属于打板族，其打板成功率非常高，这里所说的成功率是指当日买入的股票成功封板到收盘的概率，根据龙虎榜数据粗略统计，该营业部买入的股票90%可以封板到收盘，这样可以掌握次日冲高出局的主动性。在操作风格上，主要体现在其对市场热点超强的引导能力和在不同市场环境下超强的适应能力。

从其做过的个股可以发现，该营业部的买卖点位不是特别固定，介入的点位有高有低，比较灵活，而且全年的主流热点基本上都参与其中，赚得盆满钵满。让人敬佩的是，在监管趋严、频繁特停的背景下，很多打板游资由于用以前的模式赚钱难度大大增加或者其他一些原因已经暂时离开市场，但该营业部一直活跃在市场上，并且介入的股票基本上当天都能涨停，赚多亏少，可见其功力非常深厚，适应能力、调整能力极强。

第三节　龙虎榜主力操盘揭秘

一、龙虎榜参考价值

下面对龙虎榜中主力的意图作进一步分析，旨在通过龙虎榜信息的逻辑关系，寻找短线快速盈利的秘笈。

1. 龙虎榜主要意义

龙虎榜是很多短线投资者每天必看的内容之一，掌握龙虎榜背后的信息，可以快速地从中搜索到具有上涨潜力的个股。

龙虎榜中的个股都是短线极为活跃的品种，无论是牛市还是熊市都能挑选出短期拉升的黑马，所以龙虎榜是短线投资者重点关注的，也是研究游资操盘风格的最好工具，只有知道游资的操作风格和手法，才能进一步地跟紧主力。

龙虎榜作为股市投资中量化分析的依据之一，它有两个方面的参考价值：一是龙虎榜一般都代表当前市场最活跃、最强势的资金偏好，包括机构资金和游资。所以，从上榜个股里很容易找到短线"妖股"，当然长线投资价值股也很可能潜伏其中。二是通过龙虎榜数据分析，可以很直观地看出主力的买卖动向，为选择个股提供重要参考。可见，掌握龙虎榜的基本知识，看懂龙虎榜的内容，从龙虎榜中寻找具有继续上涨潜力的个股，对实盘来说具有非常重要的意义。

2. 龙虎榜主要席位

龙虎榜公布的有三种席位：机构专用席位、营业部席位（游资）、沪股通和深股通席位。

机构席位：主要是基金、保险、社保、券商自营和 QFII 等使用，在龙虎榜上称为"机构专用"，主要以价值投资为主。

游资席位：主要是市场中的私募基金、大户、超级大户使用，在龙虎榜上称为"××证券营业部"，主要以短线投机为主。

当龙虎榜中出现机构席位时，往往后期继续上涨的概率较大；当龙虎榜中出现游资席位时，就要具体分析。首先，按照游资的买卖力量总量和结构进行分析。其次，观察是否出现市场中的知名游资席位，根据其以往的操作风格来判断个股短期走势。

3. 上龙虎榜个股条件

（1）当日价格涨、跌幅偏离值达到 7%。

（2）当日换手率达到 20%。

（3）当日价格振幅达到 15%。

（4）连续三个交易日内，收盘价涨、跌幅偏离值累计达到 20%。

不是所有大幅波动的股票都会上榜，每个条件都选前 3 名，深市分主板、中小板、创业板，每个条件各选前 5 只股票上榜；沪市每个条件各选前 3 只股票上榜。如果条件相同，则按成交额和成交量选取。

二、龙虎榜资金博弈

1. 资金总额分析

对比买卖双方席位资金总量，若买入席位资金总量＞卖方席位资金总量，说明资金吸筹较多，后市继续上涨概率较大；若买入席位资金总量＜卖方席位资金总量，说明抛压较大，短期继续上涨概率降低。尤其是龙虎榜持续显示资金净买入或净卖出，那么上涨或下跌的可能性将会被成倍放大。比如：青青稞酒（002646）从 2020 年 11 月 11 日开始，龙虎榜持续多日资金净买入，同期股价连续大涨 60% 以上；仁东控股（002647）从 2020 年 11 月 25 日开始，上榜资金持续净卖出，同期股价连续 14 个跌停板。

2. 资金结构分析

进行买一卖一结构分析：上涨判断时，买一席位要明显大于卖一席位；下跌判断时，卖一席位要明显大于买一席位。同时，主攻席位相差不能太大，否则很容易造成一家独大,形成潜在砸盘力量。比如,搜于特(002503)2020 年 3 月 5 日,出现买一独大的情形,买入总额 11560.12 万元,其他 4 个席位共计买入才 7621.38 万元,后面的走势很快开始走弱。

不过也有例外,如果一家独大的情况出现时,上榜题材符合当前市场热点,之后也会带动资金跟随,当然这是牛市中才有的景象,平常比较少见。同时,前 5 买入和卖出的相对值,不要差别太大。

3. 买入性质分析

掌握游资的地位和操盘风格:该席位是机构、一线知名游资还是名不见经传的游资?最近是否经常上榜?操盘风格是怎么样的?这个游资上榜之后历次的走势是怎么样的?一日游为主还是波段为主,或者是喜欢与机构共舞?

有的游资只擅长一日游,有的游资擅长波段。通常一日游口碑不太好,上榜了也不会对行情有多少推动作用,反而会打击做多的积极性。波段游资则比较受欢迎,可跟踪关注。

游资上榜的股票,更多的是一种超短期行情,情绪影响更强。也就是上榜过去的时间越久,出现上涨的概率是越低的。比如,万达信息(300168)2019 年 11 月 4 日机构席位净买入 1 亿元,11 月 5 日竞价可以跟上,11 月 7 日游资席位出现时,次日可以冲高时出来。

4. 涨停性质分析

要弄清楚以下几个问题:①是第一次涨停,还是连续涨停?首次涨停的空间更大。②是游资接力还是机构推升?强力游资介入的个股,短线走牛的概率更大些。③是加仓涨停,还是对倒涨停?加仓涨停无疑更看好,对倒拉升显示主力不肯投入过多资金,调整压力大。④第一个涨停买入的主力出现没有?⑤是接力还是锁仓?接力的持续性更强,锁仓后的抛压大。

5. 买入数量分析

买卖双方力量对比,买方总金额越大越好。要弄清楚机构买入金额占当日成交金额的百分比是多少。买入越多、筹码越集中当然越好。买方席位前 5 名的总资金要远大于卖方席位前 5 名的总资金,并且买一的资金要远大于卖一的资金,最好是 1.5 倍以上。买一和买二的金额最好不要相差太大,若单个游资买入量过大,容易造成一家独大,则后市意味着抛售概率也大。

6. 买入户数分析

无论是一家机构,还是多家机构,或者游资混杂,买方中机构专用席位的数量当

然是越多越好，机构当日买入金额占总成交金额的比例越大越好，一次性锁定筹码集中度越高越好。机构进驻的个股往往中期行情较大，一日游较少。游资和机构混杂，说明游资和主流资金达成共识，继续上涨概率较大。

7. 席位知名度分析

了解龙虎榜数据买方席位知名度，知名度越高越好，数量越多越好。比如，中信上海淮海中路、华泰深圳益田路荣超商务中心、国泰君安上海江苏路、浙商绍兴解放北路、中信上海溧阳路等，这些著名游资若出现 3 个以上，说明一线游资对这个题材个股高度认可，后市持续力强。

三、龙虎榜游资行为

（1）实力游资：有实力游资介入，说明该板块有可能活跃。若是明显的板块启动，则成功的概率更大。个股所在板块涨停数量越多，则板块效应越强，越是有板块效益，越是持续性强。

（2）游资锁仓：推升涨停的游资主力没有出货动作，说明行情可持续，等待其他资金接力拉高，但随着股价的进一步上涨，锁仓的这部分筹码就是一个大的抛售力量，对后市股价上涨会构成威胁。

（3）游资加仓：表明游资非常看好后市，可以积极跟进。在盘面上的表现是连续大涨或者涨停。

（4）游资接力：股价上涨有没有游资接力，是行情是否延续的根本。如果游资一茬接一茬地接力，股价有可能一波接一波地上涨，当然接力一旦停止，筹码抛压大，股价容易出现断崖式下跌。

（5）游资对倒：对倒拉升说明游资不肯投入过多筹码，调整压力较大，一般上升空间有限，除非有新的利好出来，有新增实力游资入场。对倒出现之后，一般就是出货。在盘面上的表现是标准的对倒出货图形。

（6）一家独大：龙虎榜经常出现吃独食现象，即买 1 成交量远远大于买 2、买 3、买 4、买 5，如果买 1 第二天卖出，盘中没有其他游资接力，就会容易出现砸盘。有时第二天出现快速冲高后回落，投资者这时结合分时走势，判断股票是否卖出。比如，特力 A（000025）2016 年 3 月 24 日龙虎榜买 1 的光大佛山绿景路营业部 12922.39 万元，远大于买 2 的银河福州营业部 3780 万元，3 月 25 日早盘一度冲击涨停板失败，随后 9：38 跌破分时均价线之后，此时可以观察 10~15 分钟，结果未能再次站上分时均价线，此时应该考虑高抛。之后，该股出现同样情形，但结果有所差异。6 月 23 日龙

虎榜买 1 的光大佛山绿景路营业部 5554 万元，比买 2 的华泰舟山解放东路营业部 2238.26 万元的 2 倍还多，次日早盘一度拉到 9% 附近，随后向下回落，9：45 跌破分时均价线，9：51 重新收回，之后低点不断上移，此时可以继续持有。

（7）游资出货：一般来说，最大的主力出局后，股价基本也就到头了。成也萧何，败也萧何，后面基本都是散户行情了。在盘面上的表现是高位十字星、乌云盖顶、黄昏之星等 K 线形态。

四、龙虎榜使用技巧

1. 如何使用龙虎榜

在了解了一些主要的营业部，弄清楚游资的操作风格之后，可以筛选出一些跟得上的营业部，每天观察龙虎榜的数据变化。在买入的时候有个原则需要注意一下，能上龙虎榜的股票每一天都有可能是它的顶点，越早发现越有利，后面跟上风险很大，所以一定要选择前三天出现大涨并且有知名营业部介入的股票。龙虎榜应用得好，短期很快盈利，当然应用不好也容易造成较大的亏损，所以要先观察了解之后小仓位介入。

2. 游资席位的选择

受游资操盘人员、大盘环境及其他主客观因素的影响，游资的活跃度和收益率在不同时期会有不同的表现，所以对于游资席位的选择，主要看一段时间内的活跃度和收益率，并以此作为重点跟踪对象。当游资席位收益率为正，说明其参与的个股涨速快、幅度大、操作性强。若游资席位收益率为负，在跟踪时则要谨慎。当然游资资金起伏变化较大，需要长时间观察分析。

3. 游资被套的识别

（1）等待：忍耐，等待机会再次启动来自救，龙虎榜体现的是暂时消失。

（2）止损：龙虎榜体现的是卖出金额比买入金额少。

（3）自救：龙虎榜体现的是同时出现在买、卖栏中，游资做 T+0 自救。

（4）搭救：其他协同主力前来求援，龙虎榜体现的是暂时消失。

4. 龙虎榜涨跌核心要素

通过龙虎榜可以找到游资要拉升的股票，投资者可以结合介入资金的进出、分时图、K 线、盘面表现来判断主力的意图，以做到与主力共进退。分析龙虎榜时应注意以下几个涨跌核心要素：

（1）资金参与实力：是否有机构或知名游资席位参与。

（2）大盘环境：好的环境有利于提高资金的参与热情。一般而言，个股出现涨停跟大盘具有较大的关联性，在大盘处于强势时个股涨停后往往能继续上涨，在大盘处于弱势时个股的涨停往往缺乏持续性，这时追涨就容易高位被套。

（3）热点持续性：上榜个股是否属于市场主流热点。

（4）个股股价相对高低，技术上产生上涨（下跌）形态，突发利好利空消息。

五、龙虎榜选股方法

1. 选股步骤

龙虎榜选股方法的核心理论：利用知名游资的资金动向，掌握其某个时间段内的某个交易习惯或者规律，从而捕捉强势股票，获得利润。

（1）追踪个股。每天追踪并分析龙虎榜中的个股，将其中部分个股加入自选股中，选择对象是涨幅居前、净买入额居前、知名游资以及机构都出现的个股等，不需要选择很多，10~15 只个股就可以，过多不容易跟踪。

（2）观察席位。上榜个股是机构买入还是游资买入。越多的机构席位大量买入，后期行情越可期；若游资大量买入，则有可能是一日行情或是波段行情。若机构和游资同时看好某只或某几只个股，那么后期拉升的概率较大。机构和游资的知名度也是大家追踪的因素之一。

（3）量能比较。在初步缩小选股范围以后，可以将当日或是近日的净成交量进行排名。其中机构席位的量越大越好。

（4）发现板块。机构或游资数量及知名度排名之后所剩的个股，可以进行板块联动划分，分析该板块近期的政策面及消息面，为进一步的决定提高准确率。如果某个板块有知名游资连续介入，说明该板块未来可能会被拉升。板块效应强的个股，连续涨停的概率更大。

（5）确定个股。从基本面+技术面+资金面，确定最终个股。可以选择业绩优良，主营业务明显，且技术上行趋势明显或是回调处于尾声的个股进行跟踪。

2. 寻找规律

第一步，锁定重点营业部，市场各路游资很多，不必全部锁定跟踪。因为普通投资者无法抽出大量时间跟踪，而且非重点游资操作往往不具备规律性，所操作股票也不具备强势特征。所以，只跟踪知名度较高的游资，他们往往会掌握更有利的信息，资金更雄厚，技术更高超，拥有强大的号召力。

第二步，从重点营业部中选择操作暴力股票比较多的营业部，找到市场绝对龙头。

第三步，找出该营业部近期的操作经历，从而掌握该游资喜欢的标的、操作习惯，以及在龙虎榜中出现买卖时的该股走势。

第四步，找到规律后，关注该游资操作的比较强势的个股，并且出现类似短线操作的股票，那就是赚钱的机会。

在投资时看懂龙虎榜是第一步，根据龙虎榜选出需要追踪的个股是第二步，还要结合整体大盘环境、个股技术走势等因素才能做出最后的决定，所以一定要综合分析。

3. 选股模式

如何利用龙虎榜做短线交易？常用的选股方法有以下两种模式：

龙虎榜短线选股方法一：接力板模型。

接力板模型也称换手板，个股受突发利好消息刺激涨停，N日（当日）龙虎榜显示活跃游资介入，N+1日强势运行（涨停或不涨停均可），但是要保持放量，龙虎榜显示前期介入的游资卖出，有新的游资介入而且实力强大。如此反复，是为接力板。需要注意的是，大概念的龙头，一定是接力板，而且因为短时间涨幅巨大，所以是概念模型的叠加演绎。接力板模型是最暴利的短线获利模型。其操作要点如下：

（1）N日涨停已经确认存在。

（2）N日涨停板主买游资知名或不知名并不重要，当然知名游资更好，但是N+1日不管有没有涨停，一定要有知名游资（或者机构席位）介入，而且主买金额大于主卖金额。

（3）N日主买力量和主卖力量要形成较为明显的差距，但如果主买远大于主卖，会造成N+2日抛压过大，存在接力板夭折的可能。

（4）确认是不是大概念的一般性经验：一是通过公开资讯了解，个股所处行业为近期宏观政策强力支持，且个股的行业地位具有不可替代性等；二是通过龙虎榜数据判断分析，N日主买有一线游资或者机构，N+1日主买知名游资锁仓，且继续大幅买入，这就大概率会发展成为大概念。

（5）买点：N+2日低开或盘中低点入场。一般来说，大概念龙头股N+2日大概率会低开，且低点发生在早盘。

龙虎榜短线选股方法二：涨停低开模型。

当日受各种原因影响股价涨停，N+1日低开，投资者在N+1日低点买入，一般当天即可获利。其中，低开原因为大盘低开或个股突发利空等。其操作要点如下：

（1）N日涨停时间越早越好，T字板最好，且短期筹码要高度集中在涨停价位附近。

（2）N+1日低开幅度小于（或等于）N日筹码密集分布价位。

（3）买点：N+1日盘中低点入场。

（4）受利空因素影响，但大盘利空最好不要出现加息，个股利空不要出现类似股票被警示有退市风险等。

六、龙虎榜次日研判

龙虎榜数据可以帮助投资者了解当天异动个股的资金进出情况，确定是游资所为还是机构所为，但这是盘后展示出来的数据，第二天走势存在许多变数。这里根据多年实盘经验，分享一下龙虎榜第二天买入技巧。

1. 次日开盘情况

（1）开盘涨停，可以不着急抛掉，但是要紧盯封盘数量的变化。如果发现封盘数量迅速减少，那么有打开的可能，这时可以立刻抛售。如果一直涨停至收盘，那么没有必要抛，可等到第三天再考虑是否卖出。

（2）高开低走，这里指的是涨幅在3%以上，则要立即抛售，并且以低于市价的价格报单。按照价格优先原则（高价格的让位于低价格的），可以迅速成交，而成交价大多会高于自己的报价。如果在第一天涨停的过程中，出现一笔大买单使股价迅速上涨3%以上，那么这时要以低于市价1%以上的价格申报，这样既可以保证成交，又能保证最大的利润。

（3）高开高走，要紧盯股价，一旦出现涨势疲软，则立即报单卖出。疲软是指股价跌破分时均价线或跌破分时均价线后无力弹升。

（4）平开或低开高走，紧盯股价走势，一旦出现涨势疲软，则立即报单卖出。

（5）平开后迅速一跌，趁反弹时择高点出货。

（6）低开低走，在盘中回升时，择高点立即出货。

2. 次日选股条件

（1）近一段时间第一次涨停。第一次涨停代表着短线上涨临界点的出现，而第二个、第三个涨停却没有这种性质，其风险也在逐步加大。

（2）成交量放大。当天量比在1.5以上，放量水平达到5日均量的2~3倍，但放量过大也不好。若当日成交量是5日均量的5~10倍，换手率也超过10%，那么出现的涨停往往不能持续。

（3）涨停日之前有蓄势动作或蓄势形态，15分钟和60分钟K线已形成蓄势等待突破状态。

（4）开盘时有向上跳空缺口，而且缺口最好未被封闭，因为这说明主力是有备而来的。

3. 买入时机选择

（1）在集合竞价后的 9：25~9：30，找出 3~5 只目标个股，要求高开 1%以上，量比放大至 1.5 倍以上，日 K 线呈现蓄势突破状态，近期没有出现涨停，属当前热点板块。

（2）在 9：30~10：00，若出现放量拉升，可买入计划仓位的 1/2，在将要涨停时再买入 1/2，若不出现涨停则停止买入，原则上不涨停不买入。

4. 涨停后的策略

如果次日股价继续走高，涨势强劲，则短线可持有。如果次日高开走弱，立即获利了结或平盘出局。如果次日套牢，则止损出局。

如果短线获利达 20%以上或者个股出现放量收阴，尤其是出现天量后成交量急剧萎缩现象时，则考虑短线出局。

对于涨停买入法，在使用时务必要小心，既要胆大心细，又要敏捷果断，特别要考虑大盘的强弱。一般而言，在强势市场时操作较易成功，而在弱势市场时则假突破的概率较大。同时，个股选择尤为重要，一般强势龙头股的操作成功率较高，而跟风股的成功率就可能会大打折扣。在仓位上也不宜重仓买入，因为这是一种高度的投机行为，收益大，风险也大。

七、龙虎榜机构动向

跟随机构买股的模式，一直很受短线投资者推崇，当天龙虎榜发现机构买入，次日可以打板，效果相当不错。这种方法源自之前次新炒作，次新开板有机构看好买入，随后游资和机构共舞，股价大概率连板。因为次新股没有套牢盘，机构也非超短线操作，买入相当于有人协助锁筹。

那么，前一天龙虎榜上有机构席位，第二天能不能跟？主要分两步：

第一步，只留下机构净买入的，删掉净卖出的。净买入比净卖出的胜率高，这也符合正常的逻辑。当然净卖出的也可能会上涨，这只是一个筛选的条件。可以根据自己的观点，去筛选其他条件。

第二步，分别按照当天机构的买入金额占个股总成交额的比例>4%，以及净买入额>3000 万元，当天上榜的买方机构数量≥3 个，这三个条件按照先后顺序，一层一层地进行筛选。

当天机构买入额占个股成交比越高，净买入额越高，买入榜的机构数量越多，说

明筹码越集中，接下来上涨的概率就越高。比如，佳禾智能（300793）2019年11月4日机构席位净买入，此后几天股价强势上涨。若游资单个买入量过大，则预示着抛售概率也大。

这种模式不断演绎至极端，出现所谓"机构操作游资化"现象。但任何短线模式，只要市场达成共识，一定就是物极必反、盛极而衰。

比如，2019年12月30日的大北农（002385）等4家机构净买入共1.04亿元，之后股价出现6个一字板；2019年12月31日的引力传媒（603589）前4大席位都是机构，净买入共1.3亿元，股价出现三连板。

2020年1月2日、3日，该模式继续发酵，隆平高科（000998）、登海种业（002041）二连板，其他机构买入股票次日也有涨停溢价。1月6日是分水岭，尽管山煤国际（600546）有机构大举介入后，出现2个一字板，其他股票次日涨停，但也有云南锗业（002428）、赤峰黄金（600988）次日不再涨停。1月7日是模式盛极而衰的转折点，东方日升（300118）次日涨停烂板，再日大幅低开套人。1月8日、9日，该模式彻底玩不转了，机构龙虎榜买入的股票，不再享受连板溢价，甚至出现个股下跌。

龙虎榜跟随机构席位买入的模式得到演化后，可以得出两点启示：一是机构介入次日虽不涨停，但仍能维持强势运行，比如，2020年1月9日的格尔软件（603232）、1月10日的传艺科技（002866）、旭升股份（603305）等，接力氛围下降，但N字板的概率较大。二是机构连续买入，尤其下跌调整时继续买入，本身也叠加强势股的反抽预期，比如大北农（002385）的走势就是如此。因此多看龙虎榜，尤其机构买卖情况，对做中线也有参考价值。

综上所述，在分析或跟随机构专用席位时，应厘清以下几个逻辑关系：

（1）如果买方5个席位均为游资，而卖方席位大多为机构，说明机构有撤退的想法，有可能是该股基本面发生变化，或者有其他的不确定性因素让机构调仓换股。这种情况也经常发生在股价炒作末期的高位，机构认为风险较大时就会组团出货。

（2）买方均为专用机构或机构占多数，而卖方全部为游资席位，如果股价已经在炒作高位，出现这样的交易数据则说明机构有利益输送嫌疑，即利用机构效应吸引散户高位接盘来帮助游资顺利出货。

（3）买方中机构出现的数量越多越好，机构当日买入金额占总成交金额的比例越大越好，一次性锁定筹码集中度越高越好。因为多家机构进驻的个股基本面都比较不错，符合市场调研评判的标准，通常会引发中级行情。当游资和机构达成共识合力推升股价，短线往往爆发力比较强，后市继续上涨概率也很大。

（4）如果买方席位和卖方席位均有机构出现，卖方的 5 个席位中机构出现的数量越少越好，金额越小越好。如果卖方的机构席位与买方的机构席位旗鼓相当，说明机构之间分歧非常大，短期方向具有不确定性，对于交易数据当中的游资席位来说也会打退堂鼓，游资席位应该观望、等待行情明朗。

八、龙虎榜中假机构

龙虎榜中也会出现虚假机构，通常是游资租用机构席位，套上机构的马甲，通过上龙虎榜隔天吸引跟风盘买入接盘，以达到高位获利出货的目的。所以，这对于喜欢跟随机构的散户来说，欺骗性很强。

1. 什么是虚假机构

其实目前没有定论，主要是指几路利用机构席位的资金，不像正常机构那样做长线交易，而是做封板，简言之，就是有几个机构席位做打板，然后第二天就出货。

虚假机构的盈利模式：利用巨量封单，在涨停板上吃独食，且强势封板，不开板，不洗盘，造成非常强势的涨停板错觉，然后出现在当天龙虎榜买一买二当中，利用散户喜欢第二天追机构封板个股的习惯，第二天做集合竞价高开，早盘假装拉板，吸引市场跟风之后，一路狂砸出货。

2. 虚假机构的主要特征

（1）虚假机构包揽买 1、买 2 甚至买 3，一般占总成交额的比例比较大。虚假机构租用几个席位来分仓，上榜时会显示好几家机构席位，对喜欢跟随机构的散户来说，欺骗性很强。

（2）该游资不炒题材、不造题材、不做热点、不造热点，也不跟其他游资做对手盘，完全依靠收割散户资金生存。

（3）虚假机构经常出现在市场环境偏弱或熊市行情中，在牛市或强势行情中游资使用的频率会比较小。

（4）涨停次日高开做好骗局后，不顾一切砸盘出货，不维护股价，严重损伤市场短线接力资金的热情。

（5）真机构操作一只股票会运作一段时间，当日买入的量会比较小，单一占比一般低于 5%；虚假机构排队单子经常是一万手或几万手，一般第二天拉升就跑，当天占据龙虎榜 2~3 个席位，单一占比超过 10%。

3. 虚假机构收割步骤

虚假机构收割对象是市场短线接力资金（主要是针对追逐集合高开的资金）。其主

要的收割步骤如下：

（1）一般选取一些流通市值较小的冷门股。大多选择两类股票：一是形态横盘已久的，单日涨停后突破平台创阶段新高，可以顺手做个假突破的涨停板。二是做热点个股的接力二板。

（2）在早盘或午盘快速拉板。由于股票长期筹码不活跃，拉板过程中抛压通常不大，且由于股票不是热门题材，通常没有其他游资来封板抢筹。由于该股没有其他买盘，当日该游资席位即使分仓也很容易上龙虎榜。

（3）第二天做诱人的集合竞价高开。由于前一日涨停板没有其他游资介入，竞价也就没有多少砸盘筹码，往往很容易做到3~7个点高开。

（4）由于前一日涨停突破，图形很漂亮，当日又大幅高开，开盘后大量短线接力资金会涌入追涨。此时该游资便会图穷匕见，将前一日吃入的几千万筹码从开盘高位一路砸出，当日就会砸出难看的高开下杀大阴线，让接盘资金全部套牢。当天成交量较大，该游资占卖盘的一半左右，但由于涨跌幅和换手率都不超标，这一天通常不会上榜。

（5）择日将前一日做集合竞价的筹码出干净，此后该股将陷入平静走势。

4. 虚假机构使用手法

（1）一笔拉板，巨量买单封板。目前常用的是连续一万手或几万手大单拉板，造成强势的错觉。这种现象大多出现在首封，有时也发生在二封，无论是首封还是二封，最大特点就是巨量买单封涨停。这些封单与不成交的假托单不一样，它确实是强吃，是真买单，盘中抛多少都通吃，就是不撤单、不开板，给人一种极其强势的错觉。

（2）在当天龙虎榜上出现，且通常买一买二都是机构。当天盘面强势封板吸引散户，造成强烈追捧意愿，并华丽现身龙虎榜，买入金额较大，动用资金在1亿元以上（依抛盘而定），有2~3家机构马甲，给人一种机构极度看好、板上建仓的错觉，引发散户第二天跟风买入。

（3）第二天拉高出货。由于前面的两步戏都很足，散户本来追捧意愿就很高了。第二天再顺势做一个集合竞价高开，然后早盘爆拉造成强势错觉，再反手出货砸盘。比如，前些年的新纶科技（002341）2016年5月4日龙虎榜及麦达数字（002137）2016年4月26日龙虎榜出现的虚假机构，之后都出现不同程度的回调。

5. 虚假机构打板是否值得跟进

打板当天，要是运气好的话打上这样的板，第二天大概率有溢价。但是，打板当天散户很难跟进，因为快速拉板，巨量封盘，很难排单成交。

第二天要谨慎，因为游资吃了很多货，第二天必须出货，这是由战法性质决定的。第二天做一个拉升，用来拉高出货，而这个拉高正是套散户的时候。

第二天股票涨不涨，其实虚假机构说了不算，这时候最重要的是有没有接力资金。如果虚假机构出货，股价反而连板，说明接力资金进场了，此时可以根据具体情况，考虑是否打板。但是要注意，不能打无量板，虚假机构如果没走，可能是欺诈，一定会砸盘。这时候可以从成交量分析，判断他们走没走。如果是热门股，砸盘之后还有可能上涨，比如，深港通概念股的浙江世宝（002703）2016年8月11日龙虎榜出现虚假机构，8月12日早盘一度拉升到6%后，转手砸盘到绿色，然后再度起来。

虚假机构打板的本质与逻辑：这种现象其实就是一种打板方法而已，因为在板上吃独食，介入资金太多，所以第二天必须出局。然而，第二天这么大量的货集体抛售，势必考虑接力资金的承接力度，因此第二天坑人也是很容易的。同时，利用散户买股票喜欢简单看盘面、看龙虎榜，而不真正思考背后逻辑的缺点来做对手盘。所以，买卖靠逻辑，而不是看形式。散户以为的表面现象规律，其实就是聪明人造给散户看的。

第四节　注册制下的游资新手法

一、游资"打板"新挑战

1. 注册制如何影响游资手法

什么是游资手法？游资手法是股市短线操作的技巧战术。简单来说，就是游资集中大量资金，投向热点股票，不断拉出涨停板，集聚市场人气，吸引散户的跟风资金，并且在热点股票价格达到高位时，获利出逃的手法。

很多股神和游资利用打板获取了不菲收益。从本质上看，这种战法是依托涨跌停板制度的心理学技巧，拉升股价形成"龙头"效应，吸引各路资金，产生羊群效应，从中谋利。

创业板推出注册制后，新股上市前5日将不设涨跌幅限制，之后涨跌幅限制从目前的10%拓宽到20%。这意味着，个股的极限波动值变大，日内震荡幅度达到40%。之前，在10%的涨跌幅限制下，"地天板"可赚22.22%、"天地板"可亏18.18%。现在20%的涨跌幅限制下，"地天板"可赚50%、"天地板"可亏33.33%。

这给游资打板带来新挑战。一方面风险放大，另一方面打板所需要的资金也增多。以股价 10 元为例，10% 涨停情况下，价格变动为 11 元，那么购买 1 万股需要本金 11 万元；但是在 20% 涨停时，价格变为 12 元，那么同样 1 万股就需要本金 12 万元。这就意味着，资金成本的增加也会让他们重新思考打板手法。

创业板注册制对于游资手法的影响，主要集中在涨跌停幅度的变化上。游资手法是围绕涨跌停板的，如何能够最有力度地吸引散户资金？最好的激发方法就是把个股做成涨停板，尤其是那种明星涨停板。

然而，注册制改革后，涨跌幅度上调为 20%，一定程度上涨跌停板的数量会锐减。为什么？风险太高，一不小心，就会大亏。如果是融资融券，做错一笔交易很可能爆仓，并且第一天跌停往往意味着第二天惯性下跌，对于游资来说其中的风险不言而喻。

多数游资是通过打板成长和积累财富的，正是因为有涨跌停板的制度，股市中才会有"涨停板敢死队"的财富故事，这些人的思维逻辑、起心动念都无法摆脱涨跌停板，因此，注册制改革会对游资手法有所冲击。

当然，游资手法不会因此消失，涨跌停板的存在，提振了游资手法的威力，但是二者并不完全相同，不是说涨跌停板减少了，游资手法就会消失。游资手法搭配涨跌停板，能够快速激发市场人气，连续多天涨停，能够迅速吸引市场注意力。

2. 10% 与 20% 的差异

第一，10% 打板背后的逻辑：

（1）涨停板股票的"短缺效应"成功吸引了市场关注，诱使市场资金（包括二三线游资、散户）大量介入，跟风追涨。

（2）由于涨停板"有价无货"，无法成交，压制了多方强烈的购买欲望，迫使多方次日继续追高。

（3）想卖出的空方因为涨停而开始出现惜售，纷纷调高价格预期。

（4）盈亏比。如果第二天卖出的话，预期盈利也就是几个点，如果第二天低开，也可以是亏几个点，盈亏比基本是 1：1。如果当天炸板，最多亏 20%，这种概率较小。

第二，20% 新规之后的现象：

（1）对于主力资金而言，投入资金会更多，比如原来 3000 万元能封板，现在可能要 8000 万元甚至 1 亿元，这意味着打板的门槛提高了。

（2）20% 涨幅过大，追涨成本过高，对外围资金的吸引力下降。

（3）20% 的涨幅对卖家而言已经不算小了，向上调预期的空间不大，倒是"抢卖"有可能。

（4）盈亏比。如果还是第二天卖出的话，那么预期收益只有几个点，最多十几个点；但如果失败亏损最大可能达到30%以上，也就是说涨跌幅放大后，预期收益没有增加多少，反而最大亏损变大了，即盈亏比恶化。

所以涨停板放大之后，打板成功率会下降，门槛会提高，资金小的游资就别想了。在这种情况下，要想打板赚钱就只能放大收益，提高盈亏比，也就是只能做大题材、大龙头、大"妖股"，除此之外还要看市场氛围。从总体上看，游资出手次数会变少，但成功率会增加，适合那些技术派高端游资。

3. 科创板实际运行的经验

科创板从2019年7月22日开市以来，到2020年12月31日共有215家上市公司。从开市以来，科创板的个股涨停次数共计132次，跌停次数共计66次，平均每家科创板公司上市以来触发涨停的次数还不到1次，触发概率仅为0.61%，更多的科创板上市至今，还没有出现过涨停。

为什么科创板的涨停次数这么少？其中一个重要原因就是涨停板的封板资金，也就是游资对20%涨跌幅的一种恐惧，恐惧从何而来呢？是他们无法掌握科创板20%涨停后的走势规律。

科创板在涨停后的走势是没有规律的，涨停次日多数个股是往下跌的，无法像主板和中小板那样，去做接力模式。

科创板在涨停前，很多股票都是温和放量，重心上移，有几个小阳线累积，这种是典型的埋伏资金，也就是传统的"坐庄"手法。坐庄手法是资金至少打算长期入驻，这与短线游资击鼓传花的接力模式不同，所以短炒科创板基本很难吃肉，只能做中长线或埋伏投资。

这就意味着，未来市场不会再有什么打板战法、龙头战法、接力战法了。这种模式无法在新规则下生存。

当然，概念炒作是不会结束的，欧美港现在也有题材炒作，共性就是炒作周期缩短了。没改革之前的市场，一个题材一个月的炒作周期，给投资者考虑的时间会有两三天；改革之后的市场，也就在盘中两三个小时，晚去一天，可能就会被腰斩。

创业板注册制改革，从交易规则上来说，与科创板是一致的，不过，创业板目前的存量有891只（2020年12月31日），相当于科创板的4倍多。如果按照目前科创板的炒作风格，创业板大概率要复制科创板的走势规律。

4. 注册制对游资的好处

注册制之后如果涨跌停板减少，只是游资少了一个激发人气的工具而已，它的头

部思想、顶部策略依旧是适用的。其实注册制对于游资也有好处。

（1）让大家认清股票的真实价值。涨停板的存在，会让股价存在失真现象，有的资金会出于制造虚假繁荣、制造紧张感的目的拉出涨停板，如此带节奏、引导股价，会导致股价失真涨停。

然而，注册制改革之后，涨跌停板数量锐减，股票涨就是涨，跌就是跌，少了很多人为扭曲股票价格的因素。

（2）让大家不买、少买跟风股。在涨停板制度之下，很多人明明识别出了龙头股，但是股票已经涨停没法买入了，为了不错过风口，被迫去买跟风股。

行情好的时候，跟风股还能有些收益，行情不好的时候，跟风股最先出现下跌。很多人没有亏在龙头股上，而是因为买了跟风股而亏钱。所以，要买就买真龙头，不用买跟风股。

（3）让龙头股真的发光。在世界大部分发达的市场中，没有涨跌停板制度，但是其龙头股走势更加飘逸洒脱、行云流水。比如，美股的亚马逊、微软等。对于白马龙头而言，少了涨跌停板，反而少了枷锁和束缚，能够更好地发光发热。

可见，涨跌停板制度是短线操作者的天堂，不少短线投资者的战术战法、底层思维逻辑都依赖于涨跌停板。但是，创业板注册制改革后，游资手法不会因为涨跌停板数量的减少而消失，游资手法不过少了一种激发人气的工具，从长远来看，注册制改革对于游资手法的运用还是有利的。

二、20%连板低吸战法

2020年8月24日创业板开始实行注册制后，20%的交易制度天然决定了低吸的风报比（累计毛盈利除以累计毛亏损得出的比率）要比打板和追高来得高。道理很简单，打板失败最大亏损33.33%，而低吸到一个大长腿的最大盈利可以达到50%，所以创业板低吸，比主板更值得深入研究。

想一想，哪有那种既能确定买到又能保证价格很低的股票？选择这类模式，其实是在放弃部分确定性，追求有相对保底的高赔率。更多情况下是一种可能很久不开张、开张就吃饱的模式。

低吸的一个关键点在于辨识度，而连板是最具辨识度的。连板对于创业板来说是稀缺的，恰恰因为这个稀缺性，辨识度、关注度更强，个股更加聚焦，像首板直接被放弃没人看的情况要少些，反而更适合来当作低吸的个股。

那么，对于创业板连板情形，有哪些胜率比较高的低吸模式呢？在低吸中又有哪些"坑"需要注意呢?

1. 初始的连板胜率

统计 71 个二板及以上的创业板个股,有 51% 的个股有机会日赚 10% 以上,而不考虑最优买点,粗暴地竞价买入,亏 10% 以上的只占总数的 10%。在赔率有优势的情况下,算是一个不错的数据。

2. 低吸时间点问题

分析了日内低吸 10% 以上的个股,有 75% 的个股低点出现在开盘前半小时,85% 的个股在上午出现低点。因此,创业板连板的低吸,如果逻辑清晰,那么最好的机会大部分在上午,尤其是前半小时发生的分时急跌,这是介入的较好时机。

3. 辨识度和日内风报比的组合

低吸有两个关键点:

(1)辨识度。只有市场高度关注的个股,才更容易被资金接起来。对于创业板而言,二连板 44% 涨幅,三连板 70% 涨幅,相对以前的主板,都算是有头有脸的龙头了。其中三板一般来说要比二板更高一些。

(2)日内风报比。在辨识度的前提下,如果出现大幅低开、急杀等情况,比如 -10%,那么日内亏损有限,而上涨空间较大,这是吸引资金博弈的一个因素。

基于辨识度和日内风报比这两个因素,这里分析两种偏极致的情况:

模式一:二板及以上的次日,低开幅度在 5% 以上的多数能够获利。例如:易事特(300376)2020 年 9 月 8 日低开 5.91% 后,收涨 6.24%,盘中几度摸板;西部牧业(300106)2020 年 8 月 27 日低开 11.23% 后,收涨 0.37%,盘中最高上涨 15.98%;豫金刚石(300064)2020 年 9 月 22 日跌停开盘后,收涨 8.13%,盘中几度摸板;天山生物(300313)2020 年 8 月 26 日低开 7.54%、9 月 4 日低开 9.5%,收盘分别上涨 20%、3.93%,9 月 22 日跌停开盘后,翘板失败;长方集团(300301)2020 年 9 月 22 日翘板失败。注册制改革之后,连板出现超级大幅低开的情况很少,但是从目前情况分析来看,多数个股有获利机会。

这个玩法是在辨识度下,由于恐慌出现了性价比高的买入位置,这类似于高位龙头的恐慌低开低吸。比如,最经典的实例天山生物(300313),刚好是这一波的首次大分歧,开盘恐慌。

从买点上来说,大幅低开往往还会有空头释放的过程,所以一般没必要竞价就买入,如果开盘就马上恐慌下杀,可以开始低吸;如果类似西部牧业,开盘先冲,可以先等等。

模式二：三板及以上次日，平开或低开，前半个小时分时出现急杀6%以上，低吸获胜概率大。这个与上述情况相类似。辨识度龙头，开盘出现恐慌，有人愿意走抄底的路径。只是限制在三板，因为相比二板地位更高，二板同样情况下说走弱就走弱的个股不少，需要考虑更多情况。

比如，卡倍亿（300863）2020年9月16日平开后，先下跌5.87%，然后企稳震荡走高，尾盘涨停。再如，银邦股份（300337）2020年9月3日小幅低开0.93%后，快速下跌6.75%，然后企稳震荡，当天收涨12.02%，盘中上涨16.57%。这两只股票都是在四板位置出现开盘杀跌，然后震荡走高。这种情形的前置条件是平开或低开，像英飞特（300582）2020年10月27日高开冲高回落的情况，则不属于这种情形。

4.常规二板的低吸数据

数据分析显示，创业板二进三中，如果出现低开，很少出现成功连板。成功的只有浩丰科技（300419），这还是尾盘靠消息拉板的。

这跟一进二的结论类似，60%晋级的个股竞价高开5%以上。这个结论对持有前一天连板的人来说比较有实用价值，手里连板如果低开，会有高点，大概率可以找高点兑现。

那么，二板次日，盘中砸到-5%以上的个股值得低吸吗？这看似是一个性价比不错的位置，但实际不然。二板次日，如果不是直接低开5%以上，而是开盘前半小时，从高开、平开、小低开的位置砸到-5%以上，从数据来看，失败和无效的远多于成功的实例，出现收益10%以上的不足1/4。

可见，单纯从量化分析，对于二板次日低吸，成功率高的：要么大幅低开分时恐慌，有极致性价比；要么高开，且回落有支撑，至少不应该跌破5%。比如，2020年10月26日英飞特（300583）的三板。高开同时如果有下杀，需要考验一下承接，应该守住或下跌幅度不宜太深，否则可以说承接是比较差的。当然这个分时承接站在当时来看，那时候接住，后面可能会破，这种情况肯定有，这需要结合其他因素综合分析。

这个结论的另一个价值在于，尽量不去学一些成功率不高的操作。比如，2020年9月24日的康泰医学（300869）高开冲高后，从8%杀到-5%，虽然有拉回，但已经说明承接是有些问题了，从概率来讲，成功的概率不大，那么此时或在后面低点去博弈它大涨，就没那个必要了。

关于常规二板的低吸，能够赚钱的模式，在相似的情况下，也可能导致大亏。因此，除了数据分析外，还需要结合其他条件进行分析。

5. 低吸的其他优化因素

低吸是更加考验综合判断能力的操作。上述量化分析，其价值在于，给大家提供一个概率参考，什么大概率能成，什么大概率不能成。这是作为模式的底层考虑因素，而在实际操作中可能还需要考虑更多因素，起码要考虑以下两个问题：

（1）低吸环境是否好？大环境，择时永远都是很重要的，这不用多说。对当天市场行情的预判，对这个题材能不能起来的预判，做短线，任何模式都逃不过这个步骤，这些无须多说。

重点要说的是，如何判断当下"低吸环境"是否好。衡量这个低吸环境，关键在于两点，即最近赚钱效应和做错时的容错率。对于连板的低吸如何能加强这两点？一是市场处于连板极其容易的时候，连板高度打出来。二是连板断板之后，还能走趋势、反包甚至走二波行情。

这意味着，如果低吸成功就有 20% 的预期收益，如果低吸失败也很容易反包，这样的环境当然就是任何低吸思路的最好环境。比如，2020 年 9 月的新余国科（300722），反包之王，带动了创业板有地位的个股不走尖顶，大批个股开始模仿。

对于低吸来说，赚钱上限高，同时因为有二波趋势，输了也能体面出来，甚至最后赚钱出局，所以这时低吸的胜率是很高的。

（2）竞争对手情况如何？除了环境，竞争对手的情况也很重要。所谓竞争对手情况，就是前一天高于或等于这个标的高度的品种第二天的走势情况。

第一种情况。对于低吸而言，辨识度和地位是很重要的判断依据，而有竞争对手就是对这种关注度的分流。如果连板次日，有同级别竞争对手，且明显弱于竞争对手，砸出了看似很有性价比的位置，可能是个大"坑"。因为，在这个时候它的辨识度不是唯一的，所以走弱了，市场没有必须去救它的理由。然而辨识度唯一的品种，博弈龙头、博弈行情回暖的人可能会参与，这是预期的买盘。

比如，2020 年 8 月 28 日，中电环保（300172）。前一天有天山生物（300313）七板长腿放量，永清环保（300187）二板跳空放量，所以虽然该股是个二板烂板放量，但地位并非绝对的。次日，永清环保（300187）明显比中电环保（300172）要强，如果场外资金想要博弈环保连板，那么第一首选不会是中电环保（300172），所以这个低吸不成立（如果结合上面的数据筛选，也会发现属于没有大幅低开，但砸到很深的情况，这个角度也可以排除）。这种情况更适合于正常行情的板块内同级别竞争关系上。

第二种情况。如果有高级别的竞争对手，比如一个三板，另一个二板，那么如果预判这个高级别的竞争对手走强能带动板块，那么此时的弱势反而可能是性价比。比

如，2020年9月8日的易事特（300376），板块行情是主升情绪，整个题材都爆了，长方集团（300301）、乾照光电（300102）、聚灿光电（300708）、露笑科技（002617）、豫金刚石（300064）和任子行（300311）等多只股票封板，明显看到板块已经很强，这个时候的水下跟风，反而是套利机会。

创业板注册制推出后，市场都在探索新的模式，市场也会不断变化，需要认真发现和总结，并及时进行修正。

三、同板块的轮动战法

1. 20%的主流板块模式

如何尽可能地提前参与到潜在的龙头股？

很多短线投资者面对此种问题显得无所适从。一方面很多机会在于趋势股上；另一方面注册制推出之后，20%使得炒作周期缩短，总的空间始终打不开。这就出现了新问题，创业板低吸和首板性价比远大于接力，当一只股票走到高位或成为龙头，大概率已经不值得去参与了。

注册制推出后，出现了一个新特点：有高度的空间板、连板大多出现在同一个主流板块中，并且没有一个绝对辨识度的人气龙头，只有同板块小龙头的轮动行情。比如，2020年9月的光伏，10月的新能源汽车，11月的白酒，12月的有色、煤炭等都没有大龙头，但板块中的小龙头持续不断，此起彼伏，个股几乎都有较好表现。

这与常规的题材炒作模式不一样。大家熟悉的常规模式是：一个题材低位集体启动，分歧后产生的龙头继续打高度，带动板块继续炒作，或是龙头分歧打出高度，板块发散，中间又可能会出现一些补涨小龙头。注册制之后的炒作是：板块有持续性，而短线龙头没有绝对的辨识度持续性。或者说，超短连板个股并不是板块的核心，板块的炒作是以趋势股为主导的。

这个特点可能是未来20%题材炒作的一种形式，也就是一个大题材的短线赚钱效应，不体现在一个龙头的连板高度上，而在于不断有个股陆续走出来。

那么，如何参与潜在的连板龙头？一个简单的策略是：在特定情况下，参与涨停板投机，只做某一个板块的个股，无视其他个股的走势。这与做趋势股类似，相信一个板块不会轻易结束，只打这个板块的首板，或只做这个板块的接力，这样胜率就相应提高了。

什么时候选择这样的策略？如何确定和参与这样的板块？

2. 20%的主流板块确定

其关键在于如何找到这样的板块。当然不是所有板块都适合这样做的。换句话说，该如何识别有影响力的主流板块？除了持续性，也要考虑辨识度。

（1）持续性的关键判断指标：板块核心趋势股走势。大题材有持续性，而短线连板龙头没有持续性的原因，除了监管因素，更重要的在于超短线个股并非板块的核心。一个小型题材可能会围绕着龙头走，但对于汽车这样的趋势板块，题材的生命力并不取决于一个短线龙头强不强，而是来自于本身的趋势逻辑。

更核心的观察指标在于板块上涨中的领涨趋势个股，以及板块整体情况（板块指数）。这时的超短连板个股和趋势股的逻辑关系是：趋势股超预期新高，短线作为补涨属性开始启动。比如，光伏中的隆基股份（601012）和汽车中的比亚迪（002594），其连板轮动节点，都在对应核心趋势股超预期走出新高，尤其是加速走势之后出现新的上涨。

（2）主流的辨识度：通过板块的分离确认来确定。核心个股强势的新高意味着板块"可能有持续性"，但还需要考虑辨识度，在一个板块中反复轮动，最好没有太多的强竞争板块。比如，在2020年7月指数大涨，几乎所有板块都在大涨，这时候就不太适合这种策略。多线轮动的行情，让单个板块不够有辨识度。所以这个策略更适合单主线的行情。

主线的清晰化，要用分离确认的思路。这也是一个比较有效的选时节点。

第一，板块和整体行情的分离确认。比如，2020年9月上半月，指数持续下跌，消费、医药、科技等趋势板块都在大跌，几乎所有逻辑都在被杀，而在此时还有两个板块在创历史新高，那就是光伏和汽车。进入10月之后，指数出现盘整，而白酒、有色、煤炭板块却出现强势上涨。在市场低迷时板块还能创新高，至少说明缩量市场中主流资金的聚集方向，逻辑非常通畅，这就是一种分离确认过程。这其中最明显的光伏空间板的开始时间，恰好是分离点的次日，之后超短空间板开始在光伏板块里轮动。可见，光伏、汽车、白酒、有色、煤炭相对于整个市场的辨识度，就是从这个分离点开始的。

第二，几个强势板块之间的分离确认。比如，2020年国庆节之后，市场同时有几个比较强的板块，光伏、汽车、军工等，怎么确认主线会在汽车上轮动？也是靠分歧中的分离确认。观察点在核心个股的对比上。分歧日是在10月14日，这时看趋势核心股与短线龙头股的对比。在10月14日和15日，从趋势股上看，比亚迪（002594）试图创新高，而隆基股份（601012）出现短顶下跌。再看短线股恒星科技（002132）

10月14日炸板，次日一字跌停。中能电气（300062）10月14日晋级三板，次日摸四板。这就是一个主流辨识度确认起来的过程，从这个分离开始，汽车是优先于光伏的。

（3）一个题材在近期至少应该有过板块性的行情。一个板块要在短线级别进行龙头轮动，至少应该是个小股票比较多、股性比较活跃的板块。否则，无法确定短线资金是否认可这个板块。比如，三一重工（600031）是2020年的趋势大牛股，一直在不断新高之中。但是更多的是属于工程器械中几个真正有业绩的个股独立走势，而这个板块没有被短线资金认可过，因此即使走势很强，也没能转化为短线的赚钱效应。

因此，一个判断指标是：近一个月有过板块性的短线行情。板块性短线行情的定义是：至少有过日内5个以上涨停的个股出现，并且龙头至少有过二连板。比如，2020年9月11日风电/光伏板块出现11只股票涨停，次日其中的天能重工（300569）和珈伟新能（300317）两只股票出现连板。

（4）加分项：上一个轮动龙头继续走强。作为趋势股观察的补充，这个加分项比较好理解。如果上一波龙头不走尖顶，而是维持箱体甚至试图走二波，则反映出该题材的趋势持续性，这对于后来者来说，做错所要承担的风险较低。比如，2020年10月之后的新能源汽车板块，除了比亚迪（002594）这个观察指标，一个参考的点在于中能电气（300062）等个股失败后继续向上走，给后面的轮动个股增强了信心。

（5）以上所讲的是如何选出符合条件的板块，那么什么时候介入？第一个开始介入的时间点，即在一个主流出现明显的分离确认时。比如，9月16日的光伏、10月14日后的汽车，可以开始选择反复做同一个板块。

第二种方式，做第二个吃螃蟹的人，即放弃第一个走出来的龙头（最好空间有三板），在第一个结束之后，开始做板块内的新标的。这样做有一个好处，就是可以确认市场选择了这个板块。比如，科隆股份（300405）之后，可以参与双良节能（600481）、恒星科技（002132）等。

3. 20%的主流板块买点

这个思路当中最重要的操作是选择能反复参与的板块。板块确定之后，怎么买就容易把握了。也就是说，一旦选择了符合要求的板块，接下来，一个假设就是这个板块不会轻易结束，就围绕这个板块新出来的东西去做，而出来的新东西，主要是靠涨停板去确认的。由于变量缩小到只有一个（不用再选板块），因此买点是有机会提前入场的。

策略一：打板块内每一个新的二板。这个是最追求确定性的方案，这里的确定性是指买到当下龙头的确定性。因为，再板之前一定存在竞争者，有其他选项就有对应的不确定性，而且首板是有一定炮灰风险的，二板相当于确定了资金在这个股票上博弈。

新的二板是指前一个轮动龙头未结束时，不参与下一个的接力。道理很简单，前一个龙头还没死，新龙头难成气候。如果龙头死了，市场预期下降，可能导致这个接力的个股没有溢价。虽然是在各个龙头上轮动，但无缝衔接比较少，一般都要喘口气再轮动。比如，10月15日中能电气（300062）还没结束，当天有几个二板，其中川环科技（300547）炸板，松原股份（300893）、方正电机（002196）次日都没有溢价。

策略二：首板打板或首板次日介入。二板介入相对来说确定性更高，但根据主流内轮动的特点判断，存在可以提前介入的可能。正常首板打板或次日赌板，一个最大的问题在于，大部分新启动小题材看不清楚空间和持续性，因此空间和封板率存在不确定性。如果围绕主流做，溢价就相对有了一定的保障。

由此得出如下基本的结论：

（1）首板次日开盘赌二板，在前一个龙头未结束时尽量不参与（首板当天不要求）。

（2）在选股上，板块内二波、反包品种不参与。

这两点和上面打二板的结论是一样的，一是为了保证日内地位的唯一性，二是一般板块内小龙头轮动，平地起来的阻力更小。比如，类似于优德精密（300549）2020年10月中上旬小阴小阳走势，属于主力"建仓"。

（3）首板次日开盘赌二板时，成功的实例全部都高开5%以上。这意味着，可以剔除大部分在开盘就比较弱的个股，这些个股基本没有逆袭行情。比如，2020年10月22日汽车板块4股涨停，分别是国轩高科（002074）、石大胜华（603026）、双林股份（300100）和英飞特（300582）。次日，国轩高科（002074）平开，石大胜华（603026）和双林股份（300100）低开，英飞特（300582）高开近5.96%，选项比较唯一，可以开盘买入，尾盘封板，出现三连板。

（4）对于首板，成功晋级的上板时间都在上午，大部分在10点前。

四、注册制的首板共性

注册制推行后，原先的操作方法和技巧发生了明显变化。由于涨跌幅度的提高，必然带来数量的减少，这是可以预见的。那么，创业板的个股首板（指连板中的首个涨停板）有哪些共性呢？

1. 共性一：题材级别

创业板注册制本身就是一个独立的大题材，并且是一个新制度型大题材，跟传统

题材还不能完全相比，而创业板中的低价、半导体等是大题材的分支。

从注册制实行后的两个月涨停股票的统计数据分析来看，出现连板个股可谓凤毛麟角，连板个股占总涨停数的比例在10%左右，也就是说90%左右的个股只有一个涨停。

20%涨跌幅的限制，就会出现这样一个结果：加速情绪的释放。比如，在10%涨跌幅的制度下，一个原本高度在4个板的题材，炒作周期可以持续4天，有了20%的涨幅，可能2天都持续不到。如果题材龙头缺乏持续性，那么板块持续性就更难维持了。

这就说明，创业板的涨停接力，能走出高度板的很少，一进二难，二进三更难，三进四难上加难，多数的机会还是集中在首板上，这一点跟注册制之前不一样，注册制之后连板非常少。

2020年9月和10月，两个月时间里能走出二板以上的个股，如豫金刚石（300064）、乾照光电（300102）、聚灿光电（300708）、长方集团（300301）等都是"十四五"规划的三代半导体材料题材，以及后期延续到光伏、能源、战略金属等分支题材，这些都是三代材料的补涨。

此外，科隆股份（300405）的股权，银邦股份（300337）的小米，卡倍亿（300863）的超跌都是典型的局部小行情，二板相对多一些。比如，博晖创新（300318）、新余国科（300722），永清环保（300187）、双林股份（300100）、天能重工（300569）、酷特智能（300840）、康泰医学（300601）、西部牧业（300106）等，这些个股背后的题材，有疫情、军工、环保、汽车等，都很中规中矩，也是之前反复炒过多次的题材，没有新鲜感，没有辨识度，没有稀缺性。

所以从题材角度来看，还是一个老生常谈的话题，首板背后都有题材背书，横空出现的稀缺题材有涨停溢价，而一些普通题材即使是龙头，高度也普遍定格在二板，所以二板以后再去做接力，其实意义不大。直白地说，二板以上，性价比不高，少碰！

2. 共性二：市场节奏

这是指题材的演绎节奏是单主线行情还是多主线行情（两三线），或者是持续轮动行情，单主线和多主线往往互相成就，最后高度都不错，之前主板经常这样，如科技和医药、科技和新能源、新能源和医药，相辅相成炒作。

市场节奏主要看题材炒作特征，如果是单主线行情启动，这类首板机会较多，如果是轮动行情，需要把握节奏，因为轮动节奏很快，很容易追高被套。

比如，2020年9月初以超跌为主，卡倍亿（300863）走出四连板，然后9月17日炒半导体，18 日动金融，21 日玩军工，22 日走疫情，23 日拉光伏，24 日又到了农业，几乎一天一个日内主线。

这种情况能不能走出强势上涨个股？不能。这种情况能不能走出一般性个股行情？能。比如，新余国科（300722）9 月 21 日和 22 日二连板，博晖创新（300318）9 月 22 日和 23 日二连板，但二连板之后都掉头下跌，从卡倍亿（300863）四连板后的 10 多个交易里，没有出现三连板的个股。

从市场节奏看，创业板大涨首板主要诞生在单主线或两三条题材并列的行情上，轮动行情找不到大涨首板，连板少之又少，而且轮动行情对接力来讲，二板及以上接力多数都没必要再碰了。

3. 共性三：板块地位

这是指龙头和跟风各自的溢价，创业板经常和主板分开炒作，当资金集中在创业板时，即便对创业板恐高，也要顺势而为，追随风口。

比如，2020 年 9 月初军工和光伏尤其明显，当时军工最先涨停的是主板洪都航空（600316），但资金重心在创业板的新余国科（300722），次日该股涨停，而洪都航空（600316）震荡，第三天该股最高上涨 15%，而洪都航空（600316）全天在水下游，两股足足相差 35 个百分点。

同理，9 月 23 日光伏最先涨停的是主板精工科技（002006），当天双良节能（600481）竞价异动开盘秒板，创业板的青岛中程（300208）随后涨停，但第二天最强的双良节能（600481）最高上涨 10%，但仅仅是一瞬间，卖不掉就会错过，精工科技（002006）直接一字板，但青岛中程（300208）高开两波冲高上涨 19%，相当于主板的两个涨停板。

可见，即使主观上不想投机创业板，但当创业板是主流时，想要赚大钱，还是离不开主流，还是要直面现实，摒弃恐慌，追随主流。

4. 共性四：走势方面

这是指有没有趋势，以及一些典型特征，如新高、超跌等，创业板首板大涨股票的走势有很多共性。其走势共性包括：首先是趋势，占比 50%；其次是新高突破，占比 25%；最后是超跌反弹占 15%，其他占 10%。换言之，如果选择的股票不是这类，其溢价会大打折扣。

这里的趋势是指碎步阳线涨停加速，这类股票经常会大涨，即便没有连板，次日大多会高开，这是趋势个股的特点。比如，豫金刚石（300064）、易事特（300376）2020 年 9 月初的走势（见图 1-1）。

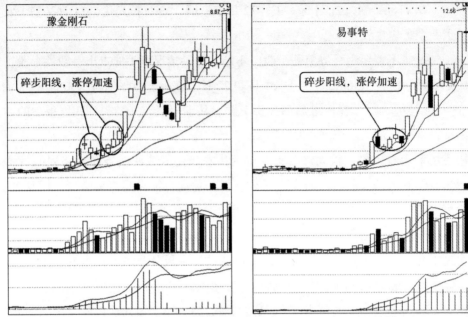

图1-1　豫金刚石（300064）和易事特（300376）日K线图

这里的新高股票是指突破前期新高压力或脱离盘区牵制，股价创出新高。这类股票起步往往没有明显的碎步阳线，但股价涨停后整体K线节奏感很强，呈突破形态。比如，双林股份（300100）、永清环保（300187）2020年9月初的走势（见图1-2）。

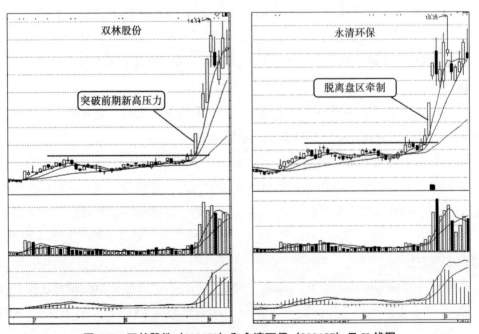

图1-2　双林股份（300100）和永清环保（300187）日K线图

通过上述分析，可做出如下总结：

（1）大涨首板与题材及个股地位有关，之前也是这样，只是持续性有差别。这说明在20%制度下，纯粹做接力连板，操作习惯有点行不通，应该调整思维方式。

（2）一些普通的题材龙头高度普遍定格在二板，轮动行情很难出现二板以上接力，明白了创业板低晋级率，相信大家会少犯类似错误。

（3）图形走势同样会让你改变过去的认知，曾经以为逻辑比图形重要，其实趋势更重要，牛股有相似基因，如大涨个股中上升趋势占50%，新高突破占30%，而超跌反弹只有10%，其他10%。

（4）曾经以为20%幅度的赚钱效应会很好，分析后就知道注册制下连板非常少，接力也很难，更有数不尽的暗"坑"，亏钱速度还特别快，知道什么不该做，在入行创业板后显得尤其重要。

五、注册制的首板规律

创业板虽然涨跌幅波动大，但封板成功率还是很高的，没想象中的那么可怕。但在具体操作过程中，需要提防的是开盘高开秒板，开盘秒板适合做题材首板补涨，而新题材启动不适合开盘秒板。

1. 首板炸板率

炸板即涨停后开板，收盘时也没有回封。一个打板模式好不好，可以参考炸板率的高低，如果一个模式炸板率很高，10只炸8只，即便2只暴涨也抵不过8只的累计亏损。

那么，创业板首板的炸板率如何？从8月24日注册制开始到9月18日的20个交易日中，创业板摸过涨停的有262只，其中封板202只，炸板60只，炸板率=炸板数/摸过涨停数=60/262=22.9%。

换言之，打板成功率（封板成功率）为77.1%，高于注册制之前的首板封板成功率，说明创业板打板风格很受市场欢迎。

2. 首板盈亏比

这期间共有20只首板，其中失败8只（炸板），成功12只（封板），封板成功率为60%，略低于整体成功率。

在失败股票中前三名是：新宁物流（300013），9月10日炸板，次日大幅低开，最多亏30%，最少亏22%；金盾股份（300411），9月3日炸板，最多亏23%，最少亏8%；筑博设计（300564），8月31日炸板，最多亏15%，最少亏12%。看着很悲壮。

在盈利个股中，最高赚20%的有9只，最高赚20%利润的概率为75%，还不包括其他盈利的，所以盈利可以覆盖亏损。换言之，首板只要封住，次日最高赚20%利润的概率有75%（这是理想算法，实盘中往往很难在理想价卖出）。

3. 涨停时间分布

（1）9：31之前摸涨停的有9只，其中炸板6只，失败率66.7%，这说明9：31之前的秒板非常危险，务必慎重。

（2）剔除开盘前一分钟的秒板，随后自然板有11只，封板有9只，也就是开盘一分钟后，自然板封板成功率接近82%。

（3）创业板首板适宜涨停时间是9：31~9：40，共有11只，占比55%，且炸板率极低。

4. 失败个股共性

（1）由于9：31前的秒板失败较多，这个时间段内的秒板务必警惕。

（2）从形态上看，失败个股的共性几乎都是一个涨停刚刚突破前高，正好遇到套牢盘，而不是常见的容易大幅上涨的趋势突破（连阳+涨停，俗称趋势加速）。

（3）从情绪角度看，也能理解这件事，创业板20%的涨跌幅，盘中震荡幅度会让持筹心态不稳，能够封板的个股，要么盘中换手充分，要么靠气势"镇住"卖出资金，进而达到锁仓效果。

如图1-3所示，幸福蓝海（300528）2020年9月16日，跳空高开5.12%后，盘中一口气拉涨停，但封盘15分钟后炸板。那么，为什么会失败？涨停正好碰到前方筹码套牢区，如果突破失败很容易M头见顶，很显然在这样的位置打板成功率很低。除非题材超级强劲，如9月4日的乾照光电（300102），其实也是临近前高，但遇到第三代半导体新题材，而且当时市场需要新题材，注册制炒作也逐渐升温，所以靠着气势顶住了，但幸福蓝海（300528）情况不一样，它最近的上涨没有强逻辑驱动，所以容易失败。

如图1-4所示，新宁物流（300013）2020年9月10日，大幅高开11.45%后，快速冲板，典型的趋势突破，但突破过程中没有充分换手，强行顶板一旦失败很容易一哄而散。这类走势如果换手突破成功，符合很多人的买点，容易吃大肉，而一旦失败，就吃大面。并不是说这类股票不能突破，而是不适合开盘快速突破，这类股票多数都是经常盘中震荡，选择在中午或者午后突破，换手充分的情况下突破成功率会高出很多。

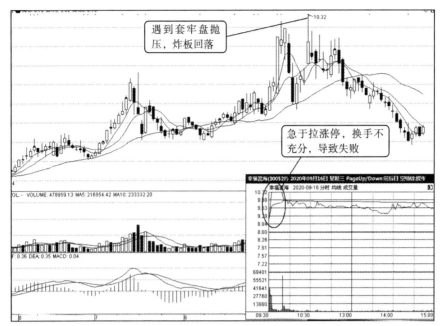

图 1-3　幸福蓝海（300528）日 K 线和分时图

图 1-4　新宁物流（300013）日 K 线和分时图

六、注册制的首板晋级

创业板的二板，也就是常说的一进二（晋级）。注册制推出以后，创业板连板个股不多，多数是二板，上三、四纯连板更加少，如果是做晋级板的，重点应该放在二板上。

那么，创业板一进二有哪些关键点？哪些二板值得做，哪些二板不值得做？哪些二板容易封板，哪些二板不能封板？

1. 涨停时间

晋级二板的炸板率为22.9%，对应封板成功率为77.1%，成功的概率是非常大的。晋级二板与涨停时间有关，而且呈现强烈集中效应。统计数据显示，32只二板股票，剔除一字开盘的7只，余下25只中，开盘1小时内涨停的竟有16只，收盘前1小时内涨停的有5只，中间10：30~14：00涨停的只有4只，好的股票开盘很快就涨停。

换言之，追求换手二板的，不要错过开盘前1小时，此时段诞生换手二板的概率近64%，如果错过这个阶段，那就看尾盘1小时是否有补位板，至于中间批次的，诞生换手二板的概率不大，时间长，冒头的少。

2. 高开幅度

统计数据显示，除开盘一字板外，35只摸过二板的个股，高开9%以上的有19只，最终涨停的有13只，封板率为68%，高开15%以上的有5只，3只封板，2只炸板。

也就是说，高开幅度在9%~15%的股票容易出现换手二板，涨停经常出现在开盘半小时内，其成功的概率也最大。

此外，首板次日平开乃至低开的股票，晋级二板成功的概率极小，成功率不到10%。这种情况要直面现实，找机会赶紧出来。比如，中泰股份（300435）和东岳硅材（300821）在2020年9月10日低开低走收跌。当然，偶尔也会有冲高个股，比如，万里马（300591）2020年10月16日出现低开冲高走势，但这类个股经常被闷杀，总的来说晋级二板的概率非常小，应逢高出局。

3. 首板涨停强度

通常来说，首板涨停强度高，说明要么市场的情绪好，要么板块情绪好，而这两样又正好是题材前进的推动力，也反映出二板晋级的概率大，真正的逆袭还是少数的，首板次日平开或低开，说明市场、题材、个股肯定有瑕疵。所以，容易晋级二板的股票与首板涨停强度有关，首板涨停强度越强，晋级的概率越大。

4. 稀缺性二板

也就是说，在当天没有二板的情况下，出现一个二板个股是否可以？按正常想法，稀缺性的二板是值得关注的。

但是创业板二板少，且出现稀缺二板时往往市场比较清淡，导致经常出现没有连板的情况，所以，稀缺性二板与后面溢价之间并没有明显联系，甚至会出现负溢价。

5. 注册制对超短线的影响

（1）对涨停板的影响。涨停板幅度的提高必然带来数量的减少。

应对策略：减少打板操作。超短线打板操作是存活率最低的一类操作，打板不适合绝大多数投资者，即使打板天赋很好、技术炉火纯青，在20%制度下失败率也会提高。其实只要理解力够，低吸比打板更适合绝大多数投资者。注册制的实施会加速投资者操作向低吸手法进化的趋势，如果原来是一个混合操作手法的投资者，那么应向低吸操作手法倾注更多研究的精力。

（2）对各类周期的影响。这些周期包括情绪周期、指数周期、题材周期、个股周期等，"周期"是很复杂的，可以预见的是涨停板幅度的提高，会带来各类周期运行速度的加快，也就意味着周期的缩短。

应对策略：从选股上来讲，情绪、题材、技术、基本面这4项，以前权重比大约为4∶2∶2∶2，新规则实施之后，现在会转向2∶2∶2∶4，也就是更加重视个股基本面。从题材选择上来讲，没有基本面和想象力的情绪股，编个字母博眼球的纯题材股，会逐渐被市场抛弃和遗忘。

七、注册制的首板误区

成功的股票都是相似的，失败的股票却各有各的原因。创业板首板有许多陷阱，哪些首板不应该买呢？如果从失败实例的角度分析哪些特征容易失败，这样反过来，就能知道成功的要素了。

（1）无规则上涨，一些没有溢价的首板经常是这样，一个涨停出现后，既不是趋势，也不是新高，更不是超跌。比如，2020年9月2日的佳云科技（300242）、9月9日的天银机电（300342）、9月10日的延江股份（300658）等，都是无缘无故的无规则涨停，这类股票不能买。

这类无规则走势的股票溢价普遍低，为什么会出现这些差异走势？本质上和市场资金分类有关，买股票有纯逻辑派，也有纯技术派，也有逻辑和技术综合派，好的图形走势，如果有逻辑配合，那就是左右逢源，各种资金都喜欢。

一只股票的加分项多，溢价自然也就高，如果只有微不足道的一两处优势，关注的资金自然就少，溢价低也很正常。

有些趋势大牛股往往有资金作引导，"妖股"出现的某一阶段，从龙头股到"妖股"的蜕变必然有资金守候和打造。

（2）没板块支持的独立逻辑容易失败。在主板能浑水摸鱼，在创业板不行。比如，普通题材的恒泰艾普（300157）、聚隆科技（300475）、锦富技术（300128）都是炒独立的股权逻辑，而且股权板块只有 2016 年爆炒过，自那以后都是小板块，个股自己炒自己，互相也没有联动性。注册制推出以来只有科隆股份（300405）成功过，扛过二板后，三板换手才熬过来，其他多数半路就卒了。

（3）有板块支持但不是前排的也容易失败。创业板一进二相当于主板 4 个涨停，炒题材达到这个高度，除非题材超级大，比如三代半导体，普通题材的跟风股根本无法达到这个高度。

在创业板的普通题材跟风涨 40%，还不如去做首板套利。这是创业板晋级显著区别于主板的地方，一进二已经涨了 40%，靠浑水摸鱼不行，这很容易失败。

（4）资金对首板一字接力认可度不高。首板一字板（竞价），这些纯粹是情绪博弈，次日不好接，失败的多，应以观望为主。

（5）题材至少预期炒 3 天，才值得做接力晋级。成功实例几乎都是这样的，第一天启动，第二天晋级，第三天、第四天有希望再炒炒，二板后接力资金有念想，游戏才能进行下去。

单纯从这一点来讲，其实已经剔除 80% 的轮动小题材了，如广信材料（300537），当时主流是新能源车、光伏和军工，科技只是属于小支线轮动，这样的题材性价比很低，晋级接力不足。

八、注册制的打板技巧

1. 巷战

如果把传统 10% 制度下的打法称为野战的话，那么 20% 这种风格就是典型的巷战。所谓巷战就是在一个小空间内，来回躲闪腾挪，来回折腾，来回套利。

创业板的很多操作方法变了，其中最大的变化是由"高举高打"转为"巷战"。以前 10% 的龙头，大多高举高打，放长击远，一气呵成，而如今的 20%，方法出现了明显变化。

20% 制度诞生之初，其龙头走势和盈利模式很明显在刻意模仿 10% 龙头，特别是天山生物（300313）、长方集团（300301）和乾照光电（300102），其风格和步伐跟传统10%龙头没有本质区别。但之后的龙头，无论K线风格还是分时图内部细节，都逐渐摆脱10%龙头的套路，逐步走出一套自己的模式。

传统10%龙头，一旦确定市场地位之后，其走势干净、利索，比如，君正集团（001216）、光启技术（002526）、王府井（600859），走势大步流星，雷厉风行，风风火火如奔命。然而20%的龙头，即使确定市场地位，其走势也扭扭捏捏，一步三回首，比较典型的就是新余国科（300722）、中能电气（300062）。

为什么会出现这种变化？

（1）20%的监管比10%更严格，而且更重要的是监管更扑朔迷离，更捉摸不定，或者说更无常。这种情况下，20%很难采用过去10%那种大步流星的模式。

（2）由于20%的长度长，一旦买对，第二天溢价更高，动辄给十几个点的溢价，在这么高的溢价面前，游资兑现冲动更大。以前10%打板对了，竞价能给5个点溢价都算是很成功的了，但在20%的制度下，十几个点的溢价都是家常便饭。所以，经常看到20%反复出现"兑现—分歧低吸—情绪修复拉升—兑现"这种模式。

（3）20%股票的分时图也更加飘忽不定。有时候明显被A游资给砸死了，但半路又被B游资给低吸成功了，尾盘C游资又来个点火，分时图股价又涨停了。

2. 打板方法

注册制下的20%涨跌幅，打板被淘汰了吗？当然是没有，相反还加强了不少。以前打板后次日的溢价达到10%的极少，甚至溢价达到5%的都寥寥无几。那么，现在改成20%的涨跌幅之后，是什么样的情形呢？

当天只要封住，次日基本都有溢价，而且还特别高，好的股票竞价就将近10个点开盘，即使有些低开，盘中也会大幅冲高，行情稍微好点，大部分昨日涨停的股票的价格上涨都会冲到10%以上，甚至超过15%。主力资金想方设法顶住比以前多一倍的抛压，封住了涨停，次日肯定会有更高的利益，也就是说，在20%制度下能够大幅提高溢价。当然被闷杀的个股也不少，成功的概率明显降低。

那么，如何解决炸板的问题？怎么才能赚到高溢价？应对策略概括如下：

（1）不打无板块效应的个股。这类个股即使当日封住，次日溢价也有限，更多的是当日冲高回落炸板，不值得博弈。当然有足够辨识度的个股除外，辨识度是个股的核心生产力。比如，中泰股份（300435）先后两次封板，第一次2020年9月10日封板，次日低开闷杀，第二次10月16日当日炸板，其重要原因就是板块效应不足，在创业板上体现更加明显。

（2）上板强度低，反复烂板的首板不打。这样的板即使当日封住，次日多数也是闷杀的结局。在注册制之前还有机会弱转强，而现在弱转强的概率则很小。比如，中飞股份（300489）2020年10月13日烂板，此后几日基本没有溢价机会。

（3）当天板块爆发，打前排涨停。这点大家都明白，以前10%的战法，现在同样适用。以光伏概念炒作为例，2020年10月9日光伏板块第一个涨停的是青岛中程（300208），因一字板，参与不了。但一字板可定方向，当天光伏爆发势在必得，那么第二个20%的嘉伟新能（300317）上板就可以跟风，随即该股也走了一波拉升行情。

（4）量能足够放大的，涨停封板的概率更大，特别是突破前高或者平台时，也叫放够分歧度量。比如，聚杰微纤（300819）2020年10月15日首板突破大平台以及前高，量能放至近期最大，所以冲板后封盘的可能性增加，其本质是充分换手，减少抛压。

（5）做龙头股。这与注册制之前的战法相比，变化不大。值得注意的是，此时将不再考虑上板强度，有时甚至不用考虑板块效应，辨识度便是一切。比如，新余国科（300722）2020年9月下旬的走势、天山生物（300313）2020年8月下旬的走势，不用考虑分时波动，当天封住即可。龙头股再大的分时波动，再晚的上板也不影响龙头的溢价，而且更晚的上板还可以保证当天封板的有效性。

（6）大盘和情绪周期的时机很重要。一个好的大盘环境，一个好的情绪周期节点，可以提高涨停板的溢价与封板率。此点为核心，也是悟道的根本。正如养家所说，行情好多做，行情差少做。不管规则如何变化，有些东西是永恒不变的。

当然在注册制下打板也有缺点，那就是炸板导致的回落，这是重中之重。一旦炸板当天回撤可能就会达到10%，次日还会有惯性下跌，可能回撤瞬间就超过20%，这也是很多人所担心的。

3. 买入方法

打板是跟随，低吸为预判。在注册制以前，打板比低吸更容易受投资者欢迎，许多游资也是通过打板做大的。在注册制之后，低吸的盈亏比被放大了，一旦低吸成功，往往是20%以上的利润。低吸以安全闻名，却不易预判。打板具有确定性，低吸却经常是无效交易。

低吸虽好，却不易成功。那么，如何提高低吸成功率？

（1）5日均线低吸。该方法非常简单，但实盘中有几点需要注意，这也是这个模式能够成功的核心。

低吸目标股：近期连板的强势股调整时，并且正在主升浪中，形态未坏。个股越有辨识度越好，配合近期热点板块为佳。

如图 1-5 所示，卡倍亿（300863）2020 年 9 月 11 日，股价连拉四板，强势特征明显，具有辨识度，股性也极好，一攻就上板。这是目标股的最佳选择。图 1-5 中，A、B、C 三处均可在 5 日均线附近低吸获利，实际操作中不用那么刻板，要灵活掌握。A 处为第一次主升浪，在阴线处，靠近 5 日均线低吸，次日给了接近 20% 的利润。B 处为反抽浪，在阴线见顶次日低吸，隔日也有 10% 以上冲高幅度，配合见顶分时能轻松盈利出局。C 处同理。

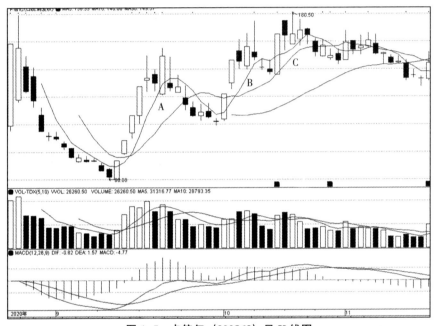

图 1-5 卡倍亿（300863）日 K 线图

主升浪第一次调整时，是最好的入场点。需要注意的是，该方法多以短线隔日套利为主，不做波段。实盘操作时，需要提前预判 5 日均线距离，方法不用拘泥完全落在 5 日均线之上。

（2）10 日均线低吸。该方法是对第一点的补充，当市场情绪较差时，个股可能会调整至 10 日均线附近再做反弹。5 日均线低吸本质是资金博弈主升浪的继续上涨，一旦市场情绪较差，会导致资金趋向谨慎，从而使个股承接力不足，股票会继续调整寻找下一个支撑点。在方法上，拉升结束后首次回落到 10 日均线附近时更佳，两次以后要谨慎参与。

如图 1-6 所示，珈伟新能（300317）当时市场环境是强势分歧叠加退潮，板块龙头恒星科技（002132）当日一字跌停。资金恐慌情绪爆发，疯狂出逃。此时 5 日均线

没有资金承接，只能顺势调整，向下寻找 10 日均线支撑。2020 年 10 月 19 日，股价拉升结束后，首次下探到 10 日均线附近时是短线较好的买点，当日股价收涨 10.44%，次日溢价出局。

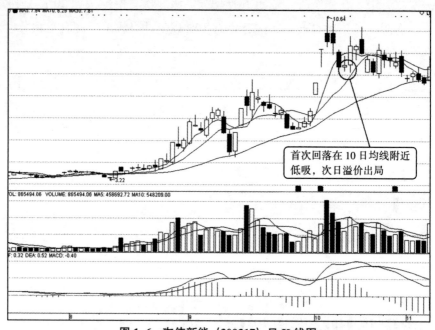

图 1-6　珈伟新能（300317）日 K 线图

（3）涨停后次日闷杀。这个方法的成功率很高。具体战法：涨停后次日闷杀无红盘，或者稍微红盘便杀向水下。在涨停次日收盘前买入，隔日会有冲高修复溢价。其本质是资金花费大力气打造的 20% 涨幅，次日闷杀后资金的自救行为。该战法如果叠加多种支撑和个股形态，成功率会更高。

如图 1-7 所示，双林股份（300100）2020 年 10 月 20 日，股价强势涨停，次日闷杀，只给了 1 分钟的红盘，就向下杀跌，隔日以涨停修复。该股形态也很好，属于庄游合作的高辨识度个股。这种股性好，辨识度高，又符合战法的个股，简直就是天赐良缘，再好不过了。

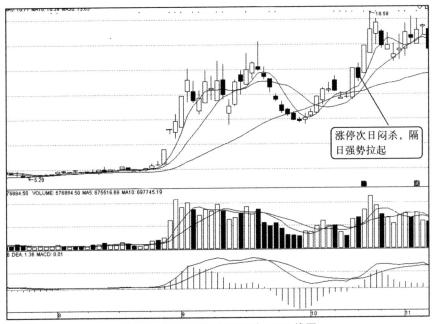

图 1-7　双林股份（300100）日 K 线图

第五节　散户关注的游资若干问题

短短 30 余年 A 股市场经历了从无到有，逐步走向成熟，从技术派到庄股、游资时代，再到未来成熟资本市场的价值慢牛为主导的理性时代，当然在这之前还有一段相对漫长的后游资时代，与机构混战消灭散户的大过渡期。

在市场中除了大家普遍注重的游资手法外，也应关注游资的若干其他问题。

1. 当前游资新变化和龙虎榜内涵

（1）2020 年以来，游资席位有什么新的变化？在近几年游资江湖中，新冒出了几个厉害的角色，作手新一、小鳄鱼算是典型代表。作手新一的理解力很强，抄底、打板都做，买的股票都表现不错。小鳄鱼的首板、反包、接力恰到好处。随着市场的发展变化，还会有优秀的新游资出现，游资江湖人才辈出，代代相传。

（2）游资从地域来说，这几年有什么变化吗？游资江湖中，江浙一带是游资最为活跃的地方，宁波是"涨停板敢死队"的诞生地，此外，温州、苏杭的资金比较富裕，喜欢短线炒作。另外，上海、广州、深圳、福建等地也都是游资比较活跃的地方。

（3）龙虎榜中的买一到买五席位，资金是通过打板进去的吗？龙虎榜中的游资，大部分是以打板为主。

（4）龙虎榜的营业部席位，是一个游资买的，还是多个游资同时买的？一般买五前几位，大部分是一个游资所为。比如说，龙虎榜显示买一有3000万元，基本上是这个游资在涨停板的时候买入了3000万元。大部分游资都是自有资金。

（5）如果一个游资用5000万元左右封板，大概占其资金量的比重是多少？市场好的时候，游资有可能满仓一只股票；市场不好的时候，就要看每个游资的体量了。像赵老哥体量大，买入个股所需资金对他来说不算什么。但对一些中小游资来说，大部分是1/2仓位，或者1/3仓位，行情差的时候可能只有1/4、1/5仓位。

2. 价值投资深入人心后打板会被边缘化

（1）顶级游资的资金量有多大？大概有30亿元到50亿元，现在主要是做趋势个股，持有一段时间。打板只做大股票，在行情好的时候搞一下。小股票一般都不太参与，买的比较少。

（2）顶级游资的自有资金那么大，为什么还要打板？打板是游资的老手法，觉得有赚钱的机会就去做，也可以保持对市场的敏感度。游资市场中，有些人有了一定资金量后还是能够不断地学习进步。但有一些人却进步不了，习惯于以前的思维模式，换一种投资模式就会亏钱，又只能来打板。以前很多的"牛散"或有名的游资，后面反而越做越小了。

（3）注册制后游资就不打板了吗？每一段时间市场都会有一个主流的投资风格，但是以后的主流风格，必定不会是游资。以后价值投资理念越来越深入人心，机构资金越来越成为市场主流，打板的资金会越来越少，会越来越被边缘化。

（4）趋向价值投资后，短线投资是不是越来越少？短线投资者能为市场提供流动性，如果只有中长线投资人在市场，这个市场就如死水一般，很多股票交投就不活跃。股市里其实很大一部分溢价是流通价值，如果没有流通性的话，流通性溢价就会降低，股票很多时候也就不值那么多钱了。

3. 交易最终的归途都是做价值投资

（1）怎么看待游资的操作风格？打板只是短线手法的一种，只是说做短线成功的人中打板的最多。打板又有细分，有打一板的、打连板的、打高位的，有的喜欢打比较高的四板、五板，有的主要是打一板。

在市场不好的时候，做得稳定的游资基本上都是以打首板为主。当牛市来了后，进攻性最强的游资都是打连板的。赵老哥这一点做得比较好，在行情不好时他就打首板，在牛市中他打连板比较多，这说明他在不断进步。

（2）这些年很多知名游资被监管处罚过，怎么看待这些处罚？前几年市场中，游资的影响力确实太大了，风头太盛了，大部分散户都在亏钱，游资还在赚钱。从监管者的角度来看，游资是在利用资金优势，扰乱市场正常秩序。

不过，很多游资被处罚主要是体现在虚假申报、反向交易、强力拉升这几个方面。处罚对一些大游资的影响是很大的，很多大游资由于受到监管都不怎么做打板了，而选择了其他一些投资方法。游资成长到一定阶段后，尤其在熊市中，市场资金容量变小，大游资不能用大钱打板，其资金使用效率就变低。

因此，很多大游资赚到钱之后，都会变更自己的模式。做交易，其实最终归途都是做价值投资和中长线，做更大的周期。以前的老游资现在都比较少出手，他们现在大部分都去转做趋势和长线投资了，只是市场好时出来打板，但资金量占总资金的比例已经不大了。

（3）小游资快速成长把资金做大之后，为什么不走向阳光化之路和管理产品之路？有一些游资在市场上能获得稳定收益，通过自有资金就已经做大了，所以不想去开公司，嫌麻烦。大部分做交易的人都比较内向，不太喜欢和人打交道，他们不一定会选择去代客理财或做私募。

4. 理解力和控制力成为游资的关键因素

（1）投资者要想成为一方游资的话，有哪些关键因素需要把握？高水平的游资是万里挑一的。最重要的就是对市场的理解力和控制力。市场如战场，瞬息万变，投资者要有非常强的理解力，对市场情绪、题材有准确的理解。比如，为什么打这个板，什么时候打？只有极少数人能准确把握市场的脉搏，能赚到钱，能实现稳定盈利。做短线，最重要的就是实现稳定盈利，但很多人做不到稳定，所以成长不起来。控制力容易理解，如何控制亏损就比较难。有些人亏钱时还加大仓位去交易，有些人不是很有把握的机会也去交易了，这样亏钱的概率就大。

（2）游资圈子会联手去做一些股票吗？游资大部分都是市场派，他们都喜欢跟随市场而动。在市场不好时，很多庄家都被消灭之后，游资时代才兴起。游资最重要的一个特点就是跟随市场，所以大部分游资都不会一起去坐庄，或者一起拉一只股票，他们只会根据市场来，这个热点在这个板块或者在这个股票，大家就不约而同地买这个股票，所以经常看到一些龙头股上买五的前几个席位是大游资，这只是合力而已。

（3）有很多年轻人想做职业短线投资，如何看待这个问题？交易这条路是挺难的，因为交易的门槛很低，但能成为优秀交易员的人极少。短线投资这条路的淘汰率很高，

沉没成本太高，建议年轻人选择价值投资这条路。如果真正热爱的话，还是可以尝试一下，但先期投入不要太大，即使把这些钱全部亏完也没有压力才行。然后多学习一些别人的成功经验，让自己少走弯路。

（4）对做短线的投资者来说，最忌讳的是什么？这个市场永远不缺做短线的，即使以后市场成熟了，短线交易也还会存在。只要涨停板制度不取消，T+1制度不取消，游资就会长期存在。投资者亏钱还加大投入，这是最大的忌讳。一旦出现亏损，就要谨慎，或者减少投资，要反思一下自己是不是错了。在投资的道路上，只要不犯大错、少犯小错，就会一直跟随着市场成长。

第二章　游资江湖风云录

第一节　八年一万倍——赵老哥

一、人物素描

2010年春末夏初，第五届淘股吧职业炒手杯股林大赛激战正酣。一位少年横空出世，踏歌而来，经60日激战，力压群雄，剑败天下豪杰，一举夺魁。奇异的是，无论是参战者还是观战者，都对他的出身、门派、武功一无所知。

侠客使的是"一板算个毛，二板定龙头"的剑法。此剑法奇诡狠辣，变幻莫测，每每出人意料之外。

其轻功，似江湖失传已久的"板上板飞"绝学，共七重身法，包括"拉板、扫板、排板、破板、烂板、顶板"等，他应该达到了第七重的"板上板"最高境界，迅捷来如电、去如风。

其内功心法，练的是"爆量神功"，此功法不知何人所创，有传言是少林易筋经的股市版本，但未得证实。相传共十三层境界，每上一层功力翻番，端的是至刚至强、威力奇大，但也极为难练。普通人往往穷一生之力也不过能学到一两层。纵有天赋异禀之人，能达到五六层功力，已足以纵横股市。

至今，未闻有练至第九层以上者。然此子年纪轻轻，功力却似已入十一、十二层之间。假以时日，必能功行圆满，达成十三层的巅峰境界。真是不可思议。

夺冠之后，他即悄然离去。虽然游资江湖也偶现侠踪，但更多时候是隐身山林，苦练剑法内力，欲成绝世神功。

后闻其名，此人便是赵老哥。从2007年年初带着10万元资金入市，2015年牛市

风云再起，杠杆牛气势如虹。他顺大势、显大格局、出大手笔，借中国神车之力，成就"八年一万倍"的盖世奇功，天下皆惊。在游资江湖排行榜中，他隐隐然与两位前辈宗师徐舵主、章盟主呈并肩之势。

随后几年，舵主先失足、盟主半隐退。赵老哥独撑游资大局：望东方（通信）、观美锦（能源）、骑龙盛（浙江）、顶中软、入沪电（股份）……传奇还在继续。

二、操作风格

赵老哥是"涨停板敢死队"的得力干将，他与"只做涨停板"（网名）的操作风格类似：快、狠、准。他与孙哥是好朋友。赵老哥是大气磅礴风清扬，孙哥是天才少年令狐冲。近年来"孙赵联盟"联合主导了很多股市经典战役，常在一只股里共同进退。

赵老哥是宁波"涨停板敢死队"的重要成员之一。2015年4月16日收盘后，他以《八年一万倍》为题，在论坛上写下一段话："今天是值得纪念的一天，资金终于上了一个大台阶，感谢中国神车！"这一天他创造了"八年一万倍"的神话。

他杀伐果断，毫不拖泥带水，属于超短线选手中的第一高手。在当年乐视网（300104）见顶时的龙虎榜中可以看出，买入10亿元，第二天割肉1亿多元。这种魄力，虽仅此一例，但足见其处事风格。

在业内，大户跟营业部的关系都很好，大多有融资操作。如果大户有要求，券商基本会破例给大户更高的融资比例。赵老哥能在熊市里实现翻倍收益，在2015年牛市里，一个月翻倍并不困难，如果碰到中国中铁（601390）、暴风科技（300431）这样的强势股，十来天就可以翻倍。因此，"八年一万倍"并不是吹嘘，而是实打实的业绩。

他在论坛上寥寥数文中曾谈道："切记，不要做自己模式外的操作，过去由于这个原因也损失不少。"由此可见，他有着自己独特的交易模式，其操作是有迹可循的。

赵老哥之前的主要席位是银河绍兴营业部、华泰永嘉阳光大道营业部，现在主要是华泰浙江分公司、浙商绍兴分公司、浙商绍兴解放北路营业部、浙商湖州双子大厦营业部、湘财上海陆家嘴营业部、中信上海古北路营业部以及中信北京阜成路营业部等。

三、传奇手法

老牌"涨停板敢死队"的操作原则是：专追涨停板，若个股短线上升势头凶猛，便果断介入，用大资金将所有抛单一扫而光，把股价推升到封停板，然后再用一笔大单将涨停板封住，等该股无法连续涨停时，便在高位果断出货。

新辈的操作手法是：瞄准某个题材，提前布局潜伏，在题材兑现当天，将个股拉

升至涨停，次日杀跌，完成出货。赵老哥的操作风格跟新辈的手法有些相似，却又不完全一样，可以说是静若处子，动若脱兔。

那么，赵老哥的传奇操作手法又是怎样的呢？通过几个典型的实例跟踪，就能够了解他的操盘手法。

龙虎榜数据显示，2019 年 2 月 22 日，赵老哥常用席位之一的银河绍兴营业部买入中兴通讯（000063）3.2 亿元，助力该股强势涨停。次日该股收涨 8.87%，他这次操作获利颇丰。不过，这样的获利对他来说可能不算什么。在钻研游资的投资者看来，赵老哥更善于短线操作，并经常性地在类似中兴通讯这样的"大块头"上搅动风云。

1. 四度征战中兴通讯

如图 2-1 所示，中兴通讯（000063）：2018 年 8 月以来，股价走强离不开 5G 行业利好消息的持续发酵，这表明市场对 5G 概念和短期投资价值的认可，加之利好消息频出，市场做多热情高涨。赵老哥在这个时候携 3.2 亿元资金入局，很容易带动跟风资金买入，推动股价继续冲高，而这也为其后续退出资金奠定了基础。其实，这不是他第一次选择中兴通讯（000063），他曾在 2018 年 6 月 13 日至 6 月 25 日连续走出 8 个跌停板，区间跌幅接近 57%，随后止跌企稳。7 月 3 日，他的常用席位银河绍兴营业部主封，高调买入该股 9236.75 万元，助力该股强势涨停。

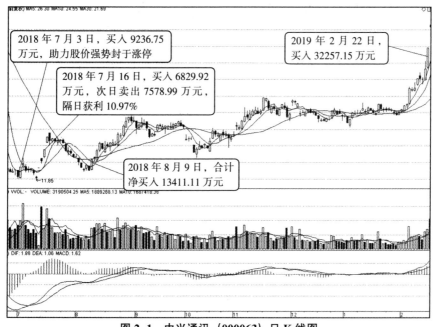

图 2-1 中兴通讯（000063）日 K 线图

该股经过前期的杀跌以及数日调整之后，卖盘已近衰竭，安全边际较高，在大资金拉动封板后，很容易吸引其他投资者跟风买入，次日股价大概率能够冲高，为封板资金溢价退出提供便利，这也成为其获得赵老哥青睐的一大原因。次日，该股股价冲高回落，最终收涨 2.6%。

经过 5 个交易日的阴线调整过后，2018 年 7 月 12 日股价一字涨停，次日继续上涨 5.94%。此时赵老哥再度归来，银河绍兴营业部在 7 月 16 日买入 6829.92 万元，同日卖出 102.45 万元。7 月 17 日，出现二连板，赵老哥止盈退出，卖出 7578.99 万元，粗略测算，仅两个交易日内收益率超过 10%。

看中时大胆出手，重仓买入；退出时果断决绝，毫不犹疑。这是赵老哥操盘的一大特色，同时也是其获利的一大法宝。在他退出之后，7 月 18 日起，股价步入短线回调。

他和中兴通讯（000063）的"故事"远没有结束。8 月 9 日，中兴通讯正式向业界发布《5G 网络智能化白皮书》，引发市场普遍关注，当日在多路游资协力追捧下，股价再次涨停。

这次赵老哥也没有缺席，银河绍兴营业部和浙商绍兴分公司包揽该股龙虎榜买二和买三两个席位，合计净买入 13411.11 万元。自此开始，股价步入短线上行通道，至 8 月 29 日短短 15 个交易日内区间涨幅接近五成。

值得注意的是，在中兴通讯（000063）的带动下，市场对 5G 概念的热情被点燃，相关题材股大多有不同程度的上涨，在彼时大盘表现低迷的背景下成为一道独特的风景。

2019 年 2 月 22 日，也就是时隔半年之后，他再度携巨资买入该股，也显示其对该股的钟爱。当天动用资金高达 32257.15 万元，助力该股强势涨停，次日强势高开 9.91%，盘中强势震荡，当天终盘收涨 8.87%。

2. 为何偏爱"大块头"

大家普遍认为，"中字头"的大盘股行情是由公募基金或是"国家队"所主导，而赵老哥的操作显然是打破了这一"传统"。那么，他为什么会选择中兴通讯（000063）这样的"大块头"呢？专门研究游资的投资者指出，原因有二：

一是近年来几乎每隔一段时间就会有游资被处罚的情况出现，包括温州帮、佛山帮等在内的知名游资都曾纷纷"落马"。这种情况下，整个游资生态正在逐步转换，除了搞小股票之外，也会尝试引领大股票的趋势，赵老哥选择类似中兴通讯（000063）这样的大市值股票，一定程度上也是顺应了这一大趋势。事实上，除了赵老哥之外，

在中兴通讯（000063）的龙虎榜上确实也出现过很多其他游资。

二是赵老哥选择类似中兴通（000063）讯这样的"大块头"，某种程度上来说也是无奈之举。在资金量快速滚大之后，如果只是钟情于中小市值个股，其能够容纳的资金量相对有限，这就意味着：要么长期处于低仓位状态，而这会影响其整体的收益水平；要么则需要同时操作多只股票，这也将在一定程度上增加操作难度。在这种情况下，赵老哥自然会去选择资金容量更大的"大块头"。

此外，近年来小市值股票"跌跌不休"、成交低迷的市场行情，也使得大盘股更具吸引力，低迷的行情导致避险情绪上升，市场资金更倾向于抱团取暖。加之近年来，中小市值上市公司债券、股权质押违约等财务风波不断，资金倾向于向大盘股聚集。

当然，被赵老哥选中的"大块头"，往往还有着热点题材傍身。业内人士表示，5G项目的推进目前对于基础运营商而言其实是处在大幅投入阶段，由于还没有正式落地，对下游软件服务商业绩的利好也还尚未开始释放。因此，硬件设备供应商实际上才是最受益的，A股的龙头个股无疑就是中兴通讯（000063）。

从市场看，之前几轮的爆炒已经证明了5G概念的市场认可度非常高，而且还不断有相关利好消息逐步释放，加之中兴通讯（000063）此前股价曾有较大幅度下跌，安全边际相对较高，这样的股票一旦确立强势地位后，很容易吸引资金集中关注，走出大的趋势性行情。

他所选中的京东方A（000725）则是柔性屏概念的预期受益者。虽然该股在持续火爆的众多柔性屏概念股中股价表现并不是最出色的，但优点是资金容量大，对于赵老哥这样资金体量较大的游资来说不失为好的选择。同时，该股自2018年1月23日至2019年1月底股价一路向下，区间跌幅超过六成，股价处于相对低位，安全边际较高，加之热门概念傍身，很容易吸引其他资金跟风买入。

如图2-2所示，京东方A（000725）：2019年2月12日，银河绍兴营业部现身龙虎榜，买入资金7272.52万元，同日卖出7343.95万元。2月13日，该席位以高达16738.68万元的买入金额占据龙虎榜首位，同日以4998.79万元的卖出金额出现在卖方第五位。2月14日，该席位同时占据该股3日龙虎榜买卖双方首位，买入资金为41345.19万元，卖出资金为37195.16万元。

四、经典战法

1. "有三必有五"战法

许多涨停板"迷者"，在潜心研究了赵老哥在龙虎榜上的动作之后，总结了涨停板

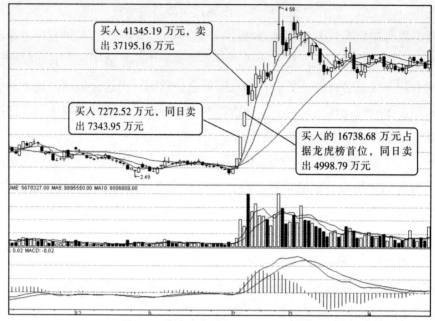

买入 41345.19 万元，卖出 37195.16 万元

买入 7272.52 万元，同日卖出 7343.95 万元

买入的 16738.68 万元占据龙虎榜首位，同日卖出 4998.79 万元

图 2-2　京东方 A（000725）日 K 线图

的经典战法。他在超短线打板中，有一个比较出名的法则就是"有三必有五"，即个股三连板之后，逢低买进，后面大概率还会出现新高。也就是说，三个板之后还有第五个板，第 4 天不是出货的时机，第 5 天才是一个好的卖点。但是，一般人不会在如此高位去加仓，赵老哥雷厉风行的风格就在于此，在重仓之后还会在此处加仓，等到五板、六板出现之后的鼎盛时期毫不犹豫地清仓。操作虽然简单，但是一般人很难做到，散户的心理决定不会在此处加仓，这就是他跟高手的区别所在。

如图 2-3 所示，复旦复华（600624）：2019 年 3 月 11 日，股价向上突破整理平台，连拉 4 个一字板。3 月 15 日，赵老哥在第五板位置利用银河绍兴营业部买入 5316.33 万元，3 月 18 日卖出 5477.17 万元，盈利 160.84 万元。3 月 19 日，赵老哥在第七板位置买入 6775.28 万元，次日卖出 7816.74 万元，获利 15.37%，赚 1041.46 万元。如果你遇见这样的走势，你会怎么操作？相信很多人都不敢这样操作吧？而赵老哥却用此来搏杀，因为你不敢买，所以他最终成功获利。看到他如此快、准、狠的操作手法，不知道你学到了什么呢？

他还进一步总结出："涨停板有三必有五，有五必有七。"当一只强势股从阶段底部启动后，如果连续收出 3 个涨停板，则其由于惯性冲力，一般还有 1~2 个涨停板或者连续接近 10%~20% 的涨幅，就像核反应裂变一般，会有连锁反应。这是许多强势股飙涨在牛市行情的一种特征。但绝大多数人做不到这一点，人性弱点的恐高，加上爱

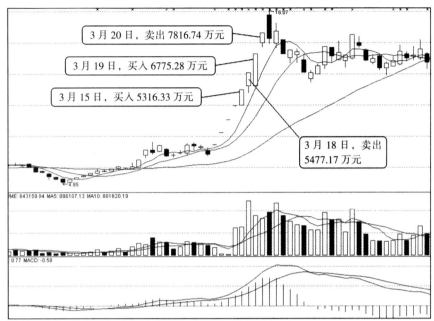

3月20日，卖出7816.74万元

3月19日，买入6775.28万元

3月15日，买入5316.33万元

3月18日，卖出5477.17万元

图2-3　复旦复华（600624）日K线图

看成本价来决定卖出的思维，使绝大多数人很难做到重仓持有并且加仓。

从操盘模式看，他基本都是买在板上，且买一板的比较少。其出手就是全仓，大多数时间都在市场参与，只有大盘极端恶劣的情况下才休息。他大多数是买3~4只股票，第二天有利就跑，被套也跑，只有连续封板时才留仓。

赵老哥讲究K线和分时的气势，买入被套就割肉，因为做T或救援一般很少扳回亏损，不如亏损后一刀砍下。其心态极其顽强，坚持自己的模式，很少有模式外的操作，如低吸、波段都没有。整体上，其盈利符合"二八定律"，就是二成个股贡献八成利润，八成个股小亏小赢。这是投资者对他操作风格的总结。

2. 龙头股、强势股调整后的第二波

赵老哥也酷爱龙头股、强势股调整后的第二波，典型的实例如亚夏汽车（现为"中公教育"）。

如图2-4所示，中公教育（002607）：2018年5月22日晚间，亚夏汽车公告称拟作价185亿元置入及购买中公教育100%股权，交易完成后，中公教育将实现借壳上市。受益于此，公司股价在复牌后的5月23日至6月4日接连9个交易日涨停，累计涨幅接近137%。随后的两个交易日，股价小幅调整，日涨幅分别为-5.12%和3.08%。

在A股借壳上市本身就是一大亮点，吸引了诸多投资者关注，而该股在同期大盘弱势，多数个股"跌跌不休"的情况下强势上涨，更是牵动着众多投资者的心，吸金

(游资江湖——股市游资帮派与大佬操盘手法揭秘)

和吸睛效应都尤为明显，毫无疑问地成为当时市场上的最大龙头。连续涨停的龙头股市场关注度往往有着很强的持续性，当股价调整几日充分换手之后，在大资金带动下很容易继续走出第二波上涨行情。

6月7日，赵老哥开始入局亚夏汽车，银河绍兴营业部和浙商绍兴分公司出现在龙虎榜买一和买三席位，累计净买入7771.05万元，助力该股强势开启微调后的第二波行情。6月11日，银河绍兴营业部有买入也有卖出，在已经两连板后继续加仓1276.4万元，当日该股仍然以涨停报收。

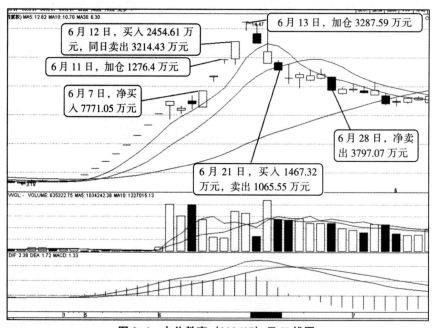

图 2-4　中公教育（002607）日 K 线图

在这之后，虽然依然看好该股，赵老哥却开始转而不断做 T 锁定收益。6月12日，股价四连板，浙商绍兴分公司买入2454.61万元，同日卖出3214.43万元，次日转而做多，大幅加仓3287.59万元；同时，银河绍兴营业部则净卖出2420.19万元。

虽然短线打板具有较大的风险，但实际上赵老哥的操盘风格却是偏稳的。与多数游资习惯在盘中直线拉升吸引人气不同，他更多时候是稳步拉升的。从该股6月7日的分时图可以看出，其在涨停之前股价曾多次波动调整，稳步上行直至涨停，而后期反复做 T 锁定收益，也体现出他谨慎的一面。

在操盘过程中，他还会出现更换营业部的情况。调查数据显示，6月21日，他舍弃了此前登上亚夏汽车龙虎榜的两个席位，转而开始使用华泰浙江分公司席位买入

1467.32 万元，同时卖出 1065.55 万元，小幅加仓亚夏汽车，不过当日该股却以跌停报收。

6 月 28 日，该股股价再度跌停，赵老哥果断退出，当日银河绍兴营业部出现在龙虎榜卖一席位，净卖出 3797.07 万元。

3. 龙头股调整到根部区域的第二波

赵老哥选择介入个股的另一种情况就是在龙头股调整到底部区域时，做第二波反弹行情。

如图 2-5 所示，华能水电（600025）：该股主营水力发电项目的开发、投资、建设、运营与管理，是云南省最大的发电企业。公司于 2017 年 12 月 15 日登陆 A 股，上市之后的 8 个交易日中收出 7 个涨停板，随后股价步入回调。

早在前期的强势上涨阶段，赵老哥就曾介入华能水电（600025），调查数量显示，2017 年 12 月 26 日，银河绍兴营业部买入该股 4396.14 万元，次日股价连板，卖出 5581.15 万元，获利 1185.01 万元，之后股价进入调整走势。在这次介入前，该股于 12 月 25 日结束了此前的六连板，股价微涨 0.4%。这恰好满足赵老哥的"龙头股、强势股调整第二波"的模式。

2018 年 1 月 16 日，赵老哥在该股强势回调到 25% 左右时开始短线介入，银河绍兴营业部以高达 4995.08 万元的买入额高居该股龙虎榜买方首位，助力个股强势涨停。次

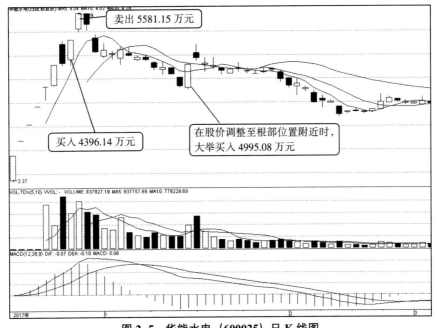

图 2-5　华能水电（600025）日 K 线图

日，股价早盘冲高至 8 个多点后回落，最终收涨 2.61%。

一般而言，A 股有炒作次新股的传统，该股上市后首度回调自然吸引着诸多投资者关注。在短线下跌约 25% 以后，该股本身已经到了一部分投资者可以接受的心理价位，此时有资金强势封板大概率能吸引部分投资者跟风，同时由于涨停板制度本身意味着一定的溢价效应，次日个股继续冲高的可能性很大。

4. 出击个股加速形态

参与加速形态个股的博弈，也是赵老哥经常用的成功战法。

如图 2-6 所示，汤臣倍健（300146）：2018 年 1 月 30 日，公司宣布正在筹划重大事项并停牌。在 7 月 31 日复牌首日，浙商证券绍兴分公司高调买入 12515.33 万元，助力该股强势涨停。

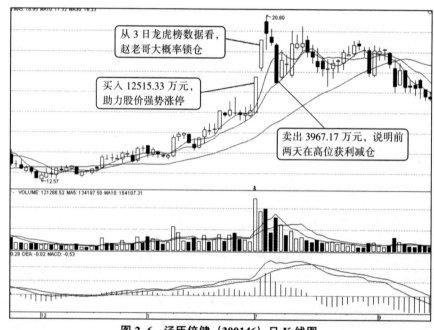

图 2-6　汤臣倍健（300146）日 K 线图

该股本身就处于上行通道，具备吸引资金流入的条件，在利好消息的催化下，再有大资金强势拉板做多，就能吸引到更多投资者的关注和跟风。综合作用下，大概率能推动个股股价继续走高。

次日，该股高开 2.48% 后，强势震荡走高并封涨停。从当日公布的 3 日龙虎榜数据看，赵老哥大概率锁仓待售。随后两个交易日，该股在高位收出小阴线，日涨跌幅分别为 1.44% 和 -2.11%，该股没有登上龙虎榜。直至 8 月 6 日，该股以长阴线跌停，银河绍兴营业部卖出 3967.17 万元，说明在高位已经大幅获利减仓。

当然，赵老哥也有高位接盘"吃面"的时候。调查数据显示，银河绍兴营业部在 2018 年 4 月 25 日现身中国软件（600536）龙虎榜，买入 4155.42 万元，助力该股强势涨停。次日，股价却收跌 9.84%，此后虽在 5 月 3 日又出现一个涨停板，但该股股价已经上涨乏力。5 月 4 日，银河绍兴营业部卖出 3307.93 万元，股价以跌停报收。

从总体情况看，赵老哥的胜率是很高的，他虽然偏爱短线炒作，但是一直比较稳健。从 2019 年年度上榜情况与同期上证指数走势对比分析来看，其盈利能力远远超过大盘。近年来，除了中兴通讯（000063）、京东方 A（000725）之外，他还参与了路通视信（300555）、东方通信（600776）、复旦复华（600624）等多只股票的操作，表现较为活跃，总体获利情况也很乐观。

他的操作核心以选择市场风口板块为主，敢于参与市场龙头股接力，并激发市场的情绪，因此被市场公认为题材的点火接力者。

打板也好，低吸也好，追涨也好，他的目的就是要做龙头个股，而不是简单的打板套利。打板是为了在最后确定的一瞬间选择市场上最强的个股，并获取最大的利润。

赵老哥是一个全能型选手，一般以做龙头为主，对市场热点的理解能力很强。

五、心法解读

1. 二板定龙头

"一板是表面，二板定龙头。"这是赵老哥的操盘心法。

大家都知道，每天都会有出现涨停的个股，尤其是首板个股较多。近期首次涨停的个股，简称首板个股，或者说，在走势上近期出现的第一个涨停 K 线的个股。

那么，"一板是表面，二板定龙头"是什么意思呢？判断强势股，首板涨停个股一般人是看不出什么端倪的。首板涨停的个股很多，有放量板、缩量板和一字板。纵然它们或者是某个题材板块的普涨带动，但基本上都是一字板或快速涨停，通常是分不出来谁是领涨股的。

所以，至少要从二板来判断。二连板涨停的过程，会出现分歧涨停，这就说明已经过了及格线，如果不是领涨股的话，第二天冲高回落就结束了。当然，二板定龙头是他多年前的观点，现在用这个方法，要加以完善才行，也就是说，要根据当下的市场环境去修正。同一个热点题材，二板、三板甚至四板都分不出胜负，为什么？因为这个热点太强势，比如 2020 年下半年的酿酒概念，以及 2018 年的创投概念股等。

另外，他针对短线操作给出了主导思想。做短线，不看基本面，技术甚至都用不

上，只看市场情绪，也就是人气，讲故事。故事讲完了，自然就退潮了，也就一地鸡毛了。比如，在 2020 年酿酒板块的炒作，起初只要上车，每天享受一个涨停板，但到最后要落袋为安，否则就如坐电梯一般。

如图 2-7 所示，美锦能源（000723）：该股是氢能源、燃料电池概念龙头股，在 2019 年上半年受到资金的爆炒，二板突破后出现连续涨停板，形成龙头股走势，股价飙升式上行，见顶回落后一路走弱。如果不在高点卖出，则越套越深，短期难解其套。

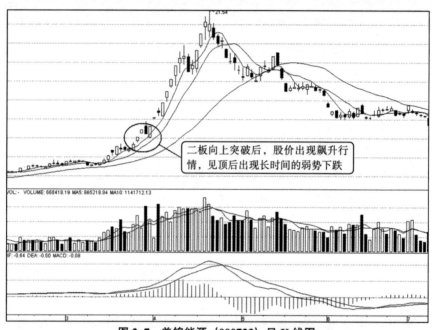

图 2-7　美锦能源（000723）日 K 线图

所以，结合赵老哥的经典心法，可以提炼出这样一段话：判断强势股，要从二连板涨停开始判断，首板或者一板，是看不出来什么门道的。

此外，短线操作的核心在于追击热点股，无须看什么这面那面的，看人气、看资金、看故事，其后高点撤退就行了，不要和股票有感情，它只是供大家操作的一个玩偶，操作完后，谁也不认识谁。

二板定龙头，"打二板"用他的说法叫"穿云箭"，也称分时的弱转强，就是一根笔直的分时线突然拉板。这种形态他参与得比较多，通常在二板这个位置上，有很多资金在做，最后大家殊途同归，都是类似的手法。比如，OLED（柔性屏）的领涨龙头领益智造（002600），2019 年 2 月 12 日的二板，当时他就参与了，后来三板的一字板以及 3 月 1 日的二板，他都参与了。

2. 热点是核心

赵老哥是一个非常全能的顶级游资，可以做首板，也可以做中低位连板，如 2019 年 2 月 26 日，在中粮资本（002423）三板位置买入 1790 万元。他还敢于高位接力"妖股"，如 2019 年 2 月 26 日，在国风塑业（000859）11 连板高位，他分别利用银河绍兴营业部买入 4366.59 万元和华泰浙江分公司买入 2261.22 万元。他也有能力撬开跌停板，如 2019 年 2 月 26 日，在深天马 A（000050）跌停板当天，他利用华泰浙江分公司买入 7071.52 万元。

他的操作手法多种多样，但是原则都是围绕绝对热点去操作，很少看到有操作非主线的品种。当然，常在河边走，哪有不湿鞋，他在买入国风塑业 6627.81 万元时，日内浮亏-18%，次日"吃面"离场，血亏 1300 万元。

在之前的市场中，有很多散户不了解银泰上海嘉善路营业部是哪个大佬的，经游资圈内多方求证，该席位是赵老哥的新席位，风格和孙哥类似，龙头"妖股"爱好者。

2019 年 4 月 19 日，他所操作的全柴动力（600218）和美锦能源（000723），这两只个股都是顶级龙头。全柴动力（600218）是燃料电池龙头，午后封板进一步激发人气，他买入 15930.93 万元。美锦能源（000723）临近尾盘大幅度跳水，为燃料电池降温打了预防针，他买入 6330.01 万元。

这两只个股轮换拉升，4 月 18 日全柴动力（600218）主动杀跌，这里的主动杀跌更多是单波四连板受到之前牛股单波四连板的空间压制，而同日美锦能源（000723）抗跌，更多是单波涨幅当时只有 2.5 板，离四连板还有空间，相当于单波补涨。

为何 4 月 18 日尾盘美锦能源（000723）上板被炸？主要是受市场环境影响，当时市场处于连涨之后的高位分歧回调点，市场抛压较大，加之板块连涨 3 天，板块跟风集体退潮，无法借到板块东风所致。

4 月 19 日，为何市场选择全柴动力（600218）反包？主要是该股主升段的分歧回调，趋势惯性更强劲，而美锦能源（000723）主升浪已经涨过，属于 5 浪的末期拉升，趋势惯性弱一些。加之美锦能源（000723）量能接近 70 亿元，全柴动力（600218）量能为 30 亿元，全柴动力（600218）需要的资金更少一些。至于为何全柴动力（600218）午后炸板后还能回封，主要是市场反弹，以及板块调整之后压力减轻，没有拖后腿，反而有不少低位板助攻所致。

一只个股涨停是否炸板，不仅取决于自身强弱，还有很大一部分原因和市场板块强弱有关，不能孤立地看个股。

当时燃料电池继续领涨两市，资金一方面继续拉升龙头，另一方面挖掘低位新分

支补涨，4月19日石墨烯补涨高潮，就是燃料电池的一个分支，除了燃料电池外，其余板块个股以独立走势为主。

六、经典语录

（1）一板是表面，二板定龙头。

从资金面上讲，没有新题材，老热点就继续。

短期交易，不讲价值，不讲技术，只讲故事。有故事，有大量资金活跃的股票，就有肉吃，吃完撤退，动作慢的不要为人买单。

如果一定要讲技术的话，就是看"人气"，一口气上不来就要歇气。

（2）有新题材，坚决抛弃旧题材。只有新题材，才有吸引市场的强大资金。大资金以亿为单位，所到之处，只有涨停。只要能跟上这股资金，想不赚钱都难。

（3）对别人赚钱的模式，不关注，不关心。没有关注，就没有伤害。

（4）市场差不怕，成交额少也不怕，就怕题材多。题材多势必切换快，必然板块轮动频繁，要记住没暴量的都不能说是龙头，龙头要接受市场的检验。

（5）龙头战法的核心就是，第一时间发现市场的精神领袖，第一时间抓住并持有，直到发现市场新的精神领袖为止。

（6）大龙头都是多点共振的结果。题材派、龙头派、技术派都认同，才符合上涨逻辑，龙头股筹码供不应求，直到放出巨量不能封板。

筹码供不应求，越走越轻、加速。不少纯打板战法，过分看重分时板的质量，打的是分时板，而不是日线板。

（7）模式不同的人，尽量少交流。交流多了，容易受影响。想法越少越好，模式越简单越好。

（8）非G点不看，不研究。不研究，也就不会买。

一只股票突破压力线并缩量回抽压力线，然后再次向上拉升，即为G点成立。在压力线之下的股票，为G点不成立，要想成牛股，必须先得站上压力线。

（9）只做龙头，只做主升，只做惯性。不做反抽，不做波动。

没有主升的龙头，就守候。有了，就迅速出击。坚持龙头主升战法，必有回报，这个是执行力。是不是真龙头，需要考验个人的理解力。

（10）跟风股，不看，不买，不研究。喜欢操作跟风股的一定会被市场淘汰，这是定律。好的习惯，才能保证稳定赚钱。心猿意马，赚不到钱。

（11）交易一定要纯粹。做加法容易，做减法难。

（12）选股，必选新题材龙头。但买卖点，要注意节奏。亏钱都是没有坚持自己的模式。

（13）对龙头一定要有一颗尊重的心，必有厚报。错误的交易，第二个集合割，效果最好，马上进入一个新的交易状态。

（14）热点来了全力以赴，热点退潮果断卖出。每一个热点，高潮过后的消退期，都会留一个出逃时机。

七、思考与启示

1. 关于收益

超短线交易者都比较关注月收益，并且热衷于追逐单月的超高收益，其实这是片面的。

赵老哥作为目前最成功的超短线交易者之一，一般人以为他必然经常出现单月翻番或半月翻番的壮举。但事实如何呢？他几乎未出现过单月100%（翻番）的收益，甚至没有单月50%的收益（具体全月收益数据不全，不排除偶尔有过50%以上的月收益；但即使有也绝对不可能是常态，而是偶然的）。

通过对赵老哥收益的分析，可以得出非常重要的结论（这个结论对交易者制定合理的收益目标、合理的心理预期非常重要；当然，对识别真假大神也很重要）：即使是最顶尖的超短线交易者，月收益绝大多数也仅处在5%~20%，这是一个收益的常态分布。高于20%或低于5%的月收益都比较少，偶尔也会有达到30%的月收益，但极少，是非常态。

如果碰到一个月收益超过50%的人，那就要特别警惕。如果一个人的月收益超过100%，那必须立刻绕道而行。即使其收益是真实的，也可能是瞎猫碰到死老鼠，随后大概率是怎么来就怎么去。

其实，无论在实盘赛还是实盘交易中，但凡出现过100%月收益的，最后的结局基本都不太好，突然弹升，很快坠落。这种情况不是特殊性，而是普遍性；不是偶然性，而是必然性。

为什么会这样？没有一个交易系统或交易模式可以支撑这样的高收益。取得这样的收益，基本有两种情况：第一，纯粹靠运气，这不必多说；第二，确实是交易系统在某一段时间起作用，但这个交易系统必然内含巨大的漏洞与风险，总有一个时点这些漏洞与风险会爆发，将交易者打入深渊。

需要特别说明的是，能保持月收益5%~20%，指的是成熟的成功顶尖高手，而不

是指普通交易者。如果暂时认为自己没有达到这个水平的，目标应该再放低一点。

2. 关于龙头

谈起龙头，每个人都很兴奋；上了龙头的，神采飞扬、睥睨天下；错过龙头的，捶胸顿足、后悔莫及。

很多人认为赵老哥是靠龙头战法做到"八年一万倍"收益的，也有人认为他是龙头战法的集大成者。那么，事实真是这样吗？其实只要简单复盘一下他的交易过程，就会知道他用的根本不是龙头战法。

理由很明显：他几乎每天交易，而且基本上每天都要分仓买入几只个股，每月至少交易几十只个股，每年则交易几百只个股。有这样的龙头战法吗？市场上有这么多龙头吗？以他比赛期间的交易为例，深入复盘分析。这期间的成飞集成（002190）、英洛华（000795）、华神科技（000970），说牛股也好、"妖股"也好、龙头也好，他确实都买过，但这几只股票他没有赚到大钱。

那么，他用的是什么方法？基本上买在自己说的"一板算个毛"阶段，然后到"二板定龙头"的时候就已经跑了，后面的几个连板（也就是成龙、成妖阶段）都与他无关。这是龙头战法吗？

其实，赵老哥的交易基本与龙头战法不相干，他收益的绝大部分也与龙头无关。这样得出一个非常重要的结论，也是我们解析的关键：是否交易龙头个股绝不是交易成败、盈利大小的关键，交易者不用龙头战法、不买龙头依然可以盈利，依然可以大幅盈利，依然可以长期持续稳定大幅获利。因此，一般交易者不必因为错失龙头而懊恼、急躁、愤怒。

市场的不同阶段总会有一些所谓的龙头，带领这个板块或者多个股市上涨。

当然，这里不是不认可龙头战法，相反，笔者也很喜欢龙头战法，且也在观察、跟踪、研究龙头战法。说这个观点的本意是：如果不是以龙头战法为主要模式的交易者，就完全不必纠结于自己错失的那些龙头个股。碰到一次，当作自己中奖，开心一下。反过来，即使在整个交易生涯中，完美避开了所有的龙头，你依然可以成为持续、稳定、大幅获利的成功交易者。

3. 关于空仓

空仓是超短线交易节奏中的一个非常关键的环节。能否做到空仓、是否在合适的时候空仓，是考验交易者自制力及预判能力的重要标准之一。

股谚：会买的是徒弟，会卖的是师傅，会空仓的是掌门。那么，赵老哥在这方面做得如何呢？通过对赵老哥的交易分析，有点吃惊：空仓？不存在的！无论大盘涨跌强弱，他几乎每天都有交易。这样问题来了：这与前面所表达的观点不是自相矛盾了吗？

选择空仓的原因大体有以下三种：

（1）预判大盘有系统性风险（可能会大跌，甚至暴跌）而主动空仓回避。这里存在两个问题：首先，对大盘预判的正确性如何？很多时候可能预判是错的，而一旦判断错了，随后就不得不被动追涨杀跌，这时被两边打脸的概率极大。其次，超短线一般做的是热点板块及强势个股，它们经常会出现逆大盘走势，这时很可能预判对了大盘的下跌走势，但因此而放弃交易的个股却大幅上涨，这样对心态、情绪的打击也是比较大的。因此，不太认可这种空仓模式。除非有长期的事实证明自己对大盘的预判准确率在80%以上，才值得放弃个股机会来回避大盘巨大的不确定性风险。

（2）因恐惧或节奏错乱，而不定时无规则的空仓。这个不必细说。

（3）没有符合自己模式的个股或买点，无视大盘涨跌，而选择坚决空仓。这种空仓是交易者自制力、纪律性的完美体现。它拒绝了模式外交易，防止了冲动及计划外交易。这才是"空仓是掌门"的掌门。

那么，不空仓的交易者又是出于什么原因呢？

大家知道，超短线交易是以概率取胜、以复利取胜。然而无论概率、复利，都需要多频次、大样本的交易，越多才越能发挥作用。超短线交易的目的就是尽量缩短持股周期、增加资金利用率，以尽快增加复利积累。

如果一边缩短持股周期来提高资金利用率，一边又经常性空仓而闲置资金，这就形成一个矛盾。所以，其实不仅是赵老哥，其他成功的超短线交易者，绝大多数也是基本不空仓或很少空仓的。

不过，提高资金利用率的前提是有效地利用资金，而不仅仅是为了提高资金利用率而在期望值不合理（即胜率与盈亏比结合后，对自己不利）的情况下依然盲目交易、冲动交易、频繁交易。

这就涉及一个"有效交易机会"的问题。那些成功的交易者显然早就明白这个道理。所以他们选择的交易模式、交易手法都是受大盘影响较小的，在大多数交易日都会出现模式内的交易机会。交易机会越多，收益分布就越平滑、越接近系统的预期收益；而交易机会越少，收益波动就越大，偶然性就越大。比如，一个交易系统，一个月只有很少的几次交易机会，那么即使在历史测试中的成功率很高、收益很好，但在实际交易中只要出现一次意外的大幅亏损，整个月就可能出现明显的亏损。

所以，一个好的合理的交易系统，不仅要考虑胜率，考虑盈亏比，还要考虑交易

机会（交易机会的多少与复利累积直接相关）。

因此，得出的结论是：空仓不是目的，而是一种手段；当需要这一手段来达成目的（回避风险、稳定收益）时，空仓就是最佳的选择；当不用这一手段，也可达成目的（回避风险、稳定收益）时，空仓就是不必要的。

无论空仓或持续交易，都应该是完全执行交易系统的结果。符合系统的模式没有交易机会时，就必须空仓。符合系统的模式一直存在交易机会时，持续交易才是最佳的选择。

第二节　游资一哥——孙哥

一、江湖风采

孙哥就是江湖上闻名已久的"游资一哥"，职业的灵敏嗅觉非同一般，操作手法讲究"唯快不破"。他和赵老哥是黄金搭档，孙赵联盟，经常同进退，在同一只股票中联袂进场，买一席位为孙哥，买二即为赵老哥，或二者位置互换。他与陈赟（"福建帮"代表人物）、赵老哥被称为短线"三把神枪手"。

他早期的主要席位是光大杭州庆春路营业部，该营业部因为他的到来而成为活跃席位，几乎每天都有数千万资金在龙虎榜上出现，该营业部也由此引发市场关注。之后他将账户资金转移至实力更强的中信上海溧阳路营业部。

移师阵地之后，中信上海溧阳路的交易量一度排到游资的最前列。他也遭到停牌补跌"黑天鹅"事件，但目前依旧是龙虎榜最活跃的席位之一。

目前，其主要席位是中信上海溧阳路营业部、中信上海牡丹江路营业部、中信上海分公司。2019 年以来，孙哥在中信上海淮海中路营业部和光大杭州庆春路营业部出现的次数和资金量比上一年度明显减少。

孙哥的操作原则是：只做短线，只做涨停，永不低吸，操作对象大多为当日晋级的连板品种，只要第二天不能连板，必止盈止损出局；抓强势股，做龙头股，吃墙头草；轻指数、轻消息面、轻龙虎榜；不会经常空仓，但会根据当天的市场强弱，进行仓位的增减。

他在操作风格上快进快出，讲究"短、平、快"，手法果断凶悍。他大胆参与主升

浪，连续涨停加仓，专做连板大牛股，介入的个股多是一进二，或二进三，后市具备"大黑马"潜质形态的个股。

1. 大战英洛华

2019 年 5 月，孙哥大战稀土龙头股英洛华（000795）全胜而退。该股主营业务包括：磨料磨具、棕刚玉块、棕刚玉砂及本企业生产科研所需的原辅材料等。第一季度营业收入 4.87 亿元，归属于母公司股东的净利润 3000.69 万元，较 2018 年同期增长 79.34%。该股受机构的关注度较低，最近三个月没有机构对其进行调研。

该股一个月以来共上龙虎榜 4 次，主力关注度较低。一年以来共 10 次冲击涨停，其中 7 次封死涨停，封板成功率高达 70%。历史回测显示，股价涨停次日开盘平均涨跌幅为 2.13%，收盘平均涨跌幅为 3.16%。英洛华之战给孙哥带来了丰厚的利润，累计至少净赚 1955 万元。以下就是孙哥在该股中的战报记录：

如图 2-8 所示，英洛华（000795）：2019 年 5 月 20 日，中信上海牡丹江路营业部买入 3086 万元，次日转手卖出 3391 万元，净赚 305 万元，相当于一个涨停板。

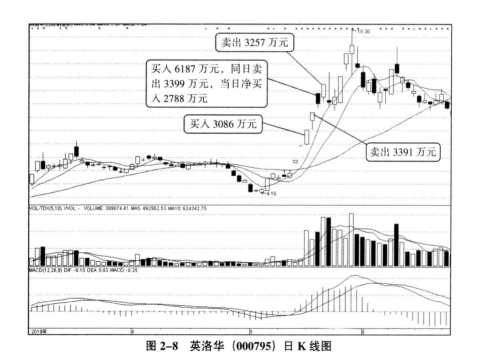

图 2-8　英洛华（000795）日 K 线图

5 月 22 日，他再次买入 6187 万元，同日卖出 3399 万元，净买入 2788 万元。根据 21 日和 22 日两个交易日卖出数据的逻辑推测，至少在 5 月 16 日之前有底仓，因为 5 月 17 日是一字板，且龙虎榜中没有出现其身影，也就是说这一天他处于锁仓状态，至

少前一天已经买入。按 16 日收盘价买入计算，在 22 日卖出的成交额中有 35% 的盈利，即 1189 万元。

5 月 23 日，他买入 8 万元，同日卖出 3257 万元，净卖出 3249 万元。这一天卖出的可能就是前一天净买入 2788 万元的转手兑现单，那么卖出至少赚 461 万元，获利超过 11%。

2. 完美之战

孙哥在 2019 年最得意的当数银河磁体（300127），买入后连拉四板，赚的利润虽然不算丰厚，但赚得十分完美，几乎是最低价进、最高价出，时机、价位都恰到好处。

银河磁体（300127）主营业务包括制造、销售永磁合金元件及光机电高新技术服务等，近年来该股业绩稳定，流通股本只有 2.27 亿元，是短期游资的理想品种，从而成为市场关注的热门个股。

如图 2-9 所示，银河磁体（300127）：2019 年 6 月 6 日，中信上海牡丹江路营业部买入 1621.65 万元，为龙虎榜买二席位，助攻封板，之后连封四板；6 月 13 日，在高位卖出 2374.20 万元，盈利 46%，赚 752.55 万元。之后股价一路震荡走低，抹去了全部涨幅，这一战他打得非常完美。

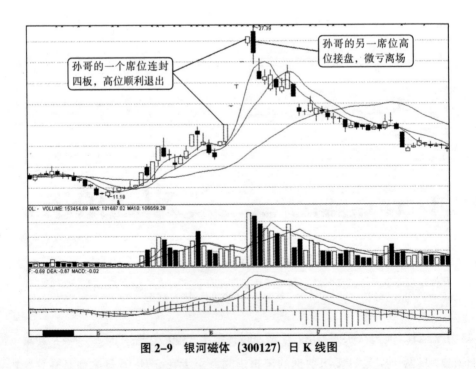

图 2-9　银河磁体（300127）日 K 线图

孙哥的另一营业部中信上海溧阳路在该股买卖操作中则小亏 108 万元。该营业部 6

月 12 日买入该股 1010.49 万元，13 日加仓买入 4864.73 万元，同日卖出 1233.49 万元，14 日卖出 4533.72 万元，亏损 2.2%。

2019 年，孙哥在领益智造（002600）这一战中也打得十分漂亮，该股主营业务包括：永磁铁氧体和软磁铁氧体的研发、生产和销售；制造、销售磁性材料元件及其制品、合金粉末制品、微电机、机械设备和零部件及相关技术出口；生产科研所需原辅材料、机械设备、仪器仪表、零配件等商品及相关技术的出口；等等。该股有稀土永磁＋华为概念＋高清视频＋元器件等多个热点概念，适合短线游资操作。

如图 2-10 所示，领益智造（002600）：在该股两波拉升行情中，他都做得很完美。2019 年 2 月 11 日向上突破，然后股价连拉 6 个涨停。在这一波拉高过程中，他于 2 月 12 日和 13 日分别买入 661.12 万元和 733.85 万元，然后在 18 日和 19 日分别卖出 921.99 万元和 2502.25 万元，成功获利 40%以上。

经过短暂的横盘震荡整理后，2 月 28 日再次强势涨停，展开第二波拉升行情。从龙虎榜数据分析看，他在第二波拉升中征战也非常顺利，获得了丰厚的收益。下面通过龙虎榜数据回顾一下他的第二波征战风采：

2 月 28 日，他利用中信上海牡丹江路营业部买入 2614.76 万元，说明他对技术突破的判断非常准确，并紧贴市场热点。3 月 1 日，加仓 2689.45 万元，突破后大胆加仓，体现游资敢于出手的操作风格。3 月 4 日、5 日锁仓，说明孙哥的确是一位稳健的

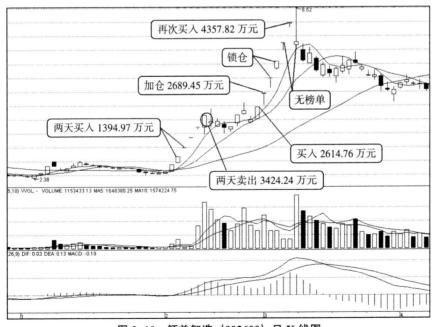

图 2-10　领益智造（002600）日 K 线图

游资大佬。6日无龙虎榜数据。7日再次买入4357.82万元，但在第六板位置追涨，显然属于疯狂之举。8日无龙虎榜数据。

据盘面走势推测，孙哥可能在3月6日和8日这两天已经顺利离场，在这两天中的任何一天退出，都能获得丰厚的盈利，至少净赚2103万元。其中，2月28日的买单获利在46%以上，3月1日的买单获利在33%以上，3月7日的买单可以平手出局或小幅盈亏。

在2019年的行情中，从中信上海牡丹江路、中信上海溧阳路营业部和中信上海分公司龙虎榜数据的不完全统计看，孙哥实际获利50%以上的有2次，分别是在大智慧（601519）获利52.28%和商赢环球（600146）获利54.13%；实际获利40%以上的有4次，分别是银河磁体（300127）、领益智造（002600）、金力永磁（300748）和龙津药业（002750）；实际获利30%以上的有2次，分别是领益智造（002600）和风范股份（601700）；实际获利超过20%以上的有5次，分别是银之杰（300085）、恒锋工具（300488）、飞马国际（002210）、安信信托（600816）和东方通信（600776）；在中国软件（600536）、中国长城（000066）和金力永磁（300748）等42只股票中，实际获利10%以上；在市北高新（600604）、风范股份（601700）和中信建设（601066）等15只股票中，实际获利超过5%。

3. 艰难之战

游资操作并非人们想象的那样得心应手，盘面总会出现意想不到的走势，中信上海牡丹江路营业部在金力永磁（300748）的买卖实属艰难之战，操作左右"挨巴掌"。

如图2-11所示，金力永磁（300748）：该股主营业务包括研发、生产、销售各种磁性材料及相关磁组件等，有稀土永磁+新能源汽车+智能机器+风能+元器件等多个热点概念，属于次新小盘股，是短线游资优选品种。

2019年5月22日，中信上海牡丹江路营业部卖出该股2151.74万元，此前没有买入数据，说明有仓底货。5月23日，买入1987.71万元，为龙虎榜买二席位，助攻封板。次日，卖出2186.54万元，盈利10%，赚198.83万元，该股首战告捷。但随后的操作一波三折、险象环生。6月4日，在高位买入1985.29万元，为龙虎榜买二席位，次日在震荡中卖出1863.22万元，亏损6.1%，赔122.07万元，但卖出后的次日股价出现涨停，"挨了一巴掌"。6月6日，强势封板，再次买入2846.25万元，可是第二个交易日股价高开低走，卖出2861.37万元，微利15.12万元。6月12日，股价以涨停价开盘，盘中一度开板，他又买入2881.24万元，尾盘开板后大幅回落，当日微涨1.55%收盘。次日，小幅低开后震荡走低，一度跌幅超过8%，当日收跌5.75%。这天卖出

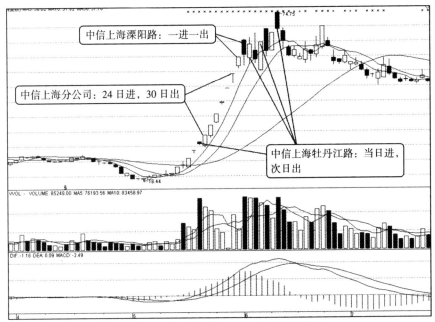

中信上海溧阳路：一进一出

中信上海分公司：24日进，30日出

中信上海牡丹江路：当日进，次日出

图 2-11　金力永磁（300748）日 K 线图

2492.52 万元，亏损 13.49%，赔 388.72 万元。

上述 4 笔操作中，中信上海牡丹江路营业部在该股共亏损 296.84 万元，亏损的主要原因是高位追涨。如果抵消初期仓底盈利，基本打个平手，可谓艰难之战。

在该股交战中，孙哥在中信上海牡丹江路营业部虽然出现了困境，但中信上海分公司却旗开得胜，5 月 24 日，买入 4865.97 万元，为主封买一席位。27 日无龙虎榜数据，28 日和 29 日均锁仓，30 日卖出 7125.51 万元，盈利 46.44%，赚 2259.54 万元。31 日，股价拉板，孙哥再次买入 3789.81 万元，次日卖出 3696.73 万元，微亏 2.46%，赔 93.08 万元。

在该股中，另一席位中信上海溧阳路营业部也获得了较好盈利。5 月 31 日，买入 1653.57 万元，次日卖出 1851.51 万元，盈利 11.97%，赚 197.94 万元。此后在 6 月 21 日再次买入 1545.58 万元，24 日卖出 1562.29 万元，微利 16.71 万元。

二、逻辑疑问

如图 2-12 所示，美锦能源（000723）：从事焦炭及其制品、煤炭、天然气及煤层气等生产经营；主营业务为焦化、煤矿、煤层气的开发、投资，批发零售焦炭、金属材料，以及建材、日用杂品、劳保用品、煤炭、焦炭、煤矸石、金属镁、铁矿粉、生铁的加工与销售等；集燃料电池＋氢能源＋新能源汽车＋智能机器等多重题材于一身，

近年来公司业绩稳定，股价想象空间巨大。

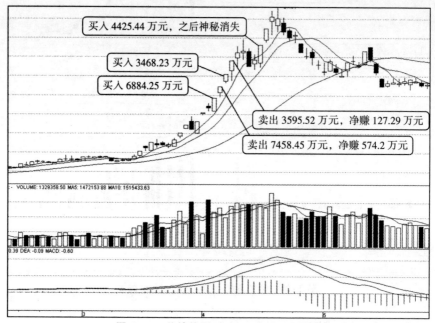

图 2-12　美锦能源（000723）日 K 线图

2019 年 4 月 3 日，中信上海溧阳路营业部买入 6884.25 万元，占总成交量的 2.67%，为龙虎榜买二席位。次日转手卖出 7458.45 万元，盈利 8.34%，净赚 574.2 万元，同日买入 72.72 万元。

4 月 5 日，清明节休市。8 日再次买入 3468.23 万元，同日卖出 96.28 万元（4 日以前的小买单）。次日转手卖出 3595.52 万元，基本在开盘价附近卖出，盈利 3.67%，净赚 127.29 万元，当日尾盘股价再次封板，说明在高位孙哥还是有点谨慎意识。

此后，该股经过 4 个交易日的震荡整理后，4 月 16 日再次强势封板。这天同样有孙哥的功劳，买入 4425.44 万元。次日封板，疑似孙哥锁仓。但此后中信上海溧阳路营业部一直没有在龙虎榜中出现，这笔买入资金神秘消失，那么买单到底去哪儿了呢？是否采用零敲碎打手法出货？这是个谜，此为疑问一。

如图 2-13 所示，美锦能源（000723）：从上海牡丹江路营业部交易记录观察，4 月 17 日该营业部买入 13188.36 万元，股价涨停，买一主封。次日锁仓，并再次大举买入 29993.61 万元，尾盘炸板，为龙虎榜买一席位。两个交易日累计买入 43181.97 万元。之后的两个交易日里龙虎榜中没有出现其身影，23 日没有龙虎榜数据。

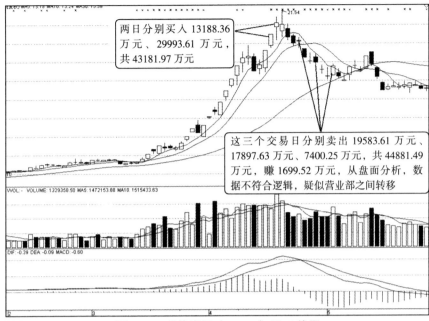

两日分别买入 13188.36 万元、29993.61 万元，共 43181.97 万元

这三个交易日分别卖出 19583.61 万元、17897.63 万元、7400.25 万元，共 44881.49 万元，赚 1699.52 万元，从盘面分析，数据不符合逻辑，疑似营业部之间转移

图 2-13　美锦能源（000723）日 K 线图

在 4 月 24 日卖出 19583.61 万元，29 日卖出 17897.63 万元，5 月 7 日卖出 7400.25 万元，累计卖出 44881.49 万元。

从中信上海牡丹江路营业部买卖记录看：在 4 月 17 日和 18 日两天累计买入 43181.97 万元，而 4 月 24 日、29 日和 5 月 7 日三天累计卖出 44881.49 万元，累计净赚 1699.52 万元。然而根据盘面走势分析，即使是在最低价买入，最高价卖出，也是亏损的，为何产生净赚 1699.52 万元？此为疑问二。

有人产生这样的猜测，可能是 4 月 16 日在中信上海溧阳路营业部买入的 4425.44 万元，之后跨营业部转移到中信上海牡丹江路营业部卖出，只有这样才基本符合买卖逻辑。倘若果真如此，那么游资活动会更加隐蔽。

这是孙哥在 2019 年的行情中该席位出手最重的交易记录，此外在 3 月 18 日征战五粮液（000858）时，也出手较重，买入 13801.76 万元，同日卖出 104.24 万元，净买入 13697.52 万元。但买入后该股一直没有龙虎榜数据，确切盈亏数字不得而知。据盘面走势分析，买入后 20 个交易日里，股价波动幅度在 -4.5%~27.5%，盈利幅度大于亏损幅度。

从上述实例中可以总结出孙哥的主要操作风格：

（1）专门出击市场热门题材，交易大多是所属题材的龙头股，而最大特点是持续性差，往往是一日游（行情配合就是三板），对封板的股票第二天往往是开盘抢跑的情形。散户追板风险很大，往往受到较大伤害。

（2）追求绝对收益，而且在收益与风险的平衡上经常走极端，一旦对象选择成功，符合当时的市场需求，就会不断强化这种局部行情，甚至将其发展到极致。如果选择不成功，行情无法得到市场认同，就会"壮士断臂"般地断然结束操作，快速撤出。

三、打板心法

1. 打板的技术问题

打板要打高质量的板，也就是非常强势的涨停板，这是主力发动正向攻击的涨停板，这种涨停板是主力有计划而为。所以，对高质量板要有一个非常清晰的认识，它必须符合以下条件："环境支撑＋基础面好＋技术面强"。

生活中没有无缘无故的爱，股票也没有无缘无故的上涨。上涨包含两层含义：真涨和假涨。凡真涨必须有利好支撑，有利好支撑主力才有胆量拉高，没有利好支撑就是假涨。利好的消息分"明"的和"暗"的。明的消息可以马上查到，暗的消息要从分时图的强势与稳健中去分析。如果没有明的消息，分时图也不强，拉升时无量，涨停时间也不好，真涨的可能性不高，可能是试盘，也可能是出货。总之，假涨不论是什么，不理！所以，对个股的上涨必须有清醒的认识。

2. 重视几种类型的涨停股

（1）日内敢最先打板的个股。市场环境支撑，又敢于率先打板，一定是主力有计划的操盘；主力有计划、有准备为之，强势股拉涨停的时间一般是 10：30 之前。

（2）整体板块大涨首先涨停的个股。板块整体大涨一定是主力集体推动（合力）的结果，大涨的板块一定有一只领头羊，板块中首先涨停的个股很可能就是板块龙头，要重点观察。板块能集体涨，说明主力们敢干，也说明人气足，主力们信心足，板块龙头一定是好股，炒股一定要在领头羊上赚钱。

（3）连续出现涨停的品种。二板是一种非常强势的信号，三板、五板更是龙头股的特征。有些游资主力就专做三板与五板。这些游资的经验是：有三必有五，有五必成"妖"。三必点燃热情，五必让火焰疯长，这是市场情绪特征。理解这一点，功力大增。情绪就是心理，看透市场的心理博弈，是高手之道。主力喜欢分析散户情绪、调动散户情绪、利用散户情绪，这是实现主力吃足货、出好货的一条策略线。

（4）龙头股第二春涨停。股市有"一龙吃三年"的说法，说的就是龙头股的第二春。不是每只龙头股都有第二春，但是，龙头股出现第二春仍有很高的概率，当市场缺乏热点的时候，龙头股又回调到关键位置（30 日线或 60 日线时），主力很可能会

"吃回锅肉"，主力对散户心理的把握是很到位的，一旦回调到关键支撑均线出现涨停板，就是参与的机会。基于这一点，散户应该明白，主力不是因为价值在坐庄，而是因为市场心理和散户心理在操盘，不是为了与散户抢价值股，而是要玩死散户。

（5）连续涨停并短期横盘调整后再涨停。若个股出现 2~3 个涨停板，再出现一个 1~2 周内的缩量横盘调整，表示主力在保持一种强势洗盘，之后若再出现放量涨停突破短线新高，再次显示出一种在市场中的强势气势，这时，创出新高的第一个涨停板可以考虑参与。

3. 分析日内分时线强弱

真正启动进攻的股票，在分时图上是很强势和稳健的，主力的意图是非常明确的，会通过分时走势向市场展示其自信心。自信的目的当然是要引起市场关注，没有散户关注，不在心理上吸足散户眼球，散户不动心追涨，主力拉升后也就没法出货。

4. 打板位置与仓位问题

（1）正常打板要分仓，不可全仓，而"真龙"出现才能满仓。

（2）涨停板对应 K 线位置越高，则买入仓位越低。比如，已经是第三板、第四板了，仓位越买越高风险就大了。换句话说，一板可采用 50% 计划资金，出现连板再加上去。

（3）连板要看环境。赚钱环境一般，期望也要一般。如果大盘环境一般，可能出现二连板已经不错，三板就稀缺了。要贪三板，风险可能就出现了，期望要结合环境而定。大盘环境差，主力一味向上做是不可能的，市场上二连板都稀缺时，就是需要休息时。

（4）可配置 2 只股一起打，降低风险。所以，打板要对"打板位置、环境条件与仓位配置"有足够的认识。

5. 打板卖出的问题

卖出策略一定要简单，卖出执行非常重要。

（1）认清超短线就是超短线，如果达不到预期或判断失误，就必须执行快速卖出，不要将超短线变成中长线。

（2）打板的目的是打到连板和次日有收益。如果次日开盘的盘感不好，感觉没有连板的希望，或发现大盘情绪不对，要立即考虑做出卖出安排。

这里要提出一个重要的问题：用超短线思维认识超短线利润。

游资主力打板，特别是某些游资每周都是打板的主力，当天打板，次日目标就是 3~5 个点利润，3~5 个点利润在次日集合竞价时，已经开始卖出安排了。一定不要觉得

利润低，这里有一个复利和时间成本的问题。就时间成本而言，如果持有一只股票两个月涨 10%，平均每天涨幅就是 0.17%；如果打一个板三天涨 3%，平均每天涨幅就是 1%。两者之间差距就接近 5 倍了，这个利润非常惊人。所以，超短线要有超短线利润思维，不要舍不得卖。

如果卖出卖错了怎么办？研究一下游资主力就会发现，一只好的短线股票一定是市场的合力行为，不是单一的力量；某只股票连续出现在龙虎榜的几天，会出现同一个游资席位今天打板，明天卖了，后天又出现在买方了。这好像自相矛盾，其实一点也不矛盾。一方面，好股是伴随着短线资金的合力共振与接力而出现的，卖了发现还有做头，再买入接力就是；另一方面，股市如兵者，诡道之术，兵无常势，水无常形，必须因势而动而变。

6. 接力模式的优势和风险

接力模式的优势是：市场赚钱效应的延伸，一般都是龙头股先有赚钱效应，补涨龙头股接着走强，先有补涨行情，然后再挖掘行情。挖掘模式不属于人气股接力模式，而当前市场炒作的次新板块，一般都属于投机性的接力。如果能带起板块，就是引导市场情绪的接力股；如果不能带动板块，那么就是市场中的小级别人气转折点。出现带有题材性的个股会被市场当作投机性接力股最佳标的。

（1）从选股时间成本上看，做接力相比其他模式要低很多。

（2）从接力风险上看，相对打板等模式来说，接力模式的风险明显要低。

（3）接力模式机会收益更高，容易抓住市场主流热点。能够走出连板的股票，必然是市场的大热点，这是做接力模式能够短期实现暴利的理论基础。

接力模式的风险如下：

（1）由于买进后当天不可以卖出，只要当天不能涨停，对于做接力模式来说，基本就算失败了，所以做接力模式必须要具备极高的预判能力。

（2）由于接力模式一般都是集合竞价买入或者下杀的时候进场，如果开盘就下杀，又没有资金愿意接力，当天竞价高开或者开盘后继续下杀，就要承担当天和隔日的风险了。

四、失败经历

"游资一哥"也出现过不少失误，这些失误也是许多散户容易犯的，这里分析一下他出入的时机，旨在让大家引以为戒。

1. 冲五板失利

如图 2-14 所示，京泉华（002885）：该股反弹结束后向下挖坑，在前期盘区附近企稳，2019 年 6 月 5 日开盘后不到 10 分钟直线拉板，多头攻势凌厉，之后连续拉板，令市场短线游资眼馋。6 月 12 日，高开 3.23% 后震荡走高，午后股价冲五板失利，尾盘大幅回落，当日收跌 2.28%。这一天，中信上海牡丹江路营业部买入 2294.71 万元，为龙虎榜买一席位，显然当天已被套牢。次日卖出 1977.30 万元，为龙虎榜卖一席位。两天一进一出，亏损 13.83%，赔 317.41 万元。

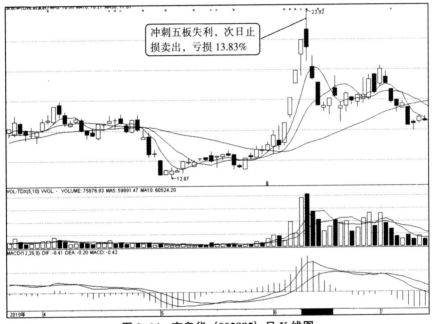

图 2-14 京泉华（002885）日 K 线图

从这一战中可以看出，在冲五板时冒险挺进，显然有点过激，也体现了短线游资喜欢捞一把的特点，更重要的是体现了游资毒蛇噬腕，壮士断臂的操作风格。止损保命是炒股第一法则，这一点许多散户难以做到，如果此次失误时不及时止损，那么后面必将遭受更大损失。

2. 追四板血亏

如图 2-15 所示，翔鹭钨业（002842）：该股经过短期洗盘整理后，在 2019 年 6 月 10 日开始向上发起攻击。连拉三个涨停板后，在 6 月 13 日从涨停价开盘，但主力无力封盘，股价逐波回落，当日以下跌 5.11% 收盘。这天中信上海牡丹江路营业部买入 1813.87 万元，为龙虎榜买一席位，次日卖出 1481.10 万元，亏损 18.35%，赔 332.77 万

元。从盘面分析，他几乎在最高点买入，在最低点卖出。

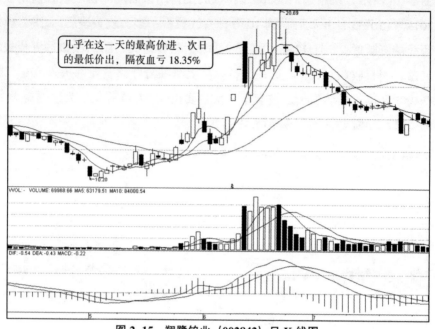

图 2-15 翔鹭钨业（002842）日 K 线图

孙哥在该股的操作给大家带来以下两方面的思考：一是在四板位置（一字板）附近追板风险很大，面临开板的风险，因为该股缺乏热点题材支持，所以在这个位置出现连续一字板的可能性极小；二是游资"快进快出"的操作风格也容易导致错误买卖。

从技术分析看，6 月 14 日的低开调整幅度，正好是 5 月 31 日的高点位置附近，也就是说该位置有一定的技术支撑作用，可以作为一个短线入场点位，而孙哥恰恰在该位置附近选择卖出，从而导致隔夜接近 20% 的血亏。随后股价出现回升，若是稳健一点兴许能够盈利撤退，但在这方面游资很难做到持仓三个交易日以上。

3. 接次新失败

如图 2-16 所示，中国卫通（601698）：该股 2019 年 6 月 28 日上市后连拉 12 个涨停，7 月 17 日开板震荡调整一天，7 月 18 日股价再次强势封板。7 月 18 日这一天，中信证券上海分公司营业部买入 10338.94 万元，为龙虎榜买一席位。次日下跌 4.19%，而孙哥锁仓。22 日卖出 8897.70 万元，亏损 10.76%，赔 1441.24 万元。

近年来，新股上市经过第一轮涨停潮后首次开板，果然吸引到游资大佬前来围猎，特别是在市场萎靡不振时期，游资大多选择在次新股中抱团取暖。从该股龙虎榜数据来看，游资大佬欢乐海岸多次出入该股，虽然操作并不顺畅，但依旧保持盈利离场，

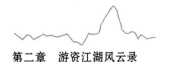

不管是对时机的把握还是做 T 降低成本都很到位。当然，孙哥在这方面略显不足，他也多次抱欢乐海岸的大腿，但没有"吃到肉"，倒是"吃了一大碗面"。

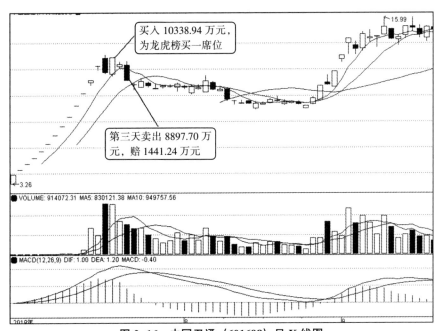

图 2-16 中国卫通（601698）日 K 线图

第三节 超级牛散——章盟主

在游资江湖中，章盟主属于泰斗级人物，有着"第一盟主""超级牛散""敢死队之王"等称号，有着一段传奇的人生经历。

当年，他从大学毕业后被分配到一家百货商店，做一名家电销售和批发业务的员工。后来他辞职，以维修复印机为业。如果不是偶遇股市，他或许会靠修电器成为一个"电器大王"。

一个偶然的机会，他将当时仅有的 5 万元资金投入股市，就此成就了一段惊心动魄的传奇。早年炒股可以透支，应该说正是这个机制，成就了他的梦想。1997 年，他账户上的资金已经从 5 万元增长到 20 万元。后来，借助 1999 年的小牛市，资金飙升到了 500 万元。一年后，资金更是越滚越大，又到了 3000 万元，相比 5 万元已经有了数百倍的增长。之后，他顺风顺水，辉煌的时候资金规模超百亿元。当然，中间也经

历过多次失败，早年折戟中信证券（600030），近年又折戟乐视网（300104）、中兴通讯（000063）等。

他最先的席位是国信杭州保俶路营业部，后来去了新疆证券杭州庆春路营业部。之后，他又转移到东吴杭州湖墅南路营业部（后迁至文晖路），2019 年后他又转移到了海通上海建国西路营业部。

一、折戟乐视网

常在河边走，哪能不湿鞋。在 20 余年的炒股生涯中，章盟主也遭遇过几次较大的"滑铁卢"。

2017 年 9 月末公布的数据显示，他持有乐视网（300104）4976.67 万股，占总股本的 1.25%，为第七大股东。2018 年 1 月 24 日复牌后，经历了连续 12 个跌停板的乐视网，在游资江湖掀起了一场大浩劫。2 月 8 日，该股全天换手率高达 29.06%，成交额高达 41.1 亿元。次日，股价再次跌停，成交金额为 24.8 亿元，换手率为 17.62%，游资高手上演了一场大劫杀场景。

早在 2015 年一季报，章盟主以 1274.94 万股、1.52% 的持股位居乐视网第五大股东、第二大流通股股东。随后，乐视网股价开始上扬，他不断减持，逐步退出了前十大流通股股东。

获利离场，皆大欢喜。可是，以前喜欢在二级市场拉涨停的他，却大手笔玩起了定向增发。2016 年 8 月，乐视网发布非公开发行股票上市公告书，该公司以每股 45.01 元的价格向四名定增对象合计发行 1.07 亿股，这其中章盟主斥资 11.2 亿元认购 2488.34 万股。2017 年 8 月，乐视网实施 10 送 10 派 0.28 元，转增后持股数量为 4976.67 万股。上述增发股限售期为 12 个月，即上市流通时间为 2017 年 8 月。

后来的事情，想必大家都一清二楚。老板贾某资金链断裂后去了美国，而乐视网一直处于停牌，此时的章盟主一定心急如焚，直到 2018 年 1 月 24 日复牌才真正可以流通。

在此之前，多家机构曾预计乐视网复牌可能会出现 13 个跌停。倘若如此，意味着章盟主参与认购的 11.2 亿元巨资，将出现约 8 成浮亏，这让头戴光环的章盟主情何以堪？好在 2 月 8 日，经历了 12 个一字跌停的乐视网终于开板。

2 月 8 日的龙虎榜数据显示，乐视网主力资金的卖出力度明显高于买入力度。其中，买入前五合计占总成交额的比例为 8.38%，卖出前五合计占总成交额的比例为 13.41%。广发证券深圳深南东路营业部为卖一席位，卖出 1.32 亿元，该席位在 2 月 7

日也曾现身乐视网卖出榜单。卖二席位为海通上海建国西路营业部，后来证实该席位就是章盟主，卖出 1.16 亿元。此外，有两家"机构专用"席位分列卖三和卖五，分别卖出 1.11 亿元、9510.94 万元。

在 2018 年年报中，章盟主仍是乐视网第六大股东。看着已经接近地板价的乐视网，也不知道章盟主心中做何感想。可是在 2019 年一季报中，章盟主已经在报告期退出前十大股东，仅乐视网一役便浮亏超过 9 亿元。

二、新席位新打法

1. 新席位曝光

章盟主连续折戟踩雷乐视网后，过去频频现身上市公司十大股东的他，从此异常低调，市场传闻其已"金盆洗手"，或与近年来的监管形势有关。

可是，2018 年 11 月 23 日，一纸来自上交所的交易异常提示函证实了章盟主重现游资江湖，从而再次引起了市场的广泛关注。

市北高新（600604）从 11 月 5 日开始，出现连拉 12 个涨停的逆势行情，这与同期低迷的大盘走势形成强烈的反差，从而引起了管理层的重视。

于是，在上市公司的频频警告后，上交所向相关券商和个人发出了交易异常提示函。根据提示函的附件，此次被提醒的相关账户有四个，章盟主和其所在的海通上海建国西路营业部赫然出现在被监控的名单中，从此其新席位浮出水面。

11 月 23 日，市北高新（600604）开盘就被一字板封死跌停，龙头倒、跟风散，其他跟随的科创板概念股也集体应声而落。章盟主被交易所盯上后，选择了"逃跑"，"妖股"随之全面熄火，恒立实业（000622）、弘业股份（600128）一度跌停，民丰特纸（600235）等出现大幅跳水。

"科创龙头"市北高新（600604）的龙虎榜信息显示，除了海通上海建国西路营业部席位外，中信杭州四季路营业部也一直在卖出，从 11 月 23 日开始，三个交易日卖出 1.15 亿元。这说明章盟主在该股动用了多个席位，并获得丰厚的盈利。

章盟主从此重新浮出水面：新席位、新打法。难怪海通上海建国西路营业部陡然活跃起来并成为市场上的顶级游资席位，也成了整个市场的风向标席位之一。除了市北高新（600604）外，他还参与了恒立实业（000622）、汉邦高科（300449）等"妖股"行情，他在宏川智慧（002930）、张家港行（002839）等热门股的龙虎榜上也有现身。

2. 新战法亮相

经过几年的市场征战后，章盟主显然已经调整了自己的短线战法。由过去惊涛拍

岸的激进做法改为稳扎稳打的"柔性"战法，这或许是他近期的一个新的领悟。

通过细心研究发现，过去频频巨资（长期跟踪其风格者称基本都在5000万元以上）出手打板的章盟主，从2018年开始操作风格出现了明显变化，在买入时异常低调，悄悄行动，往往在卖出时才会登上龙虎榜从而引起注意。

这些转变可以从市北高新（600604）的行情演绎中看出。在交易所予以提示的席位中，他所在的海通上海建国西路营业部，从未在股价暴涨期的任何一次龙虎榜披露中露脸，但却最终被上交所列入了异常交易的账户范围。与该营业部类似的，还有中信杭州四季路营业部，此前也未登上过市北高新（600604）的龙虎榜。此外，传闻章盟主常用席位还包括海通杭州解放路营业部。可见，其交易风格和隐身手法非常高超，已经和当年领衔封板的策略大不相同。

海通上海建国西路营业部在2018年共出现在龙虎榜榜单92次，涉及个股64只，包括乐视网（300104）、恒立实业（000622）、超频三（300647）、张家港行（002839）等"妖股"。在参与"妖股"交易过程中，该席位常在行情发动初期买入，或是在第一波上涨结束回调时，以空中加油的方式买入。

（1）低位悄然买入，高位突然卖出，操作过程隐身。

如图2-17所示，汉邦高科（300449）：2018年11月23日，海通证券上海建国西路营业部大手笔卖出2027.01万元，而此前没有任何买入数据，说明操作手法十分隐蔽。

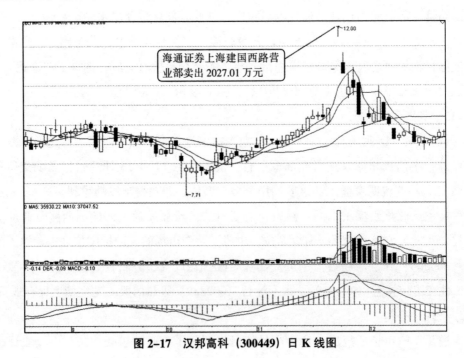

图2-17　汉邦高科（300449）日K线图

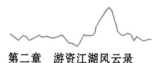

（2）启动之后买入，这种情形较为典型的案例有恒立实业（000622）、超频三（300647）和汉邦高科（300449）。从介入时间看，通常是行情发动后的第 3 天，此时股价往往已经连续出现了一字涨停。

如图 2-18 所示，恒立实业（000622）：该股经过长时间的震荡筑底后，主力成功地向下制造了一个空头陷阱，2018 年 10 月 19 日股价企稳回升，次日股价封板，10 月 23 日收出涨停 T 字线，这天章盟主利用海通证券上海建国西路营业部买入 287.88 万元，此后没有显示卖出数据，应该获利丰厚。

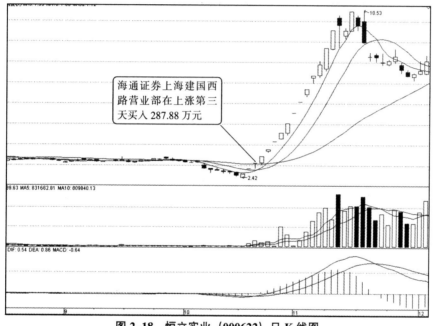

海通证券上海建国西路营业部在上涨第三天买入 287.88 万元

图 2-18　恒立实业（000622）日 K 线图

（3）在"妖股"第一波行情已经进入尾声、先期进入的游资开始出货时章盟主趁回调介入，试图在行情高位震荡期间获利。但张家港行（002839）和中公教育（002607）两笔操作最终都宣告失败。

如图 2-19 所示，张家港行（002839）：2018 年 1 月 26 日，海通证券上海建国西路营业部在第三个一字板跌停位置撬板，当日买入 32374.91 万元，但次日股价仍然低开低走，之后股价一路下行，再也没有超过撬板当天的收盘价，撬板失败，只能亏损离场。

如图 2-20 所示，中公教育（002607）：2018 年 6 月 20 日，海通证券上海建国西路营业部买入 2726.95 万元，撬开跌停板，次日该席位卖出 2692.21 万元，亏损 34.74

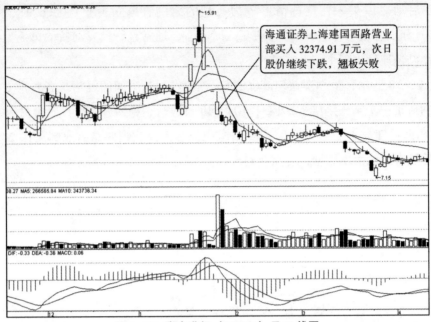

海通证券上海建国西路营业部买入 32374.91 万元，次日股价继续下跌，翘板失败

图 2-19 张家港行（002839）日 K 线图

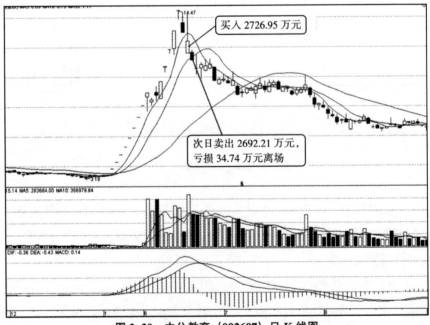

买入 2726.95 万元

次日卖出 2692.21 万元，亏损 34.74 万元离场

图 2-20 中公教育（002607）日 K 线图

万元离场。

（4）除了"妖股"外，次新股也是该席位热衷的股票类型之一。对于次新股，该席位遵循"一日游"策略，并可以多次参与，也绝不恋战。

如图 2-21 所示，天邑股份（300504）：该股上市后连拉 8 个涨停，然后开板震荡整理。据龙虎榜信息，该席位在 2018 年 4 月 16 日买入 2328.82 万元，次日便卖出 2291.52 万元，亏损 37.3 万元；随后于 4 月 19 日又再次买入 2123.88 万元。

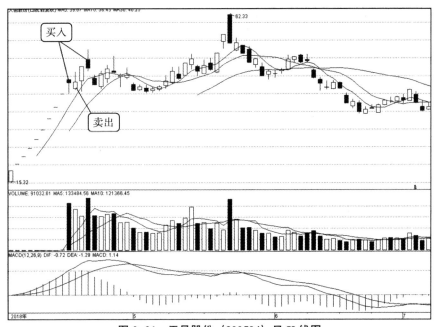

图 2-21　天邑股份（300504）日 K 线图

三、经典买卖之道

作为短线交易者，规避弱势大幅回调是重中之重。当市场偏向于多头时，就采取偏进攻的策略，奋力出击，博取大阳，力求利润最大化。当市场偏向于空头时，就采取偏防守的策略，力求在控制风险的基础上有所获利。在这方面重点要把握以下心法：

（1）看看天气，如果觉得要下雨了，就早点回家，不要贪玩，天气好了再出来，炒股说简单点就是这样。

（2）关于超跌度的把握，大盘的角度，连续下跌一段后，再出现大阴线，指数远离 5 日均线；板块的角度，超跌的板块在连续下跌一段后，再次出现集体性的大幅杀跌：当两者结合的时候，便是超跌的出击时刻。

（3）关于买卖点，忘记你的成本很重要。忘记成本后再考虑：假设你现在空仓，你会怎么办？如果你还会买持仓股，那就拿着；如果会买别的股，那就换股；如果选择空仓观望，那就卖出。

（4）单个个股走势本身有不确定性，不好做出判断，把整个板块连在一起看就更容

易理解，政策面、技术面、基本面、资金面、人气面等集合于一身形成的共振。

（5）市场热点明确，资金进入的上涨段，能够把握热点赚取盈利固然好，但是在热点退散、资金退散的下跌阶段中进行交易，才是短线好手与普通选手的区别。

（6）强势阶段，一种是直接买强势个股，另一种是买入低位未启动的个股。

（7）关于做T，不要刻意为了做T而做T，加仓和减仓应当是依据市场变化、重新衡量收益风险后的决策。做T本身也是买卖操作的一部分，当机会偏大的时候就加仓，风险偏大的时候就减仓，如果有更好的个股就换仓。当板块个股出现大幅波动的走势时，这些操作会在一天之内进行，于是形成了做T的形式。也许为此错失了很多大牛股，但也规避了很多风险。

（8）多点出击其实也是一种无奈，资金大了必然增加冲击成本，买入的时候没买够量，股价已经上去了，而一旦失手的时候，本来可能亏2~3个点结束的操作，可能变成5~6个点的损失，更有较长的卖出时间，从而影响其他品种的操作，小资金相对灵活得多，来去自如。

（9）很多人对股票买卖存在一个认识误区，认为跟着大户买有赢面，那么大户又是跟着谁买呢？选择大众钟情的股票，这才是短线的交易之道。

（10）买卖的步骤是：预判，买入；确认，加仓；热点转换，换股；不再看好，卖出。在操作时，跟有没有套牢没有关系，如果你还看好，那就等等，不看好那就卖出或者换股。

第四节　佛山游资第一人——无影脚

一、无影脚"露脚"

近年来，市场活跃着一支来自佛山的游资，江湖传说这支游资主力只有一人，他特立独行却又那么令人关注，其举动让无数人心生向往，更具传奇色彩的是，他的操作手法来无影去无踪。"来无影"——一出手就携巨量资金集中于某只个股，突然出现在上市公司十大流通股东之列；"去无踪"——有上市公司通知他参加股东大会时方才得知，他已经拍拍手潇洒离去没有投票权了。故此，这个人被市场称为佛山"无影脚"。

在茫茫股海，这个人不是赵老哥，也不是章盟主，更不是欢乐海岸，那么这个人

是谁？他的故事有多传奇？下面带你揭开他的神秘面纱。

1. 业界传说：堪称佛山游资第一人

据了解，无影脚常年位居佛山游资榜首，以资金量巨大和选股准确率高而闻名业界，每月的成交金额超过 10 亿元，广深两地都很难找到体量如此巨大的游资。

他的操作手法很奇特，看准一只股票后就出手斥资几千万元甚至超过亿元，大多为隔夜仓，最多持股三五个交易日就抛出，判断准确率极高。市场中有很多投资者尝试进行追踪操作，但当散户跟进时，他却已经获利离场，导致跟风者十分被动。

市场中有不少投资者将无影脚作为研究对象，试图探索其操作方法，但无影脚从未现身，直到 2017 年 12 月 5 日管理层公布了一份通报时，佛山无影脚才真正"露脚"，这位游资大佬就是"李奥"（网名）。这个名字非常有趣，"李奥"的中文拼音就是 Liao，合起来就是"廖"字的汉语拼音（liao），而且"奥"字与"傲"字同音。可见，化名有讲究，也有用意。

他擅长短线操作，从小资金做起，以 18 万元本金入市，职业炒股 22 年，至今身家数亿元，堪称佛山游资第一人，在资本市场上的活跃程度鲜有人企及。

2. 炒股手法：短线操作盈利能力惊人

无影脚被称为牛股缔造者。据了解，他炒股盈利能力惊人，业内人士为他算了一笔账，他单只股票的持股时间一般为 1~10 个交易日，盈利幅度最高可超过 50%。即便他只有 1 亿元的资产，按照持股 10 天平均盈利幅度 10% 来算，他两周就可能盈利 1000 万元。

无影脚曾多次进入上市公司季报、年报的前十大流通股股东。在出现无影脚的公司报表中，其持股均以百万股计。非常明显的是，他是以短线操作为主，决不长期持有。比如，在某上市公司的一份季度报表中，他的姓名位居十大股东第四，持股比例超过 0.5%，但是在之后以及之前该公司的季度报表中都没有出现过他的身影。其他多家有他上榜的公司报表均与此情况相似。

早在 2005 年 4 月，他投到股票中的资产已经接近 60 万元，而这些钱大部分是从其亲戚朋友那里转借的。当年 4 月 21 日，他以 60 万元全仓买入一只股票，谁知上午收盘就亏损了接近 5%，第二天该股票又几近跌停……他借来的 60 万元一天就损失了 9 万元，亏损额度达 15%。这一年，他遭遇了记忆中最惨痛的亏损。在之后近 7 年的操作中，他的投资并不顺利。

经过入市初期的"黑夜中摸索"后，他深深迷恋于股市，又具有冒险精神，终于探索出一些市场规律，之后越战越勇。

3."股神"之路：八年黑夜摸索

他从大学毕业后，携 18 万元进入股市，经历了近八年的"黑夜中摸索"，终于"苦尽甘来"，也就是在严重亏损准备撤离股市的时候出现转机，之后资金越做越多，账户资产达数亿元。

据了解，他认购的第一只股票就遭遇了"滑铁卢"，让他印象深刻。无影脚回忆说："早在 1998 年是个能认购到股票就能赚钱的时代。入市时钱不多，几经斟酌锁定了 1998 年 5 月 25 日发行的一只股票。盘子大中签率比较高，成功认购了 3000 股。"他说："这只股票恰恰成为为数不多的刚上市就破发的股票之一，损失了将近 600 元。"他第一次在股市的"小试牛刀"，就这样伤感地画上了句号。

他说，那时心理压力大的时期，给自己定了最后期限，如果 2005 年年底不能翻盘，就退出股市。

转机就在 2005 年下半年出现，从那时起到 2007 年，大盘从最低谷的 998 点扶摇直上到 6124 点。在那两年，他积攒了人生的第一桶金，并创下了单只股票盈利 90% 多的佳绩。此后他越战越勇，资金也越滚越大。

4.自我点评：成功因为追求完美的个性

无影脚的成功是因为追求完美的个性。不得不提的是，他炒股并不是稳赢不输，近期就有一只股票三天损失了近 700 万元。这个事情被他一笑置之："这个事情对我的影响远不及 2005 年损失的 9 万元。"

在业界传说，无影脚有神乎其神的炒股盈利能力，但他对此予以否认。他表示，炒股有输有赢，按照总资产来算，他目前炒股的月盈利大约为 4%，而其过去 9 年平均每年盈利为 140%。

他说，追求完美的个性是他炒股成功的主要因素。他坦承对自己的个性很头疼："我一打开电脑就会全身心投入，不做到极致不收手，很耗费精力，这么多年来，我怎么都吃不胖，现在我更想多陪陪家人，希望和其他炒股者一样早上喝个茶，有空时看看股票就行，但我做不到。"

5."股神"秘诀：追涨停股、盯 K 线图

入市 23 年，是什么秘诀使无影脚炒股风生水起积累了数亿元的资产？他的操盘秘诀是：追涨停股、盯 K 线图。

勤奋，是业界人士对他的评价。每天收市后，他都会把当天所有的股票都研究一遍，挑选出比较有潜力的股票做进一步观察，20 多年来都是如此，在众多炒股者中算是非常勤奋的。

大家最关心的就是他的操作手法。据他自己透露，最初的时候也尝试了各种炒股办法。他说："试过研究公司报表，也试过盯K线图，但现在已经变为精准操作，只追涨停股，只看K线图，每天都会把涨停股选出来观察走势。"

每天一开市，他会紧盯着所买股票的分时图。很多股票的走势都有很细微的先兆，前一小时和后一小时的走势可能会大相径庭。"我每天都会盯着分时图，并设定了几个点，以确定加仓还是减仓，抛售还是持有。"

多年来，他对涨停股的买进都进行了缜密的技术分析，成功率也达到90%以上。同时，他不贪心、不恋战，懂得及时止损，这也是他成功的因素之一。

6. 投资理念：鸡蛋放在一个篮子里

作为短线游资，无影脚并不遵循"鸡蛋不放在一个篮子里"的规律。他很少分散持股，而是将数亿元资产集中在几只股票当中。"我也曾经同时持有十几只股票，后来发现精力也会分散，还不如看准一两只股票全仓持有。"无影脚说。

在经历过苦难的磨炼之后，成功的人都有一项自己的绝技。那么佛山无影脚的绝技是什么？说简单点就是打板，再深入一点就是大资金暴力打板。既然是绝技，这里的精要只有他本人才能贯通自如。

但并不是无迹可寻，作为短线游资的他喜欢把鸡蛋放在一个篮子里，集中持股，大量吃货。一般被他看上的个股，封涨停板后开板的概率极小，有多少就吃多少。比如2017年1月3日的深纺织A（000045）自早盘9：49封板后一整天稳稳一条直线。现在是鸡蛋多了一个篮子装不下了，因此单日龙虎榜上偶尔有两三只股票会出现他的身影。

那什么样的个股才能入无影脚的法眼？主要有两类个股：第一类是主流热点中的冷门股，比如2016年12月22日的三维股份（603033）；第二类是卖盘枯竭的强势股，比如2017年1月3日的深纺织A（000045）。这两类个股都有一个共同的特点，就是有利于集中吃货，吃得多赚得多，喜欢吃独食的他，这种做法不是一天两天的事了。当日能跟上无影脚的散户是有福气的，第二天一般都会惯性地高开溢价。当然，这样所带来的抛盘也是很大的，不建议散户第二天介入无影脚出货的个股。深纺织A（000045）次日再次涨停是另一个大游资金田路接力所致。看看深纺织A（000045）封板又开板再封板，需要承受很大的抛盘压力。

无影脚的主要席位：光大佛山绿景路、湘财佛山祖庙路、长江佛山普澜二路、光大佛山季华六路、长江惠州下埔路、兴业深圳分公司、海通广州珠江西路、华泰佛山灯湖东路、国泰君安顺德大良、兴业佛山魁奇路、华泰深圳益田路荣超商务中心（偶

尔用）和方正北京安定门外大街（新席位）等营业部。

二、牛股的缔造者

近几年来 A 股市场上被无影脚做过的股票，像被神灵点化过一样，游资纷纷接力，成就无数牛股"妖股"，成为市场的风向标。

1. 牛股缔造者

如图 2-22 所示，万兴科技（300624）：该股 2018 年 1 月 18 日上市，经过第一轮涨停潮后进入调整走势，由于当时市场比较清淡，还没有从春节期间大跌的阴影中走出来。2 月 28 日股价跌停，3 月 1 日股价小幅低开 0.8%后，无影脚挖掘开板不久的次新股，将股价缓缓向上推高，10：05 开始迅速拉至封板。当天成交 1.63 亿元，换手率为 16.99%，无影脚买入 5000 多万元，第二天卖出，轻松获利 500 万元，这一笔买卖出现在长江证券惠州下埔路营业部。之后，该股走势"成妖"，连拉 14 个涨停，成为次新股的总龙头。

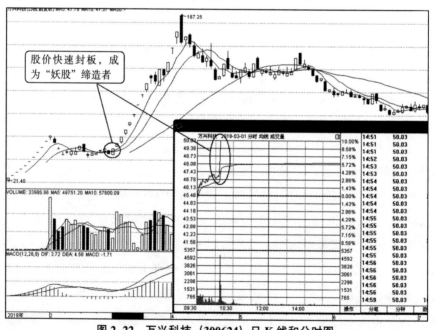

图 2-22 万兴科技（300624）日 K 线和分时图

该股的快速飙升，刺激了脆弱的市场，带领一批相关个股纷纷上强。佛山"无影脚""造妖"之后，次新股板块人气爆棚，佛山游资动用了近 2.5 亿元资金，顺势造就了七一二（603712）的翻番行情。

如图 2-23 所示，七一二（603712）：2018 年 3 月 16 日，该股在第 14 个涨停位置收出一根 T 字 K 线，这天买一席位光大佛山绿景路营业部买入 24899.1 万元，在一只新股中动用如此大的资金实属少见。然后，在 3 月 20 日卖出 10486.36 万元，21 日卖出 16895.54 万元，两日共卖出 27381.90 万元，盈利 9.98%，赚 2482.80 万元。此后，股价继续强势上行，涨幅超过 100%。

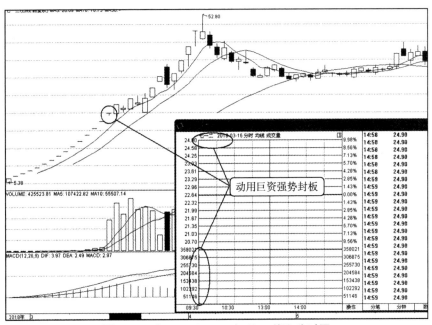

图 2-23　七一二（603712）日 K 线和分时图

在市场极为脆弱时，游资经常被基金和潜伏资金狙击，如在雄安概念股连续暴跌 40%~50%，高层领导大骂资本是"妖精"的背景下，游资的处境十分艰难，此时只有无影脚敢于出击，最为经典的一战是汉钟精机（002158）。

如图 2-24 所示，汉钟精机（002158）：该股底部企稳后，股价渐渐向上爬高，在前期盘区附近出现大幅震荡。2017 年 4 月 20 日，股价大幅回落，收出一根接近跌停的大阴线，第二天股价强势拉起并封于涨停价位，这天龙虎榜买一席位为光大佛山绿景路营业部，买入 19968.90 万元，买二席位为光大佛山季华六路营业部，买入 2815.67 万元。佛山游资敢在敏感时期动用 2 亿多元资金强势将股价封于涨停，其胆识和手法令人吃惊。

2. 庄家大救星

在熊市中庄家崩盘之后，往往出现连续多个一字板跌停，此时无影脚又成为庄家

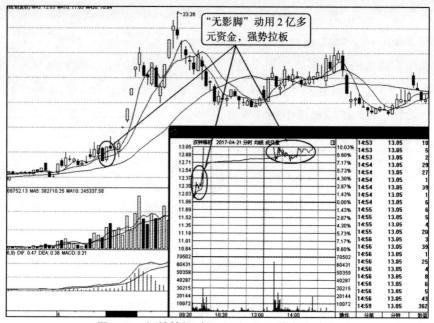

图 2-24　汉钟精机（002158）日 K 线和分时图

的大救星，利用几亿元资金撬板，让庄家割肉，然后将股价震荡封涨停板（当天 20%收益），第二天即使跌停出货，也稳定获利 10%，被奉为庄家大救星。

2018 年由于特朗普政府打击中国高科技企业，导致中兴通讯（000063）连续出现一字板暴跌，在股价充分下跌之后，一个"白衣骑士"的身影出现在市场面前，这就是无影脚的手法，动用约 6 亿元资金撬板。

如图 2-25 所示，中兴通讯（000063）：该股受国际政治因素影响，股价从 2018 年 6 月 13 日开始出现连续 7 个一字跌停板，在第 8 个一字跌停板开盘后不久，无影脚开始撬板。千亿元市值的中兴通讯，居然靠无影脚来营救。参加营救的有：华泰深圳益田路荣超商务中心营业部，买入 18286.02 万元，为龙虎榜买一席位；兴业深圳分公司营业部，买入 13096.28 万元，为龙虎榜买四席位。之后，该股渐渐企稳，出现逐波上涨走势。

不怕千招会，就怕一招能，把这一招简单做到极致，成就了佛山"无影脚"，也成就了历史上无数伟人。希望广大投资者也可以把简单的一招做到极致，不停复制，你也可以成功。

3. 席位齐联袂

A 股从 2018 年 1 月 29 日开始逐波下跌，不断创出调整新低，大批个股拦腰对折。7 月 12 日，A 股迎来久违的大反弹，盘面一大特征就是很多连续跌停的超跌股企稳反

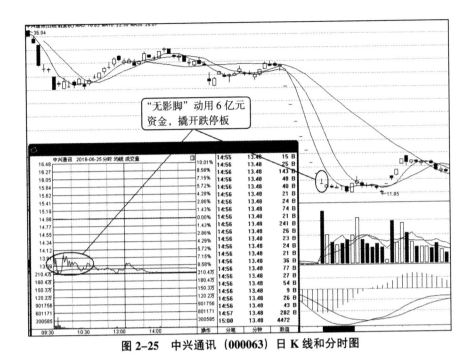

图 2-25　中兴通讯（000063）日 K 线和分时图

弹，最典型的是兴源环境（300266）和盛运环保（300090）。这两只股票此前均出现连续 9 个一字跌停。

开盘后，兴源环境（300266）率先从跌停板撬开，10：26 盛运环保（300090）也被大单撬开跌停，在大盘反弹的大背景下，跟风盘蜂拥而入，截至收盘，双双上演了"地天板"，并刺激了华仪电气（600290）、延华智能（002178）、华统股份（002840）等多股打开跌停。

7 月 12 日收盘后龙虎榜数据显示，无影脚的五大席位齐头并进、火力全开，从龙虎榜买一到买五都是佛山关联席位。在这两只超跌股身上，共动用超过 5.5 亿元资金，第二天顺利出逃，获利 7000 多万元。

分析游资操作情况，无影脚出手的"地天板"、涨停板之类的极端情况，至少有几十次，这里剖析其中典型的几次操作，让大家看看他是如何操盘个股的。

如图 2-26 所示，兴源环境（300266）：该股庄家坐庄失败，2018 年 2 月 1 日开始股价连续一字板跌停，散户、主力全部牢牢套在里面。7 月 12 日，无影脚动用 31295.37 万元，解救套牢庄家和散户，当时该股抛压很大，撬板后很快被重新压回跌停板位置。游资主力只好拉起相关概念股（相同命运的）的盛运环保（300090），达到"围魏救赵"的目的。之后，两只股票联袂上行，均强势封于涨停，形成"地天板"。

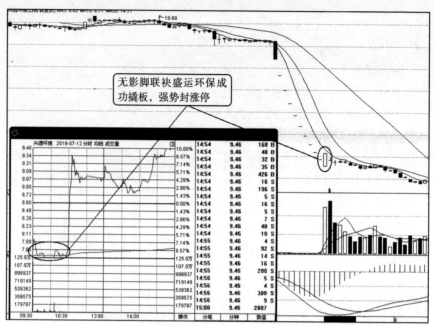

图 2-26　兴源环境（300266）日 K 线和分时图

　　当日参加兴源环境（300266）救援的前五大席位都是无影脚的御用席位：买一为兴业深圳分公司营业部，买入 10589.25 万元；买二为华泰深圳益田路荣超商务中心营业部，买入 6050.31 万元；买三为光大佛山绿景路营业部，买入 5043.27 万元；买四为湘财佛山祖庙路营业部，买入 5031 万元；买五为国泰君安顺德大良营业部，买入 4581.54 万元。五大席位合计买入 31295.37 万元。

　　如图 2-27 所示，盛运环保（300090）：该股因业绩巨亏，债务逾期，银行账户被冻结、控股股东质押，股价跌破平仓线。2018 年 7 月 12 日，股价从第 10 个跌停位置上演神奇大逆转，一举从跌停冲高到涨停。就在这一天，该股与兴源环境（300266）走势如出一辙，盘面几乎一模一样。10：26 大单撬开跌停板后，股价强势拉高，当日收出"地天板"。

　　买入前五大席位也都是无影脚的御用席位：买一为光大佛山绿景路营业部，买入 5552.26 万元；买二为长江佛山普澜二路营业部，买入 5155.09 万元；买三为长江惠州下埔路营业部，买入 4836.05 万元；买四为湘财佛山祖庙路营业部，买入 4830 万元；买五为兴业深圳分公司营业部，买入 2610.13 万元。五大席位合计买入 22983.53 万元，占当日总成交额 11.5 亿元的比例达到 20%。次日，全部盈利离场。

　　无影脚对超跌股似乎情有独钟，此前在神雾节能（000820）、天广中茂（002509）等超跌股身上，也都曾有佛山多个席位联袂出击，在派生科技（300176）也出现过多

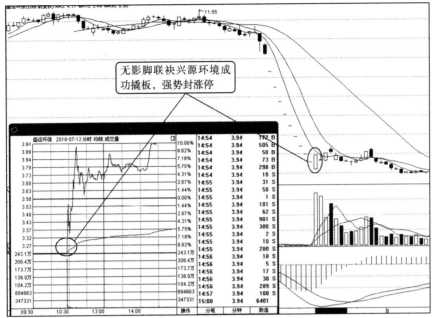

图 2-27 盛运环保（300090）日 K 线和分时图

个席位齐头并进的场景。

如图 2-28 所示，派生科技（300176）：该股实控人因千亿级 P2P 团贷网爆雷，公司受到牵连，股价从 2019 年 4 月 1 日起出现了连续 9 个一字跌停，下跌 61.24%，市值

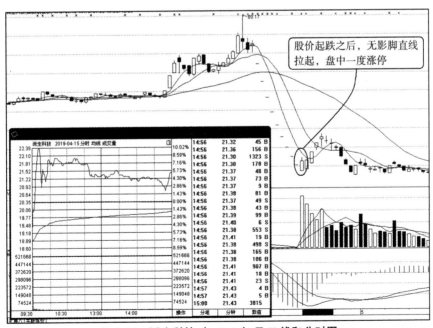

图 2-28 派生科技（300176）日 K 线和分时图

蒸发约 124.50 亿元。4 月 15 日，无影脚重拳出击，将股价从低开 7.57% 后直线拉升，盘中一度触及涨停，振幅达 17.57%，虽然没有封于"地天板"，但最后还是收涨 5.31%，成交额达 16.70 亿元。

收盘后龙虎榜数据显示，当天大举杀入该股的是无影脚，合计买入近 4.40 亿元。其中，位居买入榜首的是兴业佛山魁奇路营业部，大举买入 33858.6 万元；华泰深圳益田路荣超商务中心营业部买入 7151.48 万元，居买二席位；国泰君安顺德大良营业部买入 2938.28 万元，居买五席位。

三、经典套路揭秘

1. 制造"地天板"

制造"地天板"是无影脚惯用的操作手法，喜欢杀入遭受多个一字跌停的爆雷股，然后高调拉升，从跌停板到涨停板，极大地吸引市场注意力。多数是今日进场，次日获利退出，当散户在次日盲目跟进时其往往又面临回落风险。上述兴源环境（300266）和盛运环保（300090）是教科书式的"地天板"杰作，下面再结合实例作深入分析，更能反映无影脚的操盘风格。

无影脚的"地天板"手法，在江湖上最早出自海欣食品（002702）这只股票，该股在"股灾"期间申请了停牌，其间大盘从 2015 年 6 月 29 日的 4200 点开始下跌到了 3000 多点，2015 年 9 月 16 日该股申请复牌后，股价出现了补跌走势，当下跌到第五个跌停板的时候，无影脚开始入场撬板。

如图 2-29 所示，海欣食品（002702）：2015 年 9 月 22 日，这天整个早盘都是风平浪静的，股价继续牢牢封死跌停，一直等到 11：29，这时离早盘收盘基本上还有最后一分钟的时间，这个时间点属于午餐时间马上到了，谁也不会留意。就在所有人都放松警惕想去吃饭的时候，突然一笔 5.95 亿元的单子将所有跌停板的单子一扫而空，股价瞬间从跌停板直接飙升到涨停板，当下午市场反应过来的时候股价已经涨停。途中就开闸放水一次，然后股价牢牢封死涨停，当天换手率为 82.97%。也就是说，整个流通盘中有 80% 多的筹码被无影脚在几分钟的时间给换掉了。股价当天收出"地天板"，无影脚一天就赚 22%，次日全部获利出现暴赚 1 亿多元，且次日起用另一席位华泰深圳益田路荣超商务中心营业部，股价再拉"地天板"。

无影脚从该股获得暴利后，这种手法一直沿用至今，并成为快速暴利的利器。

如图 2-30 所示，大晟文化（600892）：2019 年 1 月底，由于商誉减值致业绩爆雷，该股从 1 月 30 日开始股价连续 4 个跌停。2 月 12 日，在 A 股市场春节后整体回暖反

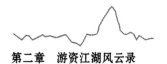

弹的背景下，无影脚将股价从跌停板打开，午后封于涨停，形成"地天板"形态。

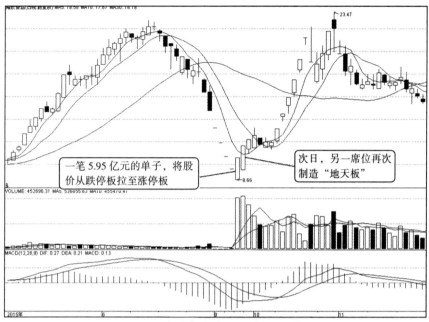

图 2-29　海欣食品（002702）日 K 线图

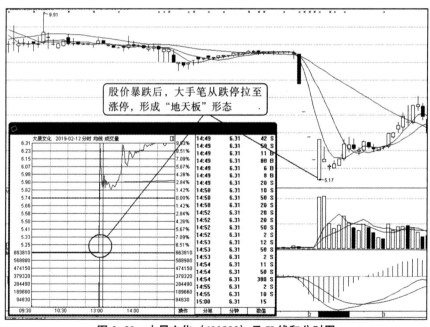

图 2-30　大晟文化（600892）日 K 线和分时图

当天龙虎榜数据显示，这是无影脚的杰作。位居买入榜首的依旧是兴业佛山魁奇

路营业部，大举买入 13959 万元；华泰深圳益田路荣超商务中心营业部买入 3452.43 万元，居买二席位。这与派生科技（300176）的龙虎榜买入前两大席位基本一致。

第二天，无影脚便获利了结，直接卖出。2 月 13 日的龙虎榜数据显示，兴业佛山魁奇路营业部和华泰深圳益田路荣超商务中心营业部居卖出前两大席位，分别卖出 15336.03 万元和 3800.50 万元，累计卖出 19136.53 万元，获利 9.91%，赚 1725.1 万元。

据市场跟踪分析，无影脚只打低位首板，不接力、不持股，除非股票很快涨停，否则第二天必定离场。

如图 2-31 所示，顺威股份（002676）：2018 年 1 月 16~24 日，该股经历了连续 7 个一字板跌停。令人意想不到的是，1 月 25 日上午被神秘大单密集买入，在 10：51：33 被撬开跌停后，股价逐波震荡走高，尾盘收出一根"地天板"日 K 线，总成交量 1.50 亿股，换手率高达 20.83%，成交金额达 10.78 亿元。

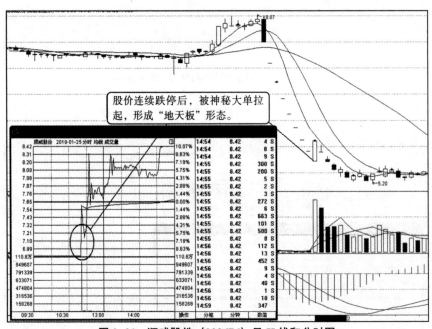

图 2-31 顺威股份（002676）日 K 线和分时图

十分巧合的是，当日龙虎榜买方前三家席位的买入金额十分接近，都在 6890 万元左右，若以 1 月 25 日该股的跌停价计算，海通许昌建设路营业部、光大佛山绿景路营业部、湘财佛山祖庙路营业部买入金额对应的成交量分别为 1000.47 万股、1000.32 万股、1000.00 万股，买四席位的国泰君安顺德大良营业部稍少一点，买入 4063.08 万元，约 589.71 万股，四大席位累计买入 24738.49 万元。

次日全部获利离场，海通许昌建设路营业部卖出 7587.06 万元，光大佛山绿景路营业部卖出 7562.27 万元，湘财佛山祖庙路营业部卖出 7985.61 万元，国泰君安顺德大良营业部卖出 4457.98 万元。四大席位累计卖出 27592.92 万元，盈利 11.54%，赚 2854.43 万元。

2. 开盘直接撬板

无影脚在中小盘股出现多个无量一字跌停后，依旧被大单封死一字跌停，从跌停价开盘后，在集合竞价时成交量明显放大，在分时走势中被巨量打开。

有的则是直接撬板开盘，大幅低开几个点后，出现巨震爆量涨停，如 2017 年 12 月 1 日的 ST 众和（002070）的"地天板"、前期的金业科技（300028）等，典型的就是千山药机了（300216）。

如图 2-32 所示，千山药机（300216）因实际控制人遭立案调查，终止股权转让。复牌后 5 个一字跌停板，导致大股东质押跌破平仓线。2018 年 1 月 25 日股价低开 5.10% 后，与顺威股份（002676）一起被拥有撬跌停神技的无影脚迅速向上拉起，收盘时双双巨震爆量封涨停。次日该股继续封涨停，带动"地天板"后又出利空而再次一字跌停的顺威股份（002676）早盘打开跌停，似有"围魏救赵"之意。

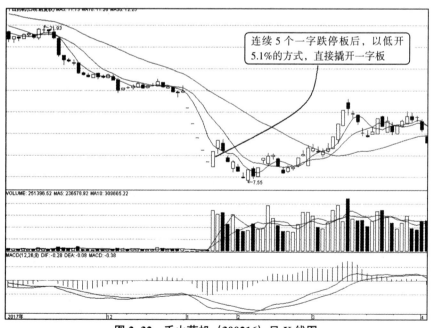

图 2-32　千山药机（300216）日 K 线图

当日龙虎榜数据显示，买一席位为国泰君安顺德大良营业部，买入 7521.43 万元，买三席位为长江惠州下埔路营业部，买入 2655.19 万元。次日获利离场，国泰君安顺德大良营业部卖出 9177.98 万元，盈利 22%，暴赚 1656.55 万元；长江惠州下埔路营业部卖出 3139.93 万元，盈利 18%，暴赚 484.74 万元。

3. 起死回生板

除上述两种情形外，还有一种"起死回生"板，即在反弹过程中或盘整区域里，股价突然出现一字跌停，接着进行 1~2 个交易日的弱势震荡后，顽强拉起封于涨停，股价重新回到前期盘区内。这也是无影脚经常喜欢玩的一种盘面形态，次日在高位获利退出。

如图 2-33 所示，这四只股票分别是浩物股份（000757）、天首发展（000611）、中房股份（600890）和交大昂立（600530），四只股票的 K 线形态极其相似，盘面走势基本一致。背后都有无影脚的操盘踪迹，投资者可以自行总结其中的操作手法。

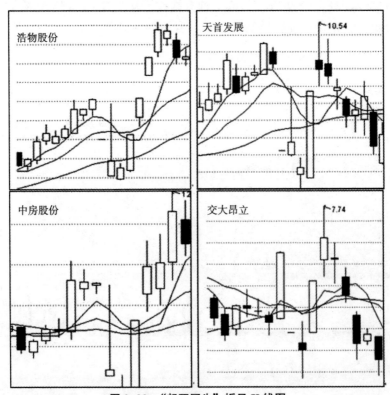

图 2-33 "起死回生"板日 K 线图

总体而言，无影脚的操作风格以一日游超短线为主，次日快速获利出局。他主要参与市场热门板块的超跌低位启动首板、大阴线反包板、开板次新股等。他资金实力

雄厚，大单封死涨停，喜欢吃独食。无影脚砸盘也很可怕，经常一键封板，次日一键清仓，把所有跟风者"活埋"。散户尽量不要在次日接货无影脚做过的个股，除非前一天在跌停板低吸，但这个位置又很难把握。

无影脚的资金往往投入巨大，出手快而重，基本上是做打板隔日超短，来无影、去无踪。无影脚的资金喜欢敢死队那种暴力打板，一般是第二天冲高跑路，不过也有对一只股票连续打板的记录。

四、思考与启示

无影脚是千万股民中为数不多的人。对于这样的游资者而言，大家在羡慕、崇拜的同时，还必须从实际出发，因为自身本质的不同，很难成为"天才"交易者。

对于普通投资者而言，还是不要追求短时间高额的回报，甚至连其所使用的方式也需要谨慎。为什么？当管理资金超过亿级规模的时候，如果是短线投机，就需要帮手了，个人的精力总是有限的，需要团队式的协作，有人负责交易，有人负责分析，还有人负责搜集市场中的信息。

这些工作显然不可能全部由一个人完成，在超过4000家上市公司的市场是很难做到的。就算是盯紧几家上市公司，交易执行的时候也会手忙脚乱，在投资时容易犯错。所以，对于普通投资者而言，大资金的投机方式不太实用。

对于市场中几年时间获得几百倍、几千倍的盈利，往往只是起到宣传作用，没有很大的实际效果。怎么讲？股市中也分为很多投资者，并且针对的客户大不相同，往往是扩大式的盈利宣传，背后可能也会有其他因素。

当然，很多小资金成就巨额的回报，中间是有着增资的。比如，市场中流传的"林园"，8000元入市，身家20亿元。看上去有着巨大的盈利，但是其实中间存在扩资，通过信托、私募的方式增加收益。

短线游资借助复利，但是水平达不到，不是复利而是直接复亏，亏钱速度比赚钱速度快得多，因为无论赚多少个100%，只要亏一个100%就清零了。

对于普通投资者而言，最重要的是坚持正确的价值投资方式，对于那些几年万倍的传奇故事，也只能是当作故事来听，不能当作实盘追求的目标。

建立正确的股市价值投资观，十年十倍、百倍回报，能够达到。

股市名言：做一名冷静的投资者，克服自己的缺点，才能直通价值投资。

第五节　心法大师——炒股养家

在游资江湖中，很多人听说过炒股养家（简称"养家"）。这位股神中的"股神"，虽然名气不及"八年一万倍"的赵老哥，但在近年的震荡行情中，接连上演其经典操盘手法，赚得盆满钵满。

养家经历了从短线到价值投资再到短线的过程，入市初期从 90 多万元亏到不足 40 万元，那时，面对 10 多年投资毫无结果，由此所带来的迷茫和承受的压力是巨大的。在江湖大佬榜样的激励和"必能成功"信念的支撑下，他潜心悟道，修炼心法，经历数载，一朝顿悟。之后，其资金曲线平滑上升，目前已成为一线游资，在游资江湖具有举足轻重的地位，被市场封为股市"心法大师"或叫"情绪大师"。

根据最新席位追踪，养家除了以前两大传统席位华鑫上海浦雪路营业部和华鑫上海茅台路营业部外，近年来疑似出现其新席位，华鑫上海淞滨路营业部、华鑫上海宛平南路营业部、华鑫宁波沧海路营业部、华鑫上海松江路营业部、华鑫南昌红谷中大道营业部和华鑫西安西大街营业部，均或多或少有他操盘风格的迹象。

一、信念与心法

1. 养家信念

养家说："在辞掉工作以后，又面临 2008 年的大熊市，股市资金不断缩水，心理上背负压力，信念受到挑战。此时，能够说服自己的就是坚持信念，有了信念终于使自己挺了过来，所以也希望自己能给同样经历着的人以坚定信念。经历了迷茫与痛苦，背负着生活的压力，是信念让我走到了今天，所以我非常看重'信念'这两个字。"

信念不是来源于大神们随便说的一句语录，信念应该来源于自信。什么是自信呢？就是赚钱的自信，那么自信又源于什么？是源于熟悉。就像 2021 年 1 月的宜宾纸业（600793），在低迷的市场中连拉八板，盘面走势十分"妖气"，可是中途稍微出现震荡，或者开盘有些不符合预期，一些散户就被吓跑了。为什么散户会拿不住？本质上就是不熟悉，不熟悉就会不自信，所以就会慌张，一点风吹草动就会被吓跑。

在市场中一种方法做久了，就会熟悉"妖股"的套路，知道很多时候"吃肉"的概率明显大于"吃面"，不会出现慌张，自然就能拿得住。

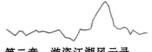

这也就解释了，为啥在你的领域或者说能力圈内很容易赚钱，但是一旦超出了这个范围，你就会非常容易赔钱，因为出了你的圈，你就会不熟悉，会慌张，做投机一旦心态不稳，结局基本就是输。

养家以前也尝试过强势股之外的很多模式，比如低吸反包，很多时候在等到10点卖出时，人家拉涨停了，后悔不已。后来就等到中午再卖，人家尾盘才拉涨停。再后来就等到尾盘再卖，人家直接挂了，不拉了，反复止损，痛苦不已。

根源就是这不是你的模式，你既然不熟悉模式，凭什么赚钱？你如果这样纯粹靠瞎蒙都能轻易赚钱，那么那些专业做反包的人还怎么赚钱？

这个市场是很公平的，就是一个模式内，熟悉的人收割不熟悉人的钱，各自收割各自的"韭菜"，谁出了圈，谁就容易反手被别人收割。

很多时候，大佬们跟你谈信念，是确实在谈信念，只不过他不会告诉你，他的信念也是因为先熟悉然后有了自信，进而才有了信念，你直接去学人家的信念是学不来的。

因此，在你的能力圈范围内赚钱，熟悉这个模式，进而建立自信，最终建立坚不可摧的信念，才能真正在这个市场中活下去。

2. 心法内功

"养家心法"主要内容为：求利不贪婪，虚心不自卑，自信不自满，反思不后悔，主见不主观，慎重不犹豫，独立不定向，耐心不拖延，灵活不随意，果敢不盲目，冷静不呆滞，敏捷不冲动，超然不浮躁，豁达不松懈。

（1）理论体系的核心思想是基于对市场情绪的揣摩，进而判断风险和收益的对比，并指导实际操作。

（2）别人贪婪时我更贪婪，别人恐慌时我更恐慌。

（3）敢于大盘低位空仓，敢于大盘高位满仓。心中无顶底，操作自随心。

（4）永不止损，永不止盈。只有进场，出局。买入机会，卖出不确定。出局就是出局，不管止损止盈，何必用止损止盈来束缚自己。

（5）得散户心者得天下，人气所向，牛股所在。

（6）买入机会，卖出风险，只做对的交易，胜负交给概率，多一分淡定，少一分胜负心。

（7）理念的东西，简单地说，就是把握市场热点，实际操作中，预判、试错、确认、加仓等。赚你该赚的那部分钱就可以了，不必过于拘泥。

（8）操作应简单化，想得太多临盘难免犹豫，不要有太重的成本障碍，胜负的事情

交给概率，不管结果如何，坦然面对，冷静处理。

（9）多操作，多思考，概率会告诉你以后应该怎么做。如果不能克服心理障碍，再多的失败也不能转化为经验。

（10）在指数高位不要迷恋价值投资，越跌越买，结果遭遇暴跌，最后损失惨重。

在"养家心法"中说到，诗人功夫在诗外，股市的功力在股市之外。你的基本面分析很有功底，技术分析能力也很强，在交易中明知该买却不敢买，明知该卖却没有卖的事时有发生，这就需要修炼内功，克制心魔，战胜自我。要有意识培养良好的决策能力和良好的操作习惯，这远比一两次输赢重要得多。市场知识不够可以学习，但不重视规则、养成不良操作习惯会导致多次错误发生。所以要认真严谨地对待每一笔交易，"养家心法"哪怕是买入100股，也要严格把握进场目标、进场点和进场时机，严谨的交易作风、良好的操作习惯会引导自己的交易走向良性循环。在失利时调节化解消极情绪，在胜利时保持清醒，不断调节情绪，使自己随时以最快的速度进入最佳竞技状态。

二、思想与情绪

1. 投资思想

（1）股票是一个心理游戏，在整理的时候就是被动的时候，所以在操作时应该尽量让自己避免被动。有了这种感觉，加上好的策略，就应该不管行情怎么变化，让自己始终在应变中处于优势，这也是实现稳定盈利的根本。

养家的有些看法可能对有些散户来说是颠覆性的，比如，对于庄家和散户，他认为好的股票，主力是散户，而所谓庄家反而是跟风的。

追涨也好，低吸也好，问题不在模式，而在于何种阶段应用，以及如何掌握火候。

不随意反向操作。市场多头时，可以做多，也可以谨慎，但不能做空；反之，在空头市场亦然。

（2）针对不同阶段有不同阶段的操作模式，高抛低吸也对，追涨杀跌也好，都有其道理，关键取决于对市场的理解，不能因为自己做对几单的操作，进而理解股市操作就是这样的，那可能又会进入另一个误区。从盘面已经感受到气氛，短期已经收缩战线了，策略也做出了相应的改变。

（3）股市没有对和错，就看对市场的认知。就像价值投资者认为，短期的市场是不确定的。但短线选手认为，短期的市场情绪是有规律可循的，长期是无法预料的，于是就演变出不同的操作方法。

（4）方法说出来都很简单，搞清楚现在是什么阶段，然后选用该用的方法。明天开始又需按照超跌的方法来操作，把握好自己的节奏，有时候自己都觉得要怀疑自己，难道自己就这么掌握了所谓的方法？难道这样一直下去未来有一天就会成为职业炒手吗？那样，过去的稳定增长也好，只代表过去，还是让未来的来检验吧，时刻保持对市场的敬畏之心。大体上就是行情好就大胆做，行情不好就多休息，即使要做的话，也要做最强的。

（5）当时机不成熟或者市场对自己不利时，理性面对风险，当机会来临时，全力以赴。这句话理解起来不难，做到却不易，很多人往往因为亏钱就想着急于扳回，一再对抗风险，机会来临时却又麻木于自己深套中的个股。当市场的发展和自己的判断不一致时，要重新审视，越是关键时刻，越要冷静处理，平稳的心态是做短线的根本。

（6）不同阶段原则有所不同，如是强势阶段，就做个股的主升浪，可以多拿几天；如是弱势阶段，可以学炒手的超跌反弹方法，以反弹为主。大盘超跌的时候买超跌的股票，大部分第二天冲高就走，不要有太多想法，如果情况出现不利，亏钱也走。

（7）大盘不良意味着操作策略的改变，点位不是重点，关键观察赚亏效应的变化，不断审视盘面的变化，让自己在行情变化中保持相对优势。

（8）买入分歧、卖出一致。这句话的意思是说，在龙头或者题材处在低位分歧时是一个买入区间，而到了高位连续一致的时候是一个卖出时机。在实盘中，经常看到龙头股在低位时，连续爆量换手烂板，说明市场分歧严重，而到了高位就出现连续一致的走势。

如图 2-34 所示，一拖股份（601038）：该股在低位多空分歧严重，股价震荡较大，2019 年 6 月 17 日股价涨停，突破后开始持续上涨，连拉 7 个涨停。这时买到的人觉得自己很了不起：我买到了龙头。但是看看卖出榜，看看对手盘，很明显人家才是真正的高手。

2. 市场情绪

在养家的交易里，有很多的试错单，这些单子的结果大多是小赢小亏，到底是赚是亏不重要，重要的是可以借此感受到市场的情绪，从而判断收益和风险，以决定是否奋力一击，那才是关键。

（1）信念，曾经很长的时间迷茫过，所以懂得信念的重要，自强不息，百折不回。买卖那一刻的淡定自如，亦是自身境界的提升。

（2）市场很多人讨论的是如何克服贪婪和恐慌，虽然不错，但是着眼点仅在自身，难免局限。高手进出，买卖的一刻力求淡定，借助市场的贪婪和恐慌反过来指导决策，

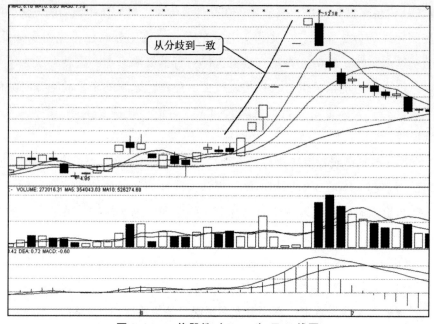

图 2-34　一拖股份（601038）日 K 线图

着眼点在整个市场，境界自然高了一层。

（3）价值投资者认为，短期的市场是不确定的。但短线选手认为，短期的市场情绪是有规律可循的，长期是无法预料的，于是就演变出不同的操作。

（4）养家说过："我绝不是引导市场，而是跟随得更紧一点，也许有人可以引导市场，但是我的模式是坚决反对这么做的。做好一个市场跟随者，我不是一个人在战斗，因为在市场之内，我做跟随者，不做发动者。"

（5）关于补仓以及止损这样的问题，养家的回答是，你还有补仓或者止损的想法，就说明你的心里还有成本这个障碍，好的操作，应该是最简单的，只有买入或者卖出。

（6）心态问题，养家说，情绪是情绪，操作是操作，获利兑现和恐惧亏损是人的天性，但是作为职业投资者应该克服，迫切也好恐惧也好，操作该怎么就是怎么，如果让情绪影响了操作，便不应该了。

（7）茫然本身也是市场情绪的一部分，想办法跳出自身情绪，在更高的高度俯瞰市场情绪，你会发现这些情绪变化本身就是规律的一部分，就像历史轮回。

（8）知己知彼，百战百胜，成交回报是股市资讯的一部分，有助于心理分析，你对对手的心理足够了解，操作上就更容易把握主动。

（9）人气面也是一个循环的过程，这个和市场的赚钱效应有关，"股神"遍地的时候就是人气最旺的时候。

三、仓位与赢面

（1）仓位和赢面的关系大致如下：赢面 60% 以下，观望；赢面 60%~70%，小仓出击；赢面 70%~80%，中仓出击；赢面 80%~90%，大仓出击；赢面 90% 以上，满仓出击。

赢面包括胜率和涨跌空间比，比如满仓出击时，必须满足以下两个条件才能做出这样的决策：一方面是胜率要求在 90% 以上，另一方面是上涨的空间和下跌的空间比率。

上涨的空间至少要在 30%~50%，而下跌的空间应该在 3%~5%，特别是重仓买入的一刹那要有后市还有 3~5 个涨停空间的判断。

这里的赢面包含两个因子：一个是自己的预期收益率，另一个就是胜率，简单描述就是买入后涨跌的概率各有多少，如果涨的话，预期涨多少，如果跌的话，预期跌多少，两者结合在一起考虑，不过预期收益率考虑的权重更大些。重新评估风险和收益比，决定是加仓还是减仓，这是决定操作的唯一因素。

一再强调，如果对于后市没有 30%~50% 上涨空间的股票，千万不要重仓买入，而当自己重仓持有后，并且随后的几天内果然涨了 30%~50%，难免会有心理上激动的反应。巴菲特说，一只股票你如果不想持有十年，那就一分钟也不要持有。养家说，一只股票你如果不敢向上看 30%~50% 的空间，那就永远不要重仓买入。

通常游资大出手，并不是为了要赚三五个点，不管未来赚多少还是亏多少，至少说明他在买入的那一刻想象的上涨空间一定是很大的。收益不是不要求高，是要求高，关键战役的把握很重要，力求利润最大化，虽然很多单子实际结果是赚一两个点，但是买入的那一刻绝不是只冲着一两个点去的。

（2）短线重仓出击的次数不宜太多，一年在 8 次左右，持仓时间也不应太长，一般在几个交易日。其中 5 次左右获利在 10% 以上，而亏损 10% 控制在 1 次或杜绝。短线炒手几乎不会出现季度性亏损，盈利从杜绝亏损开始。

（3）市场弱势时，机会自然就少；市场强势时，60% 以上赢面的机会较多，接近每天交易。

（4）大盘下跌的不同阶段，不同的资金级别，策略也完全不同。小资金阶段，下跌初期仍可以积极进攻，随着资金的增大，犯错的成本也随之加大，在确认下跌后，倾向于防守。

（5）养家说，尽管一再控制风险，难免也有重仓失手的时候，此时情绪波动是人之

常情，对此他会问自己，如果现在是空仓的话，会怎么办？

如果是空仓，就什么也不买，那么就卖出手上的个股。

如果是空仓，会买其他的股，那么就换股。

如果是空仓，还是会买自己手上的股，那么就不要卖了。

当然以上情况只是方向性的问题，还有个量化的要求，比如，如果空仓也只是考虑少量买自己手中的个股的话，如果现在是重仓的话，那么也要减仓。

（6）关于仓位，有好机会就重点买入，没有好机会就拿着钱耐心等待或者轻仓练盘感，总之让自己觉得舒服就可以了。

（7）左侧交易重点是时机的掌握，市场恐慌情绪得到较好的释放，敢于买入的大多有较好的赢面，短期内市场如果不具备连续大幅杀跌时，可以持有一定仓位灵活应对，争取扩大盈利。

左侧交易重要的是时机，通常买的位置是瞬间低点。实盘交易中，追求这种点位，未必能买到足够的筹码，所以有必要分仓，资金量小的时候这种做法影响小，当然也可以先练习起来，为将来自己的资金达到更大的规模做准备。

四、博弈的本质

（1）博弈的本身就是在动态的变化过程中，时刻寻求最优化的策略。

（2）交易的本质是群体博弈，追根溯源的话，就是随时衡量场外的潜在买入者的钱的数量和买入倾向，以及场内筹码的数量和卖出倾向。当前者大于后者就买入，当后者大于前者就卖出。买入倾向的推理，大多来自赚钱效应；卖出倾向的推理，大多来自亏钱效应。然后再结合大盘、主流热点等，进行瞬间的操作判断，操作是瞬间的，判断是动态的。

（3）股票走势本质是持币者与持筹者的博弈产生，应该多揣摩两者之心，让自己站在主动的这一方面即可。酝酿、开展、逐步蔓延，场内筹码的情绪部分从下跌空间有限而转向失望离场。这个过程同时也是一个场外资金逐步累积的过程，当市场情绪逆转那一刻来临的时候，资金又会蜂拥而至，如此不断往复。如果说股市有什么规律的话，这种情绪转变的过程就是规律，而且可以预期较长时间内，这种规律亦不会有大的改变。

（4）强势阶段，买股的逻辑是因为赚钱效应下的资金不断进入，那么强势个股被后来资金选中的概率大，所以选强势股。弱势阶段，买股的逻辑是因为市场亏钱效应的扩散导致恐慌盘的不断宣泄，那么宣泄殆尽的，只要少量买盘就可以推动上涨，所以低吸。

（5）以史为鉴，可以知兴替。股市也一样，掌握了以往热点轮动规律后，自然预期的准确性会提高。

（6）掌握市场之心，胜利接踵而至；心被市场掌握，失败连绵不绝。

（7）各种现象，并不一定都能得到解释，但是有些是有普遍规律性的，比如，左侧交易的好时机是连续一段下挫后的集体大幅下挫，连续上涨一段后的集体涨停要特别小心。

（8）学会一套完善的交易系统，才能做永远的赢家，没法知道明天大盘是涨是跌，但好的操作可以做到：如果大盘上涨，手中的股票大涨，如果大盘下跌，手中的股票不跌或者小跌，如此反复，积小胜为大胜。

（9）如果市场与预判不一致时，应随机应变。预测市场是为应变做准备，应变才是立于不败之地的根本，预测对的人未必能赚钱，预测错的人却可能赚大钱。市场有太多的人关注预测，当市场一旦和预测的不一致时，由于没有好的应变策略，因而操作依附于情绪，产生不利于自己的倾向。

（10）不知道上涨原因的股票，要么就找它上涨的原因，找不到就不用管它，赚自己看得懂的钱就够了。

五、赚钱效应

1. 盈利模式

股票操作是个系统工程，仅靠个股图形波段之类作为买卖依据，是难以形成较为稳定且较高效率的盈利模式的。

（1）这个市场上有大量的短线选手，很多人其实对市场理解不够，但是他们在有些阶段也会赚钱，这种赚钱会阶段增加其自信，进而使其快速地投入到下一个品种上，当这种行为产生群体效应时，这种背景下热点就容易有持续性。

（2）相反地，如果短线追涨时，接二连三失手，导致资金大幅回落，他们就会进入反思，从而减少操作，当这种行为产生群体效应时，一些强势股没有后继者，就容易形成补跌。

（3）这两种心理变化过程，不断循环往复，踏准了节奏，就能分辨出机会的大小，进而决定进出的时机。

（4）联动说明市场资金的关注度高，但是赚钱效应才是激发资金不断进场的最大动力。

（5）操作模式决定账户市值曲线，让自己觉得舒服就好。下跌趋势，通常是大跌小回，重要的原则就是要规避大盘大跌带来的系统性风险，因此选择在大盘大跌，股指远离5日均线时进行买入操作，再结合大盘下跌所处的阶段，寻找相应的个股进行出击。

（6）赚该赚的钱，不该赚的放弃亦无妨。有赚钱效应的情况下，做热点为主。有恐慌效应的情况下，做超跌为主。

（7）根据市场的赚钱效应和恐慌效应来判断大势。超跌的品种稳住了，强势的个股机会就大些，超跌的品种继续创新低，强势的个股补跌在即。

2. 控制回撤

（1）控制回撤，最重要的就是回避系统性崩溃风险，事实上绝大部分崩溃都有前兆，从赚钱效应和亏钱效应的演变过程可以进行推断，不过为此可能也会放弃很多机会。

（2）止损，不看好了就卖出，不管它是不是止损。最大的忌讳就是亏钱了就急于翻本，乱操作一气，容易错上加错，后果严重。

（3）预期也是动态的变化过程，要结合大盘和整个市场状况。因为简单，所以果断，最忌连自己都不看好的，却因为套了几个点，还在犹豫不决。

（4）衡量一个职业选手最重要的指标就是盈利的稳定性。

（5）是赢是亏有时似乎重要，但更重要的是做对，盈亏的事情交给概率。不管结果如何，坦然面对，冷静处理。

六、如何认识短线

短线操作需要较强的综合素质，包括冷静理智的心理、良好的大局观、完善的交易系统等。具体操作心法如下：

（1）对于入市不长的短线爱好者先泼些冷水，纯K线技术的打板，统计胜率在45%左右，所谓的追龙头模式，胜率也大抵如此，类似于澳门赌场，如此反复只会吞噬你的本金。

（2）短线是一种综合技能，很多人花了大量的时间研究技术或者政策、基本面等，结果都不得其要领，天道酬勤，但也应该懂得如何综合使用。

（3）善于做短线的人，应该清楚自身的特点，寻找适合自己的方法。

（4）当市场的发展和自己的判断不一致时，要重新审视，越是关键时刻，越要冷静处理，平稳的心态是做短线的根本。

（5）短线操作需要较强的综合素质，包括冷静理智的心理、良好的大局观、完善的交易系统、坚定的投资信念。

（6）短线好手仓位的高低通常与市场整体交易量呈现一定的正相关性，机会多时多操作，机会少时少操作。

（7）技术图形相对次要，对于市场情绪的把握才是重点，但是这个没有图表，很难量化，却可以揣摩。

（8）除了成交量之外，基本什么指标都不用看，成交量主要是看它的变化。追板，主要看市场环境、热点。成交量再结合价格的变化，揣摩场内和场外人心的变化。

（9）具体技术的东西，个人不怎么注重。大方向的问题，懂了就懂了，不懂的多说也无用，换句话说，就是虽然做的是短线，但是看的是大局。

做短线也要放弃很多零碎操作，就选股而言，要么是当前的热门，要么是预判会成为热门的品种。波段不确定性很大，超短才是相对确定的。

亏钱不是做短线的错，刚开始学习，水平不够，交点学费也是应该的，最可怕的是失去了信念。大盘弱势，更须坚定短线炒股的信念。

七、如何看待龙头

一轮较大级别的行情，通常会有一个龙头板块，而这个龙头板块的龙头个股往往有超预期的上涨。这个板块要求对大盘有号召力，而这个龙头也要求对这个板块有号召力，这样相应的这个龙头就会成为整个市场关注的核心。

（1）刚启动的龙头，有超预期利好，在买入的那一刻要求股价上涨想象空间在50%~100%，虽然也许卖出的时候可能只是赚了几个点，但是买入的时候想象空间一定要大。

（2）在同等条件下，可以选择爆发力强的"小而美"个股，在一轮主升行情中，小品种热点采取的是连续拉升方式，大品种通常是拉出大阳后横盘 2~3 天，然后再拉，小品种通常在效率上更高。如果没有此类品种，或者小品种无法容纳自己的资金，也可以选择一些大品种。

（3）有时买入龙头，不是因为胆子大，而是根据板块整体动能，龙头有相应溢价，而股价尚未反映溢价时介入；有时买跟风，不是因为胆子小，是因为龙头赚钱效应十足，而部分跟风品种尚处低位，有随时受龙头激发而具备向上的潜力（比价，补涨玩法）。

（4）你需要解决的不是有胆做龙头的问题，而应领会龙头和跟风品种之间的套利关系。

（5）没有永远的龙头，虽然买龙头是一种方法，但是想办法卖出龙头才是更高的境界。高手买入龙头，超级高手卖出龙头。在股市中经常说：去弱留强，择强汰弱。那么最后剩下的一定是龙头股。可是，当多数人发现它是龙头的时候，通常股价已经涨上去了，此时有不少高手选择换股上车，但超级高手实际上是在龙头之前就已经发现它，并且已经进入或者早就布局了，而当被市场大众所认可为龙头时，超级高手已经开始卖出龙头。

实际上养家在很多牛股中，他的买点比"章盟主"还早，这就体现了养家超群的理解力，超级高手卖出龙头就是这个意思。另外，养家对买力和卖力的理解，特别是对平衡点的理解，对散户具有非常重要的指导意义。

如图 2-35 所示，森远股份（300210）：2019 年 6 月 25 日，股价爆量涨停，次日集合竞价下跌 3.20%开盘，盘中快速下探后震荡走高，午后封于涨停。对于这种盘面现象，有经验的散户就知道：如果开得过高或者说过早冲板，有可能会形成炸板。如果开得很低，从跌停板附近开盘或者低开 5%以上，就有可能会出现"地天板"。

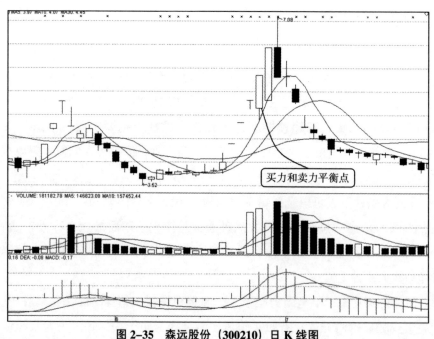

图 2-35　森远股份（300210）日 K 线图

经常看到的这种大长腿情况，就是买力和卖力平衡点的问题。养家提到了很多关于这方面的论述，总结得十分经典，大家可以自己体会。

八、主流与非主流

1. 基本认识

单个个股走势本身具有不确定性，如果把整个板块连在一起考虑就更容易理解。有些强势股是个股行为，往往有较大的不确定性。对于板块性的行为，大体上有个规律，如果你是个有心人，善于总结，就会发现其中的规律，以后自然知道该怎么做。

（1）主流，通常是股价涨幅大、跨度时间长的个股，操作策略是反复做，第一波赶上的话就做足，没赶上的话，就等回落后再做下一波。

（2）支流，各支流循序轮动，涨幅各异，时间上契合主流，直至主流完结。在操作策略上，在主流不倒的情况下，按照以主流为中心的逻辑逐步挖掘个股。

（3）次主流，在涨幅和时间跨度上少于主流，但是仍然具有一定的可操作性。在操作策略上，以围绕龙头操作为主。

（4）非主流，时间短，但是因为技术面或者消息面等因素短期会有一定的爆发力。在操作策略上，快进快出，以隔日超短为主，爆发初期可参与，后市不追高。

关于主流、支流、次主流之类的划分，这个应该归于大局观的范畴。根据近阶段市场热点划分的话，区块链、数字货币、5G 为主流，华为、网络游戏类为次主流。那么操作上主流以一个较长的阶段反复操作为主，次主流则操作周期更短，不少选择隔日超短。

关于热点，有长期的主流，也有短期的支流，长期的主流能持续，可以反复做，短期的支流，爆发力强，都有可操作性。

（5）根据对热点的持续性，主流、次主流的划分，可以把涨停板分为投资性和投机性两类。投资性的想买就买，不管几个点，要求是向上看有较大空间，向下敢越跌越买，后市可以反复操作。投机性的通常要求大盘有较好的环境，当天是最强或者次强的热点，很大程度上在板上买，持续性不一定好，但是短期有较强的爆发力，可以作为隔日超短操作。

2. 操作思想

做短线，热点的判断是最重要的，关键是有没有赚钱效应。

（1）先判定是不是主流热点，如果是，不必等涨停也可随时先买入，等确认强度后再进行加仓。如果不是主流热点，则再等等。如果强度够高，就排队龙头，大幅度超过预期，就同时排队，但同时仍需注意仓位控制。

（2）小资金仓位变动通常较大，在强势阶段，可不必过于在意资金管理，不过如果

有意为未来做准备，也可当作大资金来练习分仓操作。

（3）只要有赢面的股票都可以做，区别只是操作策略上，主流是反复做，非主流的以隔日超短为主，不必放弃。

（4）一轮主升行情中，是买还是卖，只能靠自己动态的判断来决定。

（5）事事难两全，比如某只个股做了高抛，并打算等待回落低吸，但是后来股价没有回落，丢掉了不少的筹码，盼弱不弱，也只好盘中找低点重新买回，成本也做高了，可见炒股没法做到完美。

（6）如果有好的机会，当然也会考虑做，仓位不定，根据风险收益比决定，区别是非主流的操作时间会比较短，很多是隔日，主流的则高抛低吸反复做。

九、认识大局观

价值投资和短线投机的区别只是在于操作的时间区间和对价值的认知不同。从 K 线技术短线到巴菲特价值投资，到趋势短线，到中国式价值投资，再到融合价值与投机的综合式短线大局观，这是道的范畴，尽量培养自己站在更高的高度看整个市场。重要的不在于错过了什么，而在于当下应该把握什么。

（1）炒股应有大局观，站在更高的角度来审视市场，用全新的眼光来分析行情，选择机会大于风险的股票进行操作，而不是拘泥于自己套牢的股票，也不要寄希望于止损止盈来拯救你。看好的个股就买入，不看好的就卖出或者换股，操作越简单越好。

（2）所谓大局，简单地说，就是一只股票 10 元买的时候，看的应该是 15 元或 20 元甚至更高。但实际操作中，可能赚了三五个点就走了，或者"割肉"走了。

（3）低成交量不支持蓝筹行情，但是可以制造局部热点，是不是一日游，就看是什么样的局。

（4）养家说："看我的实盘不会对你有多大帮助，因为你不知道我在操作的那一刻的想法。完善自己的系统，输赢交给概率，看不准的时候'割肉'就可以了，不必拘泥。"

（5）功夫未到时，你即使看了全部实盘，也不能了解；功夫到了，只言片语便知。

（6）摆脱教条主义的束缚，实践才是检验真理的唯一标准，多思考总结自己成功和失败例子的共性。成功的例子里面再思考能不能更早一点下手，未必要等突破以后。突破买入虽然也不失为一种不错的方法，但是还处在见招拆招的阶段，如果你能看到更大的局，应该追求未出招已应招的境界。

（7）在短线初级阶段迷恋技术，经常买入突破新高的个股，结果赚那么点小钱，一旦碰到几个假突破就亏大了。

（8）大局观是一种综合因素，只参与机会大于风险的操作，当政策、资金、技术、信息等各方面都较好的时候，便是重仓出击博取利润的时机，如此往复不断复利。信息公告如同技术一样，本身是决策的考量因素之一，如果对市场理解不够深刻，光钻研这些也是徒劳的。单个个股走势本身具有不确定性，不好做出判断，把整个板块连在一起看就更容易理解。

（9）政策、资金、技术是牛股产生的三大根源，而宏观政策面是权重最大的一个因素，这是爆发力，而技术只是起到一个辅助的作用。

（10）信念、理念的东西，简单说就是把握市场热点。多看涨幅榜和异动榜的共性。政策面和人气面相对权重大些，技术和基本面相对次要。政策面相对独立，市场会相对围绕政策反复炒作，这是中国股市的特色。

十、神级操盘术

说完心法再说手法，养家最喜欢的就是一字板或强势板，这些板很多是在高送转当中。说到养家的手法，大家可能就会想到一字板，有的人甚至对他态度非常不友好，觉得他老在抢一字板，不给其他人机会。其实仔细研究其操作手法，很多一字板并不是他主封的，他也是根据情绪去买入，如果个股本身不具备封一字板的潜力，前一天是个大烂板，而当天整个板块都不行，再去封一字板那不是自己找套吗？

1. 主流强势股打板法

具体来看，养家有两大神级炒股心法：主流强势股打板法和暴力一字板买入法。这两种方法在养家传闻席位的交易明细中表现尤为明显，其中最经典的当数天山股份（000877）。

如图 2-36 所示，天山股份（000877）：2017 年 2 月 10 日，养家耗资 8424 万元打造四连板成妖，随后在三个交易日内累计买入达 11565 万元。其间该股区间涨幅达到 22.62%，养家敢于持续锁仓，在该股中至少盈利 1000 万元以上。

对于天山股份这类主流强势股，逻辑上符合养家利用大资金强行接力封板的标准。之所以将其归为这一类，主要是和当时市场炒作主线息息相关。以此为例，水泥板块和"一带一路"是那时市场的两大主线热点，而天山股份（000877）从题材上正好同时符合两者条件，因此在场内外资金还在犹豫时，养家就利用大资金优势，强行接板塑造强势格局，给市场一个明确的看多信号。

这种效应一旦形成正向循环，场外资金越买不到就会越想买，不断增加排单，强

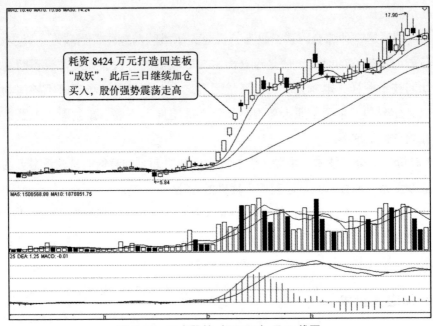

耗资 8424 万元打造四连板"成妖",此后三日继续加仓买入,股价强势震荡走高

图 2-36 天山股份(000877)日 K 线图

化其自身趋势。这就是该战法的核心,集中最主流的几大热点题材,在市场预期阶段下注,利用混沌模糊期进行炒作,从而将利润最大化。

2. 暴力一字板买入法

除此之外,养家的暴力一字板买入法在华鑫上海淞滨路营业部中体现得淋漓尽致。通过翻查该席位交易明细可知,一方面是利用营业部交易通道的速度优势,常常能在一字板股票上抢到筹码。另一方面是除了部分未开板次新股之外,养家会参与每个阶段的最热门龙头股炒作,以大资金强封一字板或者 T 字板的方式,让市场解读为大利好,造成股价对于市场预期的塑造作用。

如图 2-37 所示,云意电气(300304):2016 年 11 月 28 日,作为高送转人气龙头股,当日华鑫上海淞滨路营业部利用交易通道优势,排板买入 3878 万元,次日再度动用 6052 万元连续封一字板。之后几日该股震荡走高,养家获利丰厚离场。

如图 2-38 所示,苏大维格(300331):2016 年 12 月 26 日,养家介入 AR 龙头股,在市场低迷的情况下敢于连续三个交易日封板,并且成功获利出逃,随后数个交易日该股走势与云意电气(300304)如出一辙。

总体来看,对于养家的两种操盘模式,普通投资者可以借鉴的有两点:一是通过对其席位的追踪,能够很快确定目前市场热点重心,有助于研究板块题材和龙头股。二是通过对养家操作个股的回测数据分析发现,其上榜后的个股涨幅较大,往往在连

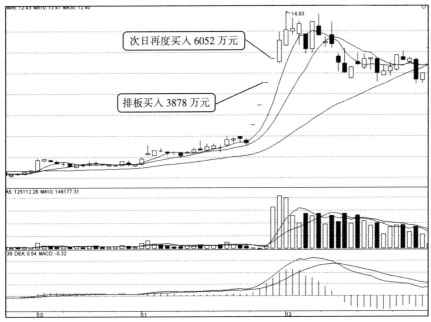

图 2-37　云意电气（300304）日 K 线图

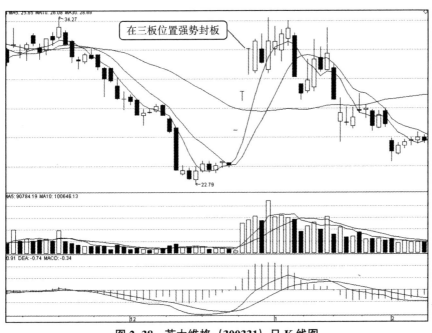

图 2-38　苏大维格（300331）日 K 线图

续涨停后还能继续走高，因此散户有望从中分一杯羹。

3. 卡位买入法

能封得住的一字板才能体现根本的能力，所以养家封一字板是顺势去封的。现在

很多新生代游资，非常喜欢玩的游戏就叫卡位。

卡位这个词语来自篮球或者足球比赛。在比赛中，球在空中的时候，球员精确判断球的有效落点，抢先对手占据有利位置，将对手阻挡在最佳位置以外，从而获得控制权，这就是卡位。

卡位的关键在于精确地判断有效落点，并抢先对手占据有利位置。在股票中，股票卡位一般是在牛股的拉升途中，逢低买入或者追高买入，判断该牛股后市还将大涨的前提下，早一步布局，称之为卡位。

如图 2-39 所示，养家非常喜欢去做这个一字板卡位，特别是利好公告刚刚出来，如 2016 年的云意电气（300304）、易事特（300376）等连续一字板的时候，还有大牛股四川双马（000935）的第一波行情养家就参与到了，在很多游资买入之前他就已经埋伏了，这也体现出他的"买入分歧，卖出一致"的思路。

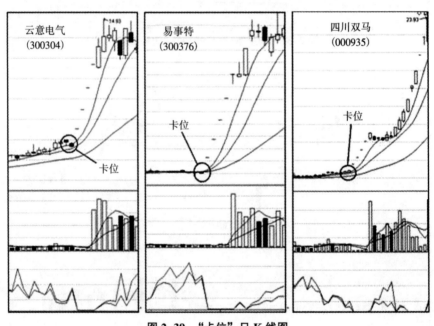

图 2-39 "卡位"日 K 线图

但养家 2019 年的操作似乎有点变化，在浪潮软件（600756）连续出利好的时候买入，一拖股份（601038）也是在相对比较高的位置买入，跟现在的市场氛围有点不搭配。

最后，谈一谈养家的核心思维：他非常喜欢左侧思维和新股开板，很多股票都是买在左侧和新股开板之时，比如来伊份（603777）。养家操作看似闲庭信步，但其实中

间的理解力深不可测。他的特点就是买在左侧、卖在右侧,买得早、卖得晚,吃了大头。他的理解力其实跟赵老哥和其他游资的操作是不一样的,他既不是造龙也不是造"妖",不参与造势,他比多数一线游资买得早、卖得晚,所以他的理解力就是左侧思维做得非常好,对趋势的理解更加超前,因为趋势的背后是情绪,说他是"情绪大师"真的非常准确。

养家资金做大之后可能也在尝试转型,在2019年的整理行情中买了很多低价股。他不仅对情绪的理解很到位,对牛熊大势也有自己独到的看法,好像他经历过很多轮牛熊,知道后面可能会发生什么事一样,这是养家很独特的地方。

整体上说现在所玩的情绪周期、卡位等,他很早就已经具备了非常系统的理论。

第六节　低吸鼻祖——乔帮主

江湖传说,"十年出一个佛山,万年出一个'乔帮主'",足见其在股市中的地位。

招商深圳蛇口工业七路营业部是乔帮主的主要栖身之地,在游资江湖提起该营业部,也更多以乔帮主席位代替。该营业部虽然只是中等市场规模,但却是龙虎榜上的座上客,因而被各路市场人物反复研究。坊间传闻招商北京金融大街营业部也是他的御用席位。

此外,该营业部与华泰深圳益田路荣超商务中心营业部、中投证券广东体育东路营业部的游资关联性较大。这些关联游资营业部中,浙商证券宁波万马营业部、华泰深圳益田路营业部与之关联最为紧密。

一、乔帮主自述

1. 高位入场

我在2007年沪指巅峰5000多点入市,当时刚大学毕业不久,大概有4万多元存款。那时啥也不懂,就跟着券商推荐的股票操作,买入高高在上的股票,从入市起就没有赚过。当时的主流观点就是:千金难买牛回头,只要大盘一跌,马上就拉回去。所以在大盘跌到4000多点的时候,我到处找资金,增资7万多元,本金共12万元左右。

市场随感:回头看看自己的过去,以及身边炒股朋友的经历,发现只要是在牛市

游资江湖——股市游资帮派与大佬操盘手法揭秘

入场的散户，都会犯乔帮主的错误，开始尝到甜头，后面加大杠杆，最后崩盘清仓。所以，在牛市入场的新散户，最后往往都是赚不到钱的，一开始都是纸上富贵，最后大多都是深套，所以任何时候加杠杆都要理性评估自己的承受能力。

2. 重新入市

在初入股市时，没有高人指点，有启示的也是"长线是金"这样的套话，从而导致在大盘跌到 2000 点附近的时候，账户亏得只有 3 万元，后被父亲强行平仓。就这样，2008 年一年亏损 10 万元左右。

然后慢慢地积攒工资，在 2009 年春节之后拿着仅有的 3000 元资金重新入市，完全从零开始。靠自己慢慢摸索，不断积累经验。渐渐地有了自己的认识和体会，加上本金的逐月投入，慢慢地就有了几万元的资金。

到了 2010 年，我的市值还是没有任何进展，这时我在"天涯（论坛）"遇到了超短线入门导师——"独股一箭"（网名）。他一年 20 倍的战绩鼓舞了我，但是我并没有马上学习他，我还是坚定地做主升浪，在主升浪的低位或者启动时进入，吃个大波段出来。但是，我每天观察"独股一箭"的帖子，从 20 万元一直目睹他到 100 万元、200 万元，一直追随他到淘股吧，参加 2011 年的百万实盘杯大赛。几乎他的交易我每天都会看，慢慢地思索。顽固的我，历时两年，从中长线、波段主升，转型到超短线。到 2011 年年底，我发现吃波段的主升浪太困难了，可能只有"独股一箭"的超短线模式才有效。

市场随感：主升浪模式往往是提前通过逻辑梳理选出个股，然后等到逻辑起涨点再配合技术分析入场，这个方法在牛市阶段很好用，因为大多数的股票都会轮一次主升浪，但是在震荡市和熊市的时候，这个方法就很难了。毕竟从概率的角度来说，抓一个主升浪的股票太小了，所以不是最好的模式。只有合适"当下"市场的模式，在牛市里获利最大化的方式，就是做主升浪，短期获利大，安全边际高。但是，在震荡市场和熊市中，做短线相对来说是最佳的策略，要么就彻底空仓远离市场。

3. 风格转换

2012 年 1 月，我的资金是 13 万元，这个时候跟 3 年前投入的资金差不多，也就是投入的资金不赚不赔，这个时候我已经认为，吃到波段主升浪是可遇不可求的小概率事件，所以我转型做超短线，每天换股票，但是比"独股一箭"切换得慢一些，他是每天早盘 10：00 之前一律出光，而我有时候会忍到下午。切换成超短线之后，立马见到了效果，我的资金从 12 万元在一年内增长到了 60 万元左右，中间增资 9 万元左右，如果按照基金净值的算法，大概一年增长了 4 倍左右。

126

市场随感：2012年的市场同样是一个震荡市，上半年相对好做，下半年就不停地震荡下移，在这个过程中做长线是一件十分痛苦熬人的事。因为很多股票会因为大盘下跌而脱离自身价值，相反做超短线的选手，由于打"游击战"偷袭，如果节奏把握好了，还会获取不错的利润，联想一下2020年的个别"妖股"行情，像东方通信、风范股份、九鼎新材等"妖股"，股价天天涨停，其他大部分股价处于震荡整理走势。

4. 辞掉工作

2013年7月，我果断辞职，摆脱了边上班边炒股的烦恼。

辞职后，我的市值出现大幅波动，因为之前都是低吸，转型以前工作时无法做追涨和打板，当然也向市场交了很多的"学费"，在探索追涨和打板中，资金先扬升到130万元，后抑到只有70多万元。

市场随感：除了乔帮主外，可以看到还有一些人也辞职炒股，这个觉得不适用于所有人，但是你会发现，如果辞职前没有一定的"原始积累"，那就是自我毁灭。所以无论辞职与否，我们在工作的时候，都应该尽可能获取自己的原始筹码。

5. 比赛获奖

之后，我从北京搬家到了深圳，选择了招商深圳蛇口工业七路营业部栖身，该营业部和大多游资营业部身处都市商圈中心不同，它地处深圳大南山脚下，毗邻而居的四海公园，有一座"盖世金牛"铜像，是逮牛股的象征，风水也好了很多。

我从此慢慢地探索低吸超短线，因为这个是前无古人又后无来者的，跟打板族不同，跟"独股一箭"的追涨也不同。从2013年12月17日开始，我连续抓了几个大波段，3个交易日就让市值从70万元到了100多万元。

2014年第一季度我在第二届百万杯比赛中获得了第一名，收益率130%左右，资金最高到了280万元左右。其实这段时间杠杆不大，当时只融资100万元，不然在这期间的战绩可以做得更好。到了第二季度，发现我在第一季度的模式突然变得沉重无比，而到了第三、第四季度更是大幅跑输了大盘，偶尔会有非常良好的战绩，比如第三季度，两周翻了3倍，但是稳定性很差，大盘一差就容易连续亏损。

市场随感：先要有能够让自己盈利的固定模式，在形成自己的盈利模式之前，先不要想着学会所有招数。另外，当我们有了自己的固定模式之后，也不能一成不变，因为市场随时在变，这时候要做的就是跟随市场，不断地修正自己的盈利模式。

6. 活学活用

但是，我很顽固，不想改变模式，这样低吸一直使用了将近三个季度，而市值一直在400万~600万元波动，始终徘徊不前，我痛定思痛，发现低吸有它的不足，那就

是确定性太低。

超短线毕竟是要靠概率获胜的，是偶尔性的获大利，更多的是亏 2~3 个点，还要看大盘的"脸色"。这样深刻领悟到低吸的局限性，可能只对某些非常苛刻的行情才有用，我花了 3 个月的时间练习追涨，切换模式肯定是代价惨痛的，第四季度大盘这么好，可我的战绩不理想，也是因为在尝试用不擅长的模式，但是我不会打板，个人天生就不喜欢打板。虽然知道 Asking（A 神）、养家、赵老哥这样的猛人能做到上亿元，但是我还是不会做打板。

我之前基本上是非绿盘不买的，但是转换模式之后，也有过从绿盘一直追到了3%，如果不是后面在 3% 的位置追涨，就不会让仓位全满，也不会获利这么大，所以追涨至少有一半的功劳。

以前的"南车"，从跌停买入是低吸，但是第二天开盘就涨了，敢于在 4% 的位置追回来。这个技术、胆识，如果不是经过大量追涨训练是达不到的，有一大半的盈利是追涨赚来的，所以这个操作也是低吸和追涨参半。

终于厚积薄发，在过去总结的所有模式，追涨也好，低吸也好，从 2014 年 12 月24 日以后，市场给予了我这 7 年来潜心探索应有的回报，在之后的一个月时间里，我赚的比过去 7 年还要多。以上经历送给有缘人！

市场随感：炒股是一件非常熬人的事情，成长真的是要付出比其他行业多很多的代价，甚至最后都不一定成功，希望乔帮主的故事能给大家带来激励，更能让我们深刻地认识到市场的残酷。

二、低吸新战法

通过乔帮主自述发现，其成功之路可以简单地分为三个阶段：

第一个阶段：2012 年以前是他的摸索期，用他的话说是混沌、亏损。然后在2012~2013 年开始闭关修炼，得到一些高人的指点，比如，据他所说的"独股一箭"，大家可以去研究一下他那些年的交割单。

第二个阶段：2014 年乔帮主拿过第二届百万杯比赛的冠军，2015 年资金做到大概500 多万元，应该算是大成了，自己这套体系已经做得非常熟练了。

第三个阶段：2017 年以后乔帮主开始尝试做变通，比较多见的是他除了低吸以外，也做打板，这是他第三个蜕变的阶段。

乔帮主的低吸战法，大体上有以下几种：

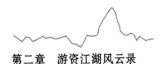

1. 龙回头形态

在低吸绝技中，一个比较经典（000792）的就是龙回头形态。板块中的超强势龙头，在高位回调到 5 日均线、10 日均线附近低吸，搏击龙回头。该方法的要点在于选股和时机的把握，选择当时最强板块中最具领袖气质（基本上是涨幅最大）的个股，比如冀东装备（000856）、西部建设（002302）、华西股份和盐湖股份（000792）等，都是当时市场焦点板块中的绝对龙头。

这个战法之所以能够成功，跟当时的行情有关系。2018 年以前，大级别题材的龙头走法都比较经典、完整，或者说是教科书式的，但 2019 年以后就不一样了，现在龙头走出来偷偷摸摸，跟做贼似的，跟之前完全不一样。

如图 2-40 所示，冀东装备（000856）：2017 年 4 月，乔帮主围绕当时的该股总龙头反复滚动操作，采用低吸模式结合龙头战法灵活滚动操作，总共前后在龙虎榜就显示 5 次，第一次的阴线反包临近尾盘偷袭，第二次为三连板之后收高位十字星的第二天低吸追涨，然后第二天卖掉之后，发现卖错，下午二次回封的时候再次打板买进。在主升浪结束之后，第一次回踩 5 日均线时得到乔帮主的关注，买进。第一次回撤 10 日均线的时候，也得到乔帮主的买进。

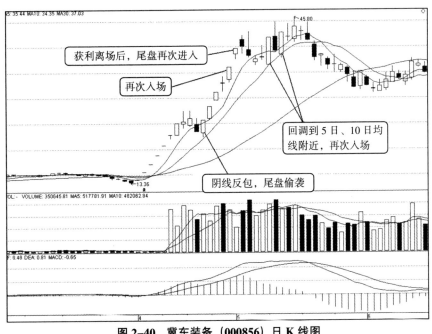

图 2-40 冀东装备（000856）日 K 线图

可以看出，5 月 5 日这一天在 5 日均线附近做低吸，是非常经典的。在同一个波段中，在 4 月 28 日中档的时候，连板第一根十字星分歧，第二天做反包，高开弱转强也是他做的。最后就是在高位的时候，自己做 T，先将反包的仓位卖掉，发现市场能够连板，继续打板。这是我们看到在 2017 年后，乔帮主开始尝试多模式的蜕变，这是比较典型的在高位做绝对龙头的回封，这其实跟当时的孙哥和金田路的手法有点相似，该股几乎贯穿了他所有的手法。

乔帮主围绕超级人气股，在第一次下探 5 日均线和下探 10 日均线，止跌企稳的时候逢低买进。

在该股中，看到他非常精彩的操作，值得好好研究一下。比如，4 月 24 日在 10 日均线附近第一次低吸，他做低吸正好是市场预计雄安板块走二波的时候，刚好该股是在那个地方连续涨停后形态最好的一个，大家的预期都在往上看，只是哪一天触发的事，他在 10 日均线附近做的低吸，几乎都买在了波段的最低点，这是比较经典的。

如图 2-41 所示，西部建设（002302）：在"一带一路"概念热炒时，该股在 2017 年 4 月 7 日出现典型的龙回头形态，连续拉涨后在高位滞涨，不能够连续收板。在股价回头到 10 日均线附近时乔帮主入场了，从当时的资金来看，他应该是全仓入场的。乔帮主的这种做法，短线技术高手可以低吸全仓介入，如果不够专业的人就不建议全仓玩命了。

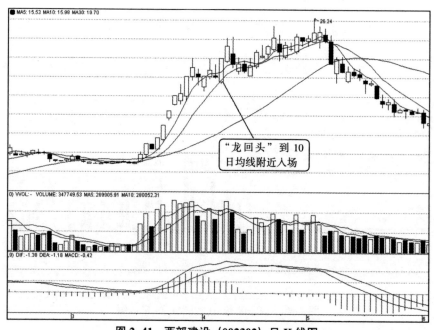

图 2-41　西部建设（002302）日 K 线图

乔帮主利用的是龙回头这种形态，接下来之后还有惯性，利用这个形态来套利，这是典型的。还有贵州燃气（600903）在2018年年初第二波最高价那天见顶之后，第一根阴线直接盘中回踩到5日均线，按照他的交割单来看，应该是在接近最低价，也就是触碰5日均线那个点低吸的，第三天做了反包涨停。所以，这也是很明显在利用惯性，而且就在5日均线附近。此外，南国置业（002305）在2017年6月7日也是这样，在5日均线附近出击，有时候是在10日均线附近，手法都是非常典型的龙回头形态。人们常说的千金难买"龙回头"，大概就是这个意思。

2. 分歧反包形态

强势龙头个股反包涨停也是乔帮主比较喜欢的类型，这就是分歧反包的手法。分歧反包，加速再分歧，这是经典意义上的走势。到后来可能市场会进化，它就不再分歧反包加速。

如图2-42所示，华森制药（002907）：该股出现了典型的"分歧反包，加速再分歧"的走势。2018年1月2日，出现阴线分歧反包，然后股价加速连板。1月15日，形成加速分歧再反包走势。直到最后分歧不再反包，盘面才进入调整走势。

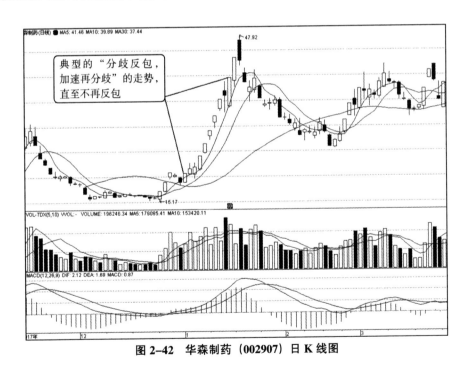

图 2-42 华森制药（002907）日 K 线图

如图2-43所示，贵州燃气（600903）：2018年1月4日，在高位产生首次分歧，经过4个交易日的震荡整理后，出现了低吸反包形态，这其实是典型的首阴反包，利

用的也是惯性走势，只是没有回调得那么深而已，没有回调到 10 日均线。当时的分歧走势，根据乔帮主的判断和理解，可以产生直接反包条件，那就是筹码尚可，盘面走势不是很差，这时候是可以做反包的。

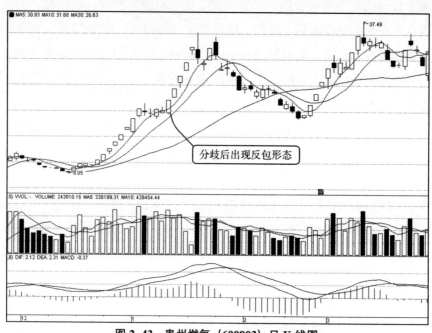

图 2-43　贵州燃气（600903）日 K 线图

如图 2-44 所示，盐湖股份（000792）：在"盐湖提锂"概念炒作的时候，该股就是当时的市场龙头股，它中间有一段走的是趋势，不是连板，在 2017 年 9 月 19 日前后，乔帮主做的是分歧反包，也是非常经典的首阴反包，这就是分歧反包形态，其实它和龙回头形态是一样的，利用的都是趋势的惯性，只是进化了而已。

3. 尾盘偷袭形态

乔帮主经过变通之后，喜欢拉次新股的尾盘，尤其是接近创历史新高的次新股，通常在下午盘拉升的次新股中，十有八九会出现乔帮主的身影。

如图 2-45 所示，翔港科技（603499）：2018 年 2 月 1 日，几乎全天运行都很低迷，可是在尾盘最后半个小时，股价却快速拉涨停板，然后是尾盘偷袭动作。

如图 2-46 所示，永吉股份（603058）：2018 年 1 月 26 日前后，也是尾盘拉涨停板。该股的走势与翔港科技（603499）非常接近，均属于典型的尾盘偷袭操作。

乔帮主在资金做大到 2000 万元以上后，具备了一定的引导能力，就是常说的有人点火引导。乔帮主具备这种能力后，尝试着做了一些突破和手法。这个手法回过头来

看，就是乔帮主自己引导的"双响炮"。特别是永吉股份（603058）涨停之后，会形成一个明显的双响炮，具备了第二天向上加速做多的惯性，自己打造、引导惯性，这是他的一种尝试。比较可惜的是，后来我们没有看到更多类似的手法，可能由于存在监

图 2-44　盐湖股份（000792）日 K 线图

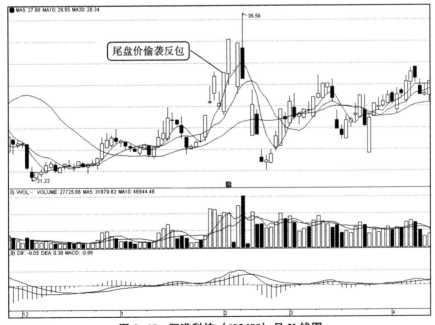

图 2-45　翔港科技（603499）日 K 线图

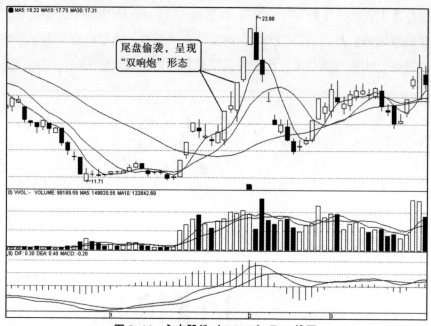

图 2-46　永吉股份（603058）日 K 线图

管风险等因素。

三、龙回头新说

1. 龙回头的前提及定义

龙回头的前提必须是龙，如果不是龙，何有龙回头之说。这个龙，是市场认可的龙，是市场选择出来的龙头股，市场地位明显。龙头股大致分为这样几个阶段：启动—发酵—加速—分歧—反包—龙回头。

在 2019 年的行情中，出现了智度股份（000676）区块链龙头、四方精创（300468）数字货币龙头、聚飞光电（300303）消费电子龙头。2020 年的行情中出现了西藏药业（600211）生物疫苗龙头、天出生物（300313）新注册制龙头、金健米业（600127）农林牧渔龙头、轴研科技（002046）通用机械龙头、秀强股份（300160）光伏概念龙头、道恩股份（002838）特斯拉龙头等。年年岁岁龙头不断，岁岁年年主力、品种却不相同。

对于龙回头可以下一个简单的定义，即龙头股是在完成几个超短期上涨阶段之后，高位反包后经过回调，或者调整，向上反抽的一个动作状态。

既然是一个向上反抽的动作状态，重要的是向上持续性的问题，这个需要参考题材、上涨逻辑、基本面是否继续支持，包括当时所处的市场环境，龙头股回调时间或

者调整幅度大小，以及是否缩量止跌等因素，这也可以解释：有时候做龙回头为什么没有溢价，有时候却随心所欲。

2. 龙回头的买点

（1）一直强调的前期是龙，一定要是市场认可的龙头。那么，龙头的买点是什么？可以参考以下几个标准：

第一，量的标准，最好是三板以上换手。换手板一定要关注市场合力上来的，筹码换手比较充分，题材发酵比较好，市场情绪也比较热烈。比如，2020 年 2 月的秀强股份（300160），底部一直换手板走上来的，2019 年 2 月 11 日的东方通信（600776）龙回头换手连板。当然也有失败案例，2019 年 3 月 12 日，路畅科技（002813）也出现了换手四板，但是观察盘口分时走势，很明显是庄股特征。

第二，回调幅度，也就是刹车距离，滑行的距离。龙头分歧（局部见顶）到龙回头的前一天这个幅度大小是其参考指标。一般龙回头调整时间为 2~6 天，比如：风范股份（601700）在 2019 年 2 月 26 日局部见顶到 3 月 1 日，回调了 4 个交易日，随后龙回头反抽二连板；国风塑业（000859）在 2019 年 2 月 26 日局部见顶到 2 月 28 日，回调 3 个交易日，开始龙头回调反抽板，涨幅 30% 以上；东方通信（600776）在 2019 年 2 月 26 日局部见顶到 3 月 1 日，回调 4 个交易日，随后龙回头反抽四连板，涨幅 40% 多。如果受市场情绪影响的话，时间稍微长一点，排除监管因素，还有市场资金流通性因素，比如，东方通信（600776）在 2019 年春节之前的几个交易日，市场流通性比较差，所以造成了回调的时间比较长。漫步者（002351）在 2019 年 11 月 15 日局部见顶到 11 月 27 日，调整 8 个交易日，随后展开新一轮上涨行情。

（2）一般来说，以缩量止跌作为参考，表明下跌动能局部衰竭，容易引发反转。在 K 线结构上，一般有缩量止跌 K 线，或者以大阴线、小阳线结束调整，这在实战运用当中要结合参考。根据经验来看，一是综合参考之后建议尾盘最后几分钟观察进场，二是大阴线次日或者均线下方分时急杀低点考虑进场。下面结合实例作进一步分析：

如图 2-47 所示，东方通信（600776）：该股经过一轮拉升行情后，2019 年 2 月 26 日形成局部顶点，3 月 1 日股价打压到跌幅 5% 以上时，被多方强势拉起，说明下方承接能力很强，短期买点形成，随后出现四连板。

如图 2-48 所示，国风塑业（000859）：2019 年 2 月 27 日，股价跌停，次日虽然盘中整体是放量的，包括早盘恐慌低开，尾盘放量拉升，但是当日依然是缩量 K 线，说明筹码稳定性很强，产生龙回头买点。

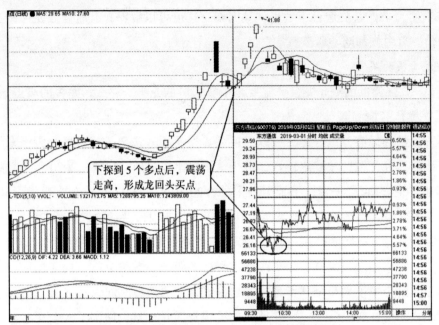

下探到 5 个多点后，震荡走高，形成龙回头买点

图 2-47　东方通信（600776）日 K 线和分时图

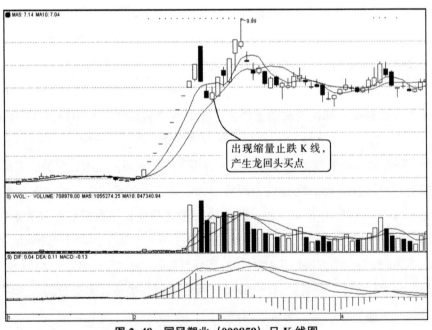

出现缩量止跌 K 线，产生龙回头买点

图 2-48　国风塑业（000859）日 K 线图

　　如图 2-49 所示，领益智造（002600）：该股前期是 OLED 领先龙头，后期掉队，盘面出现震荡整理。2019 年 2 月 22 日，出现日 K 线缩量的止跌，构成龙回头买点，随后出现第二波行情。

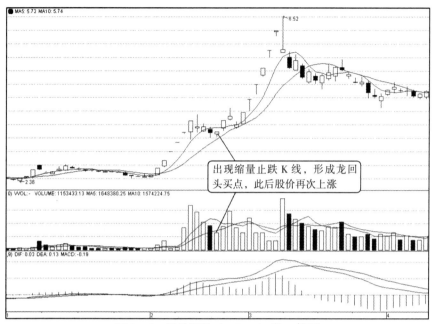

出现缩量止跌 K 线，形成龙回头买点，此后股价再次上涨

图 2-49 领益智造（002600）日 K 线图

3. 龙回头的卖点

从龙回头的定义中得知，它是一个向上反抽的动作状态，对龙回头的持续性不要期望太高，创业黑马（300688）的第二波三连板，麦达数字（002137）的第二波 2~3 个涨停板，东方通信（600776）四连板，也有可能是一个涨停板加一个次日冲高的溢价，也有可能涨停板次日没有溢价或溢价很小，竞价结束就是最高点，也有可能这个龙回头就是一根大阳线的高度。

如图 2-50 所示，德新交运（603032）：2018 年 9 月 20 日，出现龙回头形态，次日早盘惯性冲高，多头出现垂死挣扎走势，午后跳水回落，龙回头行情结束，短线卖点形成。

如图 2-51 所示，大智慧（601519）：该股是互联网金融龙头，在 2019 年 3 月 13 日早盘集合竞价结束就是最高价，盘中没有明显的冲高走势，快速回落呈弱势震荡，尾盘接近跌停。参与这种龙回头时，如果跑得慢，就容易被套，当然该股也受到了当时所处的市场情绪高位股杀跌行情的影响。

如图 2-52 所示，中信重工（601608）：当时的军工概念龙头股，2019 年 3 月 12 日出现龙回头走势，次日快速冲高 5% 以上时，就结束了龙回头行情，股价逐波下行。如果前一日打板进入，早盘跑得慢的话，就只能亏钱出来。

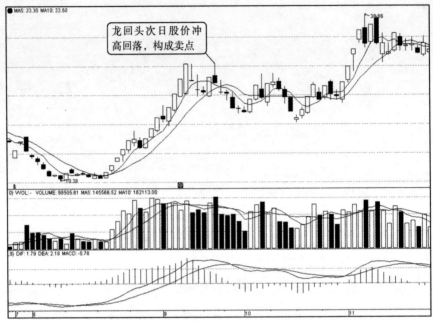

龙回头次日股价冲高回落，构成卖点

图 2-50　德新交运（603032）日 K 线图

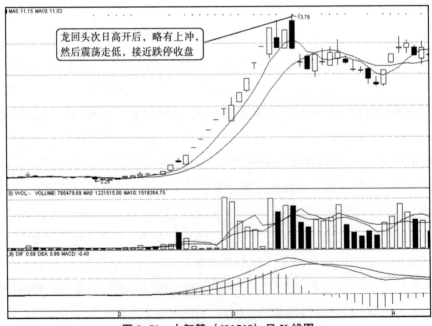

龙回头次日高开后，略有上冲，然后震荡走低，接近跌停收盘

图 2-51　大智慧（601519）日 K 线图

　　上面几个例子基本上大概率第二天持续性都不是太好，龙回头是一个超短线玩法，犹如虎口抢食，危险性较大，对了"吃肉"，亏了"吃面"。所以，龙回头不是用来打板的，而是以低吸为主，无论是亏损还是获利，应做到快速出局。

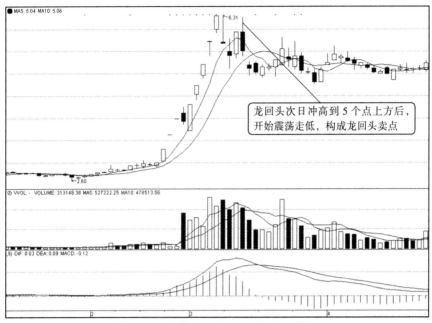

龙回头次日冲高到 5 个点上方后，开始震荡走低，构成龙回头卖点

图 2-52　中信重工（601608）日 K 线图

4. 特别提示

（1）龙生九子，各有不同。龙回头只是理论上的解析，不是所有的龙都会出现回头。根据市场情绪氛围，市场人气越高，回头概率越大，当然也要结合市场当时的情绪周期。比如，2020 年 3 月的中潜股份（300526），2019 年 9 月的东方中科（002819）都是次新人气股，均出现 6 个板，虽然当时流行次新股缩量上板，但盘面氛围比较差，并没有出现龙回头走势。还有 2020 年 1 月的荃银高科（300087）也是如此。

（2）龙头股识别不明显，市场代表性不强。市场一部分人认为是龙头，另一部分人不认可这个龙头，那它只是板块内的龙头股，不是当时市场的总龙头，虽然涨停板的高度有了，但是一部分资金不认可。犹如欣锐科技（300745）、福达合金（603045）一样，在次新股里面的地位是龙头股，但是没带起来板块性的行情，回调之后几乎没有反弹高度。

（3）博弈龙回头，没有出现预期的龙回头，应及时出局。止损快，亏不了大钱，亏大钱的一般是扛单。

比如，复旦复华（600604）是创投概念的代表，2019 年 3 月 29 日和 4 月 8 日均出现缩量止跌 K 线比较明显，但是龙回头涨停板次日的分时走势都不是很好，所以龙回头是低吸，不是打板。

又如，国际实业（000159）2019 年 4 月 1 日和 4 月 4 日，也是缩量止跌 K 线，之

后涨停的次日盘面表现不太理想。再如，西安旅游（000610）2019年4月4日出现缩量止跌K线后，4月9日出现涨停，但后面的表现也不理想。

四、特别操盘模式

低吸是乔帮主的成名之技。前期低吸为主，几乎不打板，以"满仓+隔日+融资"操作。后期资金做大后，才有了"低吸+追涨+打板"的组合拳。招无定式、水无常形（红盘、绿盘，涨停、跌停都可能买）。牛市的时候应该追涨和打板，追涨和打板能保证稳定获利，牛市低吸可以一天超过10%，也有很大概率颗粒无收。他认为，熊市才是低吸发挥效应最强的市场。此外，乔帮主还有特别的操盘模式：

1. 敢在跌停板接货

龙虎榜数据显示，2019年招商蛇口工业七路营业部买入量急剧放大，上榜次数创出新高，成为最活跃游资之一。该营业部全年上榜次数184次，上榜成交总额为39.42亿元，平均上榜成交额为2142万元，最高上榜成交额为9093万元。

2018年，该营业部炒作了无锡银行、煌上煌、浙江世宝、来伊份、东方网络、三钢闽光、华安证券、上峰水泥等多只牛股。这些股票中，有一些是当时最热板块龙头，如煌上煌、来伊份、宝塔实业等，也有很多"温州帮"的股票，最典型的如甘肃电投、三钢闽光、南京港等。当时很多人议论称，招商蛇口工业七路营业部是不是被温州帮"借壳"了。

查看该营业部的历史买卖情况，可以分析一下其操作特点。乔帮主果真是艺高胆大，最明显的特点就是上榜时很多时候公司股价都不是涨停，也就是说他没有打板，而是做低吸的，这点不同于绝大部分游资手法。

在游资界，大家的风格基本都差不多，绝大部分是打板，有区别的是，有人在涨停板确认后排单买入，有的人是直接挂涨停扫货，有的大资金会在股票8个点左右直接拉升封板，也有少数是在5~6个点时买入，只有乔帮主是在股票上涨半山腰或者大跌时低吸买入。

简单来说，追涨就是在分时图拉升的途中在全天的最高点杀入，如果理解能力更好，不需要拉到最高就可以进入。低吸是指在分时图全天的相对低点杀入。

一般来说，低吸的好处是，如果遇上运气好，行情又给力，一次就有10%以上的收益。问题就是确定性太低，超短线毕竟是要靠概率获胜的。但是，追涨和低吸的成功要有几个共同因素：对大盘整体氛围的理解，对市场情绪的把握，对个股与板块相对关系的分析，对个股题材的挖掘以及各种经验的积累。

　　龙虎榜数据显示，乔帮主经常在股价大跌时买入，甚至在跌停板上买货。在 2017 年 10 月 13 日，无锡银行跌 5.81%，当天显示招商深圳蛇口工业七路营业部买入 2498 万元；在 11 月 4 日溢多利跌停，当天显示其买入 4233 万元；在 11 月 14 日来伊份跌 7.55%，其买入 3254 万元；11 月 28 日绵石投资跌 9.70%，其当天买入；12 月 23 日，河北宣工大跌，其当天也出手买入。

　　这种大跌接恐慌盘的模式，很少有人敢做，但是胜率却挺高。他选择低吸的股票一般是人气还在、没有彻底死掉的股票，这就要考验对题材、市场和热点的理解能力了。一般情况下，他第二天都能挣点钱出来。

　　2. 高位横盘换手板

　　这是乔帮主的又一特色，他基本上很少打早盘急拉板，只是偶尔打一下，但更多的是喜欢打午后的高位横盘换手板，这种炸板率更低，因为在上板之前已经充分换手，该抛的都抛了，上板抛压会小很多。从乔帮主自己改良的打板方法，侧面也可以看出他比较稳健的一面，追求的是稳定性，而非暴利。

　　如图 2-53 所示，荣安地产（000517）：2018 年 1 月 10 日，该股高开 7.81% 后，虽然盘中一度冲至涨停板，但在 2：22 之前都是处于高位横向盘整之中，经过充分换手后尾盘向上拉板。

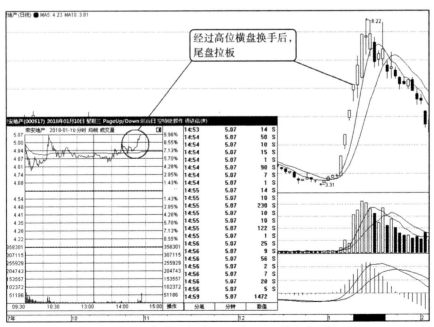

图 2-53　荣安地产（000517）日 K 线和分时图

从高位横盘换手板中，可以清晰地感受到他的操盘手法非常稳健，避开了早盘急拉板（吃容易"大面"和"大肉"的时间段），选择更为稳健的高位横盘换手板，操盘的目标都是近期强势股，以及叠加次新股，对什么都没有的个股基本不做，他操盘更加注重的是主线个股和股性，一般的呆滞冷门股不做（这点区别于成都帮和佛山系）。

任何一种方法有好的一面，也就有坏的一面，低吸成功地避免了"大面"的大坑，但是也暴露了低吸的弊端，他在超级黑马华森制药（002907）和泰禾集团（000732）主升浪之前都买过，但是早早就离场了，这就是低吸的弊端，即使买到黑马，也会草草离场无法吃到主升段。相反，连板战法的优势就是容易吃到主升段，所以说市场是公平的，给了你完美的一面，同样会给你不完美的一面。手法各有优劣，大家汲取精华，然后优化，根据自身喜好进行改进，方能取长补短，不断升华自己的交易模式。

3. 偏爱下午打板

打板是游资的特色，也是必杀技。低吸是乔帮主的主要特点，而打板也是其常用的操盘手法之一。但是，这位乔帮主与其他游资在上午 10 点前做强势板不同，他喜欢下午打板，市场上称这种方式为偷袭。

从分时图上看，在很多情况下，其打板都是在下午，比如下午 2 点或以后。众所周知，一般的游资做涨停板，基本上是在上午就解决战斗。如果是强势股、龙头股，一般在上午就可涨停；下午才涨停，很多时候意味着并不是最强股。但乔帮主与众不同，其很多板是在下午买入的。

乔帮主选择下午分时图强势的股票打板，这是其中一种操作方式，另外做得比较多的一种低吸模式，就是在股票下午突然拉升起来比较强势时，在分时图翻红时买入。在很多股票上，一天的涨幅就超过 10%，包括一些"地天板"（股价从跌停到涨停的一种极端情况，当日振幅达到极限值 20%）他都有参与。比如，2016 年 11 月 1 日的安道麦 A（000553）、2016 年 12 月 26 日的柘中股份（002346）等，都有他的足迹。

市场上这样做的游资不多，乔帮主算是其中的佼佼者，胜率很高。一般其当天低吸买入，第二天大部分都能冲高卖出。打板就是为了追求确定性，但乔帮主去做低吸，是对行情和题材有很好的把握。一般情况下，是在 K 线形态好，题材火爆，板块行情还没走完，资金还没有完全撤退时低吸，大盘有系统性风险时则不做。最近乔帮主就没怎么活动，因为行情不好，别的游资也在休息。

但是，2019 年的股市整体机会不多，"温州帮"却制造了很多牛股，短期暴涨暴跌。在"温州帮"早期的时候，很多游资避而远之，但 2018 年 11 月之后，很多游资也开始掺和"温州帮"股票了。在这个过程中，乔帮主便是其中一位。他的席位多次与"温州帮"一起出现在龙虎榜中，可谓是与庄共舞。

乔帮主是非常有特点的一线游资，第一次让我们看到原来做低吸也可以成为一线游资。人多的地方他不去，大家喜欢抢早盘、抢竞价、做加速，而乔帮主不做，只做低吸，等其他人做完之后，乔帮主再来做低吸，这是比较另类的一种差异化的手法。从现在来看，他的手法也被越来越多的人所用，但没有像他以前那么有效了，或者说手法本身就是一个不断演化的东西，无法一招鲜、吃遍天。

在他的职业炒股生涯中，最好的战绩是：单日最高 25%，一周翻倍，两周翻 3 倍。在他看来，融资不是最大的风险，风险是对题材的理解和把握。如果你控制不了融资，请谨慎使用。

五、经典操盘语录

乔帮主是超短线操作，买入后第二天必卖，除非涨停。不看年报、不看业绩、不看公司，谁也挡不住他买入后第二天卖出的决心。

（1）赚得很猛的时候该空仓。假如按照这个说法，从 1000 万元做到 2000 万元是不是该空仓，如果空仓的话，就不会到 3000 万元了，即使现在 3200 万元回撤到 2700 万元，还是比 2000 万元多。到底什么是猛？你如何定义？

（2）融资杠杆太高。杠杆高不是回撤最大的原因，关键是对盘面的理解力。

（3）追得太高。再高有南北车高吗？这个赚了大钱，相反亏钱的交易反而是调整过后的票。所以，一定不能盲目听取别人对你亏损的意见，那八成是错误的，亏损回撤只有自己总结。

乔帮主的总结就是一定不能参与调整价段，一定要做主升浪。主升浪才是王道，而主升浪是低吸不来的，只能靠打板或追涨。

（4）追涨与低吸使用。但是，追涨和低吸都可以分为两种：追涨有绿盘追涨和红盘追涨。绿盘追涨的意思就是追涨的时候是绿盘，但是价格也是全天相对高点；红盘追涨的意思就是追涨的时候是红盘，但是价格也是全天相对高点。

低吸也有绿盘低吸和红盘低吸。绿盘低吸的意思就是低吸的时候是绿盘，但是价格也是全天相对低点；红盘低吸的意思就是低吸的时候是红盘，但是价格也是全天相对低点。

理解了这些，就明白为啥打板高手远多于低吸和追涨高手了，因为打板相对单一。乔帮主现在基本很少低吸了，虽然他是低吸的鼻祖级人物，但是低吸对他来说，赚钱太慢了，在熊市时低吸还可以，一旦到了牛市，低吸需要考虑的东西太多，很多时候

就是低吸了一个不动的个股，而看牛股板块剧烈地上涨，那种感觉不是职业超短线应该有的。

所以，试图用低吸来限定乔帮主的技能，有些人就不免盲人摸象了。从低吸到追涨、打板他都变化神速。只要是超短线，他在任何位置都有可能买入。最低点、红盘、绿盘、涨停价，招无定式、水无常形，这才是乔帮主的特点。

市场中大部分游资是追涨、打板的，低吸的并不多，放眼市场成名的游资靠低吸成功的也是寥寥无几。其实，每种方法都有其优缺点，都有其适应的环境与精华之处，打板是隔日利润最大化，低吸是当日利润最大化，如果能低吸到大长腿，当日很有可能超过 10%。所以研究低吸是对打板的一个很好的补充，低吸者也可以借鉴成名游资是如何通过低吸一步一步做大，到最后模式不断地优化与升级的，乔帮主的成功之路值得大家借鉴和总结。

第七节　江南神鹰——落升

落升（网名）号称"江南神鹰"。早在 2003 年的熊市中，他就是一个当红"明星"。那时，只要他的股评在网上一出，一夜间点击量过万。2005 年年底，在大牛行情来临前，落升却在公众视野中消失了。

原来，他隐居到江南一个无人关注的滨江小城，选择远离喧嚣，去聆听大盘的呼吸。他说："不孤独，不寂寞，怎么能感受到大盘的呼吸？又怎么听得到热点的呼唤？"至今，他这句深刻的话语，一直激荡在追随者的心头。隐居 3 年，在 2008 年大跌以来，他狂赚 112 倍。

他的投资风格：静若处子，动若脱兔；擒贼擒王，波段操作。

他的投资格言：热点，就是股市里的提款机；炒股，要听到大盘的呼吸。

他的炒股格言：买入传言，卖出消息。落升认为，在股市里朦胧是一种美，越朦胧就越有吸引力。

他的主要席位：光大奉化南山路营业部、光大金华宾虹路营业部和光大金华双溪西路营业部。

一、操作要诀

第一阶段，"向左"看齐逃顶。在大盘前期的重要高点附近卖出股票，空仓持币。为了避免踏空，等跌到颈线附近重新入场。

第二阶段，有效跌破颈线位，离场观望。当跌势已经形成，一旦有效跌破颈线位，手中如果有筹码，应坚决止损卖出，从此按熊市操作模式进行操作。

熊市盈利模式：顺势而为，不轻言底部，不抄底，只做超跌抢反弹。不抄底，不等于不抢反弹，抄底和抢反弹有本质的区别，抄底的前提是你知道哪里是底，而事实上就像没人知道哪里是顶一样，根本没有人能知道哪里是底；抄底的结果是买入后会持有不动，由于真正的底只有一个，抄对的概率不高，而一旦抄早了，后果就是套在半山腰。然而，抢反弹则不同，抢反弹是因为超跌，超跌通常会反弹。抢反弹的动机只是短线捞一把，只要掌握得好，抢反弹的好处是可以避免抄错底出现的损失，又可以获得抄对底带来的利润。

落升熊市抢反弹的秘诀：大盘 6 日乖离率超过-6%，12 日乖离率超过-10%，24 日乖离率超过-16%，可以进场抢反弹，当 24 日乖离率接近 0 时卖出。至于买什么股票，重点是最超跌的股票或可能成为近期热点的股票。

不过，落升特别提醒：熊市风险很大，机会较少，要多忍，少盲动，同时应该降低获利目标。抢反弹要快进快出，打得赢就打，打不赢就跑，严格执行纪律，错了要坚决止损，千万不要短线做成中线，中线做成长线。

落升的杀跌经验：执行纪律一定要坚决，即便错了也不后悔；强势板块的龙头股出现调整，坚决不抱幻想；基金重仓股很难出现连续拉升情况，但基金重仓股深跌后，必有资金护盘；强势市场中，杀跌必有反抽，可在反抽时卖掉；一旦下决心卖掉，直接挂跌停价，否则可能追不上卖单。

二、赚钱"金字塔"

落升的"金字塔"，就是稳健大赚的十条要诀。他对这个"金字塔"进行了详细的诠释：

势

热点

好心态

波段操作

擒贼先擒王

听党话，明方向

自古圣贤皆寂寞

静如处子，动如脱兔

截断损失，让利润奔跑

不会空仓等于不会炒股

1. 势

炒股最重要的是什么？如果只能用一个字来回答，落升的选择是"势"。

有句炒股的格言：涨时重势，跌时重质。可落升的观点却是：涨时重势，跌时还是重势！

无论对大盘还是对个股，趋势都是"纲"。趋势的形成是所有因素共同作用的结果，影响股市的其他任何单个因素，都只能对趋势产生暂时的局部的影响。趋势一旦形成，将维持数月至数年，轻易不会改变。因此，牛市不言顶，熊市不言底。

可见，顺势者大赚，逆市者大赔，顺势而为是炒股的第一铁律。

2. 热点

落升说得最多的两个字就是：热点。它就是股市里的提款机。对于炒股而言，无论用什么言语来形容热点的重要性都不为过。

他认为，不管是牛市还是熊市，是否操作都取决于有没有可持续的热点。有热点就做，没有热点就不做；选股的唯一标准，就是看它是不是热点，是热点就选，不是就放弃。

对于热点，可以从以下几方面考虑：

（1）市场强弱（落升的表述是市场温度）。

大盘强势，才有炒作热点的基础。在弱势中，大家都想着卖出，再好的题材也难以得到市场的普遍认同。

看了落升的一些案例，在熊市中基本都是等到大盘暴跌，跌不动之后才入场的，卖压充分释放后，一般有几天到半个月的相对安全期。对于市场强弱的判断，落升选择个股涨跌比、涨跌停板个数比。这些都是表象，看来他有所保留。"Asking（A 神）"和"养家"谈到过两个重要指标：一是量，二是赚钱效应。其他还有哪些指标？需要自己摸索体会。

（2）题材大小和新颖程度，决定热点的持续时间与涨幅。

大题材才能产生大行情。什么是大题材？凡是对公司可能产生翻天覆地正面影响

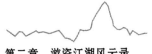

的、想象空间巨大的都是大题材，如政策导向、重大事件等。比如，2019 年的 5G、区块链、数字货币等就是这个思路。题材对股价的影响，往往比所谓基本面直接得多。

题材的新颖程度很重要。市场对题材热情的规律是一鼓作气、再而衰、三而竭。所以题材一定要新，要出人意料，炒冷饭是不行的，要有突发性和震撼力。

另外，就是题材的市场认同度。题材不是你认为好就好，市场认为好才是真的好。这就涉及两种风格，一是跟随，二是预判。两者孰优孰劣，在于性格问题。

实际操作中，跟随比预判好很多，因为预判总有失误的时候。但跟随需要敏锐、果敢、时间，一般人很难做得到的。预判不追高，失去机会但不伤本金，比较符合稳健的性格。其实对于热点，就如"辟邪剑法"，掌握了当然功力大增。但如果一知半解的时候把自己的本门武功忘记了，只能亏损得更快。有的高手不管热点，就是反复炒自己熟悉的几只股票，也可以持续盈利。总的来说，平时还是按自己原来的套路操作，但一定要慢慢向炒热点的方向发展，这是散户赚大钱的方法，原则是不能操之过急。

（3）热点阶段，炒作热点题材可分为三个阶段。

初期阶段：这个阶段先知先觉者在买，市场众说纷纭。此阶段的技术特征一般是成交量温和放大，股价形态走好。

中期阶段：游资杀入，短线投资者追逐，相关板块明显升温，股价快速上升。

末期阶段：媒体宣传，大众开窍，积极跟风，前期发动行情的主力资金撤退。

最合理的操作是初期阶段入场，最迟中期阶段买入，末期阶段卖出，但这需要超强的题材挖掘能力和敏锐的热点洞察能力。没有这些能力，追热点无疑就是去"买单"。没有这个能力之前，记住一句话：永远不要追高。

（4）捕捉热点的方法与步骤。

第一步：收看国内外各类新闻，浏览个股公告、券商报告，查看外围股市、期市、汇市、黄金、石油、有色、农产品等情况。

第二步：从海量信息中筛选出可能对股市产生重大影响的题材，深入分析，评估题材大小。这项工作需要很强的新闻敏感性和题材分析能力。但只要坚持做，新闻敏感性是可以培养的，题材分析能力也是可以提高的。

第三步：如果发现重大题材，找出相关个股，进行综合分析，确定目标股，预估市场认同度。

第四步：评估市场温度，除非惊天题材，否则市场温度不高时放弃入场。

第五步：预估目标股成为近期持续热点的概率值，低于 65% 放弃不做。

第六步：制订操作计划，包括买入区间、仓位、卖出的大致时间与价格等。

第七步：按计划执行，根据市场温度、市场认同度等对计划进行适度的调整。

对于没有在第一时间发现的，已经在市场中涌现出的热点股票，若涨幅在 30% 以内的，可以先追买部分仓位，涨幅超过 30% 的第一次回调，则是很好的参与机会。

这是非常巨量的工作，大概看几千份资料才有一次操作机会，真可谓千分汗水一分收获。

3. 好心态

投资的最大敌人不是股票而是自己。好心态能让一个 60 分能力的人发挥出 100 分水平，坏心态让 100 分能力的人发挥出 60 分水平。

培养好心态的方法，就是期望值不要太高。什么叫好心态？第一，客观。第二，冷静。第三，乐观。

（1）客观。股票有涨就有跌，有赚就有赔。七分水平三分运气，不在亏钱时过分强调运气不好，不在赚钱时忘记运气的作用。

（2）冷静。行情疯狂上涨时不贪婪，能想到风险，行情极度低迷时不恐惧，能看到机会，坚持严格执行自己的盈利模式，该买则买，该卖则卖，不因结果不好而后悔。

（3）乐观。这里说的乐观并不是指对股市行情要永远乐观，而是指心情，炒股只是手段，幸福快乐地生活才是目的。因此，应该想方设法让自己开心，赚钱时不奢望卖最高，知足常乐，亏钱时给自己一个安慰，幸亏没有更糟。

4. 波段操作

落升把持个股在一周以内算短线，一周到一个月算中线，一个月以上算长线。他的观点是：长线是赌博，短线难获大利，中线波段才是金。

他认为，世界上至今没有人能预测股市长期的走势，长线无异于一场毫无把握的赌博。短线的优点是风险防范好，缺点是交易成本高，行情好的时候赚钱不够快。波段操作的优点是专吃主升浪，中线波段是他最崇尚的方式，原因是大多数热点板块主升浪的持续时间在一周到一个月。波段与短线相比可以获大利，与长线相比避免过山车。

5. 擒贼先擒王

这个"王"，就是主流热点里的龙头股，通常是指每个阶段的强势股票，龙头股有一呼百应的作用。如果说热点是股市中的提款机，那么龙头就是印钞机。

研究龙头股的产生及运行规律是炒股人最重要的课题，评判一个人是不是职业高手，关键是看他捕捉龙头股的能力。这当然是指散户高手，机构资金量的原因，决定了他们天生与热点龙头无缘，而这正是散户的优势。由此反思，炒股一定要结合自己

的实际情况，不能盲目模仿，不能拿自己的弱项与别人的强项比。机构的优势是分析调研能力强大，弱势是船大难掉头，而散户正好相反。

6. 听党话，明方向

在A股市场，党的方针政策对股市的影响力（与国策合一），仅次于趋势的影响力，排在第二位。炒股要听党的话，方向才能明确。但趋势还是第一位的，政策不能逆转趋势，所以政策的顶和底，往往比市场要早一些。

以前政策排在首位，每次针对股市的首个重大干预政策出台后，股市都会受到短暂的影响，之后仍会按原来的趋势运行3~6个月才会见到真正的顶或底。换言之，市场的顶或底比政策的顶或底要迟四五个月出现。有趣的是，绝大多数政策的出台都是在那个月的下旬，其中，24日附近出现的次数最多。掌握这些，善加利用，趋利避害。

利用这一规律，就有应对之策。牛市的第一次政策打压的时候可以借机低吸，四五个月再清仓；在熊市的第一次利好政策救市时应该逢高卖出，四五个月之后抄底再考虑买进。

7. 自古圣贤皆寂寞

成功总是要付出代价的，宁静致远。甘于寂寞，既能感受到大盘的呼吸，又能聆听到热点的呼唤。置身嘈杂，你只能和大多数人一样。

落升喜欢静静地独处，与他相伴的是一台电脑、一本书、一杯清茶。电脑，让他虽居僻静处，尽知天下事；书，让他阅而有思，思而有悟；茶，让他眼明心静，宁静致远。

8. 静如处子，动如脱兔

操盘手如狙击手，神情专注，耐心等待；目标出现，一击中的。股市里的机会是等来的，熊市里更是如此。要成功，必须有超强的定力。没有机会的时候，静如处子。一旦时机成熟，目标出现，便以迅雷不及掩耳之势一击中的。

散户的一个毛病是遇事犹豫不决，往往看到机会还思前想后，错过最佳买卖时机。施瓦格列出的市场智慧中有一条："有时，行动比谨慎更重要。"这不仅要提高自己对市场的认识能力，还要有好的心态。好心态来自于智慧引导下的洞察，对市场理解得越深刻，看得越清楚，自信心就越强，出手自然就不会拖泥带水了。

9. 截断损失，让利润奔跑

这是落升最喜欢的一句华尔街名言。及时止损，止损犹如买保险；让利润奔跑，就是买到好股票要坚定持股到最后。利弗摩尔说过：这行当的秘密就在于牛市时买进股票，安坐不动，直到你认为牛市接近结束时再脱手。

10. 不会空仓等于不会炒股

有道是：老手多等待，新手多无奈。强市操作，弱市休息。牛市中强市不断，就一直操作下去；熊市中弱多强少，自然大部分时间空仓了。其空仓秘诀如下：

（1）"向左"看齐卖出，当大盘来到前期重要的高点附近时，应该空仓。

（2）大盘24日的乖离率超过18%时，应该空仓，等待回调再进。

（3）大盘中期趋势一旦向下，应该空仓等待；只有当大盘暴跌时，24日的乖离率超过-16%时才能进场做反弹。

以上这些就是落升的炒股十诀，他认为，熊市生存术是股民的必修课，否则牛市赚得再多，熊市也会还回去。有人认为，"熊市最好的做法是空仓离开股市"，他认为这个说法是一句空话，是事后诸葛亮。牛熊界限很难区分，等你确认熊市来临时，股价已经跌了很多了。然而下一次牛市的确认，也许已经走了大半截回头看才知道。除非你有预测顶部和底部的能力，这是自欺欺人的想法。

当然如果熊市明确了，就要把风险控制放在首位，不要轻言底部，只做超跌反弹。在落升的字典里，没有抄底，只有抢反弹。底不是抄到的，是抢反弹中意外抢到的。

三、修炼之路

江南神鹰——落升，这位寂寞高手将全部心血编撰成一套"股市真经"，遁世而去，详细记载了他的操盘绝技，以及做股票三个层次的修炼之路。

1. 第一层：初入股市

2000年，落升刚入市。几年下来，他看了很多书，也赚了一些钱，很快便声名鹊起。跟很多新"高手"一样，那时的他喜欢争风头，论坛也十分高调，在公众视野中，呼啸往来，性情飞扬。

根据"股市真经"介绍，落升对于这一层次做股票的境界是这样说的：落升自己点评，当时云云，诸如明天要大涨，后天要大跌，这是顶，那是底，总免不得有些绝对，以取悦大多数阅者。总以高手自居，所以目中无人。殊不知，这时赚的钱皆因行情好的缘故，与水平无关。

意思是对于行情涨跌的预测总是有出入，预测总是为了取悦大多数的读者，渐渐地都会被称为高手，便觉得自己所向无敌。实际上赚钱只是因为有好行情，跟个人水平没有绝对关系。其实第一境界属于无招，基本是凭自己的主观意识操作股票，也是凭主观想象写文章，想象很容易，于是文章自然也就多。

2. 第二层：熊市生存术

自 2005 年年底开始闭关，落升昼夜钻研，才真正有了属于自己的"招"。他将其凝练成口诀：静若处子，动若脱兔；擒贼擒王，波段操作。凭借此秘诀，在 2008~2009 年那一轮前所未有的熊市行情中，市场上涌现出的主流热点板块，几乎都被落升做到，并且都是在启动之初介入。落升当时曾扬言："对我来说，没有熊市这个概念，再大的熊市，我也能把握住一轮局部的牛市行情，充分享受着它带来的快乐。"

后来，落升又将口诀演化成操盘绝技，其中就有一种十分厉害的手法，那是落升熊市生存术的独家秘籍——"一阳拂穴手"。这个方法可以摸脉大盘的温度，当探得市场温度高于 50 时进场，必能大阳线拉涨停，故为此名。

落升的"一阳拂穴手"招式的要领可分为三式：

第一式，大盘状态：若大盘未来两周处于横盘状态，那么市场温度为 50 左右。当市场温度高于 50 时，将上涨；当市场温度低于 50 时，将下跌。一般情况下，大盘经历一波连续下跌后，跌幅超过 25%，将会迎来一两个月的横盘或反弹行情。

第二式，个股涨跌比：如果按照个股涨跌比评估市场的温度，若个股一半上涨、一半下跌，则市场的温度是 50。比如，以 4000 只股票为例，有 2000 只股票上涨，2000 只股票下跌，则市场温度为 50；如果 3000 只股票上涨，1000 只股票下跌，则市场温度为 66.7；1000 只股票上涨，3000 只股票下跌，则市场温度为 33.33。然后，按照市场温度去衡量自己进场的仓位，一般在温度 50 以上才能勇敢进场。

第三式，涨跌停板个数比：市场活跃度是评估市场温度的重要指标，可用涨跌停板个数来对比，如果涨停板个股为 10，跌停板个股也为 10，这样市场温度为 50；涨停板个股为 20，跌停板个股为 10，则市场温度为 66.6，以此类推。

市场温度越高，越有利于热点的产生和持续；反之亦然。评估市场温度，如果市场温度低于 50，除非出现惊天的题材，否则不宜入场。

炒股须先问大盘，只有当大盘近期温度不低于 50 时，资金才能进场。市场温度太低，大家只想出逃，热点就产生不了，再好的题材也会被漠视。

在股市里，买入传言，卖出消息。预测行情而先下手为强，屡试不爽，收益颇丰。

3. 第三层：听大盘的呼吸

三年磨一剑，利剑出刃，纵横牛熊。

落升这个名字在股市里挺有名气，但是很少人知道里面的含义：升是股市的涨，落是股市的跌。他是把跌放在首位，也就是说落升更看重市场的风险。

落升曾经讲过在贪婪的人眼中，下跌阶段的每一根阳线都是底部的信号，但是在

高手的眼中，下跌阶段的每一根阳线都是普通的反弹或者是诱惑的陷阱。落升总是把风险控制放在头等重要的位置，不能轻易相信底部，只做超跌反弹的差价获利。

落升的一招一式皆为上乘武学，得之便可叱咤股海，再无敌手。据说，曾有一人在股市惨败，妻儿衣食不足，后他偶得真经，自此每日揣怀研读，终再胜股市。彼时，江湖中人纷纷登门求教，追问落升的至高绝学，据传当此人将真经翻至最后一页显于人前，书上所写无招胜有"招"，此乃股市修炼之第三层境界，茫茫江湖不见尔，众人求不得遂散。

无招胜有招，后来有人猜测这个无招并不是真的没有招式，只是将所有的招式都融化到血液里，将不可言传的思维变成了一种思维意识，当练就到能够听到大盘呼吸的时候，那就是最高的境界。只是偌大的江湖，第二个层次的人可能是万里挑一，那么第三个层次的人存不存在呢？

四、落升绝招

1. 技术面的绝招

需要注意的是，技术面绝招操作的关键是有大盘强势背景配合，且是短线波段。

（1）追强势股的绝招：这是绝大多数散户和新股民经常追求的一个方法，最常见的方法有三，分别是：强势背景追领先涨停板，强市尾盘买多大单成交股，低位连续放大量的强势股。

（2）超跌反弹的绝招：这是一些老股民喜欢的一个操作方法，主要是选择那些连续跌停，或者下跌50%后已经构筑止跌平台，再度下跌后开始走强的股票。

（3）技术指标的绝招：一些痴迷技术指标的中小资金比较喜好这个方法，最常用的技术指标有三：强势大盘多头个股的宝塔线，弱市大盘的心理线（做超跌股），大盘个股同时考虑的带量双MACD。

（4）经典形态的绝招：这是一些大户配合基本面、题材面的常用方法，最常用的经典形态有：二次放量的低位股，回抽30日均线受到支撑的初步多头股，突破底部箱体形态的强势股，与大盘形态同步或者落后一段的个股。这些都是建立在大盘成交量够大的基础上的。

2. 基本面的绝招

需要注意的是，基本面绝招操作的关键是目标股必须有连续成交量的配合。

（1）成长周期的绝招：这是部分有过券商总部和基金经历的文化人喜欢的方法，因为这种信息需要熟悉上市公司或者有调研的习惯。一般情况下，这种股票在技术上容

易走出上升通道的迹象，如果发现上升通道走势的股票要多分析该股的基本面是否有转好因素。

（2）扩张信息的绝招：有时候有的上市公司存在着股本扩张或者向优势行业扩张的可能，这种基本面分析要用在报表和消息公布前后时期。

（3）资产重组的绝招：资产重组是中国股市的基本面分析最高境界，这种绝招需要收集上市公司当地党报报道的信息，特别是年底要注意公司的领导层变化与当地高级领导的讲话，同时要注意上市公司的股东变化。

（4）环境变化的绝招：时间阶段不同，流行不同的基本面上市公司。

3. 题材面的绝招

需要注意的是，题材面绝招操作的关键是要打提前量，而且要设好止损位。

（1）社会题材的绝招：这点与社会事件和发展有关，比如说，雄安新区、"一带一路"，以及政策倾斜、新行业出现等，这些题材是非常关键的，它们的盈利性是比较重要的，应该引起重视。

（2）热点题材的绝招：由于主力关注的问题，把技术与热点结合起来也是很重要的。

（3）低价绩优的绝招：有些习惯于中线波段的年纪大的高手喜欢这个方法，即在股价最低的 100 名股票中找基本面最好的几只股票，同时考虑到技术性的强势。

（4）制度题材的绝招：制度缺陷、制度创新、制度利用是沪深股市最大的特色，特别是上市公司融资成功后出现技术强势的公司，往往成为涨幅最大的一类股票。

4. 经验面的绝招

需要注意的是，每次都要注意经验依赖的背景是否发生改变。

（1）熟悉主力的绝招：瞄着熟悉研究透的券商、基金、机构，打伏击非常重要。

（2）背景习惯的绝招：每个阶段专门做几个自己熟悉的个股。

（3）龙头个股的绝招：有的投资者专做阶段龙头股（成交量最大）也是非常有效的方法。

（4）偏锋品种的绝招：在偏锋品种中，经常出现低风险的盲点品种。

第八节　游资新生代——作手新一

作手新一（简称"新一"），入市 13 年，职业炒股 7 年，主要席位为国泰君安南京

太平南路营业部。他是近几年来从市场中杀出来的小游资，资金体量相对较小，但常常活跃在各大社交论坛，知名度相对较高。

对于游资新一，多数人对他其实并不太熟悉，偶尔看过他的只言片语，但经常在龙虎榜上看到其踪迹，感觉与他的距离很远又很近。很远是因为他是一方游资，很近是因为他的成长经历和许多散户非常类似。

他是一个从普通家庭出来的小散户，启动资金也就 10 万元左右，在 7 年多的炒股生涯中，历经牛熊，体会艰辛，最终让资金从 10 万元增长到当下的上亿元级别，翻了 1000 倍。虽然比不上赵老哥的"八年一万倍"，但也足以称得上股市中极少数的成功者，其战绩让大多数投资者望尘莫及。

每个成功投资者的背后，都有许多不为人知的心酸历程，不经历风雨，怎么见彩虹？胖子不是一口吃成的，大厦不是一天建成的！在这里，告诫那些想实现财务自由的股友，想成功做少数人，所付出的代价一定是让你倍感压力山大的。成功不是偶然，做金字塔顶尖的人，所付出的比常人多得多，没有不劳而获的其他捷径可走。

一、操盘模式

1. 角逐开板次新股

新一和许多其他游资一样，也十分热衷于参与开板次新股的炒作。在 2019 年的行情中，新股龙虎榜上多次出现过国泰君安南京太平南路营业部的身影，特别是在卓胜微（300782）和海星股份（603115）这两只次新股上的操作是比较成功的。

如图 2-54 所示，卓胜微（300782）：这是一家在射频器件及无线连接专业方向上具有顶尖的技术实力和强大市场竞争力的芯片设计公司，其射频前端芯片广泛应用于三星、小米、华为、联想、魅族、TCL 等终端厂商的产品。

2019 年 6 月 18 日，该公司正式登陆 A 股，上市之后接连收获 10 个一字板，7 月 3 日，打开连续一字板，但仍以涨停报收。当日公布的龙虎榜数据显示，国泰君安南京太平南路营业部买入该股 1410.59 万元，同时卖出 3974.49 万元。这表明，在一字板阶段，新一已经介入该股。

新一看重的并不只有新股一字板阶段的投资机会。就在 7 月 3 日卖出锁定收益的同时，该营业部同时再次买入 1410.59 万元。7 月 4 日股价继续涨停，新一继续加仓，买入 5485.12 万元，卖出 783.07 万元。

7 月 5 日，股价一字涨停，接下来在 7 月 8 日结束连板，股价收涨 5.57%，该营业部卖出 3296.81 万元。7 月 15 日，其再次现身该股龙虎榜，买入金额为 4476.39 万元。

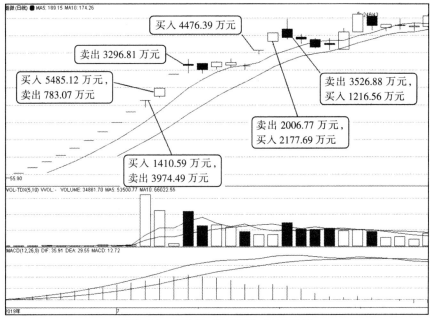

买入 4476.39 万元

卖出 3296.81 万元

买入 5485.12 万元，
卖出 783.07 万元

卖出 3526.88 万元，
买入 1216.56 万元

卖出 2006.77 万元，
买入 2177.69 万元

买入 1410.59 万元，
卖出 3974.49 万元

图 2-54 卓胜微（300782）日 K 线图

7 月 16 日，卖出 2006.77 万元，同时买入 2177.69 万元。7 月 17 日，卖出 3526.88 万元，同时买入 1216.56 万元。总体来看，新一在该股开板前后的这波行情中获利丰厚。

在其获利退出之后，8 月 22 日该营业部再度以 1105.97 万元的买入额现身当日的龙虎榜。

专门研究次新股的人士认为，虽然多数游资都喜欢做次新股，但是各自的投资风格都不尽相同，比如说有的习惯于在新股开板之时就迅速杀入，也有的偏爱做龙头次新股的第二波行情。新一在介入次新股时，最常用的操作手法是在新股开板前后的几个交易日就积极参与其中。

通常，新股在上市之初连续出现多个一字板已经成为 A 股市场的"惯例"，如果能够在一字板阶段介入，对于投资者而言往往意味着有相对确定的获利机会，所以很多游资也会十分热衷于在一字板个股中排队。

不过，正因为是众所周知的相对确定的获利机会，想要分到这块"蛋糕"也十分不容易。要想成功排板，拥有通道优势十分关键，仅这一点足以将绝大多数想要依靠此种方式获利的投资者拒之门外。

一般情况下，在集合竞价开始之前，投资者的申报请求会汇集到所属的券商那里，由其代为存储，至每日 9：15 集中向交易所申报，申报到达交易所系统的时间决定了其排板的先后次序。普通投资者多数都是共享券商的普通通道，集中申报时会很堵，排名难以靠前。同时，券商会向部分 VIP 客户提供专属通道，其传输速度相对更快，成交的概率也会大幅提升。

申请这类 VIP 通道除了需要支付一定的通道费用外，券商普遍还对其资金量设置了比较高的门槛，少则几千万元，多则上亿元。另外，这类业务本身也不是每个营业部都能做的，近几年已经很少再开放申请此类通道。

这也就意味着，A 股投资者中具有通道优势的实际占比极小，当然作为已经身家过亿的活跃游资，新一大概率是拥有这样的通道优势的。

如图 2-55 所示，海星股份（603115）：2019 年 8 月 19 日披露的龙虎榜数据显示，国泰君安南京太平南路营业部以 901.76 万元买入额居于该股 3 日龙虎榜买方第二位，此时该股尚未打开一字板。次日，股价上涨 2.04%，国泰君安南京太平南路营业部卖出 1029.54 万元，成功获利离场。8 月 22 日，再次买入 1105.97 万元，但此后没有龙虎榜数据，从盘面走势分析，这笔交易可能没有获利。

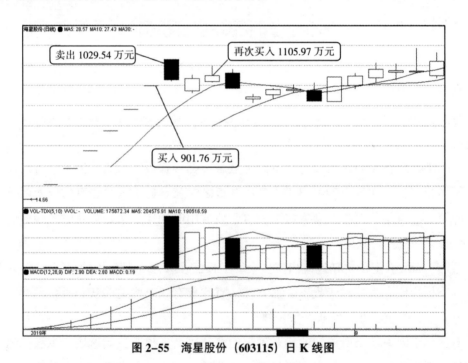

图 2-55　海星股份（603115）日 K 线图

除了卓胜微、海星股份之外，新一在新股上市开板前后几个交易日现身个股龙虎榜的还有移远通信（603236）、拉卡拉（300773）、三角防务（300775）等。除此之外，对于选中的优质次新股，他也会在开板前后几日操作一波，之后，待其调整一段时间再度介入。

仍以卓胜微（300782）为例。7 月 15 日，该股在 5 个交易日的调整之后再度涨停，国泰君安南京太平南路营业部再次现身该股龙虎榜，买入金额为 4476.39 万元。次日，股价两连板，新一选择了做差价，在买入 2177.69 万元的同时卖出 2006.77 万元。7 月 17 日，股价收跌 2.65%，该营业部卖出 3526.88 万元锁定收益，同时继续买入 1216.56 万元。

虽然后续再未现身该股龙虎榜，但是根据其以往的操作习惯以及同期的股价走势来看，新一在本轮操作中大概率也是成功获利退出。

当然，有成功也有失败，其在瑞达期货（002961）上的操作就失败了。他自己还特意发微博表示了这是一个无奈的回撤，因为他的模式已经非常稳定，他操作过的个股基本是市场核心个股，如此大的回撤个股实属少见，所以他才发微博感慨。

如图 2-56 所示，瑞达期货（002961）：该股在 2019 年 9 月 5 日上市后，连拉 15 个一字涨停板，9 月 30 日从一字板开盘后回落，一度触及跌停，尾盘收跌 9.34%。当日龙虎榜数据显示，国泰君安南京太平南路营业部买入 2825.95 万元，第二个交易日股价继续下跌 8.53%，这天该营业部卖出 1504.92 万元，亏损离场。

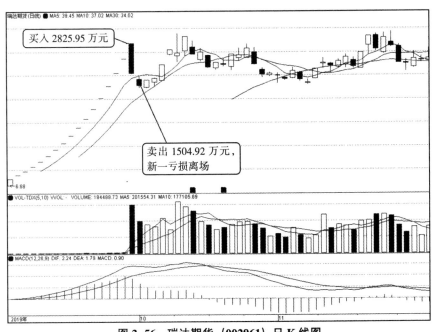

图 2-56　瑞达期货（002961）日 K 线图

2. 反复参与强势股炒作

A 股市场上热门概念股的炒作也是一大特色，其中的龙头股经常出现连续多个涨

停、股价在短期内暴涨的情况，市场上的大部分游资自然不愿意错过这样的获利机会，新一也是如此。

从他实际操作过的个股可以看出，国泰君安南京太平南路营业部喜欢反复操作强势股，而且操作过的强势股再板的时候，他一定会参与，仓位还会加大一些。具体来看，在参与强势股炒作方面，他经常在个股处于股价高位时打板介入。

如图 2-57 所示，铭普光磁（002902）：该公司受益于 5G 概念，已成为三星、华为、中兴、烽火通信等通信设备厂商的重要供应商，股价在 2019 年 5 月 29 日至 6 月 5 日强势拉出六连板行情。

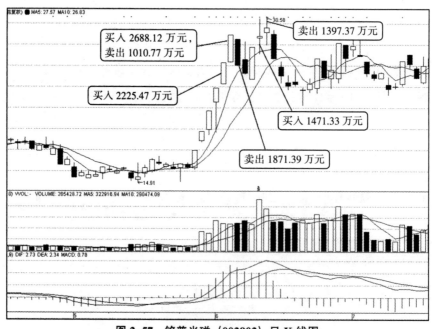

图 2-57　铭普光磁（002902）日 K 线图

6 月 4 日，新一常用席位国泰君安南京太平南路营业部现身龙虎榜，以 2225.47 万元主封，成为该股实现五连板最大的助力之一。

该股有着热门的 5G 概念傍身，加上前面已经连续 4 个交易日的涨停，5G 概念的龙头地位已经得到了市场资金的普遍认可，此时继续高位连板，很容易吸引跟风资金继续买入，股价大概率能够继续冲高，这为新一等游资在五板高位打板介入的成功退出提供了可能。

新一也曾明确表示，要围绕主线做，多研究龙头，研究涨停，不断总结、反思等待进阶的到来，这样做涨停更有效率、更确定。

该股次日公布的 3 日龙虎榜数据显示，该营业部买入 2688.12 万元，同时卖出 1010.77 万元，股价继续涨停。6 月 6 日，股价再次跌停，新一卖出 1871.39 万元。

但是，新一并未就此收手。6 月 11 日，股价再度涨停。次日，新一再次出现在龙虎榜上，买入金额为 1471.33 万元，当日该股上涨 3.74%。6 月 13 日，该股收涨 2.71%，新一卖出 1397.37 万元。

从盘面分析可以发现，前期的六连板说明该股的市场人气旺盛。开板调整后，很多前期获利盘会选择止盈退出，而新介入的资金持股成本普遍偏高，这就为其股价后续继续上涨提供了可能。特别是在其又一次涨停之后，大概率能吸引市场资金跟风买入，助力该股次日继续冲高，甚至走出新一波的大涨行情。

该股走势并非孤例，新一同样选择在高位处打板介入的热门股还包括久之洋（300516）、丰乐种业（000713）、九鼎新材（002201）等。

市场流传的新一语录中曾表示："'妖股'的逻辑其实无须多讲，就是人心思涨又找不到逻辑，唯有靠超跌'妖股'先打出赚钱效应，既然要打出赚钱效应，空间就要拓开。"这或许是其敢于追高的原因所在。

不过，他对市场风险也有足够的认知，曾表示在行情不好时很少超过 1/10 仓位，也显示出了其谨慎的一面。

在参与热门股炒作时，新一的另一个特点是喜欢反复介入，典型的如春兴精工（002547）。

如图 2-58 所示，春兴精工（002547）：该股在 2016 年就已储备 5G 射频器件方面的技术研发，在 5G 产品预研和储备方面处于行业领先地位，滤波器射频器件已进入华为供应链体系。

2019 年 4 月 15 日，5G 板块异动，股价强势涨停，新一买入 1814.13 万元，并于次日卖出 1890.86 万元，股价成功两连板。

4 月 18 日，他再度现身该股龙虎榜，买入金额为 3524.70 万元。次日，股价成功五连板，国泰君安南京太平南路营业部卖出 3892.09 万元。

4 月 24 日，股价在此前一个交易日的跌停调整后再次涨停，次日，该营业部以高达 7199.62 万元的买入额居于该股龙虎榜买方第四位。不过，此后两个交易日该股却连续跌停。

但他并未就此罢手，4 月 29 日他选择了做差价，卖出 3377.75 万元，同时买入 2224.46 万元。此后，两个交易日里股价继续下行。

5 月 7 日，股价触底反弹，强势涨停，该营业部卖出 3507.14 万元。5 月 9 日，再

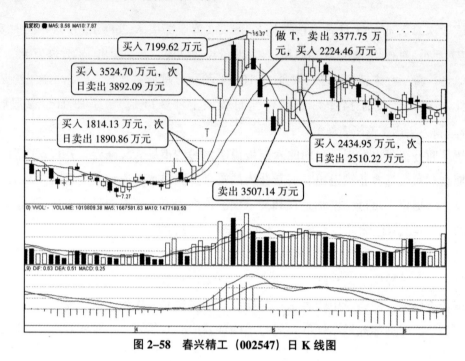

图 2-58　春兴精工（002547）日 K 线图

次买入 2434.95 万元，次日该股成功涨停，他卖出 2510.22 万元离场。

可以看出，在该股这波上涨—回调—反弹的行情中，新一选择在不同的位置多次介入其中。这一方面体现出新一在获利后能够及时退出锁定收益，另一方面也体现出其认为时机合适时也会勇于再次介入。

虽然也曾在个股回调后低吸，但是他曾明确表示，其擅长的和交易本能还是做涨停，低吸是应市场而生的策略，也是顺着市场节奏低吸绝对热门股。

3. 资金滚雪球

新一在资金量快速滚大之后，他的操盘风格也发生了变化，最突出的表现是，他在单只股票上投入的资金量越来越大了，选股相应也更加青睐确定性更高、流通性较好的大盘股。新一也曾表示，大资金买股票更讲究时机，也更讲究确定性。

典型的如中国软件（600536），2019 年以来，受益于国产软件概念的持续发酵，公司股价曾多次强势涨停，显示出了市场资金对该股龙头地位的认可。8 月 30 日，国泰君安南京太平南路营业部以高达 18472 万元的买入额居于该股 3 日龙虎榜买方第二位，股价上涨 7.89%。次日股价涨停，随后几个交易日继续上行，按照他的操盘习惯，大概率成功获利退出。

通常情况，游资在资金规模做大了以后，都会选择做一些流通性好的大股票，主要由于中小市值个股能够容纳的资金量相对有限，如果只钟情于此，也就意味着：要

么长期处于低仓位状态，这会影响其整体的收益水平；要么则需要同时操作多只股票，这也将在一定程度上增加操作难度。所以说，流通性好，特别是有热门概念傍身的大盘股，往往是游资大资金最佳的选择对象。

显然，无论是角逐次新、高位打板，还是向大盘股靠拢，新一用实力证明了其操盘模式是十分高效的，由于其经常活跃于各大论坛，因此也留下了很多经典的炒股经验可供投资者借鉴。当然，与其他多位游资大佬曾遭遇处罚等问题类似的是，他在短线炒作这条路上是否会触犯法律以及能够走多远还都是未知数。

二、四大战法

1. 超跌板战法

刚开始的新一，操作一板杂乱无章，经常炸板，喜欢操作秒板类型，但是连续炸板多次之后，其战法有了升级，逐步过渡到大部分时间都是做次新股首板，该战法在2017年用得比较多，2018年之后首板逐步抛弃，占交易的比例很小，不到10%。最经典的实例就是畅联股份（603648）的超跌一板，直接大赚33%，盈利超过1000万元。

如图2-59所示，畅联股份（603648）：该股上市后经过第一轮涨停潮后，股价进入回调整理，筹码得到充分换手后，2017年10月19日出现超跌涨停，意味着股价调整结束。10月20日，国泰君安南京太平南路营业部排板买入2012.67万元（前几个交

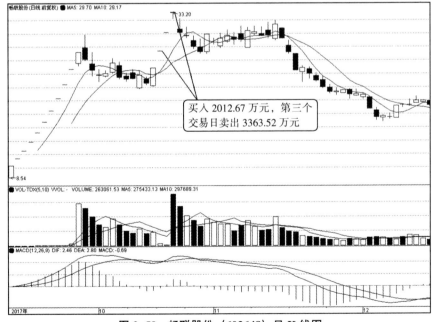

图2-59 畅联股份（603648）日K线图

易日应该已经小仓位介入），次日锁仓，第三个交易日卖出 3363.52 万元，大赚 1350.85 万元。

如图 2-60 所示，贵州燃气（600903）：股价见顶后大幅回落，阶段跌幅超过 40%，超跌反弹要求强烈。2018 年 2 月 23 日出现反抽首板，当天新一现身龙虎榜，买入 1165.79 万元，2 月 27 日再次买入 2159.39 万元。

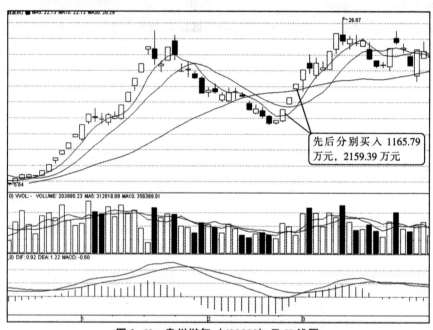

先后分别买入 1165.79 万元，2159.39 万元

图 2-60 贵州燃气（600903）日 K 线图

2. 反包板战法

反包顾名思义就是最近涨停之后调整，然后再度涨停，这种最好叠加热点及分时流畅直线拉升，形成暴力美学，那种慢悠悠的反而爆发力不好，反包类型"涨停—跌停—涨停"模式最佳，涨停之后冲高回落中阳再度涨停的反而不好，潜伏盘太多，轿子太重。

一般而言，反包板分为两类：第一类是在底部启动个股的反包，如 N 字反包、上影线反包；第二类是在龙头个股上涨中的反包板。新一参与的大多是第二类个股。

反包板叠加直线分时走势，阴阳并线（涨停—跌停—涨停）和叠加主流龙头，如华锋股份（002806）和海联讯（300277）等。

如图 2-61 所示，华锋股份（002806）：该股突破后，连拉六板，然后高位震荡收阴。2018 年 5 月 2 日，高开 4.66% 后，股价快速拉板。当日龙虎榜数据显示，国泰君

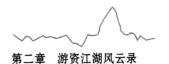

安南京太平南路营业部买入 1508.77 万元，居买三席位，助力封板，K 线出现反包走势。次日无龙虎榜数据。5 月 4 日卖出 1185.01 万元，之后没有该营业部的卖出数据，其在该股中应该获利丰厚。

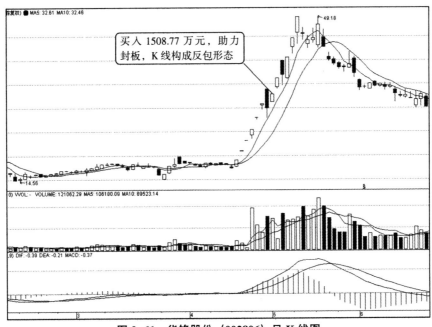

图 2-61　华锋股份（002806）日 K 线图

　　如图 2-62 所示，海联讯（300277）：该股连拉两个涨停板后，2017 年 10 月 16 日出现一字跌停，次日大幅低开 6.11% 后，在低位做弱势整理，当浮动筹码纷纷离场后，尾盘直线拉板，随后股价连续涨停。

　　3. 独创战法（排队连续一字板后的第三个涨停）

　　为何排队第三个一字板？这很有讲究，因为连续一字板的个股，一般都是重大利好或者主线龙头，前边第一个、第二个一字板基本没有分歧，如果不是通道超级快基本很难买到，而经过连续两个一字板之后，在第三个涨停时排队，这主要是因为：一是追涨的人信心可能动摇，犹豫导致排单可能减少；二是里面的获利盘由于赚了20%担心开板后快速下跌，也有提前卖出的冲动，也就是三板是人容易产生小分歧的点。

　　大量的统计分析发现，连续一字板的第三板容易小幅度放量，如果提前排队，是有可能排到的。这是新一统计大量数据之后自己独创的战法，他排队一字板，基本只排第三板。

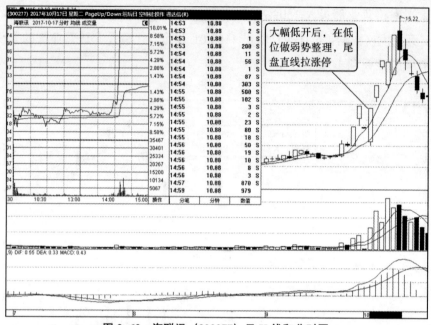

图 2-62 海联讯（300277）日 K 线和分时图

4. 连板战法

该战法是新一的主战手法，操盘比例占 50% 左右，之后逐级增加，到 2019 年占比几乎达到 90% 以上，也就是几乎只做连板，还有就是由慢的连板逐渐转化到快的连板。2019 年，他主要做低位二连板、三连板，现在高度逐级抬高，四连板、六连板都做，已经没有限制，同时也由之前中低区域操盘转为中高区域操盘，提升了风险偏好，这代表着进化，代表着专注，也代表着能力的提高。专注之后的新一，操盘个股显然提升了好几个档次，变得更快、更专注，没有高度限制，越高越追。

如图 2-63 所示，必创科技（300667）：该股完成底部整理后，在 2018 年 3 月 26 日开始向上走高，连拉三个涨停板，他在第四板买入 1047.94 万元，之后股价再拉两个涨停板，他成功获利离场。

有利当然也有弊，他也有过"关灯吃面"的经历，但做错了之后要敢于在第一时间割肉，这也是想要成为游资的最基本的素质，敢打敢拼，勇于壮士断腕。

三、抓住核心

新一操作模式中的另一个特点就是选择核心股，从他操作过的股票及其对应的当时的市场环境和盘面情况可以发现，他操作的个股都是市场核心的个股，有些是在买入后，慢慢引导成为市场核心的，有些是确定了是市场核心个股后做的接力模式，除

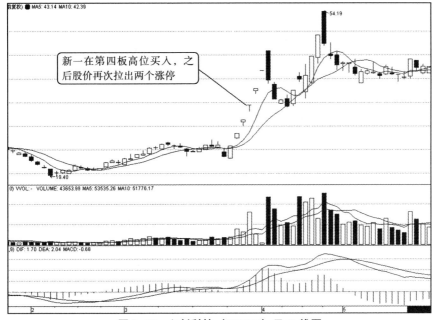

新一在第四板高位买入，之后股价再次拉出两个涨停

图 2-63　必创科技（300667）日 K 线图

非是秒板，否则在连板股中，新一都会选择滚动操作。

1. 板块中军股票

这一般指板块联动个股中，强势且流通盘比较大的个股，在板块趋势确定的时候，小盘股的资金容纳量小，有体量的资金要在板块上布局上亿元的资金，必须选择资金容纳量比较大的流通盘，比较典型的实例就是在科技大牛市行情中。比如，他在中国长城（000066）和中国软件（600536）中上亿元的买单，看中的是其个股的市场地位以及资金容纳量。

2. 连板高度股票

在市场短线氛围回暖时，连板高度股票是比较受欢迎的，这种股票可以打造足够的赚钱效应，吸引更多的资金，这也是市场中必不可少的品种，在选择市场核心个股时往往绕不过这类个股。

如图 2-64 所示，顺钠股份（000533）：2019 年 10 月 14 日，国泰君安南京太平南路营业部买入 1784.55 万元，为买一主封，次日卖出 1670.52 万元，第三日股价冲高回落跌停，新一应全部顺利离场。当时他买入的时候，就是市场的唯一高标。

3. 资金抱团股票

对于大资金抱团的个股，有流动性的，大资金也会反复参与，因为里面的大资金都是相互抱团，也是全场关注的焦点，此时其他的板块和个股赚钱效应不足，与其快

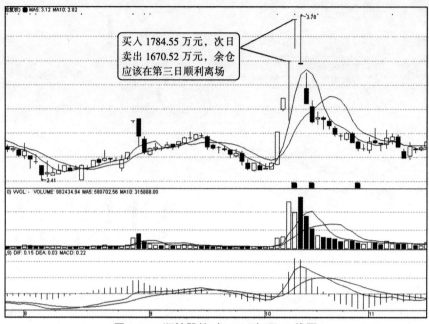

图 2-64 顺钠股份（000533）日 K 线图

速切换，不如做好一只确定性个股的节奏。

如图 2-65 所示，东方通（300379）：该股完成筑底后向上脱离底部区域，2019 年
9 月 3 日新一在二板位置买入 2650.00 万元，同时卖出 29.81 万元。9 月 10 日，买入

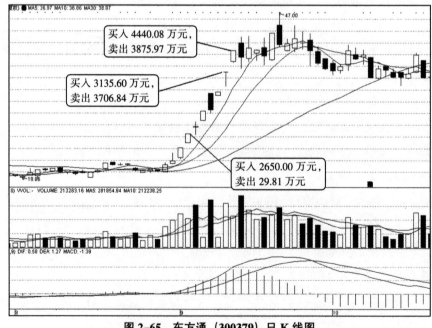

图 2-65 东方通（300379）日 K 线图

3135.60 万元，同时卖出 3706.84 万元。9 月 11 日，再次买入 4440.08 万元，同时卖出 3875.97 万元。他在该股几次进出，应该获得了丰厚的利润。

4. 超级龙头再回头

典型的就是金力永磁（300748），新一在该股的几进几出，都是逢板必买，对于超级龙头，走下跌趋势中的反抽板，他都是会再次入场操作的。

如图 2-66 所示，金力永磁（300748）：该股主力成功构筑空头陷阱后，于 2019 年 5 月开始走出一波亮丽的上涨行情，新一在该股这波行情中先后进行了九次操作。5 月 22 日，买入 18.47 万元，同时卖出 1760.82 万元。5 月 23 日，买入 1136.19 万元，同时卖出 11.78 万元。5 月 28 日，买入 3.58 万元，同时卖出 1341.90 万元。6 月 6 日，买入 3468.48 万元，同时卖出 19.61 万元。6 月 10 日，买入 332.04 万元，同时卖出 1936.71 万元。6 月 12 日，买入 278.85 万元，同时卖出 4152.05 万元。6 月 21 日，买入 3928.48 万元，同时卖出 845.51 万元。6 月 24 日，买入 788.73 万元，同时卖出 2485.54 万元。6 月 25 日，买入 17.39 万元，同时卖出 3460.06 万元。该股中新一 9 进 9 出，总体盈利可观。

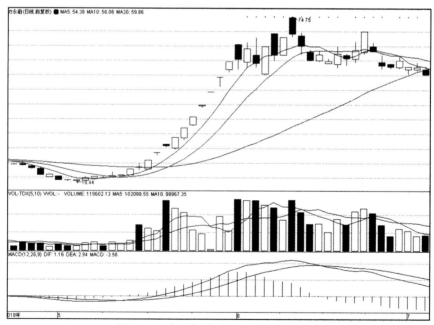

图 2-66　金力永磁（300748）日 K 线图

5. 逻辑驱动顶一字板

从 2019 年以后，市场的炒作逻辑逐步往有业绩、有基本面的个股转化，无论是趋

势股还是连板股。新一提前认识到股票炒作的这个变化，于是出现了这种操作方式。

从原理上，一些公告后连续一字板的个股，都是因为其基本面或逻辑面获得市场的认可，才会受到资金不计成本地顶一字板买入。新一则是更加深入地去研究这些个股，比市场领先一步看到个股的空间顶一字板买入，后续走势都会有机构来验证新一的逻辑。这类股票常见于未开板的次新股以及消息驱动股。

如图 2-67 所示，诚迈科技（300598）：该股受利好消息刺激，2019 年国庆节过后连续一字板上行，10 月 15 日出现 T 字板，新一买入 6604.76 万元，次日再现一字板，第三天卖出 7702.64 万元，获利 16.62%，赚 1097.88 万元。新一敢于在六板位置入场，足见其胆识和技术分析能力，之后股价继续弱势上行。

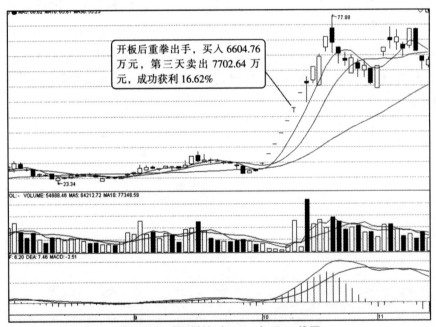

图 2-67　诚迈科技（300598）日 K 线图

四、操盘心法

经过多年的市场跟踪分析，可以提炼出"作手新一"以下的操盘心法：

（1）围着主线做，多研究龙头，研究涨停，不断积累、总结、反思，等待进阶机会的到来。

（2）炒股前期投入大，没有稳定盈利前尽量少投入资金，多投入精力；刚入市不要想着赚钱，要想着悟道。

（3）悟道的理解因人而异，对于初入股市者来说，对市场有很好的认知和理解，能持续从市场赚钱，虽有反复，但始终能及时控制。

（4）做涨停更有效率、更确定，能力不足时需要这些。涨停开了就开了，个股选择符合自己的模式就行了。

（5）熊市比的不是快而是稳，你既然有在熊市超短线的斗志，那你也要有在这种市场发现确定性机会的能力，这种确定性不光是概率，还有实效性和高盈亏比。满仓出击，要有确定性。

（6）熊市比的是稳定性，不是牛市，多在选股和节奏上做文章。

（7）我现在擅长的和交易本能还是做涨停，低吸是应市场而生的策略，也是顺着市场节奏低吸绝对热门股。

（8）小资金，包括一亿内的资金都可以等盘面出现反转动作时再出手。

（9）判断对与错不重要，关键是对的时候我能赚多少，亏的时候我亏多少。

（10）技术分析我基本只看 K 线图形、均线、量能，其实人气逆转在标的的选择时还是很考究这些的。

（11）游资重要的不是预判消息，而是消息出来后的应变。

（12）市场趋势向下时我要仓位控制，对杂毛机会的屏蔽做得很好。

（13）只有外挂的股票打出空间，打出赚钱效应，才能由点带面。

（14）我认识的几个做短线亏钱厉害的都是盘中管不住手，进了杂毛买点，真的机会来了没银子了，提高自己的判断和定力，你就告诉自己，短线乱打是回归赤贫的捷径。

（15）正确的决定永远不嫌迟。

（16）"妖股"的逻辑其实无须多讲，就是人心思涨又找不到逻辑，唯有靠超跌"妖股"先打出赚钱效应，既然要打出赚钱效应，空间就要拓开。

（17）牛股更多是考量板块契机和自身形态、位置、题材，分时是让你决定上车的其中一个因素。

（18）股票不是从你争我夺的收割中获益的，利润来自对价值的发掘，对人性的纠错。

（19）在这个市场中你的核心竞争力是思维见识和执行力，自我成长也应该围着这两点进行。

（20）股市最好的地方就是不缺机会，在绝望时一根大阳线就改变三观了。

（21）行情不好很少超过 1/10 仓位。

（22）好的超短选手复盘要选股，盘中更要选股。

（23）这个市场不在主线的追涨都是自己找难受，封住了第二天也没接力。

（24）图形很重要，绝世美女肯定是各方面俱佳，看图形好比远观女人身段，查股本、题材，行业好比近观女人的容颜身材，理解好比交往了解女人的内涵。

（25）逻辑内核是最强的原动力。

（26）培根大师的话，在这个市场，狡诈者轻鄙逻辑，愚鲁者羡慕逻辑，唯聪明者善于运用逻辑！而最后集大成者都是不断修行的聪明人。

（27）小资金，有天赋最好是以攻代守，因为现实会给你压力；能力不够的，就少投入资金，边学边练。

（28）鉴别烂板价值，关键是理解逻辑，了解公司质地。这些是决定分歧后方向的内核，情绪博弈越来越需要结合股票内在价值。

单从他的炒股经典语录上，就能感受到作手新一是非常接地气的、心善及大度的一个人，说话比较朴实。

第九节 "90后"游资新秀——小鳄鱼

小鳄鱼（网名），不折不扣的"90后"，所以被市场称为"小鳄鱼"。从2018年3月23日盘后暴露的持仓情况看，他的席位持仓达到1.5亿元。小鳄鱼已经成长为大鳄鱼了，成为市场一股不可忽视的游资力量。

他属于全能选手，首板和"妖股"接力样样精通，反应敏捷过人，在熊市里依旧活跃，手法高超，灵活多样，风格凶悍，令人叹为观止，值得大家深刻思考和学习。

目前他的主要席位有：中投南京太平南路营业部、南京证券大钟亭营业部、长江上海世纪大道营业部、中投靖江人民南路营业部以及天风证券上海兰花路营业部等。

一、炒股感触

小鳄鱼入市时间并不长，却有许多炒股感触。

感触一： 自从打板后，感觉就停不下来，近期基本是打板，低吸、埋伏越来越少做了，一方面和市场行情有关，另一方面觉得低吸、埋伏赚钱的概率也不一定大。

（1）打板成功率基本全在选股，买点就是涨停价格，卖点现在基本不考虑。选股命中率在于对市场的理解，分为静态选股和动态选股。静态一般在自选里面看，动态就是看临盘的市场因素，这需要慢慢积累。

（2）这个看下来仓位还是过散，最多两只。龙头股仓位至少半仓，怕亏永远赚不到钱。做涨停就是要大赚小亏，不能怕亏。

（3）赚钱的根本还是对题材、对环境、对市场、对个股的理解。打板是为了介入龙头，打板跟风是赚不到钱的。

感触二： 游资不是大家想象的那样风光，也有很多的痛楚。

（1）每天几乎最高价都是我们游资的。

（2）时不时的第二天被闷一下，死得莫名其妙。

（3）行情差时，板都封不住，第二天低开回撤基本5个点。

（4）经常遇到突发事件，不是减持，就是出风险公告、澄清公告。

（5）最气人的是买到牛股，每天都还要担心被特停。

感触三： 资金突破200万元。

2014年2月11日至10月11日，资金从200万元做到3684万元。这个战绩简直就是神话，不过A股就是创造神话奇迹的地方。当年年底小鳄鱼资金达到了6700万元。

（1）提出四个操作感悟字：简单，纯粹。简单可以避免陷阱，纯粹可以减少错误。

（2）大局观，看指数，看热点，看主流，看个股，看盘口。

（3）节奏、心态、买点的舒适感，通过仓位和交易策略来保持交易的主动性。

（4）游资真正赚大钱的时候很少，真正好的个股也很少，不要被短线频繁的交易蒙蔽了双眼。

感触四： 2015年6月7日资金达到上亿元规模。

小鳄鱼资金达到上亿元后的感言。一直期待着这一天的到来，4年前进入股市就一直没放弃，当时只是个大学生，凭的只是一腔热血，困难的时候也不敢想自己的未来，只是命运太好，才有了现在的一切。年初的时候想资金过亿元一定要好好地庆祝一下，当下其实也没太高兴，这两年有些东西进步了，有些东西退步了，自己对自己的评价一直是中规中矩，没有什么亮点，也很局限，只是一波牛市来了，大家都成长了，仅此而已。在这个市场里我们都很渺小，有太多值得学习的地方。不骄不躁，继续前行，过好这一生。

感触五： 2016年9月5日最后一次发言，之后就很少见到他了。

2016年窄幅震荡，右侧交易难度不小，超短线难度更大，打板更是难度极大，除市场上几个比较拔尖的游资外，我们这种体量大一点的散户也没讨到半点好处，更有来自监管层面的一些压力，真是不太容易做的。不突破自己的舒适区，尝试一些新的做法基本很难赚钱了，然后日复一日形成的交易模式要有大的突破，心理层面确实也

很难克服，终归我们在市场中还是渺小的。

感触六： 2018 年国庆节，小鳄鱼结婚。

小鳄鱼，作为新一代"90 后"的游资，是让同龄人非常羡慕嫉妒恨的。2019 年也就虚岁 29，资产据说应该达到了几亿元的规模，且完全是靠自己努力炒股挣来的，不是"富二代""官二代""星二代""拆二代"等，他是股民朋友们学习的榜样。

股市永远是少数人盈利的场所，想要成为少数人，不仅要付出超出常人的努力，还有更多的机缘巧合。努力不一定成功，不努力就一定不会成功。

二、操作要诀

（1）大局观：小鳄鱼每日通过分析盘面格局，看指数、看热点、看主流，预测第二天市场热点、资金流向；在股票投机这个击鼓传花的游戏里面，小鳄鱼往往能先人一步，发现市场的机会，从而掌握先手机会。

（2）交易策略：小鳄鱼盘中盯盘秘诀，看个股，看盘口，节奏感、心态、买点的舒适感，通过仓位和交易策略来保持交易的主动性。

（3）杀跌经验：第一，执行一定要坚决，即便错了也不后悔。第二，强势板块的龙头出现调整，坚决不抱幻想。第三，老牌基金重仓股很难出现连续拉升的情况。第四，强势市场中，杀跌必有反抽，可在反抽时卖掉。基金重仓股，深跌必有资金护盘。第五，一旦下决心卖掉，直接挂跌停价，否则可能追不上卖单。

（4）投资风格：超短线，行情好，满仓做，追龙头；行情不好，不追高，低吸为主，或者空仓。

（5）投资格言：一切为了交易，一切为了盈利。

（6）操盘原则：赚理解范围内的钱，可以不赚钱，但需要做到尽量不亏钱或者不扩大亏损的幅度，任何操作都建立在系统预案之内的机会上。

三、主要战法

游资或者短线高手的操盘秘诀基本大同小异，手法也是如此。重要的是知行合一，看准了，敢做敢上。这是高手和普通散户唯一的区别。他山之石，可以攻玉，下面分析一下小鳄鱼常用的几种模式。

1. 连板战法

这种战法有其自身鲜明的特点。

如图 2-68 所示，青龙管业（002457）：2017 年 4 月 6 日，早盘一波涨停，形成第

二板，小鳄鱼抢筹 723.41 万元。次日，出现第三板，小鳄鱼加仓 2083.11 万元，同时卖出 761 万元，获利 38 万元。看来是开盘就清仓，然后在涨停价上再打板。这属于低卖高买，类似深南哥。大概操作思路如下：

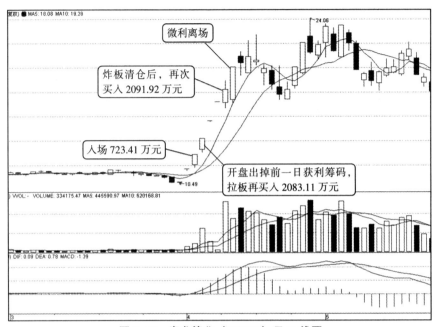

图 2-68 青龙管业（002457）日 K 线图

（1）开盘就清仓，原因是当时属于"雄安"大战，行情异常火爆，该股居然不是一字板，说明开盘不及预期，所以开盘就清仓很正常，这是集合竞价战法的基本战法之一。

（2）涨停再追高打板买入，打板是超短线必备手法，"不板不上"原则，这是最基本的。再次打板买入的原因是早盘逆转涨停，属于强势，当然要抢筹。

为什么追高买入？游资高手有一个共同特点，那就是"低卖高买"的操作非常多，低卖是因为他看不清楚，高买是因为他看清楚了，为何不可（语出"乔帮主"心法）？

4 月 12 日，他卖出 2750.72 万元，获利 667 万元，获利超过 30%，同时买入 2091.92 万元。据推测是打板加仓的，炸板之后被迫清仓。锁仓能力较强，获三个板收益。

4 月 13 日，他卖出 2117.42 万元，获利 26 万元，获利 1%，估计前一天可能是打板进场的，次日也没有在涨停板出货，而是在盘中卖出，说明买卖点位非常重要。

当然，小鳄鱼也有不少连板失败案例，比如，三连板买进嘉寓股份（300117），当

时雄安第一波基本炒作结束，总龙头韩建河山（603616）、冀东装备（000856）等停牌归来开板，做二线品种的资金就少了很多，导致嘉寓股份（300117）四连板冲击失败。可见，连板战法时机很重要，在大盘拐点、板块拐点，由强转弱，就很容易出错。石化油服（600871）地热补涨股，由于盘子过大，股性较差，加上当时的市场环境不佳二连板失败。

2019 年 3 月 8 日，公交板块强势上涨，板块整体最高涨幅接近 8%，板块中有 4 只个股涨停板，其他个股都涨幅不错。但是，就是在这样一个比较火热的板块中，还是有一只奇葩股跌停。这只奇葩股就是德新交运（603032），该股此前非常强势，在指数反弹行情中，股价走出六连板"妖股"行情。那么为什么这次板块涨幅这么大，该股却出现跌停呢？通过分析该股龙虎榜数据及减持情况发现，该股在 3 月 7 日最高点的位置套了一批游资，而这其中小鳄鱼近 3000 万元资金被套。

2. 反包战法

（1）超级人气股。当时的市场总龙头或者强势股连续涨停后（大部分是三连板及以上），然后回踩 5 日均线，在高位出现反包。

如图 2-69 所示，万兴科技（300624）：该股经过第一轮上涨后，进入横向震荡整理，2018 年 3 月 1 日股价拔地而起，形成人气股反包形态，当日中投证券南京太平南路营业部买入 3427.86 万元。

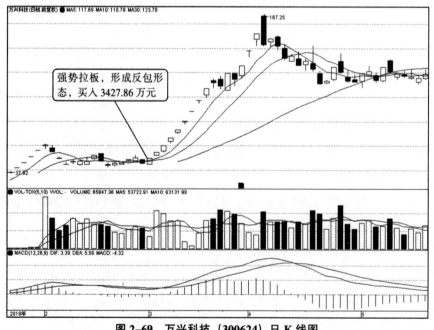

图 2-69　万兴科技（300624）日 K 线图

（2）一般股反包。前期超级人气品种，前期市场绝对领袖，主升浪之后不断阴跌，回落到启动位附近，呈大型 N 字战法，大部分属于主线中的品种。

如图 2-70 所示，贵州燃气（600903）：该股大幅炒作后，股价出现回落调整，当股价下跌到前期调整位置附近时，得到了有力的技术支撑。2019 年 2 月 23 日股价涨停，出现超跌反包形态，当日龙虎榜买二席位为中投证券南京太平南路营业部，买入金额为 2131.03 万元，此后股价连续上涨。

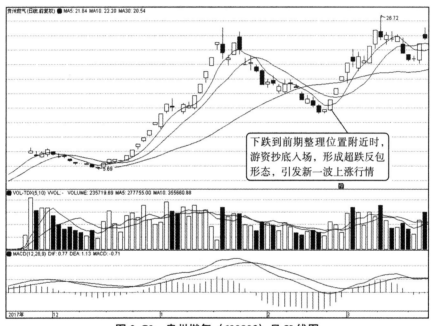

图 2-70　贵州燃气（600903）日 K 线图

（3）主线人气股及强势连板个股反包。小鳄鱼基本都是围绕主线展开，有主线基本不做其他板块个股，比如，"雄安"是主线只做雄安股票，次新是主线时基本围绕次新做，做的反包个股大部分都有连板基因。

如图 2-71 所示，南国置业（002305）：2017 年 5 月 31 日，股价从涨停价开盘后，一路向下走低，当天收跌 5.52%，次日企稳收小阳。6 月 2 日，强势拉板，形成反包形态，主线人气股及强势连板个股反包。

小鳄鱼动作犀利，手法彪悍，擅长二板接力和反包，但也经常遇到"吃面"的失败教训。

如图 2-72 所示，东土科技（300353）：该股在高位经过几个交易日的整理后，2018 年 3 月 12 日再次强势拉板，从当日龙虎榜数据发现，中投南京太平南路营业部主

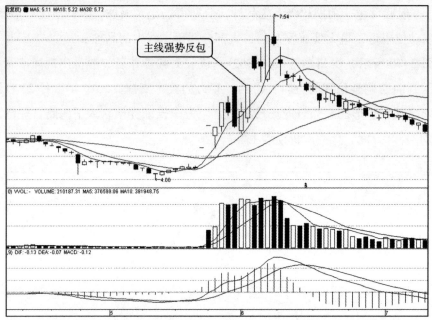

图 2-71　南国置业（002305）日 K 线图

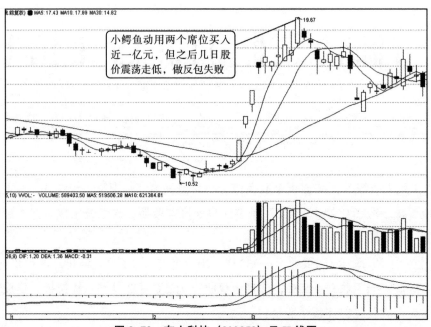

图 2-72　东土科技（300353）日 K 线图

封，买入 5320.06 万元，南京证券大钟亭营业部为买三席位，买入 4477.41 万元，累计动用资金接近一亿元。但次日直接低开 3.82% 后，全天弱势震荡走低，尾盘收跌 5.59%，之后几个交易日继续下行，推测小鳄鱼亏损离场，做反包失败。

3. 开板接力

小鳄鱼喜欢新股一字板开板接力，同时也关注重大消息的第一板和热点题材的第一板，但这套战法不经常使用，一般仓位较小。

4. 补涨龙头首板

热点板块中有重大消息叠加的补涨龙头股首板。在这些战法中，小鳄鱼最常用的手法是连板，比如，中贝通信（603220）二板接力，其次是人气股反包战法。其中效果最好的为连板战法，反包战法只有大主流还在时，才容易连板。

从各大游资的操盘手法上，可以看出其中的共性，这种共性是超短线的核心。小鳄鱼超短线战法的核心是：连板、主线、超人气龙头主线和重磅消息个股，顺势而为。

四、常用模式

1. 参与市场核心股票

预判指数上攻和反弹节点，参与市场核心股票。当时上证指数从 2733 点一路反弹至 2900 点一线，在 2900 点上下横盘多日。8 月 30 日周五，9 月 1 日还是中美新一轮关税生效日，面对这种情况小鳄鱼敢于重仓买入，确实艺高人胆大。小鳄鱼判断的依据是关税消息利空落地，市场还将继续上攻，确实 9 月 2 日周一开盘大盘继续上攻收涨 1.3%，科技股作为当时行情的主线全面爆发，小鳄鱼在中军核心股中国软件（600536）顺利进出。

如图 2-73 所示，中国软件（600536）：2019 年 8 月 30 日重仓买入 1.59 亿元，当日封板被砸，收涨 7.9%。9 月 2 日反包涨停，次日还有冲高，小鳄鱼爆赚 2000 万元左右。

2019 年 11 月 29 日，小鳄鱼主封南华期货（603093）应该也是这个逻辑，预判指数年线附近会有反弹阳线，可惜指数被贵州茅台（600519）等权重股压下去了没起来，这次出击小鳄鱼基本平手退出。

2. "妖股"高位接力和二波反抽

如图 2-74 所示，金力永磁（300748）：2019 年 8 月 7 日，小鳄鱼 2617.43 万元在四板接力，次日冲高出局小赚两个点。8 月 23 日，该股调整了一段时间后再次上板，小鳄鱼 2583.53 万元助封，次日大幅高开连板，小鳄鱼继续加仓 4093.05 万元。后面高开直接被按下，收跌 3.33%，之后没有龙虎榜数据，不知详情，不过总体应该还赚 6% 左右。

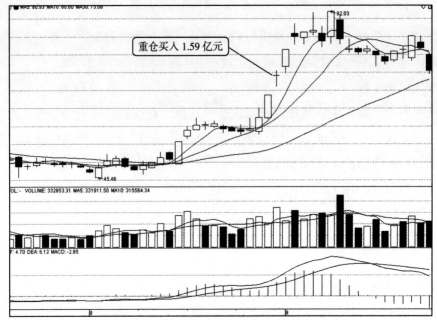

图 2-73　中国软件（600536）日 K 线图

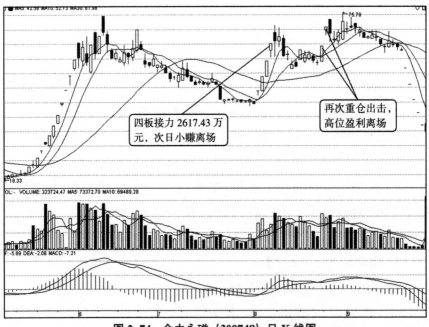

图 2-74　金力永磁（300748）日 K 线图

如图 2-75 所示，九鼎新材（002201）：2019 年 8 月 29 日，横盘后出现首板，小鳄鱼 3017.84 万元助封，当天炸板，仅 1.21%，次日跌停，下跌 17.19% 的大面亏损 518.91 万元。9 月 4 日，该股调整了 3 个交易日后再次上板，小鳄鱼没被上次的巨亏影

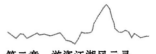

响心态，模式股票出现后依然坚决参与，2702.8 万元助封。次日缩量二板，再日封板被砸，小鳄鱼大赚 20%，抵消上次亏损，还略有小赚。

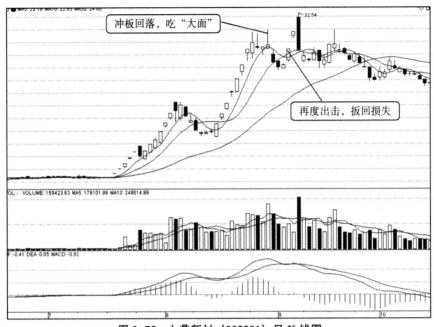

图 2-75 九鼎新材（002201）日 K 线图

同类的还有诚迈科技（300598）、东方通（300379）和易见股份（600093），这几笔操作都是围绕当时主流题材的龙头核心，他不畏高，核心龙头敢上仓位，理解力极强。

3. 优质人气次新股开板后接力

如图 2-76 所示，壹网壹创（300792）：2019 年 10 月 15 日，优质电商股壹网壹创开板，小鳄鱼直接 4340.92 万元主封，当日三家机构同时上榜，连堵两个一字，10 月 18 日继续在四板加仓 3004.26 万元，次日冲高清仓爆赚 1440.61 万元。

除该股外，后面的嘉禾智能（300793）、八方股份（603489）都是优质次新有机构买入，吃机构溢价。

通过上述分析值得借鉴的思路是：个股的操作需要借势，这个势就来自大盘，需要对大盘方向有整体的把握。有主流题材且大盘配合适时大胆参与核心龙头。现阶段对炒作个股的基本面有了更高的要求，特别是弱势行情，纯粹的情绪和筹码博弈很难走远。

五、炒股语录

（1）自己做股票的成绩也不敢苟同，但是起码认认真真地经历了股票的跌涨。

做股票经验很重要，很羡慕那些驰骋在二级市场的大佬们，各路游资每天花上几百万元甚至上千万元去做一只股票，一夜间就可以赚到很多人一年都赚不到的钱。

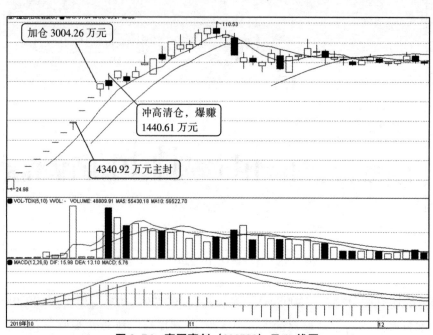

图 2-76　壹网壹创（300792）日 K 线图

每一个进入市场的散户，都幻想自己有一天可以在股市里有一番作为，可是这个市场是残酷的。

7 赔 2 平 1 赚的市场规律不会改变，所以要想在这个市场上有所作为，就必须努力，努力，再努力。然而，有很多人的回报和努力是不成比例的，可是除了努力还能做什么呢？

（2）在这个市场上有所成就的，从几万元做到上千万元甚至上亿元的那些人，都在这个市场上摸爬滚打了至少 10 年以上。

除非你是天才，或者运气非常好，一进入股市就是大牛市，迅速完成了积累，不然你也必须经历这一过程。

有的人比较背，一进去就是熊市，迅速被市场消灭。

如果你真的要在投资领域混下去，必须要坚持下去。

（3）在努力之前，必须保证自己的方向是对的。

在正确的道路上坚持下去就是胜利，在错误的道路上停下来就是胜利。

我一开始做短线但是亏得快，后来做长线，发现我的性格太急躁做不来，再改到短线，然后坚持到现在。

（4）有人说做超短线（隔日，最多两三天）就是自取灭亡，因为要求非常高，当然做得好的会有很多利润。所以这种模式有点像"葵花宝典"之类的，不容易。

我觉得做股票的本质就是人与人的博弈、心理的较量。从技术分析到市场参与者心理的揣摩都很重要，事实上技术分析的背后就是投资大众心理的表现。

还有就是炒作的逻辑，为什么今天拉这个股票？是有什么题材？还是整个板块的异动或是个股行为？

这个需要积累，而且必须第一时间买进，不可追太高（除非市场情绪很好，龙头可追），因为很多股票市场是不怎么认可的，会冲高回落，那么就难了。

（5）我的交易模式，基本是隔日交易。持股 1~2 天，行情好的时候可能适当增长持股时间。

我的交易框架，对不同的行情有不同的操作手法，主要分为：追板，分时点火，低吸潜伏，强势超跌反弹，波段搏主升浪，空仓。当天怎么操作，一般要看具体的盘面。

（6）我的选股核心，主要依赖市场的热点题材股票，行情好的时候满仓做，追龙头。行情不好不追高，低吸为主，或者空仓。

熊市中空仓都是正确的，想管住自己的手也不容易，只能做一做超跌，也就是下跌一段时间后，板块再次大幅下挫的情况。

（7）我的技术分析，主要用的是 K 线、成交量、均线和分时图的走势，其他的都不看。

从上述经典语录中可以看出，小鳄鱼是如何成长为游资大鳄的：首先要努力；其次要坚持；再次要找到符合自己性格的投资风格，也就是操作模式；最后在正确的道路上继续努力、坚持。

从中可以看到，小鳄鱼的成长历程与大部分游资经历差不多，成功者的经验是相似的，不成功的教训各有各的不同。

第十节　游资江湖人物谱

在风云变幻的资本市场里，造就了无数传奇、惊心动魄的故事，也铸就成一个时代的标志。除了那些呼风唤雨的资本大鳄外，在股市中搏下亿万身家的"股神"更为广大散户所推崇。他们隐匿在龙虎榜游资席位之中，风格彪悍，手法诡异，善造"妖股"，操作纪律严明，一击不中，壮士断腕，胜率极高，缔造了一个又一个神话。广大散户对他们既爱又恨，既崇拜又唾弃。

一、游资杀手——著名刺客

著名刺客（网名）为"80后"新一代游资的佼佼者。入市前3年，他吃过无数"大面"，之后卧薪尝胆，奋发进取，不断锤炼自己，学习了不少名家的操盘手法。他渐渐改变之前的操盘习惯，以只做龙头股为主，加上各种潜伏、盘前消息及涨停接力操作，资金量也是在起伏中渐渐好转起来。

一路走来，磕磕碰碰，在坎坷中磨炼，在曲折中成熟。多次总结后，他将操盘模式定位为超短线，从此走上超短线打板之路。三年后，进入2020年，他已经是龙虎榜的常客，预计资金早已上了亿万元级别。其主要席位包括：海通北京阜外大街营业部、东莞证券北京分公司。

1. 刺客手法

（1）连板战法。这个战法和其他席位差不多，连板出大牛，是很多游资席位善于运用的战法，只有连板才最容易捕捉到大牛股，对于换手连板投入的资金仓位较多，对于缩量板投入的兵力就比较少，这一招也值得我们借鉴。

如图2-77所示，蓝晓科技（300487）：该股在2018年1月15日以T字涨停的方式向上突破，股价连拉六板。其间从1月18日的龙虎榜发现，东莞证券北京分公司卖出1001.44万元，据推测这笔卖单应该是前一日的买单，当日海通北京阜外大街营业部买入945.46万元，这两个营业部都是刺客席位，在第四板位置做换手连板，获得丰厚利润。

如图2-78所示，精达股份（600577）：该股在2018年3月1日放量拉涨停，向上突破平台整理区域，次日从涨停价开盘后，在盘中出现震荡，随后封板至收盘。这天

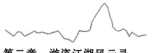

海通北京阜外大街营业部买入 1541.46 万元，按照游资短线操作手法次日应在高位顺利离场。

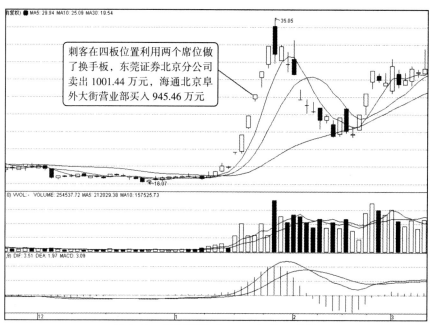

刺客在四板位置利用两个席位做了换手板，东莞证券北京分公司卖出 1001.44 万元，海通北京阜外大街营业部买入 945.46 万元

图 2-77 蓝晓科技（300487）日 K 线图

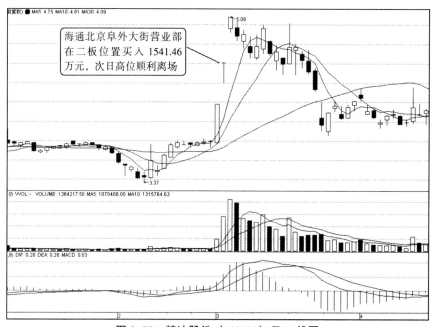

海通北京阜外大街营业部在二板位置买入 1541.46 万元，次日高位顺利离场

图 2-78 精达股份（600577）日 K 线图

（2）主线情绪逆转大长腿。情绪由恐惧到极度贪婪，盘面走势把人的贪婪和恐惧表现得淋漓尽致，从分歧到一致，从水下到直线拉板，暴力美学，吸引市场足够的目光，同时大部分是主线龙头打出空间之后的情绪补涨。龙头大多发生在临近上午收盘后10分钟或午后复盘前10分钟，以及下午14点左右。这些时点，更容易吸引市场目光，聚集更多人气，多为游资刻意为之。

大长腿包括两种情形：一种是大幅低开后，强势拉起，形成实体大长腿；另一种是开盘后大幅下探，然后顽强拉起，形成影线大长腿。这两种形态的技术意义大体相当。

如图2-79所示，晨鑫科技（002447）：该股在2018年1月5日向上突破后，连拉二板，之后连续两天高开低走收阴。1月11日低开3.77%后，整个上午呈现弱势震荡整理，下午复盘后5分钟内快速直线拉板，当日海通北京阜外大街营业部买入2157.81万元，为买三席位。

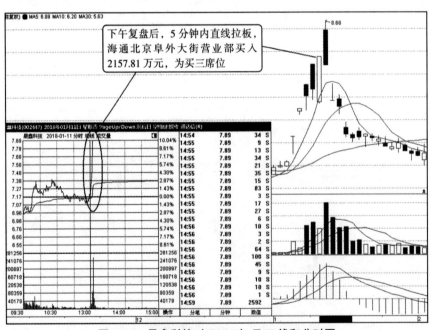

图2-79　晨鑫科技（002447）日K线和分时图

（3）尾盘偷袭，尤其是叠加次新的前期强势个股高位反包。乔帮主、成都帮也经常使用这种方法，不过刺客、乔帮主和成都帮的不同之处在于，他们经常拉升超短资金喜爱的次新股，而成都帮拉升更多的是冷门股。这种方法的好处是即使炸板，回落时间有限，第二天可以择机处理，不像早盘板，一旦炸板，下跌时间太长，导致风险不

可控，而且这种方法还有一个特征，就是前期热点股的高位反包。比如，上海雅仕（603329）2018 年 3 月 8 日、宝鼎科技（002552）2019 年 11 月 15 日的尾盘走势。

如图 2-80 所示，卫信康（603676）：该股经过大幅调整后，突然放量启动，连拉四板，然后回落调整，形成龙回头走势。2018 年 1 月 8 日，几乎全天呈窄幅震荡走势，但临近收盘前半小时股价快速拉至涨停。当日龙虎榜数据显示，海通北京阜外大街营业部主封，买入 840.17 万元，次日卖出 878.68 万元，赚 38.51 万元。

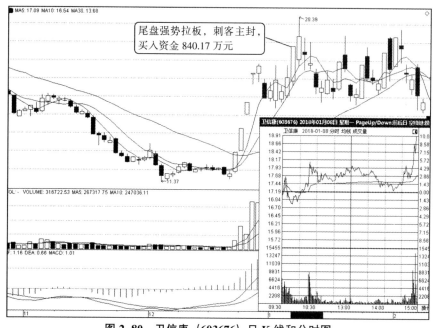

图 2-80　卫信康（603676）日 K 线和分时图

（4）围绕当时主线热点的首板，尤其是叠加次新的个股。比如，嘉城国际（603535）当时上海自贸港叠加次新，爱乐达（300696）贸易战、军工受益叠加次新。

如图 2-81 所示，爱尔达（300696）：该股贸易战、军工受益叠加次新，2018 年 3 月 23 日出现首板，海通北京阜外大街营业部买入 849.62 万元，次日一字板，第三天再次拉板，获利丰厚。

2. 刺客风格

任何一位炒股高手的崛起，都是从小散开始的。从起初的几万元资金慢慢地摸索，到凤凰涅槃、苦尽甘来，最终走向成功。没有人踏入股市就一帆风顺地盈利和积累财富。刺客刚入市三年亏损得一塌糊涂，他痛定思痛，拜过很多师傅，学习过各种战法，一路走来磕磕绊绊，最终凭着那股子倔强、执着而走向成功。

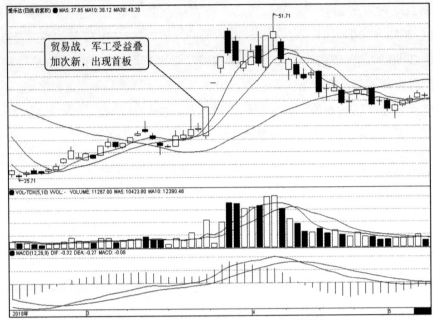

图 2-81　爱尔达（300696）日 K 线图

刺客操作风格剽悍，理解能力极强，擅长龙头股锁仓，整体成功率较高。

（1）他善于操作连板牛股，这也是很多操盘席位都善于操作的模型。对于换手连板投入的资金比较多，对于缩量板投入的资金较少。

（2）他善于引导资金，擅长以情绪逆转为主的操作，这与"大长腿战法"的操作模式相类似。

（3）他善于临近收盘偷袭，拉升尾盘介入涨停，尤其是叠加次新股的前期强势反包，博取次日的利润。这点和乔帮主、成都帮有类似之处。

（4）他善于围绕当下的主线热点做首板的打板操作。

3. 刺客语录

（1）打板也好，低吸也好，追涨也好，目的就是要做到龙头个股，而不是简单地打板套利，市场很多的打板选手，随便打个板，第二天高开就走，以为这就是稳定复利，差矣；打板是为了在最后确定的一瞬间买入市场上最强的个股，获取最大的利润。

（2）小资金，跟随主流是我们唯一的出路，时间是我们最大的敌人。不要在弱势个股中耽误时间，不参与调整，被套后不要死拿，选错股不会妨碍我们做大，打板"吃面"也不会妨碍我们做大，但是时间会妨碍我们做大，坚决果断地认错出局，重新投入新的战斗，让资金流动起来，跟随最热的热点，趁着牛市的东风，才能迅速做大，尾盘选不出哪个板会吃"大肉"，既然能力之外，就空着吧。

（3）一个好的系统必然有过滤风险的防守，因为防守决定股市旅程的高度。我也只能理解很小一部分的市场，做自己看得懂的。赚自己模式的钱，只赚自己能力范围内看得懂的钱，这是股市生存之道。别看我低吸、追涨、打板，尾盘潜伏，什么都做，但其实有核心的，万法归一。紧随主流做，再结合分析收益率，那就是暴利。

（4）不要测顶，所有的测顶，你只能对一次，因为顶只有一个。不要抄底，所有的抄底，你只能对一次，因为底只有一个。即使现在是大游资，不进则退，故步自封，无异于闭关锁国，最终会走向没落。最强的、最硬的板，不是看封单大不大、涨停时间早不早，而是看第二天接力的人能不能赚钱。只有共赢的板，才是我心中最强的板。不管你是打板，还是低吸，抑或是潜伏，不管你的技术有多牛、KDJ 研究多透彻、均线研究多深刻、数浪技术多么高超，脱离主流，只有死路一条。

（5）还在担心主力出货的一批人，都还需要进步。市场最大的主力就是散户，得散户心者得天下，主力也要顺势而为。长线研究行业趋势，短线研究市场合力，没有确定的模式，这是致命的，熊市一来，肯定全部还回去。

（6）大家都不看好的，要多拿一下，拿到大家都看好为止。满仓一只股，快速进出，榜神做了很多示范，这是小资金快速做大的秘诀。卖出风险，买入确定性。紧随趋势，享受牛市的红利。抓住市场主流，就抓住了市场兴奋点。再次建议大家，没有稳定模式，小资金练习，比如一万元追热点，亏到买不了大部分股票时，继续补满至一万元，重复以上操作。

二、退学炒股——退神

少数人的快速致富，吸引着众多散户前赴后继，其中也包括大学生群体，而退神就是其中的一员。

退神（网名）因"退学炒股"而得此名。他靠 4000 元配资起步，资金拾级而上，到 2020 年年底已达到 1000 万元。之前，他在论坛发帖还是籍籍无名的一个人，到现在已经光芒四射。但这一路上，一个初始资金不到万元的年轻人，其间的酸甜苦辣估计也是常人难以体会的。不过，也正是吃得了这种苦中苦，才有如今人上人的成绩。

1.退神心语

割肉有一个难以释怀的东西，就是割完之后它涨了怎么办？

如果是按照你的思路去买，也按照你的计划去卖，在理论正确的前提下，不会出现割完之后上涨的情况。如果有股价上涨，那么必然是出现了一些不可预知的因素，最常见的就是某个大资金引导股价上升，但这方面的因素是不容易掌握的，如果不割

肉也许就不会有大资金来拉抬股价，这样持续下去只会套得更多。

为什么每次赚钱后都会出现一次大亏？不仅我有这个问题，很多人也存在这个问题，说明出现这个问题绝对不是什么偶然。导致这个现象发生的很大一方面原因是心态，当一个人成功一次后会增加自信心，连续成功便会自信心爆棚，对自己的判断是百分百认可，绝对不会让自己失去任何赚钱的机会，看好一只个股就立即买入，如果买错了但小亏并不会让自己的信心减少多少，只有直到大亏时才会使信心大幅下降，当信心下降后，出手便会非常谨慎，开始不断思考学习。

"退神"说，我的情绪总是处在两个极端的状态，赚钱了会极度自信，亏钱了会极度沮丧。我不想看到自己失败，亏钱对于我来说就是失败，赚钱对于我来说就是成功。一切都源于太想证明自己，把股票的盈亏当成衡量自己人生成败的指标，这表明我对股票太沉迷了，还是我见识的东西太少了？

股市目前每天只开 4 个小时，其他时间用来做什么？很多时候都是在打发时间等待第二天开盘，但有的人却在利用这段时间不断学习丰富自己，人与人之间的差距就是这样慢慢拉大的，十多年的股龄可能都不及别人两年的水平。刚入市的时候，可能会觉得还有很多东西需要学习，每天都过得很充实，当过一段时间之后发现股市里没有什么可学的，每天复盘完了就不知道做什么了。但实际懂的只是一点皮毛，各种经济金融理论，各种行业政策发展规划，我都不了解，尽管看这些东西很枯燥，我都希望自己能抽点时间看一看。

不要去关注别人是否赚钱，难道别人亏钱了你亏钱就是理所当然了吗？

股市里有一句老生常谈的话，行情好时多做，行情差时少做，控制回撤复利增长。这个道理很多人都知道，可是没有几个人能做到，如果有人刚入市就能做到，那这是他最大的天赋。如果以此为标准给我的天赋打个分，我觉得是负分，入市三年多我空仓的日子累计不超过 10 天，很多时候我认为是股市不适合做，却从不觉得是我不适合股市。接下来的路很长，长得让我心凉，但我已认定，坚持下去，永远都不会放弃。

一般情况下，几乎每天都有几只个股涨停，给人一种盛世繁华的景象，其实除去未开板的次新股，涨停的个股并不多或者没有，这其中还有一部分是庄股，而真正让人可以确定下手的个股很少。遇到这种情况最好的方式就是空仓，等待时机，如果随意去买入，不仅赚钱概率小，还可能会错失重大机会。

说句实在话，我觉得空仓比抓到一个涨停板更加喜悦，看到洁净的界面时心里特别舒畅。

很多人都说要有模式，只做模式。我很困惑，打板的就一定只能打板，接力的只能去接力，低吸的只能去低吸，半路的只能去半路吗？可能连我自己都弄不明白，对于我而言，要的是一个确定性，如果能确定它当天会涨停，那绝对不会在涨停去买了。

现在人们说，人是由基因决定的，意思就是人的所有行为和成就，从生下来就已经被确定了。我不认同这个观点，我坚信人可以自己选择成为一个什么样的人。以前我的行为都是由我的欲望驱使着，而根本不知道我为什么要这样做，现在想弄清楚我为什么要这样做。

2. 进阶步骤

（1）退神说，我 2013 年入市，到现在接近 7 年时间，入市一年后就处在一直盈利的状态，可能刚好是牛市的原因。当时用 2000 元配资 1 万元炒股，没有想着要去积累本金，盈利多少就花费多少，这个状态持续到大三，"股灾"直接爆仓，后来拿着大四的学费退学了。那时可能有很多种方法借钱一边读书一边炒股，但我没有这样做，一是因为家里没钱，二是不想去借钱。

自信是一种魅力。人生的高度取决于格局的大小，小成可以靠运气或者耍点小聪明来实现，而大成必须是依赖一个人的格局。我朝着正确的方向一步步走过来。

第一步，放慢自己的脚步。

第二步，保持一个平和的心态。

第三步，理智思考每一个决定。

第四步，学习，反思，提高。

（2）退神说，我一直都明白最大的问题是我自己，一些性格的缺陷让我成为股市中的残疾人。

我明知道该去赚哪些钱，可却妄想掌控所有，不让任何机会错过。

我明知道做一件事的风险，却去妄想会不会发生奇迹。

我明知道慢即是快的道理，却从来没有放慢过自己的脚步。

我明知道时光易逝，却从来没有让自己过得有意义。

在一个买卖自由的市场里，亏钱没有谁的错，错只在自己。

股市谚语，一根阳线改变信仰，这说明人的信心修复很快，这只限于一群人，对自我认可程度高的人。

（3）记得随时提醒自己，一时得利不要飘。人人都期盼假期，唯独职业股民这个群体不喜欢。不管对于何种职业，假期都是一个休养生息的阶段，一个反思总结的好时机，以更好地迎接未来的挑战。职业股民不喜欢假期，说明内心还是太浮躁了或赌性太重了，生活中还有很多事可以去做，这点时间真的是不够的。

了解别人会让你知道如何赚钱，了解自己会让你知道如何不输钱。

评判职业投资是否成功的标准是结果不是过程，投资的目标就是为了收益，而不是为了体验惊险刺激的过程。

3.投资理念

（1）空仓，不是靠回避股市，也不是靠限制交易来达到，真正意义上的空仓是处在看盘打开交易软件随时准备下单的状态中完成的。

不要把自己与生俱来的东西看成是一种能力，可能这只是你比别人唯一优越的地方。

人喜欢猜测别人的心理，却怎么也弄不明白自己，当看到镜子中的你，除了相貌你对他一无所知，此时你是否会问一句"他是谁?"

现在管理层明确表示新股发行节奏不会减缓，从现在来看，保持每周10家的数量，随着股票数量越来越多，造成资金分流的现象是很严重的，很多个股将会无人问津，潜伏这种模式的成功率会大幅下降，而做短线的人将会集中关注市场的强势股，因此更会出现强者恒强的局面，也意味着很难出现大面积的涨停了。

有些大盘股动不动就一天成交50亿元以上，可以想象市场的资金总量是非常大的，资金总量大意味着机会也很多，但现在股票供应速度远远大于资金新增速度，这些新增资金都会交给"大小非"或者随着估值下调而消失。另外，职业炒股这个职业以后会越来越难做，特别是想从几万元的资金起家，可能利润都维持不了生活开销。

股市中所指的天赋更多为性格，一个理想的性格状态主要包括这几点：第一，失利时乐观自信，得利时不骄傲自满；第二，能虚心学习，不断提高自己；第三，沉着冷静，不会盲目冲动；第四，好胜心适中，过强则赌性太重，过弱则会失去动力。

错了就割，千万不要抱有任何幻想，将操作和盈利分别看待，它们两者没有必然联系。操作只有对与错，盈利交给市场。

（2）要具备非常的独立思维，不要让外界的因素影响自己的判断。当你还在为错失机会而痛苦不已时，说明内心还没有做到无我的境界，无我就是屏蔽自己的主观意识情感，达到实事求是的一种状态。正确的操作并不一定会赚钱，但它却是风险最小的做法，如果因为某一次没有赚到钱从而去改变自己的做法，这往往就会成为亏损的开始。

遇到任何事情都要保持理智，一个清醒的头脑比什么都重要，情绪这个东西它不会替你思考后果，如果跟随情绪去做只会让自己陷入被动，有的时候后果不堪设想。

一个人的精神状态取决于自己对生活的态度，如果对生活所有的事物失去了兴趣，那人们只会感觉到累，如果对生活充满了激情，那人们做什么都会精神抖擞。

（3）牛市思维对于短线资金是致命的，它会让你从主观上高估个股的强度，从而错失最佳的买卖点。牛市思维只适合做中长线的资金，它能增加持股信心，忽略小的波动，从头拿到尾。

要学会看别人赚钱。如果一个市场中没有人能赚钱，那必定不会有人再来参与，正是这种赚钱效应的传播，才使得不断有人加入，所以必定会有一部分人是赚钱的。在牛市时这部分人占比高，在熊市时这部分人占比低，因此不要妄想自己赚钱而别人都亏钱。在市场上能赚钱的有两种人，一种是靠运气，另一种是靠能力。运气是不能持续的，因此没必要羡慕，靠能力赚的钱更加不能眼红，而应该去学习别人的优点。不要去比较自己比别人赚得多还是少，一旦去比较，就会有超越别人的欲望，从而会把一种不确定性的操作从主观上认为可行，这就是赌。

理性对待他人对股票的看法。有些人买入一只股票后，弱则惶惶不安，强则过度兴奋，不断去寻找别人关于此股的看法，看到有人说涨时内心感到很舒心，看到有人说跌时则加深焦虑，甚至要一辨雌雄从嘴巴上说服他人这只股明天会涨。因此对于他人关于股票的看法，只说涨跌结论的不必关注，因为对自己毫无作用，分析涨跌原因的可以参考，但这一切都得建立在自己保持一个客观态度的前提下。

（4）不要把自我麻痹当成是心态好。有的人钱亏多了，就不会对亏损产生任何不快的感觉，这是适应性的表现，也可以说是自我麻痹。在很多情况下，这种自我麻痹是有益处的，如果没有自我麻痹的能力，那么很容易陷入焦虑或者痛苦的状态之中，以致出现可怕的后果。有的人自我麻痹能力太强，就容易安于现状，容易接受失败，没有很强的动力去改变现状，水平自然难以提高。

（5）借钱不适用于短线操作。一是短线操作本身就是高风险高收益的方式，水平到位资金增长是很快的，如果再去加大资金，那么风险和收益两者都会同时放大，这是相当于拿了一把刀架在自己脖子上；二是在操作的时候心态会把控不好，会畏首畏尾，买完之后会处于紧张担忧的状态之中，这是对自己的精神折磨；三是大部分人不知道收手，不要妄想自己赚了之后就还钱，这是不可能的，因为赚钱之后的那种自信会让预期和目标放得更大，不继续追加资金就已经不错了，但很多时候赚钱只是一时运气。

（6）卖错之后的盲目纠错。很多人卖掉一只个股之后它上涨了，结果意识到自己卖错了，然后又去追回来，但此时的买点是最佳买点吗？如果换成是其他股，肯定不会选择在这个位置买入，而仅仅是因为它是卖掉之后的股，就容易改变自己的看法。很多时候，人们对于自己卖掉的股一直念念不忘，怕它涨，一涨就会后悔当初卖早了，

如果跌了就庆幸自己卖对了。这是因为人不喜欢看到自己的失败，就像不想看到有人说自己坏话一样。如果卖错了，应该反思卖错的原因，而不是进行盲目的补救。

（7）观众是一把"双刃剑"。不管是比赛还是实盘，时间久了总会吸引不少人的关注，当有人关注时，内心会渴望得到他人的认可。所以一般会有两种效果：一种是从此开始变得谨慎，对买卖要求更加严格，成功率不断提高；另一种是急于证明自己，不会放过每一次能盈利的机会，出手频率高，急买急卖，这样的状态肯定不会稳定盈利，心态开始变差，形成恶性循环。所以首先要明白自己实盘是为了什么，是为了他人的崇拜，还是为了证明自己能赢？如果是为了他人的崇拜，那就要知道人们会接受短暂的失败，但不会容忍长久的失败，人都是渴望正能量的，这是对人的一种激励和温暖。如果是为了证明自己能赢，那就主动把观众的评价屏蔽掉，因为需要面对的只是你自己。

（8）培养一种能赚钱的感觉。不知你有没有过这种经历，当看到某个走势时，在内心非常确定它会涨，而经过统计这种情况下买入的成功率非常高，这种感觉就是经验，要做的就是等待这种情况出现时再买，经验越丰富，出现这种情况的时候就会越多。比如，前一天巨量烂板次日开盘走强、新龙头卡位、超预期加速板等，这些情况买入时成功率是很高的。在刚开始时这种感觉出现的频率会很低，很多人没有耐心等到这种感觉出现时就买了，当感觉来临时已经没钱买入了，结果就错失了对这种感觉的培养。

（9）水平提升只能通过更多的交易次数达到是一种误解。这是对自己赌性重的一种借口，水平的提升在于反思总结，而不是机械的操作，虽然每一次操作可能都会加深对此次操作时情境的印象，但要达到这个效果也可以用其他更高效的方式：一是盘中眼观八方，不能只盯着自己已买的股票；二是进行更加仔细的复盘。交易频率越高，越会加强自己的赌性，更加在意交易成败的结果，从而忽略提升自己水平的关键。

（10）交易系统是根据经验对买卖点设定要求，具体内容可能每个人都不一样，它的作用就是让你去做自己最难完成的事，不再临时起意情绪用事。

人的天性非常难以改变。就拿恐惧来说，人天生对某些事物恐惧，恐惧这种感觉对人是有益的，它能让人知道什么东西会有危险然后远离它，提高生存概率，比如恐高症，如果人对高度不恐惧，那么就会经常有人摔死。恐高是人的天性，当站在摩天大楼内隔着玻璃向下望时，如果自己不去主动控制意识的话，站得越久恐惧感会越强烈，会害怕玻璃碎了，会害怕有人从背后推你，会害怕大楼突然倒塌，而事实上这些情况根本不会发生，当走下楼时也能明白这点，但身处其境时便会失去理智。天性对人的控制力太强了，但只要自己意志坚定是可以克服天性的。

4. 惊世感悟

（1）人处在什么情境下最想去操作？一是看到别人都赚钱的时候，踏空心理；二是当自己连续成功之后，此时自信心十足；三是当自己大亏的时候，一心想要扳本。因此，当遇到这三种情况时需要时刻保持警惕。

股市中有一些常见的偏执心理，比如抄底要抄最低点，打板要打最早板，做接力的就要找个连板上。又如，追求当天账面的盈利，否则看着不舒服，不能空仓就算只买了100股也行，等等。内心对形式的偏执，就像双眼被黑布蒙住一样，使人看不透事物的本质。

为什么踏空比亏钱给人的感觉更难受？从正常的逻辑来分析是不会产生这种感觉的，但实际上它却普遍存在。很多人知道这一点，亏掉10个点带来的痛苦比赚到10个点带来的喜悦要大，踏空是别人赚钱了而自己没有，认为如果买入持仓也必然会赚那么多，所以把踏空当成是一种亏损。这种踏空与持仓亏损的区别是，持仓亏损可能是自己技不如人，而踏空并不能说明自己水平差，只是自己没有参与。所以，有这种感觉的人，大都是对自我认可度比较高的人。

（2）做股票的几大方向性错误。一是买庄股；二是依据技术指标操作；三是听随大神专家买卖。有时候确实会赚钱，但这些都是运气成分居多，花费再多时间也不会有什么长进。

顺时勿骄，逆时勿躁。既然选择了职业，那就应该要具备职业的基本素质，体现出职业的基本水平，如果连业余的水平都不如，那就说明很失败。

（3）阻碍进步的几个常见错误。一是加钱，当一个人大幅亏钱后，通常会有两种选择：反思和加钱。反思是对自己行为的一种纠正，加钱是觉得自己的思路是对的，只是一时运气不好，然而加再多的钱也于事无补。二是只盯着自己的股票，没有去感受市场的整体气息，收盘后找一些关于持仓股票的信息来告诉自己是对的。三是把自己亏钱的因素归结于外界。比如，要是T+0就肯定会赚，这个游资不砸盘肯定会涨，大盘不跌肯定会涨，它上涨时没看到不然肯定买入。外界的因素并非只针对自己，但每个人的结局都不一样。

千里之行，始于足下，拒绝空想，立即行动。因此，很多时候都应保持一种挫败感，这或许是激励自己不断前进的动力。"将来的你会感谢现在奋斗的你。"

（4）为何会有大幅回撤？随机概率由三个部分组成：连续成功、连续失败以及概率匹配段。在炒股的过程中会经历连续成功，但连续成功的原因是外界因素而非自己，会经历连续失败，也会经历在这次成功、下次失败之间的轮动，同样的方式在不同的场景下必然会导致不同的结果，因此选择在高成功率的场景下操作最佳。但并非所有人都这么理性，当连续成功后自信心会大增。自信是什么？就是把小概率的事件当成是大概率事件，比如在熊市当中你连续赚钱了，会让人产生一种错觉，认为这不是熊市。自信心的削减需要连续失败来完成，连续失败必然会导致回撤，直到你保持理性为止，这个回撤点一般是上轮资金的起点。所以控制回撤有两个方法：一是随时保持理性；二是在心理层面提高回撤点。

（5）空仓等待最佳买点到来。最佳买点应该是确定性最大的买入点，如此下去才是复利，很多人都等不到最佳买点就已经下手了，当行情来临时已经没有"子弹"了，除了懊悔遗憾就没有下文了，甚至没有长一点记性。

（6）分仓操作是减少收益还是减少风险？所有的模式都会有成功率，连吃 5 个跌停再连吃 5 个涨停后的资金是小于原点的，分仓就是为了防止连续失败后的大幅回撤。它会减少单只股票的收益，但不会减少总体收益，因为机会不止一个。

（7）人在什么时候容易失去理性判断？当你看好某个方向，出现某些东西支持这个方向时，会加强你对这个方向的态度。比如，你看好某只个股，但不是非常确定，当听到有人说这只股票好时，或者当盘面走势很强时，会使你更加认同此股，但实际上这些东西并没有改变这个事物的本质，所有的股票必然有人持有，那必然会有人看好，否则就不会持有，盘面的走势强度的持续性也是不确定的，不能一强就看好，一弱就否定它。

（8）大概率小收益和小概率大收益，哪个更加适合股市？大概率小收益是以保证本金为首的模式，意味着出手频率降低，短期而言可能收益很低，但长期来看不断复利后增长率是很高的，这可能比较适合较大的资金。小概率大收益是以快速增长为首的模式，意味着短期收益很高，这适合小资金实现快速增长，但过程随机性太强，运气不好或把握不好时可能大幅回撤。

不要让这次操作影响下次买卖的情绪。可能这次操作做得不够好，内心会沮丧、痛苦、自责、懊恼，出现这些情绪都是很正常的，但此时不能让这些情绪主导自己的大脑，因为这些情绪都会影响下次的判断，当遇到一模一样的情况时内心会退缩，或许会为了挽回局面而急于操作，正确的做法是思考这次做得不够好的原因，下次再改进。当这次做得好时，你会兴奋，信心大增，遇到事情时你的主观性会更强，认为对的东西你会更加肯定，这就是典型的盲目自信，只有当你遭遇失败时，才会浇灭你的自信心，但此时资金已经大幅回撤了。所以把每一次操作后的情绪分开，当下一次操作开始时，情绪应该是要平静的。

（9）盈利不分贵贱。赚同样的钱，在牛股上赚的比在普通股票上赚的更有面子，打板赚的比低吸赚的更有成就感，所以有时候会为了买入牛股而放弃自己较为确定的个股，或者为了打板而打板。本质上这些是一样的，都是为了盈利，不应拘泥于形式上的区别，盈利不分贵贱。

忘掉每一次交易的盈亏。你的交易应该是按照你的系统来的，而不是随着情绪买入或者卖出，只有新手才会干出这种事，如果你是新手那就应该从改变这一点做起。可能买入之后它跌了，往往会说要是买了另一只股票就不会这样了，或者卖掉之后它涨了，也会说如果不卖就能赚得更多，所以往往会让这些想法影响自己的心情，从而导致下次操作时会心存侥幸，买入系统之外的股票或者达到卖点时没有卖出。

（10）不可吃着碗里看着锅里。很多时候当一只新发现的个股达到买点而手中持有的个股还没达到卖点时，人们就会提前卖出手中的个股并买入新发现的个股，觉得新发现的个股能比手中的个股赚得更多，可是结果很多时候是两面受气，已经卖的继续涨，新买的亏钱了。手中持有的个股具有一个很重要的性质，那就是主动权，因为你随时可以卖出，而当天新买入的个股从交易上来说已经陷入被动。所以先把每一次的交易做好，再考虑其他个股，市场机会很多，不要以为错过了就没有了，如果这次做错了，那得需要两次正确的操作才能弥补上次提前卖出的损失。

（11）为什么很多人喜欢满仓一只股？偶尔满仓一只股，那是因为他对这只个股的高度认可。每次都满仓一只股，那这是一种赌性。想一次爆赚，这是贪婪的表现。靠赌来快速实现增值，这是急功近利的表现。这类人由最原始的赌性驱动，只想获得当下最近的利益，称之为低级赌徒。高级赌徒在于目光长远，追求的是长期利益。

（12）为什么有些人时间比他人用得多而效果却不如别人？一是方向问题，如果朝着一个错误的方向用功，那都是徒劳的，所以首先要思考自己的方向是否正确，有一个简单的方法，就是看这个方向是否有人成功过，成功的比率如何？对于普通人来说，不要妄想自己会成为历史上的第一人。二是天赋问题，可能是自己的天赋不如他人，有天赋的人会在这个方面学得更快、运用得更好，所以在相同的时间内取得的效果是不一样的，在越顶尖的领域里天赋越重要，普通人就不用去参与了。比如，世界冠军、歌唱比赛、诺贝尔。三是你不够专心，有些人喜欢在干这件事的时候同时干着另一件事，人是无法同时思考两个方向的，两件事相互干扰，会使两件事都干得不好，不够专心的原因可能是自己对这件事兴趣不足或者重视程度不够或者耐心不够。

（13）为什么有的人总管不住手？只要有资金就会想着去操作，从来不会管环境如何，这类人的好胜心太强，这种好胜心源于对自己的高度认可。他们很少去提高自己，觉得自己已经很厉害了，只在意事情成败的结果，成功了认为是自己的能力强，会让他们更加膨胀，失败了认为是自己的运气不好，然后继续一意孤行。他们很少承认也不愿意相信别人比自己优秀，而事实上有很多人比他们优秀，当遇到一个比他们优秀的人时，便会冷嘲热讽一句。这种自己欺骗自己的行为，只是为了掩饰自己内心的自卑情绪。管住手，实际上是控制自己的心，要学会承认自己的不足，要学会看别人赚钱，要明白世界上自己所能掌握的事很少，最关键的是要明白，无须要求自己完美，人生仍会精彩。

退神说，我觉得自己的心态已经在进步了，现在不会因为踏空而痛苦，喜欢看着别的股票拉涨停，盘面很精彩，就像看一场电影一样。但有时候尽管很谨慎，还是控制不住自己的手，心魔总是会让我失去理智，所以任何时候都不能放松警惕。我潜意识里还是喜欢全仓一只股，还是喜欢爆赚，还是喜欢去赌，全仓一只股，赚了会非常高兴，亏了也会非常痛苦，这是对自己的一场精神折磨。半仓操作时，心态非常平稳，不会过分期望，不会过分担忧，不会过分焦虑，这才是操作时应该具备的心态，以后坚决半仓或轻仓操作。

（14）股票操作要小目标还是大目标？小目标是短期内且较为容易实现的目标，大目标就是长期要实现的目标，也可以称之为理想，现在要实现它很难。在操作中，很多人把小目标的内容变成了大目标，比如，一年 10 倍，一个月 50% 等，这样就是追求在短期内实现理想。毋庸置疑，这是非常难的，反映到实际操作中就会出现急切的心理，不会放过任何操作的机会。但是作为职业炒股者，一定要有理想，它是职业道路上的指明灯，在迷茫的时候指引你前行。

三、不走寻常路——歌神

近年来，游资江湖出了不少从散户炒成一线游资大佬的新生代，这里介绍一位知名度较高的游资新秀，这个人就是歌神。他的名字是从"张学友来炒股"（网名）而来，也是一位从散户队伍中走出来的龙虎榜人物，且经常活跃在各类财经平台。

其主要席位为财通杭州体育馆路营业部和中信杭州市心南路营业部，而兴业杭州体育馆路营业部疑似为分仓席位。

1. 主要操作风格

本书梳理了一下歌神的主要操作手法，他有以下操盘风格：

（1）唱歌炒股两不误的歌神，游资新生代的典范，以宏川智慧（002930）等多场战役彰显实力，经常活跃在各类财经平台。

（2）喜欢做首板，手法犀利，作风剽悍，操作风格极为凌厉，敢于在高位锁仓和加仓"妖股"，成功率较高。

（3）砸盘异常凶猛，是挂单跌停"核按钮"的最早传播者之一。

（4）擅长锦上添花与落井下石，理解力较强，且具备一定粉丝跟随基础。

例如，宏川智慧（002930）：2018 年 5 月 14 日，宏川智慧（002930）四板高位出现分歧。歌神携带其中信杭州市心南路营业部这一席位买入 1200 万元，同时兴业杭州体育场路营业部这一疑似席位买入约 1300 万元。歌神在高位分歧点介入，随后迎来四板特停，特停之后股价迎来补涨溢价，歌神再度在该股上锁仓+做 T。

5 月 22 日，在股价八连板的时候，分歧剧烈，全天烂板。这时候，歌神再度出手延续，大手笔买入约 3200 万元。接下来在 5 月 23 日，减仓 1850 万元，在 24 日股价最后一个涨停上完成清仓动作。兴业杭州体育场路营业部这一席位资金，一路锁仓，在二次特停之后清仓离场。在四板的时候，拿筹 1295 万元，接近九板的高度出来 1872 万元，净赚 577 万元，锁仓获利 44%。

宏川智慧（002930）一战，歌神操作风格之犀利可见一斑，而这仅仅是歌神诸多战役中平凡普通的一战，其整体操作成功率极高，市场嗅觉极其灵敏。

在 2018 年下半年，很多一线游资大佬选择了休息，但是歌神还在逆势奔波，每天都在场内抢筹，而且第二天的溢价率是比较高的。龙虎榜数据显示，在 2018 年 8 月的财通杭州体育馆路营业部这一席位，上榜次数就高达 44 次，上榜后 1 天的上涨概率高达 65.91%，妥妥的实力派游资。

其实震荡行情之下，歌神大幅买入的个股依然能够享受较高的溢价，说明市场对该席位的关注度和认可度还是非常高的。在弱肉强食、适者生存的时代，我们更多的是应该学习其凌厉的手法。在资本市场中，从来都是锦上添花与落井下石，雪中送炭犹如孩童般的睡梦，不切实际。这里可以用几个实例来简单跟大家分享：

如图 2-82 所示，西部牧业（300106）：该股从 2018 年 8 月 31 日开始，出现 3 天三板，有极强的号召力。龙虎榜数据显示，财通杭州体育馆路营业部在 8 月 31 日买入 1303.72 万元，买一主封；在 9 月 3 日和 4 日分别卖出 783.37 万元和 615.85 万元，分批出货，吃到了"大肉"。

特别是 9 月 3 日当天，股价从"水下"以接近 90 度直线拉升封板，振幅高达 14.3%，果然有歌神的关注，表现就是不同凡响。此外，当天早盘指数出现大幅下挫，该股如此的表现可谓是独树一帜了。

歌神在该股上 3 天抓到了三个板，再次令市场诧异，其分批出货的方式更是稳扎

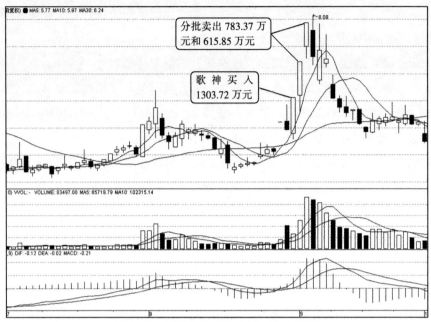

图 2-82　西部牧业（300106）日 K 线图

稳打，见好就收，这就是歌神的实力和号召力的成功代言。

如图 2-83 所示，特力 A（000025）：逆势封板的特力 A（000025），歌神买的就是"妖"。2018 年以来，他操作的个股非常多，几乎每个交易日都有多股上榜，就单看

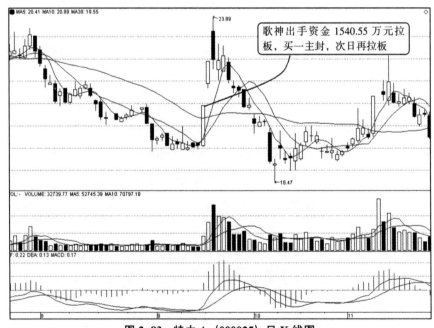

图 2-83　特力 A（000025）日 K 线图

2018 年 9 月 14 日的榜单，财通杭州体育馆路营业部就买入了特力 A（000025），出手资金 1540.55 万元。9 月 17 日大盘跌幅一度超过 1%，红盘个股仅 400 来家，特力 A（000025）在开盘后不久依然能多次上攻，最终在 9：48 左右封死涨停。

其实，9 月 14 日特力 A（000025）、德新交运（603032）、中弘股份（000979）、乐视网（300104）和贵州燃气（600903）五大"妖股"都登上了龙虎榜，但是从 9 月 17 日的表现来看，只有特力 A（000025）和贵州燃气（600903）是红盘状态，也只有特力 A（000025）一个"妖股"封了涨停。特力 A（000025）表现得如此亮眼，看来要给歌神的功劳簿上记上一笔。

当然，歌神的操作并不都是十全十美，有时候能连续吃涨停，有时候也免不了"关灯吃面"。最重要的是，我们要从游资的操作中看出市场的风向和节奏，这些知名游资关注的板块和个股，我们也可以多留心一点。

2. 庄家 + 游资模式

市场中的庄股分为两种：纯庄股和庄游股。纯庄股，流通盘大部分被庄家控制，在分时走势中很不流畅，K 线上下影线很长，几乎不受大盘影响走独立行情。庄游股，盘面比较复杂，歌神在操作风格上喜欢这种"庄家+游资"的模式，也就是说，先期有庄家建仓，后期有游资参与的个股，抓住一波盈利丰厚的主升浪行情。

现在市场有很多流派，有资金流派，有技术流派，有价值投资者，还有超短线打板派，中线波段派，长线持有派。

资金流派里面内容蕴藏得很深，一般人很难捉摸背后的本质东西，技术流派这个东西又太死板，模式太固定太单一，有些恶庄会故意把图形或者技术做成技术流派喜欢的那样，然后收割散户。价值投资也不太好，近几年的实体经济都不好做，亏损的上市公司太多，运气不好踩上一个"雷"就麻烦了。超短线打板派高风险高收益，做得好翻倍，做不好本金亏完都有可能，所以应结合当下市场以及自己的实盘经验。如果将技术流派与资金流派的模式结合起来，这样可以分散一部分风险。

一只好的股票，从宏观面来看，K 线实体要大，均线一定要向上，成交量要大，才能使股价走得更远，这是最基本的道理。资本市场就好比大自然，适者生存，弱肉强食，机构就好比老虎，游资就好比猎豹，散户就好比食物链低端的生物，当然不是说散户就不能在这个市场生存，我们打不过狮子老虎，但可以远离其生态圈，或者等捕捉到猎物后，等吃够了过后再去分一杯羹。我们要做散户群里的"滑头"，就好比聪明的猴子，打得过就打，打不过就跑。这样形容股票后，再择股就必须选择均线向上，至少是短期均线向上，K 线红肥绿瘦，成交量近期异动的股。那么怎么选呢？首先确

定一个题材，未来可能是潜在的热点板块；然后选择操作策略、买卖价位。

如图 2-84 所示，雄韬股份（002733）：该股具有燃料电池的热点，符合当时的这个操盘模式。从图 2-84 中可以看出，成交量明显异动，红肥绿瘦，均线往上，歌神在 2019 年 1 月 3 日入场，之后股价涨停加仓，从龙虎榜中可以看到加仓数据，此后该股走出了一波主升浪行情，大家应当看懂了这个逻辑和模式。

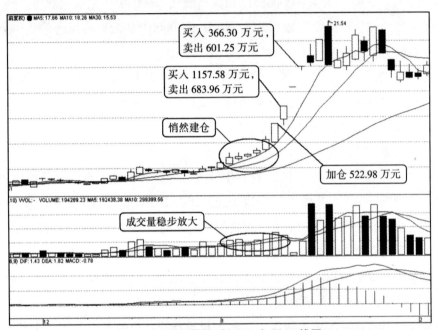

图 2-84　雄韬股份（002733）日 K 线图

从龙虎榜数据发现，1 月 10 日，中信杭州市心南路营业部买入 522.98 万元，为买二席位。次日买入 1157.58 万元，为买三席位，同时卖出 683.96 万元。1 月 14 日无龙虎榜数据。1 月 15 日，买入 366.30 万元，同时卖出 601.25 万元，从形态观察歌神应该顺利获利离场。

从图 2-84 中可以看到，图 2-84 中圆圈处是庄家的一个建仓区，拉升区域则是游资的进场。一般来说，庄家前期把筹码拿够，之后的拉升不太会受散户砸盘的影响，这样的庄游股就会走得比较远，前有东方通信（600776），后有雄韬股份（002733），这些个股都有庄家和游资参与的痕迹。

这里需要普及一下游资的一个模式，游资不是只有打板这一种模式，很多游资大佬都喜欢利用这个模式先建立底仓，等市场认同了热点题材之后再去点火造势，可能会择机加仓助攻。很多朋友误以为游资喜欢一日游，今天点火打造涨停板，明天就跑

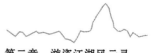

路，那类游资是没有格局的，他们只会被散户讨厌。

2019 年 5G 是个大热点，但是很多人没有分享到牛股的丰收喜悦。东方通信（600776）其实就可以利用这个模式选出来，但有的个股可能需要一段时间的关注。

如图 2-85 所示，春兴精工（002547）：该股企稳回升时拉出了二连板，符合市场热点题材，均线系统向上，K 线红肥绿瘦，但是成交量并没有明显的异动放大。一段时间出现横盘整理走势，在这个时间段里可以密切关注。之后成交量也出现明显放大，这就说明有大资金进去了。歌神在 2018 年 12 月 18 日建立底仓，之后有人点火造势打造涨停板，他继续加仓操作，成功地完成一波主升浪行情。

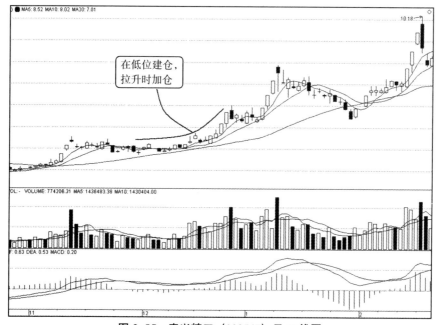

图 2-85　春兴精工（002547）日 K 线图

这两个案例除了选股模式外，一些盘面细节也是很重要的。那就是如何买入，以及在什么位置买入。一是突破上方均线压力位买入；二是在股价回踩均线或阴线时买入。还有一种买法就是放量大阳线买入，但是这种买入法相对于上面两种来说确定性或者风险性要稍微低一点。

具体操作步骤和方法：

（1）先选出未来的潜在热点题材，或者是目前市场上的热点板块。

（2）从热点板块里挑选出 K 线红肥绿瘦，均线系统向上，成交量明显异动放大的。

（3）向上突破时买入，或者回踩均线或阴线时买入。

（4）赚钱了就不要贪心，赚钱任何时候卖都是正确的。

（5）跌破 20 日均线后，两天内不能收回，应及时止损。

上述几个方面缺一不可，当然大市场环境好时才能造就牛股，当然我们买的可能不是大牛股，就好比没买到东方通信（600776）而买了春兴精工（002547）一样，只要能够赚钱的股就是好股。这是一种好的操作方法，此时无声胜有声，但是在股市里此时有招胜无招。

3. 数据回测

2019 年 8 月 5 日，大盘跳空大幅下跌，龙虎榜上歌神主打电子、化工、机械设备、电气设备、公用事业等板块。科创板天准科技（688003）大涨 15%，丰乐种业（000713）逆势上涨 7%，中信杭州市心南路营业部买入排名均居于第 4 位。

通过中信杭州市心南路营业部这一席位的数据回测分析，可以对歌神有更深入的了解。2018 年 8 月 6 日至 2019 年 8 月 5 日一年中上榜次数（资金净流入型）120 次，主要个股集中于上市 3 年以上的老股票，市值大都在 10 亿~30 亿元，也是偏爱小盘股的风格。价格方面，低价股为首选，绝大部分不超过 10 元。策略上主要以热点板块为主，在追随科创板的道路上，高价股也在考虑范围之内。从形态上来看，该席位对高低位置并不是特别在意，主要看当时所处形态，再结合市场热点，一般在前一、二个涨停板中出没。但是，上榜后的股票涨跌幅不尽如人意，说明该席位还是喜欢快进快出。由此可以得出这样的结论：

（1）该席位主打小盘、低价但上市时间较长的股票，同时以热点板块为主，更注重 K 线形态。

（2）从数据上看，该席位更偏好于 3 年以上的老股票，占比 74.17%，市值基本在 10 亿~30 亿元，以低价股为主。当热点集中时，高价股、次新股也频繁参与。

（3）该席位上榜后，次日打板概率为 20%，概率偏低；次日平均涨幅为 -0.2%，上榜后整体平均涨幅偏低。

（4）上榜后第一个交易日，最大平均涨幅为 -0.2%，上涨概率为 48.33%。

四、天才游资——瑞鹤仙

1. 瑞鹤仙简介

瑞鹤仙，2011 年年初进入股市。他在入市初期也遭受过市场"教训"，但很快扭转过来，在之后的熊市中依然所向披靡，网传此人乃交易天才，入市 3 年涨 1000 倍，资金从 26 万元增加到上亿元。其主要席位包括：新时代宜昌东山大道营业部、中信建投宜昌解放路营业部、银河宜昌新世纪营业部。

他入市初期受到市场"教训"后，宅在家里自我反省，把以前所有亏损的交割单拿出来分析，发现自己经常看到盘中火箭发射就跟进，然后就买在高点，收盘就被套了，第二天低开，双重亏损，受不了就"割肉"。

从此，他开始深入研究历史上各种股票的走势，得出了一些心得。涨停股票第二天能不能追买？比如，多数情况是市场上有 10 只股票涨停，第二天能连板的也就 1~2 只，也就是 80%的个股会冲高回落。那这样的话，一旦要买不就买到了冲高回落的股票吗？而冲高回落的股票第三天大部分都是低开低走，第二天就已经被套，第三天还会继续被打击，连续两天打击。

那段日子里，他不断发现新东西，各种研究，各种发现，各种惊喜，各种后悔，又有各种希望！他把悟出来的东西，拿去股市里实践，并给自己定下 3 个月时间，如果 3 个月无法赚钱，就再也不想炒股的事情了，历经"创业+炒股"的双重失败，就认命了，安心做个普通人，正常上班，朝 9 晚 5。

就在这关键的 3 个月时间里，他竟然奇迹般地没有亏损，反而盈利了，从 26.8 万元扳回到 59 万元，把前面的亏损都补回来了，还有盈余，他从此走上了职业股民的道路。

当然，这关键的 3 个月上证指数从 2100 点上涨到 2400 点，也是重要的外因，如果碰上单边熊市，可能他的整个人生就改变了，或许就是一名资深程序员，或者是一位企业高管，从此游资江湖少了一位"股神"。

此后 3 年他足不出户，夜以继日地复盘，累了就趴在键盘上睡觉，没有稳定赚钱之前，连吃饭都不香，不断地翻股票寻找机会。这段刻骨铭心的经历，使他获得了成功，到 2015 年，其资金已经上亿元，复利接近千倍，如今，在游资江湖已出人头地。

成名后的他，时不时出现在几个主流论坛，发一些交割单及心得，回馈大家。

客观地说，这 3 年时间他自攻做法，付出的成本实在是太大，赚到了钱，却失去了很多，所以也希望后人不要轻易模仿。

2. 交易秘籍

（1）交易手法。打板是暴力且简单的行为，因此一定有鲜明的风格。瑞鹤仙的交易手法很多，并不拘泥于一个方法，但是有一些核心要义。

第一，四两拨千斤，如果你只有 1000 万元，就能让手握一亿元的人为你服务，那种成功是任何别的方法所不能给予的。当然，这需要极高的技术水平，没有这个金刚钻，就无法揽那个瓷器活；你不是主力，就不能确信主力会来给你抬轿子。

在瑞鹤仙的股票世界里，这种做法是最刺激、最有快感的，如同那些游走在摩天大楼的跑酷选手，正常人无法想象。

第二，凭借自己的逻辑推理和对市场的深刻洞察力，在别人还没有醒悟过来之前，提前一步动手，然后造成波动，引起市场注意，最后等待后知后觉的资金恍然大悟后蜂拥而入。当然，这同样需要极高的股票素养。

（2）搏击次新股。近年来，次新股一字板数量明显减少，短线机会较多，第一时间抢筹刚开板次新股，也给场内短线投机者提供了博取超额收益的机会。

比如，江山欧派（603208）上市连拉 6 个一字板后，打开一字涨停，在分时整理过程中，有资金大举介入抄底，大幅拉升股价，尾盘封涨停。

收盘后龙虎榜公开数据显示，当日介入的是银河宜昌新世纪营业部，耗资 1839 万元，以及华泰深圳益田路荣超商务中心营业部、新时代宜昌东山大道营业部分别助攻 1647 万元和 1145 万元，其中买一和买三均是游资瑞鹤仙的席位。

从第二天的龙虎榜数据来看，他应该是都卖完了，不过赚钱不多。很多游资基本都是快进快出，不会恋战。超短线，就是这样！天下武功，唯快不破，这也是超短的精髓。

瑞鹤仙，作为中国股市传奇人物，在期指和股票两方面均有建树，曾用 5 个交易日赚到 500 万元，传说其资产 3 年内翻了 1000 倍。

据悉，其从 2011 年开始 50 万元资金入市炒股，其间曾亏损严重，一度面临破产。之后其发奋研究投资，终于在 2014 年成为真正的游资大佬。

他炒股手法独到，有其独到的逻辑思维，擅长研判趋势，曾经在万科 A（000002）炒作中展现神级表现。他先对整体行情和大趋势做出研判，随后进行趋势大波段投资。

一贯奉行"只预测、不跟随"的瑞鹤仙，只有在看好某板块或大行情的情况下，才会主动出击。此前他很少参与次新股短线炒作，更不会介入刚开板的次新股。对于江山欧派（603208）和华凯创意（300592）等案例，或许是他发现了其中存在的短线投机价值。

3. 交易思想

（1）天赋。同样的课本，同样的老师，考出的成绩大不一样。在正常市场中，能赚钱的不过 10%~30%。熊市中，能大赚的估计只有 1%，赚钱的不超过 5%。这是一个绝大部分人都不愿意承认的现实。就如报考全国著名高校，有无数的学子无论怎么努力也是考不进去的。

（2）进阶之路。很多人以为进入市场都能赚大钱，其实这是一个巨大的误区。他在入市初期，也刻苦研究历史上各种牛股的 K 线图，钟情于"必涨形态"，所谓的走出某种 K 线组合后，第二天必然发生长阳或者涨停。为此，他吃过太多的亏，总是大赚大亏，最后账户还是亏损的。

直到后来，他终于明白，同样的 K 线形态，也会因为各种复杂因素走出不同的结果，有成功的，也有失败的。直到那时，他在动手之前，反复考虑成功外的失败因素，然后才下单。这才是步入稳定盈利的前提，不然可能到现在还是在大赚大赔中挣扎。要成功，就要不断自我挑战：更高、更强、更优秀！

（3）防守。防守靠两个东西：一是选股；二是仓位。平时选股就不容易，何况逆势操作，火中取栗有可能被烧着。所以，被很多人忽视的仓位，才是最重要的。

（4）补仓。最多补 1 次。补仓说明首次买入时是错误的决定，证明交易有问题。如果补仓 1 次，之后还是跌，那就证明经过深思熟虑又再次交易仍然有问题。这样，两次交易都有问题，可能就是交易系统出问题了。

（5）建议新手用 3 年时间尝试，把所有的精力全身心投入。3 年后，如果成功了（10 万元至少变成 50 万元、不是超级大牛市），就可以坚决走这条路了（也就注定孤独的路，但至少财富自由问题不大）。3 年后，如果不成功，就一定不能再当职业炒股手，把炒股当成副业。

股市中的小散大多是要赚快钱的，压力都很大。瑞鹤仙算是过来人，知道其中的滋味，所以要控制仓位绝对是反人性的，但是这也是没有办法绕过的。

4. 关于职业炒股

职业炒股最大的压力来自赚快钱的需要。因为必须赚快钱，所以无法承受试错成本。然而要大成，必须是无数次试错后，积累经验才能成功。

为了赚快钱，必须排除各种杂念干扰，住进出租屋炒股就成了选择，所以孤独就成了常态。一个稳定盈利的职业股民，定然有自己的一套方法，走在市场的前面而不是被市场牵着鼻子走。要稳定盈利就要保证"确定性"——点到为止。

如果资产没有爆发性增长，随着时间的推移，心理上需要更快的赚钱速度，于是和失落的现实形成了更加鲜明的对比，人也就更难受、抑郁。由于资产没有爆发性增长，所以平时需要自己买菜做饭，日常消费需要精打细算，更加凸显了自己的落魄。这种落魄、难受、抑郁、孤独等，会导致自己操作变形，最后职业炒股一朝大成的梦想被不断打击，形成恶性循环。

既然已经选择了这个职业，那么就不能辜负了自己的选择，岁月光阴，住进出租屋里面的职业炒股人是浪费不起的。这个时候，只能把 100% 的精力投入其中，再大的

痛苦也要承受。但是，要忠告一句：千万别一条路走到黑，从事这个职业 3 年，尽了 100% 的努力后，如果还不成，一定要懂得放弃。

可见，职业炒股是一条充满风险的路，但是极有天赋的除外，估计只有万分之一，超级大牛市除外。有极少数人从股市中成功走出来，也有极少数人从股市获得暴富，但绝大部分 3~5 年后就会发现，除了亏损外就是一直在原地打转，输了人生，等到幡然醒悟，已无法退出。

如果是职业股民，千万要克服自己的惰性，不断总结出新的操盘手法，只有这样才能不断进取，千万不要满足于现在已有的模式和手法。股市千变万化，不同时期，不同情况，不同市场状况下的稳定盈利手法也是不同的。

所以，职业炒股，既绝望，也有希望。没有参与职业炒股的人，千万别职业炒股，已经职业炒股的，如果确实不适应市场，那就收起那颗暴富的心，离开这个市场也许不是坏事。

5. 关于炒股能力

市场是博弈后的结果，实际上就是多空实力的对决，这是本质。市场上并不存在刚开始悟道的超短线交易者头脑中的"必涨形态"，认识这一点很重要。

真正的本质就是炒股水平。炒股水平低的人，就是庄家、大鳄砧板上的"肉"，无论有再多的资金，最终都会还给市场。历年来，即使是坐庄控盘，资金链断裂而离奇暴跌的个股也时常出现，这就说明有了资金也要水平。反之，如果你有水平，那么就可以吃大户、吃庄家、吃大鳄，至少让他们掉一层皮，这就是人和人之间的差异。

换个角度理解，让大资金为你服务，其实就是吃大资金的肉，水平高了就能吃到，水平不高你就被大资金打压，就这么简单。所以有人能够 3 年做到 1 亿元，有人 30 年还是小资金，甚至有人本是主力，结果被市场消灭。

水平低的人，股价启动的时候买进患得患失，犹豫不决，因为水平低，没有深刻的洞察力，只看到了不确定性，看不到确定性，然后 3 根大阳线后改变了世界观，终于忍不住跟风，这时别人却把筹码倒给你。炒股凭的就是自己的大局观和短线交易水平，尤其是后者。

只要有技巧，结合天时、地利、人和，花 1 万元可以做 10 万元的事情。

在股市中，调整的时间总是超过牛市和熊市，游资新生代的最大资本就是年轻，可是如果耗掉几年，也就不再年轻了。市场等得起，但人等不起。

6. 炒股经验

（1）稳定盈利的外在表现，一般很少 1 个月翻倍，大多 1 个月 30% 左右，3 个月翻

倍。平时资产呈现碎步缓慢爬升，积累一定利润后再加速爆发，然后再恢复到碎步爬升，如此循环。

其实，还是有其内部原因的，因为是稳定盈利，所以操作手法以有把握为准则，这必然导致手法偏保守。因此资产暴涨较少，但是大幅回撤几乎为0。这样在多次操作过程中，总会遇到某个牛股（都是精心挑选个股，必然有潜在牛股），所以，外在表现就是碎步积累利润后再资产大幅增长。

（2）稳定盈利的前提是心态稳定，只有心态稳定才能发挥正常的炒股水平。一般而言，最好每天自己账户内的股票没有绿盘的，全部是红盘收盘。也就是说，无论是低吸也好，追涨也好（打板除外），当天最好有一些浮盈，这样第二天有一定的腾挪空间，这一点对于稳定盈利非常重要。在买入的时候不能以"即使套了也不怕"的思想来安慰自己，买点必须精心选择，买入的时候要确信自己买了当天就能浮盈。

（3）心态稳定还有一点就是要戒骄戒躁，一段时间操作顺了，往往就有飘飘然的感觉，人都会这样的，但是必须不断去克服。只要在市场中，斗争就永远会存在，稍微松懈就会出现大麻烦。有一段时间，瑞鹤仙做期指亏了40万元，使得上个月的利润回吐了不少，就是因为前段时间做得太顺，太骄傲、太自信了，结果自然受到了市场的惩罚。

（4）炒股的一些心得还是有用的，比如，板块大牛一段时间后集体高潮打板，集体涨停，那么可能就是集体共振出货，从而出现板块集体回调。同理，当板块集体回调、洗盘后，因为洗盘使得筹码得以沉淀，成本曲线平滑，那么集中抛压变小，这样往往很容易由于利好刺激，出现集体反包，甚至第二波行情。

（5）反复看自己的交割单，越是失败的交割单，越要逼着自己去看。要多想想，当时买卖的瞬间为何自己要那么做。如果现在发生类似的情况，自己有没有能够说服自己的逻辑去阻止做这种错误的操作。记住，必须是自己能够说服自己的逻辑，别人再好的逻辑是别人的。用到临场，不能说服自己的逻辑就不是好逻辑。

（6）如果要持续稳定的盈利，那么必然要求在熊市中做到，这样才是练就了最扎实的炒股技术。否则就算遇到好的市场环境，也会徘徊在大赚大赔之间，最后发现可能还是跑输指数，继续挫伤自己的自信和希望。所以，如果心存侥幸，指望一个牛市就翻身，那么最终还是不能如愿以偿。

（7）有些人总是徘徊在大盈大亏之中，市值好一点的是在原地踏步，差一点的是在大盈大亏交替之中稳步下降。根本原因就是没有积累起连续小幅盈利的经验，有了这样的经验，也就有了真正的信心和扎实的技术。再遇到几个牛股市值大爆发后，就不

容易大幅回撤，循环往复，操作自然就会越来越好。

五、股市 A 神——邱宝裕

他号称 A 神（网名 "Asking"），是一个不可复制的传奇人物，在投资生涯中破产两次，第一次是股票，第二次是期货。其主要席位是兴业福州湖东路营业部（这个席位 2020 年开始重新活跃）。

他对股市和期货的看法："说期货坏就坏在一点，你做得再好，也绝不能犯一次大错误，一次错误就能要你的命，这市场怎么混啊。然而股市，只要你足够优秀，即使犯了好多次大错误，只要勇于及时认错，市场还是会给机会原谅你的。我买的股要么上天堂，要么下地狱，当然多数都是上天堂的。"邱宝裕这样说。

在几年前，邱宝裕当时投资股市成功后曾经有过这么一段话："超短线我最有发言权，从'5·19'到现在，资金从十几万元到几千万元，成交量从两三百万元到七八亿元。吃、喝、玩、乐全部从股市中来，市场中也没几个人，榜样的力量是伟大的。一般散户不做中长线，只做超短线。但是我现在想做中长线，超短线太累了。有钱了，想轻松一点，享受生活。"

邱宝裕究竟有何能耐？他竟然短短数年时间身价从十几万元炒到十多亿元，股市里的钱当真如此好赚吗？

1. 九阳神功

一朝练得九阳经，从此由人转为神。

早年 A 股市场庄家盛行，庄家有很多操盘招式，有的人学以致用，有的人却在揣摩招式背后的思路。

"任何一招的市场含义，都需要实盘操作体会，未经其本人反反复复一年中周期性实盘尝试，都不可能掌握其精髓。"说白了，想要学得炒股好本事，必须摸着石头过河，一次次实盘验证，并记录整个过程，思考+判断，至少要经历一轮完整牛熊行情的更替，才能初步领会。

Asking 以身言教，他不贪心，一年只训练一招，两年后便可成为此招中的高手，将前两年的亏损轻松赚回，如此一招一招尝试、历练。Asking 到 A 神的路也是从这一年一招中慢慢走过来的。

当然，他也经常有失误，但每次都尽量在第一时间脱身，虽然每年都会有一两次刻骨铭心的"割肉"，一年操作下来总的是输少胜多，小亏大盈，所以才有如此可观的成绩。

其实，股票投机跟艺术创作一样，是有天赋的，它没有什么太多比较固定的规律，经常是飘忽不定的，买入卖出有时就是靠感觉或突然的灵感，当然这需要长期专注看盘积累。没有天赋，有的人一辈子努力也悟不透其中的诀窍。

心态是内功，如武林界张无忌练的"九阳真经"，方法就如同十八般武艺，没有内功的配合，什么方法都不行。在通往 A 神的道路上，Asking 总结出自己的一套"九阳真经"——等待＋发现＝买入。等待，需要绝对的耐心；发现，需要经验来确认；跟随的则是最次要的买入动作。落实到具体的招式上，有两大招：

（1）明确目标——"追涨人气股"。人气股不仅是热点，还是热点中的焦点。做人气股、领涨股时资金最安全，效率最高，一般的资金只是发现和跟随。交易是所有分析以后的结果，并不是随意追涨。

"我不能确认每一次大盘是否能继续向上，所以就挑最强的股票上。大盘如果还向好，最强的股票就会再次大幅向上；大盘如果不行，则最强的股票通常还能横几天，可以果断退出。"

（2）操作手法——"半仓"进退。通常情况下，Asking 是这样设置仓位的："确认是追涨时，先进半仓。当天涨停，次日继续加仓到全仓，利润最大化；当天不涨停，次日择高点先出，等回调做守株待兔。在守株待兔时，也是先半仓，获利后出局不加仓，失利后止损不加仓。任何时候，只有半仓操作的股票迅速盈利的情况下，才能动用另半仓资金。"这是 Asking 的原则，他一直遵守着。

他练就了自己的"九阳神功"，对内、对外皆有招，于是乎，股市里的钱如顺藤摸瓜一般，手到擒来。

2. 龙头和领涨

谁先涨停谁就是龙头，谁的封单越多谁就是领涨。如果这样认定，那太肤浅了，阶段性龙头或者说阶段性人气个股，往往是随机产生而非有些书上所说的，在大盘否极泰来的那一关键时刻，同时会出现几只强势个股，能否成为龙头或人气股，要看个股是否具备当前容易被市场认可的题材，这一点比基本面重要得多。

还有选择图形炒作，个股的选择一定要考虑符合当下的炒作热点。相对低位的第一根放量大阳线，或者说二次探底后的再次启动，必须是放量大阳线，出现这种大阳线，都是超短线的好品种。

大盘背景的判断是回避这些风险的唯一办法。指数在走下跌通道时，符合操作条件的，即使全部放弃也不为过。这个市场本来就是反应快的人赚钱，反应慢的人赔钱。

龙头不在盘子大小，而在启动的时机，只要先于大盘连续上涨并能带动关联个股

上涨的，那一定就是龙头。

趋势的力量引导市场合力，所以在实盘操作中，对势的理解超过一切。市场合力大于一切，游资有时也只是起到点燃引爆的作用，很多暴涨股开始启动后游资就出局了，结果股价还在涨，实际上后来是整个市场短线资金开始参与了。

涨停板操作，追求的是高买高卖，频率上不快不行，90%以上的操作都必须第二天结束。

做龙头不需要技术，要的是临阵时的果敢和勇气。如果你操作的一直都是市场各阶段最强的股票，那你自然就能做到龙头。

3.强市和弱市

一般情况下，精力强盛的炒手也不可能每天复盘所有的股票，而且也没必要。利用板块功能，每天只需复盘100多只股票，基本就能做到化繁为简，掌握主流资金运作意图了。短线炒作除了大势配合外，还必须有板块的强势才能提供较高的成功率。自选股提供可操作候选目标，这些目标必须从强势板块中筛选出来。

通常在震荡行情中，板块轮动特征明显，对于大涨且放大量的个股，除板块领头羊外，一般都不需要再做关注。反而应该在思维上先人一步，提前介入有启动迹象但还没大幅拉升的板块。否则，操作节奏上始终都要比市场慢半拍，资金运作自然不能运转如意。

强势市场和弱势市场的关系：

（1）牛市的运行节奏为慢涨急跌，熊市为慢跌急涨。有人提出牛市持股利润最大，实际上这是书呆子语言，牛市避不开急跌基本就赚不到钱，牛市在短时间的跌幅不比熊市少。

（2）熊市下跌无量，股价呆滞；牛市下跌有量，股价活跃。

（3）不管怎么大跌，牛市中总有大量股票不断创新高，所以有牛市不做超跌做抗跌的说法。基金做的股票，涨势没有连续性，长阳都少见，更别说涨停了。但如能形成短期的上涨趋势，不用追涨，买它的阴线就行了。

一涨一跌，总有人出来判断后市多空，实际都是假老练，是涨是跌，是多是空，毫无意义。判断市场不需要这些，确定市场强弱再操作是根本。在大盘正在下跌的时期，不操作是最好的操作，最大的风险是补跌，它甚至比抢反弹的风险更大。

下跌不做，上涨满仓（看涨幅榜），论坛上经常为多空判断争论得不可开交，职业短线者大可不必理会。实际上在下跌末期，成交量已经开始持续放大，强势板块已经开始向上运行，赚钱效应也开始显现。趋势上虽然还看不出来，但通过盘面已经可以

看出强势特征的征兆。在舆论和股评还在看空的时候，职业短线者可以考虑进场找感觉。

超短线在强势中，系统的限制条件可适当放宽。在跌势中必须严格又严格，很多个股的操作都是这样，其中并无主力庄家，只是走出来后，得到市场各路资金的认同。行情好时都是满仓滚动操作，因为这时亏钱概率小，不好时应尽量轻仓小玩一下。

大盘急跌告一段落，可以做一波大盘的反弹行情。

选股方面，牛市的思路不应做超跌，而应做抗跌（逆势黑马股）。大盘一稳，抗跌品种的行情远远大于超跌。抗跌品种分两种：真抗跌和假抗跌。真抗跌要大涨，假抗跌要补跌，欲下先上，假突破再补跌。能分清楚全靠经验，也是亏出来的经验。牛市的思路不应做超跌，而应做抗跌。行内有句名言，看对三日行情，便富可敌国。隔日交易操作的基础只是看对两日走势就行，所以不会富可敌国，只能挣点小钱。两日走势包括看对当日大盘和目标个股的走势，看对次日大盘和目标个股的走势，在看对的基础上再追求做对。

操作的要点只有两条：弱市忍手不动，强市踩准节奏。

交易之道没有捷径，只能练，不然的话，卖股经的不早发了？没有捷径，也没有什么秘诀。每天盘后认真总结得失，每天不能间断。

4. 追涨和低吸

追涨——市场热点（最好是第一次放量上穿 5 日均线、涨停品种），低吸——龙头品种（均线附近买入）。短线炒手必须遵循的第一原则——弱市不做，弱市不操作就是最好的操作方法。弱市行情中看得懂也未必做得对。风险市场原则，知易行难，能做好这一条就已经不错了，没有大环境的配合，成功率会大大降低。弱市中只有一种行情可以参与，那就是极度超跌后的反弹行情。

短线操作容易出现频繁的随意操作，且成功率不高。有准备的短线交易者，不会出现随意操作。成功率的高低取决于盘后的准备程度、用功时间，一分耕耘，一分收获。

一天的行情中，早盘和尾盘多做，午间开盘少做。午间收盘前拉高的个股，开盘后价格易成为当日盘中高点，这可能与机构做盘手法有关，所以午盘交易尽量少做。

只要能看懂并能做对，低吸和追涨都一样，不过从成功率来说，追涨靠的是瞬间的反应和直觉，而低吸需要更多的理性思考，所以低吸的成功率要高得多，从长时间的收益来看，应该比追涨还要高。

超短线确定性大。过多的随意性操作是隔日交易收益不稳定的主要因素，因此超

短线的计划性越来越重要，做有计划的超短线交易显得越来越重要。盘后静态选股远比盘中动态选股重要，其操作出来的成功率要高得多。实盘小单多练习，然后再形成一套操作系统。

当大盘出现上升趋势时，乱操作乱有理，没有什么技巧可言。看热点的本领是短线交易者必须掌握的基本功，否则你永远在门外。股价上涨和下跌的内因是资金的注入和流出。成长和高业绩只是诱使资金注入的一个因素，而不是全部。再好的成长和业绩，资金源源不断地流出，股价一样要跌。

5. 短线与长线

做超短线一样可以快速致富，特别是职业小散们，做超短线可能是一个最佳选择。一般散户资金量不大，如果做中长线，普通年度里赚1倍，已经是很好了，但很难做到年年赚1倍，那么你如何实现财富自由？做超短线，一年1倍、2倍随便赚，5倍、10倍也是有可能的，两三年就能实现资本的快速积累。只要技术入门了，一切尽在掌握中。不像中长线，运气成分太大，收益不可控。当然钱多了，做中线是必然了，那时一年只要赚30%，可能相当于原始资金的10倍、20倍。

我在刚入门时，一心一意都在想绝招，弄窍门，确实也摸到了一点诀窍，刚好赶上"5·19"那一波行情，着实赚了一大笔，以为这下找到了金钥匙，谁知2001年那一波大跌，也被打得丢盔弃甲，后来痛定思痛，经过半年的潜心研究，摸索出了多种方法，学会了十八般武艺，兵来将挡，水来土掩。随着时间的推移，我的经验越来越丰富，各种技巧烂熟于心，渐渐地到现在基本上靠感觉炒股，虽然也经常出错，但都能下意识地第一时间认错，所以一波行情下来，胜利果实基本都有保障，运气好的话，在大盘调整时，资金还能不断创新高。

选股很重要，是决定性的前提，但选股还不是全部。任何一种操作方法，哪怕是做下跌通道的一个小反抽，只要是不参与任何级别调整，买了就为了马上挣钱，这种方法都是短线，说白了，不参与任何性质整理。

6. A神心得

涨停一定要行情活跃才好做，当行情来的时候那就是随便买随便赚，一点也不难。赚大钱的都是在行情好的时候大干快上，其余时间就看看，有机会可以赚点生活费。炒股很简单，个股活跃就可以追涨，追板块的龙头；反之，就观望，有超跌，抢一把反弹就走。道理谁都懂，但没几个人能管得住自己的手，这就是悲剧。

只跟市场走，不预测，不操纵。在股市中，心态和控制力占7分，技术分析占3分。技术指标主要看成交量、均线、K线（收盘后），不用翻看大量个股，主要看公

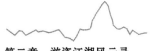
告，再结合市场热点锁定相关个股。做下跌股的反弹选择，主要看前期热门强势股。

小钱要博，大钱要稳。操作的随意性，这是人性的弱点。一般随意了一两把，第二天立马就纠错，不会跟它纠缠，然后把它忘记，重新谨慎再来。超短线一定要及时获利了结，在稳健的前提下尽量做大成交量，行情好时可以满仓滚动操作。

有量就能来钱，短线操作对行情好坏只有一个标准——量。大盘在走牛，炒股炒的就是想象力。炒股一定要借力打力，四两拨千斤，硬干是不行的，顺势最关键。一定要做市场高度认同的股票，独角戏不好唱。

追涨停风险偏大，逢大跌买点更稳妥，上涨靠的是市场合力。

大盘量小，个股活跃度欠佳，短线少做，仓位应当控制。当然这是针对数百万元以上的短线资金而言，对小资金来说，天天有机会，天天都可满仓。

我是很少去预测大盘或个股的，一切以盘中走势为准，因为我们不是神仙，即使你有 80% 的准确率，那 20% 的失误都有可能把你的利润抹平。

追涨停是一件很耗精力的事，手脚要快，反应还要更快，一般人没有一两年的实盘经历，是很难胜任的。短炒作龙头，做热点，先涨后跌。很简单的道理，你都不懂，还想从别人袋子里拿钱，不是笑话吗？

行情好多做，一般都轻仓。这样心里轻松，没有压力。多赚少赚没事，心态要紧。

炒股最重要的是心态和控制力。炒股技术的问题，熟能生巧，只要多努力，下苦功，没有什么学不会的。大盘不好就少做点，但是天天都要做，锻炼盘感，免得行情一来摸不准，反正现在能赚点零花钱就好了。

（1）出击的时间，必须把握住大盘否极泰来的临界点，这点最为重要，必须借大盘之势。

（2）必须认清热点，借板块之势或借赚钱示范效应的势。

（3）个股的选择，和上面两点相比，相应简单一些，即分时图走势强于同类个股，有涨停潜力，与其跟风，不如主动发力，吸引别人跟风，使自己的资金处于相对有利的价位。

（4）相同走势的个股，有些封住了，有些封不住，有些打了上千万也封不住，有些二三百万就涨停了，且第二日的走势也不错，其成功的关键在于对大盘的理解，是大局观的问题，不是操作技巧的问题。

总的来说，做好前面两点，自然能体会四两拨千斤的感觉。

六、割肉王——猪肉荣

1. 猪肉荣席位

大家最熟悉的猪肉荣，就是电影《猪肉荣》中黄飞鸿的徒弟——林世荣，因其以卖猪肉为生，坊间称其为猪肉荣。殊不知，在股市中也有被大家称作"猪肉荣"的，这是怎么回事呢？

猪肉荣的主要席位是华泰证券深圳益田路荣超商务中心营业部，因为"割肉"太厉害，加上营业部地址带"荣"字，所以被称为"猪肉荣"。在龙虎榜上可以看到，一般该营业部第一天买入，如果第二天低开，就会想办法拉起来再走。这个营业部的操作风格是：不管明天什么情况，直接卖出走人，快进快出，手法犀利，从不犹豫，不考虑盈利。

游资、机构操作是否都是这样呢？有人说机构厮杀的时代已经到来，散户可能要改变生存法则，重新评估自己在这个市场中的生存能力。根据"股市 721 法则"，就知道股市中 70%的人是亏钱的，20%的人很幸运不亏不赚，只有 10%的人才能获得收益。这是为什么呢？股市中散户占据绝大多数，最终资金流向机构和少部分散户手中。造成这种结果的原因其实是大家不了解机构运作的模式，无法把握机构的操作方法。

2. 十连板接力恒立实业

2018 年 11 月 7 日，恒立实业（000622）在开盘后不久再度封死涨停板，成功实现十连板。

开盘数据显示，当日国元重庆观音桥步行街、华泰深圳益田路荣超商务中心两个席位分别以 2619.37 万元和 2013.58 万元的买入额占据该股龙虎榜买方的前两位，成为该股当日成功封板的最大助力。

在前一天，华泰深圳益田路荣超商务中心就曾位居恒立实业（000622）3 日龙虎榜买一的位置，买入额为 3826.14 万元。

从以往的操作历史来看，华泰深圳益田路荣超商务中心是知名游资猪肉荣的常用席位，该席位在恒立实业（000622）上的操盘模式与欢乐海岸一直偏好高位打板，只买热门龙头股且敢于锁仓的操盘特征相吻合。

恒立实业（000622）股价大涨的背后是市场对壳资源的再度追捧。2018 年 10 月 22 日开盘后，壳资源概念股掀起涨停潮，该股也正是在这一天正式开启了本轮暴涨行情。

该股主要从事汽车空调系统的研发生产，近年来公司的业绩表现一直不乐观，

2014~2017 年，除 2016 年以外，其余各年度均处于亏损状态，2018 年前三季度，公司的净利润也仅为 108.97 万元。同时，在本轮上涨行情开始以前，该公司截至 10 月 19 日的总市值仅为 10.97 亿元。显然，不论从哪个角度看，恒立实业（000622）都十分符合市场对于"壳资源股"的定义。

从龙虎榜披露的数据来看，在最初的几天里，虽然涨势强劲，但是该股并没有吸引到一线游资的关注，各个席位的上榜金额也都以百万元居多。直到 10 月 30 日，已经六连板的恒立实业（000622）龙虎榜买一席位的上榜金额才首度突破千万元，而当日除了以 1050.95 万元居于买一的金田路旗下的中泰证券台州市府大道营业部以外，中国中投杭州环球中心营业部以及国泰君安上海苏州路营业部等知名游资也纷纷现身该股龙虎榜，随后恒立实业（000622）宣布停牌核查。

有分析指出，由于本身市值较小，即使在 10 连板股价区间暴涨 159% 以后，该股到 11 月 7 日收盘时的总市值也仅为 28.45 亿元，加之壳资源概念股的热度依然不减，以及有猪肉荣和欢乐海岸等知名游资的纷纷接力，使该股继续走强。

3. 割肉逃离红塔证券

如图 2-86 所示，红塔证券（601236）：2019 年 7 月 24 日，收盘于 13.55 元，涨幅 -0.59%，成交量 20736.60 万股。上市后连拉 11 个板，股价 4.15 元到当天最高价 14.68 元，累计涨幅高达 254%。7 月 22 日开板，开板当天猪肉荣和苏南帮双双兴冲冲地杀入该股，但是结果双双铩羽而归。

从龙虎榜数据发现，7 月 22 日，猪肉荣的所在席位华泰深圳益田路荣超商务中心营业部买进 8308.52 万元，占总成交比例的 2.17%；苏南帮的席位中泰证券南宁中泰路营业部买进 5422.92 万元，占总成交比例的 1.42%。

7 月 23 日，股价低开，全天几乎都在低位震荡，尾盘稍微拉了一把，收盘下跌 -1.66%。猪肉荣当天严格遵守游资交易规则，止损离场，卖出 8171.77 万元，割肉 -1.7% 认赔出场，占总成交比例的 3.89%。当天苏南帮锁仓不动，7 月 24 日，盘面出现回暖，股价低开高走，趁着早盘拉高离场，卖出 5018.20 万元，也是认赔离场的。

在这里想提醒大家的是，大多数游资通常不会抱有侥幸心理，错了就直接割肉，就如猪肉荣和苏南帮在该股的操作。对他们来说交易纪律高于一切，这确实是对的，这和许多散户套牢死捂形成鲜明的对比。

同时，在龙虎榜中可以发现，7 月 24 日买二席位为西藏东方财富拉萨团结路第二营业部（东方财富在网上开户的散户，号称散户大本营）买了 3056 万元。这一现象说明，游资及时止损离场，散户却在拼命入场。另外，还发现一个现象：7 月 24 日尾盘

主力资金流入最多的个股为红塔证券，尾盘疯狂流入，这也是值得广大投资者谨慎的一个现象。

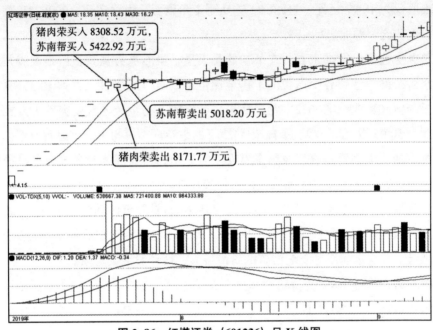

图 2-86　红塔证券（601236）日 K 线图

4. 见好就收南华仪器

如图 2-87 所示，南华仪器（300417）：股价五连板后，2019 年 7 月 19 日冲击六连板失败。上午几次上冲涨停板均没有封住，下午震荡走低，收盘只涨 1.50%，收盘于 36.49 元，成交 13.64 万手，当日换手率为 33.10%，成交金额为 5.26 亿元，当日龙虎榜合计净流出 865.06 万元。

该股有"业绩预增+仪器"的题材，在弱势行情中它走出了五连板的走势，成为市场总龙头，对整个行业都起着风向标的作用。不过，在 7 月 19 日冲击六连板失败，或者意味着整个板块后市都将被拖累。从当天的龙虎榜中也发现，基本上没有知名游资买入（除了重庆系小额买入 1299 万元），卖出倒是出现了知名游资猪肉荣的身影。

从当天的龙虎榜中发现，买一太平洋证券许昌建安大道营业部买入 2705.77 万元，占买五比例为 41.86%。该营业部最近一年买入金额最多的股票为中国人保（601319），共买入 1.49 亿元。买二中信建投重庆涪陵广场路营业部买入 1299.42 万元，占买五比例为 20.10%。该营业部经常单兵作战，大资金持续买入，多次逼近个股举牌线，选择流动性好的时候出货，该营业部最近一年买入金额最多的股票为青岛银行（002948），共买入 1.04 亿元。

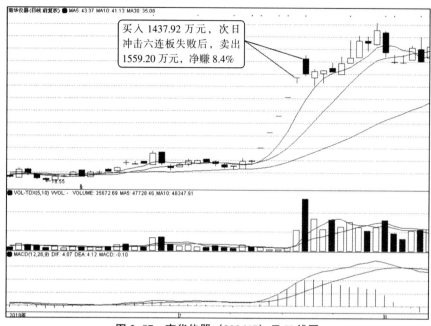

图 2-87　南华仪器（300417）日 K 线图

卖一中信建投兰州皋兰路营业部卖出 2589.12 万元，占卖五比例为 35.32%。卖二是主角猪肉荣的席位华泰深圳益田路荣超商务中心卖出 1559.20 万元，占卖五比例为 21.27%。该营业部紧挨着深圳证券交易所，所以喜欢买深交所的股票，下单交易的速度比全国任何一家营业部都要快，主打次新股较多。猪肉荣在 7 月 18 日买入该股 1437.92 万元，次日卖出 1559.20 万元，净赚 121.28 万元（8.4%），这也是导致该股开板一路下行的原因。猪肉荣为啥仓皇出逃？可能是高位见好就收的原因。

七、葵花教主——陈新宇

葵花宝典在江湖上早已成绝响，但它却在股市神奇上演。国泰君安成都北一环路营业部，在 4 年的时间里，将 20 万元炒成了 1 亿元，500 倍的收益，其主操手就是陈新宇。早在 2007 年他的交割单在圈内流传后，被誉为"葵花宝典"，业内尊他为"葵花教主"。

"葵花教主"把"快"字发挥得淋漓尽致，而且他所运用的招式，都成了市场里很经典的图形，成功率很高。其所在席位是国泰君安成都建设路营业部、国泰君安成都北一环路营业部和西藏同信成都东大街营业部等。

1. 主要席位

其主要席位是国泰君安成都北一环路营业部，该营业部已有近 20 年的历史，在成

都也算小有名气，由于客户资源多，整体交易量在成都名列前茅。在这里云集较多的大户及私募，操盘手基本是成都本地人。

（1）轮胎大战，一战成名。早年因在黔轮胎A（000589，现"贵州轮胎"）、青岛双星（000599）、风神股份（600469）等轮胎股上游刃有余的操作而一战成名，也正因为这场"轮胎大战"的大获全胜，让原本籍籍无名的国泰君安成都北一环路营业部一举跻身成都游资前三的宝座。

经过多年实战，他们对政策导向、热点捕捉、市场走向都已经有了超前的判断，所以对市场的每一个热点，基本都做在最前面，完全从以前单纯的跟随者成为了热点的引导者。他们在选股上已不同于一般游资，除了拿捏精准且操盘娴熟外，已能引起其他游资的认可和共鸣。

（2）三大绝技曝光。该营业部主要走三种操作路线。一是涨停敢死队所崇尚的短平快的T+1技法；二是短期热点题材炒作法，时间较前者拉长一两个交易日，低吸、拉抬，然后高抛；三是机构所偏向的打新模式，轮番参与机构或游资的击鼓传花。

从涉及的个股上看，该游资与成都本地或其他地方的游资时常同时出现，似乎存在分工协作的联系。为规避风险，私募和大户在许多营业部都有分仓，这正是强悍游资的技巧所在。

该营业部的买股正确率高达76.19%，卖股正确率高达88.89%，参与的股票中暗藏大黑马，其抛售的股票大多气数已尽，"一日游"的操作也很多，占比达33.33%。

在跌势中也擅长玩"一日游"，尾盘拉涨停、次日拔高出货，这给散户跟踪操作带来了难度。此外，也喜欢大阴抄底甚至抄底跌停股。

（3）三天获利268万元。该营业部手法彪悍，当年在涨停板大举买入海立股份（600619）1347万元，引发该股连续涨停。在第3个涨停板上选择获利了结，当日卖出1615万元。短短3个交易日轻松获利268万元。之后，同样手法投入790万元将重庆钢铁（601005）封死涨停。次日大幅高开，在震荡过程中，该营业部顺利出逃，两天获利80万元。

2. 银帆3期

银帆3期是西藏银帆投资管理有限公司发行的一个产品，该公司共发行了银帆1期、银帆2期、银帆3期三个产品，净值分别为1.035元、1.202元和1.552元。

当年与私募大佬泽熙徐翔竞争进入白热化的，正是名不见经传的黑马"银帆3期"。银帆3期以49.55%的收益领跑私募收益排行榜。排名揭晓后，银帆这个原本不起眼的私募一举成为市场关注的焦点。

　　银帆投资旗下的 3 个产品分别由 3 个人操盘，他们分别是王涛、罗委、陈新宇。王涛于 1995 年起任职中国农业银行从事国债交易工作，1998 年正式涉足 A 股市场，从事专业研究和投资工作。他历经数次牛熊转换，在大盘分析和个股挖掘方面见解独特，尤其擅长挖掘热门板块中被低估的品种。罗委是银帆投资的合伙人，从 20 世纪 90 年代就涉足证券投资行业，一直在帮朋友操盘，是一个典型的"草根高手"。

　　在成都私募圈内，陈新宇的名字就更不陌生。坊间传言，这个盘踞在国泰君安成都北一环路营业部的神秘人物，4 年时间将资金从 30 万元炒到上亿元。其交割单在圈内被誉为"葵花宝典"。

　　银帆的操盘手法彪悍，T+1 操作，纪律严明，将涨停板进行到底是收益突出的秘诀。看准大势，对于取得良好的投资业绩至关重要，之所以能够取得如此好的投资业绩，在很大程度上是因为看对了大势，然后在高位迅速抽身，保住投资收益。

　　从地热概念股、涨价概念、摘帽股、低价股，到光热发电概念股，银帆游刃有余的炒作可谓赚足了市场眼球，其成功率之高令人惊讶。

　　就风格而言，银帆和泽熙都属于高频交易型，两家私募整体能力强，操作相对谨慎，因此取得的效益整体较好。从银帆 3 期的收益率曲线来看，其操盘手在高频交易的同时，基金净值稳步上升，这意味着该操盘手的风险控制十分到位。

　　3. 葵花宝典

　　葵花宝典，武林至尊，在游资江湖演绎传奇。初试长安，后转中集，喝茅台，战苏宁，熊市末端，小有暂获。逢大牛盛世，入驰宏，饮伊利，驾洪都，过西水，战川投，大获全胜。遇大熊乱世，携天威、带川投，死里逃生。窥视"葵花教主"陈新宇雄风，获得宝典残本：

　　(1) 击鼓传花。短线就是击鼓传花。股价就是资金堆砌。短线操作只选择大题材，爆发力强的品种。短线操作就是概率游戏，如果能看透三天，便能富可敌国。

　　没有什么必涨的系统或必涨的个股，只是一个大概率事件。

　　只做龙头不是蜻蜓点水，而是锁定龙头利润最大化。震荡市或主流板块不明确时，可以采取隔日交易模式。主流板块确定后，龙头要捂。

　　看着别人做龙头、做强势股成功率很高，自己试试，也许会把亏损拉直，资金回撤会超出预期。多数人根本不适合这种模式，但这种模式做好了确实威力惊人。

　　好题材就是大盘锅里的调味剂。大盘如果持续低迷，题材就是流星，一闪而过。如果大盘处于变盘时机，好题材就会如星星之火，引发燎原之势。

　　(2) 保本。投资、交易的首要任务都是保本，保存有生力量，等待取胜机会。先将

自己置于不败之地，然后等待合适的时机出击。

对短线选手，日日清零，天天保本有些过分；周清零，周保本；月清零，月保本。这样还是可以做到的。所以入市后的资金管理要放在首位。

（3）好手都是亏出来的。经历多了，亏多了，就会谨慎。胜率高了，账户不断增值，便会自信。但做到从容，需要底气和认知层面的提升。

越是高深的武功，越需要深厚的功力，否则多半会走火入魔。交易也是如此，尤其短线交易，打板的、追涨的、盲目跟风的，搞不好会亏得更快。

辛苦不赚钱，赚钱不辛苦。正确的时间，用正确的方式，做正确的事。机会，是等出来的，不是抢出来的。胜败乃兵家常事，盈亏是交易者最正常的收获。只需做对，无论盈亏。随着交易水平和经验提升，多盈少亏，大盈小亏就是最理想的结果。

交易一旦完成，就交给市场。纠结于盈亏是不成熟交易者的体现。只要不是神，就会犯错，尽量少犯错，犯小错。

（4）急于求成。暴富心态是致命错误的源泉，股票市场比的是生存能力，只要你活得更长，别人的错误就会变成你账户的台阶。

每年股市里都会出现一些风云人物，然后被时间魔力冲得云烟不剩，快速赚钱的多数也会快速亏损，不管是模式的原因，还是杠杆的原因，都是把"双刃剑"。

牛市来临或个股主升时，只有两种人能获大利，不懂死拿和经验心态稳定的投资者。过于聪明的人只能做猴子，掰一路扔一路，手里永远只留少数棒子。

（5）大局观。大视野、大胸怀，才会有大成就。操作上过于看重K线的沉浮，在账户震荡时缺少对题材的理解，缺少视野，追求小利而落袋为安是导致放跑强势股主升的一个主要原因，说到底还是火候不够。

看大势者赚大钱，宏观经济、货币政策、行业兴衰、牛熊判断是大势，其次是个股未来。看不清大势，事倍功半；看清大势，事半功倍。

投资需要大眼光，看得远才能不动如山，动若脱兔，稳如磐石。

不同行情，需要不同策略，快慢结合。一味快攻容易蜻蜓点水，一味固守容易坐过山车。市场是什么样的节奏，操作就要采取相应的手法。战场上只懂进攻、不懂防守的人基本都成了烈士。

善于抓住大题材和把握大波段才是所有成功资金不二的选择。猎豹的敏捷结合鳄鱼的咬住不松口，才能吃到"大肉"。

（6）一招鲜吃遍天。入门一招鲜，稳赢多方炮。不同市场环境，不同风格，不同节奏匹配的市场盈利模式不同。

熊市做反弹，牛市（或牛股）做主升，手法不同。

强则留，弱则去。不要对筹码产生感情，即使给账户带来大利的品种也不能例外。

个股最大的利好就是跌得太多，个股最大的利空就是涨得太多。

（7）如何不亏损。如何不亏损？对照自己的交易清单，问题全在里面。

没有自己的主见跟风操作，看机构或券商报告，并把目标价当真，自以为是逆势而为，输红了眼，随意操作，听传闻、消息或公司一般利好追高等都是亏损的缘由。

核心只有一个：没有找到适合自己的模式。首先要认清市场或个股，其次要认识自己。

账户亏损只是果，只反思结果并不能避免未来发生亏损。要找到因，找到操作的原始动机。如果一种思路不能长久稳定给账户带来盈利，就要果断放弃这种思路。反思找到原因，并在未来不犯类似错误，才有意义。

顺势而为，是交易的精髓，也是纠偏的唯一良药。没有稳定盈利前，不动杠杆，不动融资融券。

（8）远离负能量。读好书，交好友。亲正能量人，远负能量人。远离负能量、装大神、言论浮躁的帖子。多看高手有内容的论坛，学习、思考别人成功的思路和做法。多和好手交流，尽量不把时间和精力浪费在一些幼稚的问题或是非上。

思想决定行为，行为形成习惯，习惯决定性格，性格决定命运。任何事情，想要成功，思路先要对头，养成好习惯事半功倍，养成坏习惯事倍功半。

（9）不讨论交易。场内交易，每个人都在交易自己的思维。市场是最好的老师，账户是最明确的指路明灯。

对自己而言，只和市场对话的观点不会改变，其他人的观点无论对错一律无视。一个成熟的投机者，会漠视其他人的观点，更不会参考其他人的交易来决策。这并非是对他人的不尊重，而是尊重市场，独立自我。

资讯可以分享，决策必须独立形成。一个成熟的交易者不会和其他人讨论交易该如何做，回撤该如何控制。股票无须讨论，懂的人看一眼或说一句话就懂，不懂的人说一万句也是废话。凡带主观观点或他人总结市场的东西，都不值得看，需要自己独立完成。

（10）新手。新手看帖，多看多思考少发问，自己能搞懂的问题一定要自己找答案，不要都问别人。多问自己为什么，不要张口就咨询他人。向他人要牛股不如自己去探寻，问他人个股怎么样不如问自己会怎么样。常问别人、依靠别人，长此下去还是不会，浪费别人的时间，也损失自己学习提高的机会。

长进快的人，多是勤思考、少发问的人；长进慢的人，总是多发言、少思考的人。小学阶段的，先把加减乘除搞明白，不要讨论大学阶段的微积分。

不会盈利的先找如何盈利，没有稳定盈利的先找到稳定盈利的方法。高级阶段再想办法提速，借鉴不同模式的精华融会贯通。

独立思考、独立操作是最起码的生存能力。不具备这种能力，就不应该进场操作。没有人会为你的账户负责，除了你自己。多学习、勤思考，把别人的成功思路变成自己的。

（11）投资与投机，投资需要智慧，投机仍然需要智慧。无论投资，还是投机，拼的是智慧，而非聪明。投资、投机做到顶级，都会殊途同归。

投资还是投机，这是个方向问题，方向确定，思路也要适配。

投资主要研究公司，研究公司的基本面，内生性和外延式高速增长，新技术、新产品、新模式、资产变化带来未来盈利的大变化。

投机偏重研究市场，研究股价的走势，资金汇集方向，趋势强弱，时间长短，空间大小，大众心态。

投资周期相对长些，把投资当实业做是主要思路，不同行业有不同的估值标准，有不同的产业周期，弱周期注重成长，强周期注重行业持续。一个具备估值优势、未来业绩确定的品种，一旦拥有，就应该相当长时间持有。接近4000多家上市公司，总有深巷子里的好酒值得挖掘。

投机则是另外一种思路，顺势而为是精髓。股价都是资金堆积的，有资金蜂拥而至，股价就按摁不住，题材、位置、价格、流通盘、个股强度、板块强度是主要的考虑因素。每天大换手，场内资金总要整出点花样吸引眼球，只要及时发现、及时跟随、及时兑现，每天都会有事做。嫌太累，每年把握一到两个大波段，也可以活得很滋润。

投资需要穿透纷杂事物的眼光，投机需要纯净的眼睛。投资需要大智慧，投机需要随机应变。

无论投资还是投机，越是年龄大，沉浸市场越久，养成的坏习惯越难以改正。执念就是自以为是，想当然预期公司基本面或股价走势。

其中最严重的是角色错位，以投资的思路做投机，或以投机的思路做投资，或者看空做多，看多做空。

股市就是另类战场，需要在合适的时间、合适的地点、采取合适的策略发动一场把握性大的战役。一个合格的投机者，最重要的事就是等待大的战机。市场闪光灯亮的时候，你一定要在场，不仅适合投资，也同样适合投机。

第三章　游资江湖帮派揭秘

第一节　口碑游资 善意做盘——欢乐海岸

一、主要席位

1. 关联席位

2019 年以来，著名游资欢乐海岸再次进入大家的视野，大仓位频繁出手，其资金规模超过 10 亿元。欢乐海岸席位较早可追溯到 2016 年，席位全称是中泰证券股份有限公司深圳欢乐海岸营业部，券商公司全称＋地址，这就是欢乐海岸的一个席位，同时欢乐海岸有很多协同的营业部，也可以称其为分仓，协同席位已经超过 10 个。目前欢乐海岸的主要席位有：中泰证券深圳欢乐海岸营业部、中国国际金融云浮新兴东堤北路营业部、华泰证券深圳益田路荣超商务中心营业部、国金证券深圳深南大道营业部、宏信证券深圳深南大道营业部、中信证券深圳总部营业部、中信证券深圳后海营业部、广发证券深圳民田路营业部、华泰证券深圳分公司营业部、华泰证券深圳海德三道营业部、中天证券深圳民田路营业部、光大证券深圳金田路营业部、华泰证券深圳龙岗黄阁北路营业部、华泰证券深圳分公司。

近几年欢乐海岸的席位在逐渐增多，可能会有越来越多的席位参与到个股炒作中，当然参与的席位也不固定，营业部也在更换，有新的营业部出现，也有旧有的营业部退出。

2. 席位特点

（1）欢乐海岸的协同席位，多数是深圳的营业部。从近一年来与欢乐海岸协同的营业部名单来看，第一位是中国国际金融云浮新兴东堤北路营业部，出现的协同次数最

多，但不是在深圳；第二位就是"猪肉荣"，也是欢乐海岸的分仓，但是"猪肉荣"不等于欢乐海岸。

当"猪肉荣"和欢乐海岸其他席位一起炒作时，他就是欢乐海岸的分仓或协同席位，也就是一个马甲。一般二者同时出现时，后期走势往往较为乐观。如果只是"猪肉荣"单独出现在龙虎榜中，说明就是他自己在炒作，不是欢乐海岸的分仓，走势并不乐观。

（2）欢乐海岸单独操作，成功的概率都较小，不太可能炒作成为"妖股"，但是多个席位协同炒作，个股的成功概率就比较大。所以经常发现欢乐海岸单枪匹马操作，多数都是一日游，对个股反而是利空。欢乐海岸对市场的影响为什么这么大？就是因为欢乐海岸不是一日游游资，所以很多散户、游资都可以跟着欢乐海岸"吃肉"，其后的走势都会疯狂上涨。

如果是欢乐海岸单独买入的，多数在第二天就离场，做一日游行情，个股后期涨势就一般，甚至第二天冲高回落，后期就不怎么样。相反，多个营业部协同炒作的，如宏川智慧（002930）、华锋股份（002806）、万兴科技（300624）都被炒作成为"妖股"。

（3）欢乐海岸本身的协同席位、分仓也越来越多，但是目前扩张的席位都是在深圳的营业部，所以密切关注一同出现在营业部中的深圳本地席位，看是不是参与过近期欢乐海岸炒作过的个股。近期欢乐海岸开始以中国国际金融云浮新兴东堤北路营业部为主。

欢乐海岸目前是市场中实力和口碑都非常强势的游资，尤其是 2020 年的一系列操作，让人不得不惊叹其操盘炒作能力，所以值得研究。

二、操作风格

欢乐海岸的风格和金田路都是做牛市氛围并加速引领趋势，只是金田路喜欢在震荡市场强势引导，结果大多买成了头部，而欢乐海岸往往引导成功，顺势霸气加速奔跑。

那么，藏身在营业部背后的牛人是谁？市场圈内盛传"有荣超必有抛"的华泰深圳益田路荣超商务中心，其实也是大游资欢乐海岸旗下的席位，只是这家营业部比较喜欢频繁超短做T。市场上喜欢买"妖股"的游资虽然很多，但是欢乐海岸的操作风格却独树一帜：对龙头股主升浪情有独钟，敢于波段锁仓，持股到"妖股"完全结束。

根据欢乐海岸操作过的个股案例，其操盘特征大致可以总结为以下几点：

1. 市场特性

欢乐海岸是实力游资，有以下几个市场特性：

（1）操作金额大。每次都是大手笔封板，体现其坚决、果断的特点。根据其操作历史记录，欢乐海岸通常不止一个营业部出手，大多数都有多个关联席位同时集体出动，几个联动席位买入资金总额通常都是上亿元的，至少也是好几千万元的级别。如果出现不到1000万元的操作金额，则基本上可以忽略其表现。

（2）造"妖"能力强，市场影响力大。敢于高位接盘操作，介入的个股通常都是市场最为强势的热点龙头股，本身有较强的人气基础，能较好地带动市场热点及游资跟随，而欢乐海岸介入的位置，一般都是高位板，多数都是三板以上，极少数是涉及首板的。一旦个股被介入，大概率会成为"妖股"，后期将出现多次涨停，甚至经常出现第二天一字板涨停。

（3）市场口碑好，号召力极高。介入后经常锁仓操作，回顾欢乐海岸操作的个股历史，通常有一个特点，就是高位强势介入人气龙头股之后，一旦形成强势跟风，基本都是锁仓做多直到出现破位走弱，因此，许多熟知其操作风格的散户第二天低位进去，往往赚钱概率比较高，市场多数称其为"善庄"。

在绝大多数情况下，欢乐海岸不做一日游，当然偶尔会做一日游，如之前的北京文化（000802）、宏川智慧（002930）等。多数情况下，欢乐海岸会持仓多日，一般只要参与的个股，不拿三板不会走。第一天买入后，通常在选择锁仓的同时不断进行加仓操作，而在该股首阴当日，欢乐海岸通常不会出货，不会制造恐慌，反而是让低位买入的其他获利盘和其他接力的游资先走。因此，一般跟随着欢乐海岸买入的，后期都会有不错的盈利空间。所以欢乐海岸市场口碑极好，游资及散户都愿意追随其脚步。

（4）卖出时机快、狠、准，非常果断。其离场时机多数为龙头股停牌核查后复牌冲高时卖出，或者确认跌破5日均线时卖出，卖出特点是快、狠、准，非常果断。

总体而言，顶级游资欢乐海岸其操作并不频繁，但只要出手，便是市场人气龙头股，以接力三板以上的人气核心股为主，是"妖股"制造者和市场人气引领者。另外，由于欢乐海岸不砸盘，善于锁仓，深受场内资金的喜爱，其席位经常拥有高溢价。

2. 协同作战

通常多个席位集体出动操作时才能称为欢乐海岸，否则只能算是单独的营业部。单独的营业部操作，成功的概率都较小，多数都是一日游，炒作成为"妖股"的可能性就相对小些。在多个席位协同炒作时，个股的成功概率极大。

比如独自出现华泰深圳益田路荣超商务中心，这就有可能是"猪肉荣"的个人行

为，不是欢乐海岸的一致行动。当"猪肉荣"和欢乐海岸的其他席位一起炒作时，他就是欢乐海岸的分仓，是欢乐海岸的协同席位，后期走势较为乐观。如果只是"猪肉荣"单独出现在龙虎榜中，极有可能是他自己在炒作，不是欢乐海岸的分仓，后市接力可能需要谨慎。

3. 接手龙头

欢乐海岸一般不介入首个涨停板，通常在市场短线情绪回暖之后，高位（一般为3~7板）大手笔接力市场上的龙头股。

如果当天有龙虎榜数据，大家看到欢乐海岸大手笔爆买，那么凭着超强的号召力和席位溢价，凭着以往锻造"妖股"的辉煌战绩和锁仓不坑人的良好口碑，第二天必然会吸引无数以龙头战法为主的短线资金的追捧接力，大家都心甘情愿地为其抬轿。当然，如果没有其他足够的资金接力，他也不担心，就继续买入，自己给自己抬轿，使股价继续缩量涨停，足够的资金规模足以强行把分歧打到一致。

欢乐海岸借助其强大的市场号召力和资金规模，因势利导，将市场情绪不断推高，乃至最终的情绪亢奋。股价在这个过程中，也会形成分歧转一致的加速连板，不断的缩量加速板使其晋升为最强"妖股"。也就是说，欢乐海岸是玩"妖股"的一流高手，也是短线投机的情绪大师。

4. 炒作原则

欢乐海岸也会遵循一般游资的炒作原则，炒新、炒小、炒低，炒作新概念、小盘股、处于低位个股。另外，欢乐海岸盘口惯用 8900 手委托单，偶尔也会出现 9800 手。

当然，只要是人在操作，总会有失利的时候，欢乐海岸也不例外，比如前期欢乐海岸接连折戟欣锐科技（300745）、北京文化（000802）、成都路桥（002628）等。但是，这并不代表欢乐海岸是三流游资，只是需要大家结合更多基本面、技术面、资金面等方面的情况，作出综合判断分析。

总之，欢乐海岸可能带你赚钱，也可能让你亏钱，欢乐海岸可能给你带来欢乐，也可能给你带来伤害，这就是真实的股市。

三、造"妖"之路

近年来，欢乐海岸强势封板造"妖"，更为重要的是在其龙头大格局下敢于锁仓换盘，让一些熟知其手法的跟风者"吃肉喝汤"，让许多投资者赞叹不已：

2017 年操作了冀东装备（000856）、华北高速（000916）、中科信息（300678）、安凯汽车（000868）、武汉凡谷（002194）等"妖股"。

2018 年操作了盘龙药业（002864）、永和智控（002795）、万兴科技（300624）、华峰股份（002806）、宏川智慧（002930）等连板妖股，以及大"妖股"亚夏汽车（002607）、超频三（300647）等热点题材的总龙头，获利丰厚。

2019 年成功操作了万通智控（300643）、星期六（002291）、漫步者（002351）、宝鼎科技（002552）、九鼎新材（002201）、金力永磁（300748）等一批"妖股"，其中均有欢乐海岸的身影。

下面对其中几个实例的操作过程作一分析：

如图 3-1 所示，宏川智慧（002930）：2018 年 5 月 11 日，中泰证券深圳欢乐海岸营业部买入 2744.04 万元，占总成交额的比例为 4.01%，居龙虎榜买一席位。5 月 14 日，卖出 2763.84 万元，并再次买入 2763.84 万元，同时登上卖一和买一席位。5 月 17 日，加仓 1482.71 万元，之后几个交易日分批卖出。5 月 24 日，多席位联动大手笔买入，之后逐步卖出离场。

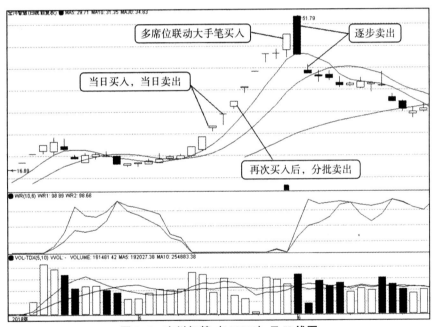

图 3-1 宏川智慧（002930）日 K 线图

如图 3-2 所示，超频三（300647）：2018 年 6 月 21 日龙虎榜数据显示，中信深圳后海营业部、国金深圳深南大道营业部、华泰深圳益田路荣超商务中心营业部三个席位，分别买入 2980.63 万元、1631.48 万元、1542.26 万元，居买一、买三和买四席位。次日一字板，锁仓，6 月 25 日做 T。26 日加仓 2230.02 万元，27 日两席位分别继续加

仓 2771.59 万元和 2124.56 万元，28 日离场。

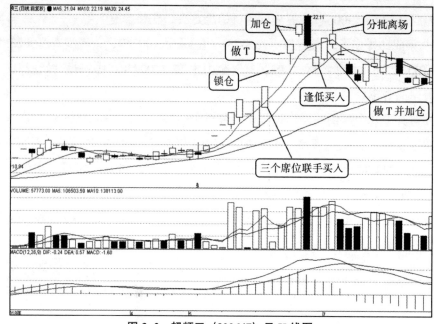

图 3-2　超频三（300647）日 K 线图

6 月 29 日，再次在低位买入 1003.06 万元，次日做 T 并加仓，第三日分批离场。在该股的几次操作中，欢乐海岸获得了较好的收益，令游资同行刮目相看。

是怎样的一种格局，才能形成这样的操作风格？具体来看欢乐海岸在 6 月 27 日的操作手法，成交回报显示，欢乐海岸不仅锁仓并且继续动用两个席位加仓。

如图 3-3 所示，超频三（300647）：从 6 月 27 日早盘成交的单子上看到，该股早盘开盘后两笔大单直接快速推升至涨停价。第一笔动用 1105.17 万元、3651 手的单子，吃掉上方 47 档挂单，股价拉至 30.27 元，为市场打开继续上涨的空间；第二笔动用 2155.59 万元、7000 手的单子，吃掉上方 9 档挂单，股价冲击涨停价 30.79 元。之后，股价在涨停价附近震荡，13：46 开始封死涨停。从成交回报上看，这两笔单子均是欢乐海岸席位出现的单子。

为什么欢乐海岸在早盘市场资金还不稳定的时候要开盘直接打开预期？从图 3-3 中可以看到，欢乐海岸不断运作该股，此前介入的资金已经超过 1 亿元了，而 60% 的换手率才 9.9 亿元。所以，欢乐海岸需要将前一天的分歧打掉，开盘才会动用两笔大单子冲击涨停，将前一天大分歧的资金打成连扳的预期。

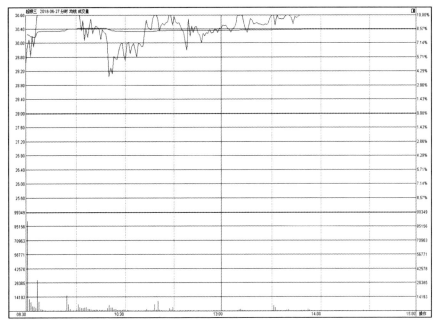

图 3-3　超频三（300647）分时图

如图 3-4 所示，万兴科技（300624）：该股 2018 年 1 月 18 日上市，是 A 股消费类软件稀缺标的，成功利用 Google 等渠道进行网络营销。公司的 C 端消费类软件业务可类比海外 Adobe，有望实现产品 SaaS 化。该股技术团队实力强，研发人员占公司员工总数的 55% 以上，持续为消费类软件公司提供相应技术服务。目前，公司拥有 72 项计算机软件著作权和 108 项专利。公司的研发费用占营业收入的比重均在 20% 左右。

结合该股盘面走势，进一步解析一下欢乐海岸的操盘模式：

2018 年 2 月底，当时盘面氛围还比较差，游资试图通过打造领涨个股来打开市场空间。当时天华院（600579）、韩建河山（603616）、南京聚隆（300644）、贵州燃气（600903）等个股先后走出四连板，虽然这几只人气股受制于四板特停的威慑，使得四板成为当时市场的天花板，但赚钱效应明显回升，提振了市场人气。接着市场出现了两个新概念：独角兽和工业互联网，新概念进一步刺激了炒作热情。此时万事俱备，只差一只个股突破四板的天花板，实现五板成"妖"之旅，带领市场打开空间。

3 月 6 日，市场出现两只四板股，即换手四连板的万兴科技（300624）和缩量一字板的海得控制（002184）。万兴科技是次新 + 独角兽概念，海得控制（002184）是工业互联网概念。当天的涨停板数量超过 50 只，赚钱效应和市场情绪都非常好。当天不管是板块效应、盘子大小、筹码结构，万兴科技（300624）都要明显优于海得控制（002184）。次日谁能突破四板天花板，率先涨停走出五板，谁就是市场的最强龙头，

胜利的天平倾向于万兴科技（300624）。

3月7日，万兴科技（300624）大幅高开后强势涨停，虽然两度开板，但烂而不弱，顽强回封。当日龙虎榜数据显示，欢乐海岸的旗舰席位中泰深圳欢乐海岸及两个协同席位中天深圳民田路和中金云浮新兴东堤北路上榜，买入金额为2700多万元，是该股五板的最大幕后推手。次新股和独角兽依然是当日表现最强的题材，而海得控制（002184）止步于四板。万兴科技（300624）无可争议地成为市场的最强龙头。

7月8日，该股缩量加速六连板，特停镀金，但此时市场已经出现了多只三板、四板股，强大的赚钱效应已经把市场情绪彻底点燃、推高。

7月16日，该股复牌，不出意外地一字板涨停，实现七连板。次日股价接近一字板开盘，小幅放量之后，T字板涨停，实现八连板，追平贵州燃气（600903）的记录，此时的市场情绪已经疯狂。从当日龙虎榜数据看，欢乐海岸再次加仓7000多万元。此时欢乐海岸在这只股票的仓位已经超过1.1亿元。

3月20日，股价依然高开，盘中明显出现放量分歧，但分时持续运行在均价线之上，可见有主力护盘，午盘2点多，股价封板，超越贵州燃气（600903），实现九连板。当日龙虎榜数据显示，中信上海分公司携手欢乐海岸主封9板。欢乐海岸此时的仓位不低于1.3亿元。

3月20日，欢乐海岸联手中信上海分公司、中信北京北三环中路营业部（孙老哥的席位）进场3204.04万元、3913.84万元、1424.22万元，共8542.10万元资金强推板，很强势，这种强势盘面分明向市场宣告：你进去了么，高位了我还强推，大资金进去了。

欢乐海岸通过该股一战，9板封"神"，将短线操盘套路"加仓、锁仓、盈利"的模式发挥到极致。

3月21日，股价止步于9连板，走出龙头首阴、假阴线。当日龙虎榜数据显示，欢乐海岸仅出货1107万元。

首阴之后的第二天，引来无数做龙头首阴的资金蜂拥而上，全天大部分时间股价都在高位红盘震荡，尾盘跳水收跌。当日龙虎榜显示，前四大卖方席位全部为欢乐海岸及其协同席位，总计卖出超1.7亿元，欢乐海岸胜利逃顶。

当然，我们只能通过龙虎榜看到欢乐海岸的买卖金额，在没有出龙虎榜的日子里，以欢乐海岸的风格，肯定也有操作，一路锁仓及加仓的可能性较大，实际上欢乐海岸在这只个股的仓位与盈利总和，可能高达2亿元，甚至更多。在该股这波操作中，欢乐海岸实际收益应该不低于7000万元。

后续在该股的龙回头、第二波行情中欢乐海岸的席位也频频上榜，可见欢乐海岸并未彻底放弃该股炒作，而是继续保持较小仓位运作。欢乐海岸不愧为股海新贵，短板无敌。

为了让大家更直观地体会欢乐海岸在万兴科技（300624）上的经典一战，本书根据龙虎榜数据，做了一个总图（见图3-4），以使大家对欢乐海岸的操作情况一目了然。当然，这只是上榜数据，未出榜日期欢乐海岸肯定也有操作。

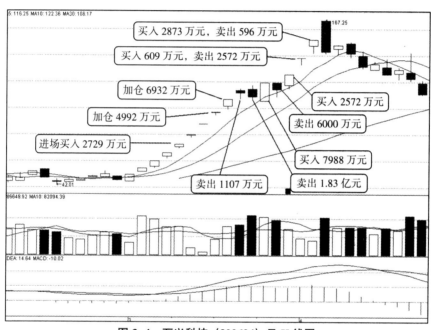

图3-4 万兴科技（300624）日K线图

欢乐海岸在该股中的操盘模式总结：

人性是贪婪的，当看到股价持续不断疯狂涨停的时候，总是会有资金忍不住去接力，博弈加速缩量板，再加上欢乐海岸盘中可能会引导和护盘，股价就这么一致性地缩量连板。但没有只涨不跌的股票，再牛的"妖股"也会有见顶的时候，当获利盘积累到一定程度，也就是八板、九板，甚至十板以上的时候，一点儿细微的异动都可能使获利盘涌出，然后就出现了龙头首阴。

但首阴当日，欢乐海岸通常不会出货、制造恐慌，反而是让低位买入的其他获利盘和其他接力的游资先走，这一天一定是放量换手的，基本上其他该走的大资金都会走得所剩无几。然而"妖股"凭着超强的人气，在其出现首阴之后的次日，会引来无数做龙头首阴的资金进场博弈。

龙头首阴的第二天，不管是高开还是低开，都会有无数的资金进场博弈，且成交额一定是爆量的，此时已经没有其他大资金抢着出货了，因为在前一天的首阴日，其他的大资金差不多都已经出完了，场内就只剩下欢乐海岸一路大资金，那么他就可以在不受其他大资金干扰的情况下，全天安逸地出货，仅需一天就可以把全部筹码出清，而且因为做首阴资金的蜂拥接力，可以使股价大部分时间都处于日内的相对高位，欢乐海岸就可以在高位胜利逃顶。其在贵州燃气（600903）、万兴科技（300624）的操作皆是如此。

欢乐海岸的这套龙头模式，不仅有超凡的大局观、超常的魄力，并且对市场情绪掌握精准，对于资金体量的要求也比较高，没有相当大的资金量作为支撑，就很难在关键时刻起到引导市场的作用。欢乐海岸在游资界被称为格局最大的游资，一般只要参与的股，不拿三板不会走，而像万兴科技（300624）这类大"妖股"，更是会一路锁仓、加仓。这种操盘模式，非一般游资可以复制，对于散户朋友来说，我们清楚了其战法及操盘手法，发现其踪迹之后，可以及时跟随。

如图 3-5 所示，七一二（603712）：从该股中可以发现欢乐海岸的选股特征。首先，该股是 2018 年 2 月 26 日刚上市不久的次新股，这样的次新股，筹码分散，方便庄家收集。其次，题材具有稀缺性，迎合当时市场热点。该股由原来的天津 712 无线电厂改制而来，是专业从事军民领域专网无线通信产品和解决方案的核心供应商，也

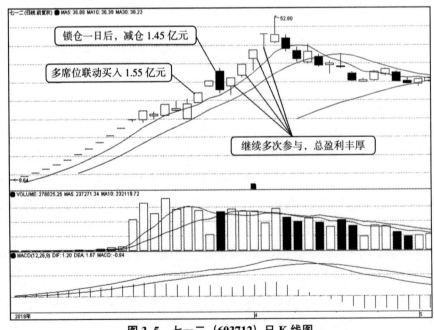

图 3-5　七一二（603712）日 K 线图

是我国有能力覆盖全兵种专用通信设备的领军企业。再次，公司成长性好，研发能力强。公司拥有技术研发人员 784 人，其中高级工程师 251 人、工程师 350 人、硕士及以上学历 280 人，享受国务院特殊津贴专家 6 人。报告期内，公司研发投入占收入的比例约为 20%，较高的研发投入规模为公司的技术领先与创新提供了持续的动力。

综合来看，游资大佬选股票粗看只选热点做攻击，但是仔细分析来看，确实是做过功课的，下面再分析一下欢乐海岸的操盘手法。

从龙虎榜数据观察，2018 年 3 月 26 日五个买入席位中，除买三席位外，欢乐海岸包揽了其他四位，大单打板买进，总耗资 1.55 亿元，3 月 27 日锁仓。这就是主力强势的表现，走势与万兴科技（300624）如出一辙。28 日尾盘炸板，对倒出货 1.45 亿元，同日另一席位买入 3889 万元，其他投机者一看也撤了，散户作鸟兽散。不过，从 3 月 28 日的量能上看，并未暴量，庄家未必全部出货。之后，股价再拉四板，盘面亢奋，情绪异常火爆，欢乐海岸多次参与，盈利丰厚。

四、深度解析

1. 为什么敢于高位接力

在散户心理上，大多都存在一种畏高情绪，其表现就是习惯买入低位补涨的个股，对于龙头股反而不敢去高位接力，但在短线博弈中，这其实是一个悖论。因为情绪博弈是一种高风偏操作，而低位跟风股则属于同一纬度中的低风偏，所以在高风偏中去寻找低风偏，不是一件很好笑的事吗？短线操作主要看资金情绪，它的表现就体现在个股的连板高度上，当市场走出最强三板，主力资金目标就会集中，就会有大概率产生"妖股"。

2. 分歧转一致的内在原因

为什么说烂板出"妖股"？因为烂板换手充分，抛压小，另外，产生分歧就会出现烂板，当分歧转为一致，说明做多情绪统一，后面就会走加速，迎来主升浪的加速行情。欢乐海岸基本都会凭借资金优势，在个股出现分歧时，大手笔买入，将分歧转为一致，进行造"妖"。即使当天出现首阴，欢乐海岸隔日也不会急于出货，因为市场上会有专门的一批资金来做龙头首阴，这就是龙头多条命的意思，同时这也体现出了欢乐海岸的大格局，从而使其席位形成高溢价效应。

如图 3-6 所示，盘龙药业（002864）：从欢乐海岸操作该股的路径图中可以清楚地看到，在三板确认成为次新医药板块龙头股之后，其在 3 月 23 日资金出现分歧的时候进场，两个席位共买入 1700.4 万元，其后高位连板多次加速补仓，是其惯用的高位接

力、龙头加速、造"妖股"的操盘手法。从开始到结束，利用资金优势不断拉升股价，在4月3日、4日、9日多个席位连续加仓。4月9日之后停牌核查，4月12日复牌时欢乐海岸冲高出局。

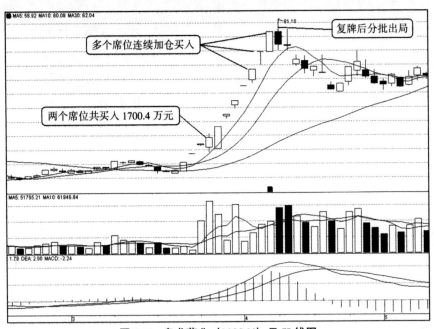

图 3-6　盘龙药业（002864）日 K 线图

如图 3-7 所示，华锋股份（002806）：该股向上突破连拉六板，在2018年4月27日以涨停价开盘后，全天大部分时间处于封盘状态，2：55出现砸盘动作，股价一度接近跌停，最终收于-3.05%。当日龙虎榜数据显示，在买入五大席位中除兴业北京太阳宫中路营业部为买二席位外，其他均是欢乐海岸分仓席位，多席位联动大手笔买入，中国国际金融云浮新兴东堤北路营业部为买一席位，买入金额为3087.64万元，中信深圳后海营业部为买三席位，买入金额为1732.73万元，国金深圳深南大道营业部为买四席位，买入金额为1711.64万元，宏信深圳深南大道营业部为买五席位，买入金额为1481.40万元。之后，连续多日加仓买入，部分做T操作，5月16日高位大手笔卖出，欢乐海岸获利离场。

从欢乐海岸操作的路径来看，进入该股时间稍晚了一些，介入时已经有了六连板，龙头地位非常明显，从这点来看也体现出欢乐海岸对龙头股敢于在高位接力的特点，但是从上面的操作路线图可以看出，欢乐海岸在很大程度上主导了该股的后期走势。欢乐海岸在4月27日首阴当天首次买入，按照惯例锁仓，并且其后分别在5月2日和

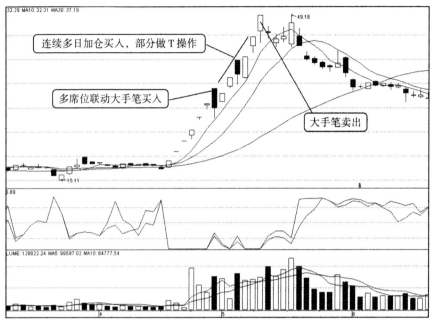

图 3-7　华锋股份（002806）日 K 线图

5 月 7 日资金分歧时加仓介入锁仓，使得资金再度由分歧转为一致的预期，也体现出其惯用的资金分歧转一致、龙头加速、造"妖股"的操盘手法，之后在该股停牌后的 5 月 16 日复牌当天冲高时卖出，在 5 月 23 日确认股价跌破 5 日均线当天全部卖出。

3. 龙头股的分歧和加速

在龙虎榜上所看到的往往是，欢乐海岸出手的位置非常高，可能是五板，甚至是六板。但是从狙击手的角度理解，欢乐海岸对于龙头股有着自己独特的理解，就是他的加速交易实际上有个重要的前提，那就是分歧。

龙头股加速位=投资者分歧+市场强势。就是投资者对个股是否可以加速有分歧，但是实际中市场表现却非常强势，一直呈现出犹豫中强势上涨的走势，这个时候欢乐海岸就会大手笔出击。

其实，去思考欢乐海岸的交易，发现其并不是一个绝对意义上的龙头股模式，他的交易不基于题材、板块。他可以是题材股、新股，甚至是单纯的"妖股"，但是他对于交易的共性往往只有一个，就是市场层面的分歧和加速的状态。

4. 操作总结

很多散户对这种操作高山仰止、望而生畏，担心上车之后会被游资大佬"割肉""吃面"，当了"接盘侠"。炒股都是反人性的操作，股神巴菲特说过："在市场中，别人贪婪的时候我恐惧，别人恐惧的时候我贪婪。"这种反人性的要求迫使每一位股民的

炒股之路最终都变成了自我修行。

每一位成功的游资大佬，都有自己最擅长的"绝招"，有的风格保守，有的操作激进。很显然，欢乐海岸就是激进派的代表，从其历史操作看，都是在个股龙头地位已经形成、市场聚焦关注之时，快速进场封板造"妖"，然后迅速离场，干净利落。所以，对于广大散户而言，最关键的不是纠结要不要战战兢兢入场，而是要找准自己的风格定位。

5. 市场感悟

散户研究游资，多数是为了安全跟庄，坐上游资大佬的顺风车，快速实现财富的积累，但跟庄这种操作，一方面需要散户对自己的风格偏好及擅长的操作十分了解，有一定的操作经验，另一方面还需要散户对游资大佬的操作手法十分熟悉，这无疑增加了难度。对于广大散户而言，最关键的是找到适合自己的最佳模式，然后不断地实战、总结，并完善自己的操作体系，这才是实现财富积累的最佳途径。

环境决定仓控，个股围绕龙头。做短线，仓控看环境，这是保证成功率的前提；个股多找龙头，这是保证攻击性的前提。所有的盈利模型都绕不开这两点。大道至简，这就是核心。做不好，有认识的问题，也有执行力的问题，每个人都要对自己做一次复盘。多数人只复盘面，却忽视复盘自己，其实找出自己的性格特点、缺陷并在交易中扬长避短，是十分重要的。人是剑，盘面技术是剑法，人剑合一，才能一剑封喉。

顶级游资炒股大格局至少分为四类，即发动龙头行情的格局、引导分歧走向一致的格局、反复做大龙头的格局、快速调整心态的格局。如果散户能在这四个方面都有所造诣，未来绝对会成为行业顶级大佬。

需要提出的是，欢乐海岸的交易风格伴随着极度的高风险，如果不是基于对市场深刻的理解，单纯模仿其打板追高意义不大，并且风险极高，投资者需要谨慎跟风。

第二节　直线拉板　屡吃独食——佛山帮

一、主要席位

近年来，A 股市场二八现象明显，大多数股票赚钱效应不佳，机构、基金扎堆大蓝筹及白马股，游资界也出现了同一地域游资抱团狙击某一只或某一类股票的特征。

这些游资因操作风格、地域分布的不同划分成了不同的派系，佛山帮就是其中知名度最高、影响最深远的游资之一。

虽然帮派之说只是江湖传闻，不足为据，不过从交易所的公开信息中可以看出，确实有一部分知名营业部或单打独斗、精准出击，或联手作战、相互照应，成为市场焦点。

佛山帮目前已经成为市场最热门、最活跃的游资之一，资金体量较大，风格主要以超短线为主，尤其喜欢高位直线拉板，次日出局，近期超跌反弹、反包涨停等手法也都能吃"大肉"。对市场题材理解力超强，消息快人一步。目前佛山帮主要席位有以下几个：光大证券佛山绿景路营业部、光大证券佛山季华六路营业部、长江证券惠州下铺路营业部、长江证券佛山普澜二路营业部、湘财证券佛山祖庙路营业部、国信证券佛山南海大道营业部、银河证券顺德大良路营业部、华泰证券广州天河东路营业部。

佛山帮的"带头大哥"就是大名鼎鼎的佛山无影脚。据了解，佛山帮的操作手法是投入资金大，出手果断，喜欢暴力打板，然后在次日冲高跑路，即来无影去无踪，不过也有对一只股票连续打板的记录。

佛山帮的特点：喜欢打板，只打低位首板，不接力，不持股。由于其有资金优势，看好的个股直接大单拉升、封板，吃独食，股价位置又低，基本上当天不会开板。但佛山帮一般不管这只个股后面会涨多高，除非股票很快涨停，否则第二天必走。

二、经典实例

（1）来无影，去无踪。近年来，佛山帮的游资非常活跃，这批资金往往投入巨大，出手快，基本上是做打板隔日超短线，来无影去无踪。这些资金喜欢敢死队那种暴力打板，一般是第二天冲高出货，不过也有对一只股票连续打板的记录。

如图 3-8 所示，江泉实业（600212）：2017 年 3 月 13 日龙虎榜显示，光大佛山季华六路营业部买入 4384 万元，主封。该股属于补涨+摘帽概念，分时高开低走呈 W 底，然后点踩均线，9：40 开始直接拉板。

从盘中可以看到，9：43 佛山帮有 4 笔连续 1 万手排单，到收盘全部成交。粗略计算一下，在 10.96 元位置 4 万手单子，成交 4384 万元，正好是龙虎榜买一光大佛山季华六路的成交金额。9：41 封板，该营业部看到后立马下单 4 万手，在 9：43 之后，开始陆续成交。这 4 万手大单，足以吓退砸盘的空头，使该股当天牢牢封住涨停。

次日，股价高开 1.55%后，冲高 4 个多点，佛山帮在冲高中出货，之后股价一路震荡走低。可见，佛山帮只管当天封住涨停板，次日股价只要不是高开秒板或者一字板，

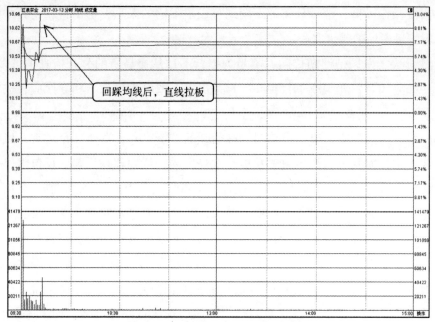

回踩均线后，直线拉板

图3-8 江泉实业（600212）分时图

他都是直接砸盘走人。所以如果看到佛山帮上榜的股票，涨停次日不要冲动追高，等早上佛山帮卖出之后，再观察该股能否走牛。

（2）资金量大，直线拉升。佛山帮的一个重要特点就是直线拉板，被佛山帮光顾的股票几乎都是盘中突然直线拉升快速封死涨停的走势，其手法非常蛮横。

比如，2018年2月6日，丰乐种业在尾盘恐慌性砸盘暴跌超过8%以后，次日小幅高开略作整理，就迅速被大资金一气呵成地直线拉至涨停，并被巨额封单牢牢封死涨停。

当天龙虎榜数据显示，买一席位正是著名的佛山帮席位——光大佛山季华六路营业部，买入金额高达3267.06万元，成交金额占比高达52%，买方前五个席位中最多不足1000万元，最少的只有100多万元。

从盘面走势来看，很显然大资金是有备而来的，不然在这种极度低迷的市场环境下，敢于坚决果断地吃掉超过一半的抛盘是不符合逻辑的。

其实，这种情况并非偶然。这家营业部近年来频频现身龙虎榜，其涉及的股票走势如出一辙，在盘中突然直线拉升，快速封死涨停，并且买入金额占全天成交总额的比例普遍非常高。

近年来，佛山帮经常利用巨额资金，在盘中采用直线拉抬、快速封涨停或者直接巨额资金封涨停等手法染指200多只股票，买入金额累计超过40亿元，次日再利用跟风资金冲高出货。

从成交回报数据来看，佛山帮吃"独食"的特征极为明显，买入金额少则上千万元，多则七八千万元甚至上亿元，往往都是买入前五名其他席位的数倍甚至数十倍之多，买入金额占全天成交总额的比例普遍超过10%，40多次超过20%，甚至最高超过65%，这种现象在其他游资中是比较少见的。

买入金额占比较高意味着什么呢？到底占比为多少是合理的？这个没有办法给出答案。但可以肯定的是，占比越高，对股价的影响越大。每天换手率超过20%、成交最活跃的次新股，买入金额占比几个百分点就能掌握话语权；换手率极低的超跌个股，每天成交额几千万元的话，只需要几千万元资金就能买到涨停，这个时候占比很容易超过30%甚至50%。

对于佛山帮这种典型的操盘手法，业内人士指出，存在利用资金优势操纵股价的嫌疑，但具体情况还需要进一步调查，比如说主观上是否存在操纵的故意，客观上是否存在操纵的事实，即以明显偏离市价的价格大额或者频繁申报买入，造成证券价格明显上涨，或者通过大笔申报、连续申报、密集申报、虚假申报和撤销申报等方式影响证券交易价格或者证券交易量，从而误导其他投资者，影响证券价格，达到从中谋利的目的。

从当前监管部门对各类操纵市场行为主体的司法实践情况来看，主要集中在几个方面：一是是否存在拉抬、打压股价的异常交易行为；二是是否存在虚假申报的异常交易行为；三是是否存在涨跌停价格大额申报的异常交易行为；四是是否存在自买自卖、关联账户交易；五是是否存在基金异常交易行为等。

可见，是否存在拉抬股价，具体要看股价快速拉升过程中的区间成交占比是否太大；是否虚假申报，具体要看买入申报过程中撤单数量占比是否过高；是否存在涨跌停价格大额申报，则具体要看涨跌停价格申报的合理性，比如说，明知道成交概率很小的情况下继续大量、大额申报，强化或维持涨停趋势等行为。

从佛山帮这种典型的手法来看，既然买入金额占全天成交总额的比例普遍非常高，那么对应的区间成交占比也必然更高，涉嫌利用资金优势操纵股价的可能性很大。不过，仍然需要调查核实是否存在虚假申报和是否存在涨停价格大额申报等情形。

（3）手法凶狠。佛山帮选择的个股基本上都是交易活跃的股票，这一点几乎所有的游资都是大同小异，因为股票活跃意味着人气高，容易进出，也容易获得超额收益。

但佛山帮跟申万宏源深圳金田路等资金的选股思路还是有些不同，申万宏源深圳金田路喜欢做市场最热的龙头个股，有时候越高越追，做3个涨停板或5个涨停板后

的最终冲刺行情,而佛山帮相对来说更喜欢做在相对位置较低的股票拉升。

佛山帮操作股票有两个特点:

一是善于做消息刺激类的股票,很多时候在早盘就急速大单拉板,当天封死涨停,接着第二天股票冲高时再抛售。比如,2016年12月21日的渝三峡A(000565),12月20日晚该股发公告称,公司拟发行股份购买资产,30亿元跨界饲料添加业,第二天股票急速拉板。值得注意的是,如果当天佛山帮买的多,第二天冲高时砸出,就很容易导致股票大跌,形态遭到破坏,故无影脚并非浪得虚名。还有2016年10月27日的新能泰山(000720)也是直线拉板,具体如图3-9所示。

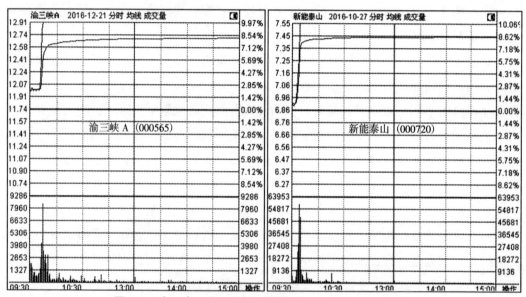

图3-9　渝三峡A(000565)和新能泰山(000720)分时图

二是一些超跌股或潜在热点股,佛山帮会在下午急速拉板,第二天冲高时抛出,反映在分时图上就是一根直线拉升,股价呈现90度涨停,跟成都帮和虚假机构的打板分时图有点儿像,而江浙游资多是沿着分时图均线拉升涨停。这种分时图和操作手法在大连港(601880)2016年11月14日和财信发展(000838)2016年11月15日的走势中表现得淋漓尽致。总体而言,当某一只股票被佛山帮巨量封上涨停,投资者应当在次日早盘高开时获利了结,而不应该去追高,具体如图3-10所示。

通过剖析佛山帮的手法,可以发现其还有一个特点,就是上面所说的喜欢吃“独食”,大量资金买入一只个股,第二天砸出,导致很多股票大涨走势可能就此戛然而止。

A股的游资界一般都喜欢做牛股、强势股,尤其是“妖股”。但这些股票往往靠的是众多的小游资不断接力而来,而不是大资金吃独食。在牛市中,佛山帮等资金规模

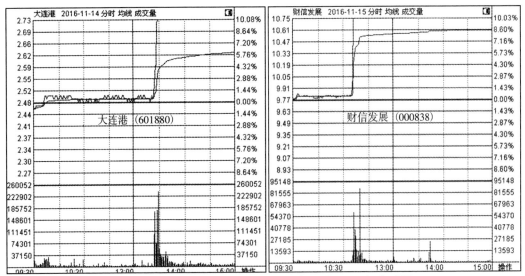

图 3-10　大连港（601880）和财信发展（000838）分时图

小的时候，凭借对题材的理解和操作技巧的高超，迅速做大做强。但在熊市中，他们看到热点中的龙头股时直接吃独食，把筹码都吃下，然后第二天卖给别人，但很少有资金愿意去接力，就经常导致被他们大买的股票第二天都偃旗息鼓，很多牛股就此轻易夭折。

　　其实，牛股和"妖股"最重要的就是一场接力游戏，做这些股票要有很强的博弈思维。比如，一只股票数个一字板之后打开涨停，如果之后放巨量，在熊市中成交金额太大，比如超 20 亿元，基本上就意味着接力游戏终结，因为市场没有那么大的承接资金。还有，如果股票连续一字板，也意味着中间成本断层，之前买入的人获利盘很多，之后的抛压就很重，不利于接力，也就不容易出现像之前的特力 A（000025）、四川双马（000935）这样的"妖股"。然而只有每天成交金额不大，不断的 T 字实体板涨停，游资疯狂接力推高，才有可能大概率产生"妖股"。

第三节　共同进退　抱团作战——成都帮

一、主要席位

成都帮也是游资界实力帮派，当中知名营业部很多，最突出的代表就是华泰成都

南一环路第二营业部（代表人物王涛，淘股吧网名：职业炒手）、国泰君安成都北一环路营业部（代表人物陈新宇，淘股吧网名：葵花宝典），被称为"成都双雄""成都南北环"。此外，成都帮还有以下几个关联营业部：

国联证券成都锦城大道营业部、中信建投成都马家花园营业部、国信证券成都二环路营业部、银河证券成都科华北路营业部、华泰证券成都金蜀路营业部、宏信证券成都天府大道北段营业部、中信证券山东淄博分公司、中信建投成都南一环路营业部、国融证券青岛秦岭路营业部。

四川在20世纪80年代就有柜台证券交易场所，很多人很早就接触到了现代证券交易的理念。在地域方面，四川境内的上市公司比周边云南、湖北、贵州、甘肃、西藏都要多。在私募方面，四川有九鼎投资、西藏银帆投资、中睿合银这些顶级私募，券商有华西证券、国金证券，期货有倍特期货。对于股市渠道而言，成都处于一个资金聚集点，资金扎堆，成为西部一个股票行业制高点。

据了解，成都帮的操盘手法大多以趋势型个股为主，喜好操作震荡上升的个股，以短线为主，而且多数喜欢抱团作战，共同进退，颇具上阵"亲兄弟"特色，多数以上述双雄为主导。以操作2017年11月30日的盈方微（000670）为例，除了光大佛山绿景路营业部外，该股的买方榜其余四席均为成都游资，国泰君安成都北一环路营业部作为主力买入2090万元，其余三家分别为国联成都锦城大道营业部、中信建投成都马家花园营业部及国信成都二环路营业部。

又如，盛路通信（002446）在2017年12月8日急剧放量涨停，成交额达到2.91亿元，为上一交易日9413万元的3倍多。公开信息显示，其买方榜上同样汇聚了4家成都营业部。"四兄弟"齐心协力，分工明确：国联成都锦城大道营业部和国泰君安成都北一环路营业部主攻，买入金额均超过1100万元；华泰成都南一环路第二营业部和银河成都科华北路营业部助攻，分别买入789.87万元和604.01万元。

从成都帮的操作风格来看，主要以超短线为主，直线拉板做隔日，对消息题材的挖掘速度飞快，往往市场尚未反应过来便已经直线封板。但是其超短线的风格决定了散户在操作上要注意次日不追高、有操作权限应冲高止盈，除非逻辑强大有一字板或其余资金抬轿封板。2020年以来，从区块链、数字货币、5G等题材的爆发看，成都帮大面撒网底部首板，可以观察到其操作理念在逐渐升级。

二、操作手法

游资界有两大游资热衷于操盘题材股首板，其一是号称无影脚的佛山帮，其二就是大名鼎鼎的成都帮。2018 年以来的热点几乎都有成都帮的足迹。

1. 热点消息板

成都帮所操作的股票基本上属于当天的热点板块，也正是这一操作手法让他们在游资江湖中占据着很重要的席位，很多热点板块龙头是由成都帮开始发动的。盘面看起来似乎赚钱效应爆棚，但很多投资者会发现，基本上当天涨起来的题材行情一两天就结束。

如图 3-11 所示，鲁北化工（600727）：2018 年 1 月 2 日 10 点 51 分，快速直线拉涨停，盘后数据显示，多个成都帮席位介入。

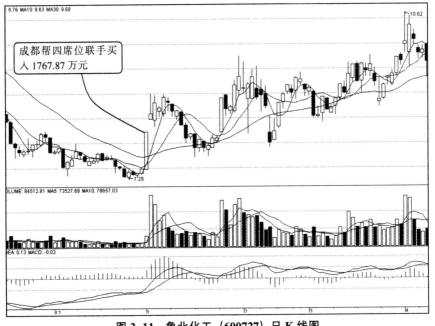

图 3-11 鲁北化工（600727）日 K 线图

从龙虎榜数据中发现，当天买入的前五大席位中，成都帮占了四个席位，共联手买入 1767.87 万元。第二天高开冲高后随机回落，这天如果有追高的投资者就会当即被套。成都帮善于利用消息面快速拉升股价，当时由于尿素价格大幅飙涨，不足半个月时间，尿素价格每吨涨幅高达 300 元，有些厂家一天三次涨价，一次最高上调出厂报价 120 元，而出厂报价一次性上调 30 元、50 元、70 元的那就更多了，嗅觉敏锐的成都帮瞄准了鲁北化工（600727），打造化工龙头，引发其他市场资金追逐化工板块相关个股。

同样的现象也发生在上海自由港概念股的华贸物流（603128）身上。2018 年 1 月

4 日在尾盘 2：55 直线拉板，市场爆出上海发布城市总体规划、探索建设"自由贸易港"的新闻，同日畅联股份（603648）、上海物贸（600822）、上海临港（600848）等个股纷纷涨停。通过华贸物流的龙虎榜可以发现，成都帮多个席位介入，金额达 1775.37 万元。

通过龙虎榜数据发现，成都帮擅长利用消息面炒作题材龙头，第二天拉高出货，继续寻找下一个标的。对于被成都帮盯上的个股，成都帮利用多个席位同时介入，然后封死涨停。第二天如果题材力度不大或者市场环境不好，散户追高被套的概率就极大。

2. 次新消息板

2018 年 3 月 8 日，国家确定将"雄安新区"推向全球，当天太空板业（300344）回封涨停，雄安概念股纷纷异动，这时候就是"次新＋雄安概念"。接着，建科院（300675）和中设股份（002883）拉板，然后是启迪设计（300500）和恒通科技（300374）等纷纷涨停，这时候是不是机会来了？

稍稍翻一翻雄安概念股就会发现，2018 年 2 月 22 日开始，韩建河山（603616）受消息刺激，连续 4 个涨停板，成为绝对龙头，然后在高位整理，典型的人气股。如果它涨停了，很容易讲故事：龙回头？龙头第二波？第二天还怕没人接盘吗？成都帮买的冀东装备（000856），为什么溢价比韩建河山（603616）低？由于涨停时间十分靠后，所以韩建河山（603616）给了大家充分的反应时间，根本不用抢，由于人气所在，第二天高开高走，溢价并不比前排涨停差。

2018 年 3 月 8 日，次新龙头万兴科技（300624）开盘秒板，加速六连板，"妖股"都出来了，次新狂潮肯定要来，多数人会想：次新股＝赚钱股。这时候如何选股？同样优选人气股。比如，次新"妖股"贵州燃气（600903），老"妖股"中科信息（300678）。这些股票同样不用抢，即使在涨停价买入，第二天也可以赚几个点。复牌之后八连板的万兴科技（300624），资金再次选择贵州燃气（600903），道理是一样的。

举一反三，当阿里巴巴宣布回归 A 股时，应该想到新华都（002264）和三江购物（601116）。

当雄安出新消息时，应该想到冀东装备（000856）和创业环保（600874）。

当次新有行情时，以前会想到中科信息（300678）和贵州燃气（600903），后来大家应该想到万兴科技（300624），那么未来大家会想到什么呢？不言而喻。

当国资改革有消息时，以前会想到洛阳玻璃（600876），接着就应该想到中成股份（002883）。

那么，区块链出消息呢？5G 有行情呢？数字货币开始启动呢？应该想到什么大家应该明白。说得高大上一点，这叫事件驱动型，说得低俗一点，这就是赚钱记忆。市场瞬息万变，短线游资跟大家一样，看到市场异动，哪有时间看基本面慢慢选股，游资首先想到的，一定是辨识度最高，有赚钱记忆的人气股。的确如此，曾经赚过钱的股票，总能让你记忆深刻，无须再想。

这个规律说出来挺简单的，关键是大家有没有这个意识，是不是善于总结。有这个意识了，就能占据先机，无论是低吸、追涨，还是打板，都游刃有余。

总而言之，交易的时候，不要急在一时，想好了再下手，匆忙做的决定，往往都是错的，匆忙做的交易，也往往都是亏的。

3. 低位反抽板

成都帮一般不做二板，他们主做的板基本都是低位反抽首板或低位跟风板，总之位置一定要低。

如图 3-12 所示，敦煌种业（300354）：近两年来的成都帮游资做市场套利特别火爆，2019 年 5 月 7 日，敦煌种业（300354）出现低位首板，当天买一席位为华泰成都南一环路第二营业部，买入金额为 1875.93 万元，成交占比为 10.06%。成都帮做低位热点股套利，依然能吃得盆满钵满，所以将你的模式打造精练，就可以经常"吃肉"。

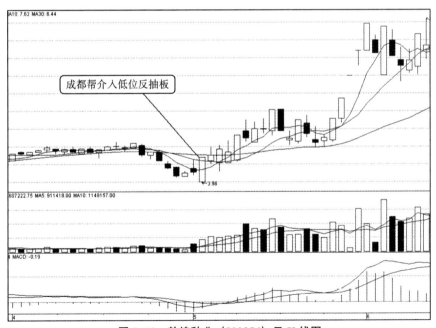

图 3-12　敦煌种业（300354）日 K 线图

成都帮的主要操盘手法可以概括如下：

（1）以超短线一日游为主，次日拉升快速获利出局，出局时并不会特定采取冲高出局。

（2）主要与消息面相结合，参与市场风口的超跌反弹、低位启动首板，引导资金合力封板。

（3）盘中操作手法主要以缓慢暴量吸筹、直线拉升封板为主，敢于大单封板，操作较有气势，利用资金优势以 9996 手大单排板。买入金额不大，通常控制在 3000 万元左右。

（4）"成都双雄"擅长提前潜伏事件驱动的板块个股，等待市场资金的挖掘，引导资金关注打造短线风口。

（5）利用市场风口以及官方组合追踪游资动向，善于抓住短线龙头以及潜伏个股。

（6）喜欢抱团操作，众多成都营业部共同炒作一只或几只股票。

总体来说：热点炒作来临，选择股性活跃的股票。什么叫股性？就是股票的性格。人有性格，股票也有性格。有的股票闷头闷脑，慢涨慢跌，比如白马股、权重股，股性呆滞，波动小，短线机会不多；但是有的股票活泼好动，稍稍一刺激，能飞到天上去，涨停之后再涨停，这种股票波动大，只要在正确的时间点进入，出来就是"大肉"，所以具有极高的短线价值。

三、出货模式

成都帮拉升较多的板，是在盘中直线气势板，基本都是一家独大，拿货成本低。所以，开盘价大概率是全天相对高点，简单地说，就是开盘立即跳水，散户可以在开盘时出掉，盘中低点再接回，一般很少跌破 4 个点，所以下跌 3% 左右时，一般就可以接回。

1. 涨停后走势

（1）盘中直线，日内强度很高的板，中幅高开 3% 左右，然后开盘直接下，大跌而小反抽，几波后就基本平盘震荡，大盘好的话，尾盘或能收红。

为什么不做二板？作为游资界的猥琐翘楚，在格局方面，根本别指望他们有宁波解放南路、溧阳路孙哥、浙江赵老哥的皮毛。他们主做的板基本都是低位反抽板，低位跟风板。总之，位置一定要低。

（2）盘中直线，日内强度尚可的板，小幅高开 2% 以内，开盘直接跳水，两波内翻绿，之后水下出货，让散户出不了货。等他快出完时，如果大盘好，或许会拉红，但大概率不会花这笔钱的。

（3）盘中直线，抛压大，有开板，日内强度较低的板（换别的仁厚游资大概率还有盈利机会），小幅低开，开盘直接跳水，迅速走低，之后水下出货，不能让散户获利出货。当他基本完成后，如果大盘不差，或许会拉到均线附近，不过他不在乎一地鸡毛的，毕竟用来托盘的资金很少。

2. 成都帮的结论

涨停后出货当天一般不会深套人，一般盘中跌 2%~4%，大盘不太差的话，跌破4% 的情况较少。总之，他们是习惯性埋散户，但不深埋，所以名声没有温州帮那么差。

但相似情况下，如果是别的知名游资，一般会为散户考虑的，能给散户红盘离场的机会，会考虑拉尾盘行情，所以对比欢乐海岸，其口碑比较一般。

四、庄游对决

2019 年 6 月，垃圾分类正在如火如荼地进行，A 股市场上，"垃圾"概念股行情火热。6 月 25 日，垃圾分类概念股一拖股份（601038）股价持续上攻，录得七连板，报11.87 元。港股第一拖拉机股份（00038）也连续 7 日上涨，近 7 个交易日涨幅近 30%，报 2.25 港元。

其余垃圾分类、环保概念股也表现不俗。中国天楹（000035）和绿色动力（601330）涨停，龙马环卫（603686）涨幅 4.55%，中再资环（600217）和天奇股份（002009）分别涨 3.07%、2.06%。

有意思的是，与以往游资炒作大唱独角戏不同，此番垃圾概念股纷纷大涨的背后，机构也参与其中，呈现出多场知名游资和机构的对决景象。成都帮在与机构对决的过程中，也担当了主角。

面对股价飙升，6 月 25 日晚间，一拖股份（601038）提示风险称，目前公司主营业务未发生变化，主要产品为用于农业生产的全系列轮式和履带式拖拉机、非道路柴油机及关键零部件，不涉及与垃圾分类相关的业务。公司控股股东一拖集团生产的东方红垃圾压缩转运站及压缩式垃圾车等环卫车辆产品与公司无关。

一拖股份（601038）因连续三个交易日内收盘价格涨幅偏离值累计大于 20% 而登上龙虎榜。调查数据显示，当日总成交额为 5.75 亿元，龙虎榜买入额为 9191.46 万元，卖出额为 1.21 亿元。

无理由的飙涨显然与游资炒作有关。在榜单买入前五名中，知名游资章盟主的国泰君安上海江苏路营业部买入 1539.74 万元，位列第三。6 月 19 日、21 日，知名游资

华福证券连江丹凤东路营业部两次现身卖出前五名榜单中。

值得注意的是，知名游资章盟主似乎对垃圾股情有独钟，6 月 25 日，章盟主另一席位中信杭州延安路营业部现身中国天楹（000035）买入前五位榜单，共计卖出 711.77 万元。与此同时，中国天楹（000035）遭到深股通席位、机构席位抛售，分别卖出 1016.83 万元、821.21 万元。

中再资环（600217）于 6 月 19~21 日连续三日大涨，其龙虎榜单则呈现游资和机构的对决。6 月 21 日，两大机构席位分别买入该股 3618.93 万元、2242.06 万元，分别排在第一位、第四位；成都帮的华泰成都蜀金路营业部、知名游资华福厦门湖滨南路营业部分别买入 2945.15 万元、2300.67 万元，分别排在第二位、第三位。

在中再资环（600217）卖出榜单中，又出现两大机构席位，分别卖出 6116.61 万元、5797.45 万元，分别排在第一位、第二位；老牌游资国信深圳红岭中路营业部卖出 3222.23 万元，排在第五位。

知名游资成都帮同样对垃圾概念股青睐有加，6 月 24 日，其席位华泰成都蜀金路营业部以买入 1007.97 万元排在怡球资源（601388）龙虎榜单买入第一位；6 月 21 日，成都帮席位中信山东淄博分公司以买入 1309.85 万元现身启迪桑德（000826）龙虎榜中，排在买入第三位；6 月 20 日，成都帮席位中信建投成都南一环路营业部以卖出 5907.96 万元现身博腾股份（300363）龙虎榜。

在启迪桑德（000826）、博腾股份（300363）龙虎榜中，同样出现机构席位。6 月 21 日，启迪桑德（000825）遭机构抛售 1230 万元；6 月 20 日，在遭遇游资成都帮出逃的同时，机构买入博腾股份（300363）1257.76 万元。

2019 年垃圾分类概念股的上涨，源自政策上的强力推进。消息面上，各地加快建立生活垃圾分类投放、分类收集、分类运输、分类处理的垃圾处理系统，实现垃圾分类制度有效覆盖。上述个股的上涨，虽然有炒作的成分，但并非毫无投资逻辑可言。就是说垃圾分类政策的推出，对推进固废全产业链均有影响，前端完善收运系统，终端打开湿垃圾处理市场，也是后续循环经济发展的基础。监测板块、垃圾处理、危废处置、土壤修复领域，在行业景气度仍然较高的背景下，业绩驱动力仍将维持。板块高景气度延续，未来看好垃圾分类推进下固废产业链发展加速，细分赛道厨余垃圾处理市场、资源回收利用市场有望快速打开。

第四节　新老交融　庄游共舞——山东帮

一、主要席位

山东帮资金大部分活跃在山东，最具代表性的营业部当数国海证券系两家营业部——国海证券济南历山路营业部（前身为国海证券济南济安街营业部）和国海证券济宁邹城市兴石街营业部，活跃程度虽然不及成都帮、佛山帮、温州帮等，但同样是游资界不可忽视的力量。此外，还有以下几个常见席位：国海证券山东分公司、国海证券泰安擂鼓石大街营业部、中信证券山东荣成成山大道营业部、中信证券山东荣成石岛黄海中路营业部、中泰证券山东荣成石岛黄海中路营业部、广发证券山东荣成石岛营业部。

此外，山东帮还有遍布全国其他城市的营业部：中信证券杭州四季路营业部、华泰证券厦门厦禾路营业部、华泰证券台州中心大道营业部、申银万国瑞安安盛路营业部、东方财富上海浦东富特西三路营业部、华林证券拉萨察古大道营业部。

据传，山东帮操作比较大气，一度赢得"善庄"的称号，特别是喜欢反复做T，不断高抛低吸，肯给散户介入机会。山东帮操作的次新股手法总是刻意操控、努力维护股价，做T非常大气老练，往往是多席位联合行动，手法彪悍，风格高调，让很多游资折服。

山东帮从接力"涨停板敢死队"后，成交金额列山东一百多家券商营业部前十，频频现身许多牛股。如同力水泥（000885，现"城发环境"）、上峰水泥（000672）、利君股份（002651）、太阳电缆（002300）等30只股票，这30只股票在年度行情中平均涨幅高达89.71%，涨幅最大的就是顺丰控股（002352），同期涨幅为541.80%，其次是张家港行（002839）、江阴银行（002807）和华友钴业（603799），同期涨幅分别为238.16%、200.90%和285.13%；也有5只下跌的，其中银河生物（000806）、南兴装备（002757）同期跌幅逾30%。但是，山东帮的根据地国海证券济南历山路营业部从2019年开始渐渐淡出市场，似乎已经转移阵地。

二、风格切换

山东帮始于 2016 年 3 月，有巨力之短庄，承温州帮之脉，加以游资之手法，形成游庄之高级形态，善于打造人气"妖股"，邀约众游资共舞，成人气之王，市场之灵魂。其作风彪悍，短线暴利，经常多营业部抱团拉升炒作。

山东帮首战成名于可立克（002782）之役，低位快速建仓后，股价拉升两倍。之后又有白云电器（603861）和鹭燕医药（002788）等次新股。市场为之轰动，渐与温州帮交融，升级手法，参与老庄股，进入题材股，打造市场风向，几个进阶，形成游庄一体之大成，乃至一绝。山东帮经历的几个阶段包括：

第一阶段：只做次新庄股。开始之山东帮，局限于短庄独食之列，与温州帮不相上下。山东帮只做次新股，温州帮只做上证之老庄股。次新股短平快，收集筹码容易，建仓拉升出货较为快速。不利的一面则是爆榜频繁，基本是打明牌，易暴露自己。当时出名的席位主要是山东席位和中信杭州四季路。老庄股收集筹码隐蔽，拉升也隐蔽，上证之股不易爆榜，温州帮当时非常之低调，尽力不暴露自己，不染指次新股和创业板等易爆榜之板块个股。

第二阶段：交融学习，进入老庄股。首先是山东帮基本形成了市场的风向标，热点龙头之最，市场之灵魂。其次是购买春季行情的次新股，有和胜股份（002824）、安正时尚（603839）、张家港行（002839）、江阴银行（002807）、数据港（603881）等。这波的拉升主要切合"一带一路"、供给侧的水泥。从上峰水泥（000672）开始，游资大佬开始参与进来，山东帮也不像温州帮那样绞杀游资抢筹，而是共同拉升，打造出市场新主流，游庄一体化。

第三阶段：和游资共舞，切合主流题材，打造市场人气风向。南京港（002040）是山东帮升级后的第一战，之后开始疯狂复制，柘中股份（002346）、太阳电缆（002300）乃最经典两战。其他小拉升如先锋电子（002767）、新亚制程（002388）、世龙实业（002748）和利君股份（002651）等。

这个阶段还是以游资之最犀利手法独自拉升为主。山东帮的手法之精华在于，速度第一，第一波一般三四个板，一波拉升，极致快速，毫不拖泥带水。之后，山东和温州两帮人马开始相互学习手法，混合拉升，战场从各自的老庄和次新开始交互拉升。例如，西仪股份（002265）、福建金森（002679）是两帮合作之精品。各自开始全面发展，温州帮开始大规模进入次新股，山东帮开始进行老庄股拉升。

三、手法解析

在 A 股市场上，山东帮强势崛起，吸引了不少人的目光，他们以极具爆发力的拉升势头，经常连续拉升三个涨停板，巨大的涨幅让很多散户看得动心，之前都是温州帮和一些敢死队在股市里翻云覆雨，现在山东帮这股势力的崛起，着实让游资江湖掀起巨大风浪。

通过近年来对山东帮的跟踪发现，其所涉猎个股的最大共性就是盘子小，流通市值平均在 50 亿元左右，总市值均值在 200 亿元上下。山东帮选择股票及介入时机还有一个特征，那就是至少出现三连阳，且其中需有涨停板。其操作手法是典型的"涨停板敢死队"的操作手法，即选择走势强劲的股票火线杀入，然后持续推涨停板，并边打边撤。

如图 3-13 所示，顺丰控股（002352）：2017 年 2 月 23 日，该股放量涨停，当日龙虎榜上并没有山东帮的身影。可是，2 月 24 日开始，山东帮火线杀入，盘中将股价推至涨停板，当日其席位买入金额达 5521.32 万元，占当日成交额的 4.08%。

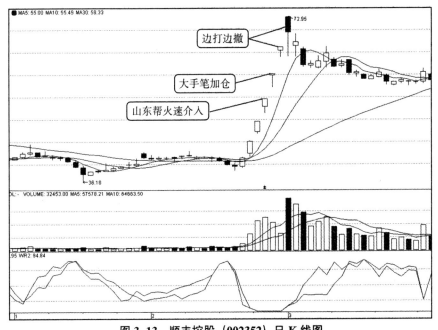

图 3-13　顺丰控股（002352）日 K 线图

2 月 27 日，山东帮继续大手笔买入 7894.90 万元，占当日成交金额的 6.2%，将股价牢牢封死在涨停板上，同日卖出 4976.11 万元。但 2 月 28 日，其介入后的第三个交易日，股价仍在涨停板上，山东帮却已经开始边打边撤，当日买入仅 2672.67 万元，而卖出 7307.35 万元，占当日卖出金额的 8.74%，净卖出 4634.68 万元。

3月1日，股价尾盘开板，之后股价渐渐低走，进入中期调整。综合这几个交易日的买卖情况看，山东帮合计买入金额为 3.38 亿元，卖出金额则为 2.26 亿元，筹码仍未出尽，在后续陆续获利离场。

从山东帮操作的个股在分时图中的走势，可以发现一些规律：

（1）山东帮封板不坚决，经常自己封涨停板后，自己用资金砸开。

（2）山东帮在拉升第二个涨停时，在涨停板附近会有减仓行为。通常在涨停后的第二天，股价大多直接高开 5% 以上，此时散户看到后，会有较多人追进去，这时主力可以顺势减仓，减去部分仓位后，再次拉升封涨停板，封板的金额并不多。封板达到一定时间后，山东帮会把自己的大单撤掉，进行精准砸盘，筹码基本都让散户接走，在高位让散户高换手。

（3）在山东帮操作结束末期，会通过拉尾盘的形式封板，实现暗中出逃。

（4）山东帮介入一只个股后，大多留有仓底，实行多次做 T。保留底仓仅仅为了霸占个股吗？其实不是这么简单的。保留底仓，除了可以在别人介入的时候挂出大单吓唬入侵者或者砸盘打压，还可以起到打压股价的作用，在操作完成之后尽可能地快速打压股价，致使恐慌盘流出，股价回到原点，从而使个股缩短调整时间，当股价回到原点时，就有机会重新介入。

四、操作特点

山东帮资金实力雄厚，最大金额在单只个股一天可以连续买入超过 4 亿元，并且同时操作多只个股，喜欢在开板之后的新股中来回反复做波段，波段幅度最大在 40% 左右，从来不畏惧龙虎榜的披露，出货手法也比较温和，以拆单出货为主，也可以容忍其他游资跟风，和游资敢死队合作相当有默契。其中华泰厦门厦禾路营业部最常出现在山东帮操作的个股，说明华泰厦门厦禾路对山东帮跟踪得比较紧密。山东帮主要有以下操作特点：

（1）山东帮喜欢做次新股，特别喜欢做刚刚开板的次新股。通常做的次新流通盘在 10 亿~20 亿元。所以，次新股的涨停板龙虎榜席位中如果出现山东帮，就该重点留意了。

（2）山东帮的建仓规模通常在 1 亿~2 亿元，而其他游资的建仓规模平均在 2000 万元左右，行情不好的时候会下降到 1000 万元。可见，相比于其他游资，山东帮的建仓规模比较大，所以运作周期也较久，以周为单位，并且出货较为温和。

（3）由于山东帮不吃独食，在中后期常常会让其他游资尤其是敢死队介入，一起拉升出货。所以，如果山东帮的品种有了其他游资中途介入，很有可能成为市场上的热门品种，或者说是强势个股。

（4）所操作的个股，其拉升幅度在30%左右，也就是3个涨停板的空间。也就是说，一只符合山东帮建仓标准的次新股，当它出现第一个涨停板的时候，很有可能就是第一次买点的时候。介入后要留意其惯常的拉升涨幅和空间。

（5）山东帮不是敢死队，也不喜欢一日游，与其他游资相比，山东帮更加长情。他们喜欢以周为单位反复操作一只股票，留有底仓，高抛低吸，不断地做T。

这种现象告诉大家，如果发现有山东帮的个股，其拉升幅度还没有30%的空间，也没有达到一周的运作时间，此时如果出现回调，那么这样的品种就可以低位埋伏、左侧介入。

这样的机会往往风险不大成功率却很高，因为山东帮的风格，这只股票会有反复，后面容易拉升。

（6）由于山东帮不吃独食，对其他游资比较友好。在高位的时候，喜欢让敢死队去介入接盘。也就是说，山东帮不是自己全程自拉自唱吃独食，而是在中途放出一部分筹码让其他游资参与，共同推升股价，一起达到一边出货一边拉升的目的。

（7）喜欢长期反复地操作一只股票，留有底仓的同时不断地做T，典型的实例有"妖股"上峰水泥（000672）和柘中股份（002346）。

（8）山东帮一般出货时会有明显的警示信号放出，大大降低了持股风险，是不可多得的营业部组合。通过观察，山东帮往往对于在弱势行情中打造牛股更加得心应手，堪称震荡调整市中的传奇舵手，具有很强的跟随价值。

五、跟风方法

1. 如何与山东帮席位买在同一天

如今的山东帮操盘手法明显比以往操作的个股优化了许多，以前的水平大多还停留在低位吸货建仓后再在高位拉升派发筹码或突然拉升冷门个股的做法，而今感觉山东帮应该得到了高人指点，选股方面更贴近市场热点、更有大局观，使得其拉高个股获利丰厚，而且由于跟风资金众多，出局也相对比较轻松，加上媒体经常有人吹嘘其大气，使得山东帮更能发挥极致。

从山东帮炒作的目标股来看，重点还是围绕开板次新股来操作的。为何选开板次新股？估计大家都清楚，没有套牢盘、没有其他大资金操控，他们所要做的就是收集

筹码顺势拉升、吸引跟风，再顺利出局。按目前次新股发行速度看，后续几乎每一个交易日都会有开板次新股，但是如果一天开板四只，山东帮布局其中一只，那么大家跟风山东帮同入一只股的概率也只有 25%。

为了提高这个概率，对此作了大概总结，流通市值 10 亿元左右的次新股，一般 5000 万~6000 万元就可以控制盘面了，而在盘中拉升就很容易吸引其他资金跟风，以致筹码难以完全收集，而 20 亿元以上的流通市值利用其资金优势控制起来相对容易点。通常，6 字开头的个股优于 3 或 0 字开头的个股，因为相对而言 6 字开头的个股业绩普遍好于深市次新股。此外就是股价上市后连板少、业绩优、股价低，开板次新股容易受到短庄青睐。还有一点也是最重要的一点，就是观察山东帮盘中封板拉升手法，大家可以仔细研究一下 2017 年 2 月 20 日的安正时尚（603839）首次开板的走势，虽然没出龙虎榜，但毫无疑问山东帮那天就已经入场了，2017 年 3 月 1 日的数据港（603881）首次开板走势和顺丰控股（002352）2017 年 2 月 24 日 8% 到封板以及板上挂单的情况，具有很多相似之处。这些因素可以提高在第一天参与山东帮坐庄的个股在后续的拉升中顺利盈利出局的概率。

2. 如何看待山东帮龙虎榜席位

从数据港（603881）的龙虎榜数据中可以看出一点猫腻，因为山东帮成员也会经常逛股吧，知道大家喜欢玩超短线，喜欢追"妖股"，晚上没事又喜欢复盘、看龙虎榜。一旦看到自己买进的个股有一线游资，就兴高采烈地以为自己买中了"妖股"，甚至跟风知名席位一同被套时也会感到有大资金来救援，一旦出现这种思维，那么就离亏钱已经不远了。所以，应正确对待龙虎榜，其实龙虎榜对超短线操作没有用处，大家所要做的就是跟大资金一样坚持这个原则：如果第二天不快速拉升或拉板都要找时间出局。山东帮正是利用大家喜欢看龙虎榜的习惯，充分利用龙虎榜只公布前 5 买卖席位的原则，游资往往为了保证前 5 个席位出现在龙虎榜上，后面还有许多掩藏席位。游资第一天席位上榜"明牌"后，其第二天通常会继续加大筹码投入控制盘面，其一可以掩护第一天筹码高位甚至涨停出局，其二加仓量多少可以试探出跟风资金的意愿，如果跟风意愿强烈，加仓量会适当减少，如果跟风资金比较谨慎，当天加仓筹码相对较多。

3. 山东帮有何盈利模式

如图 3-14 所示，数据港（603881）：从该股的龙虎榜数据可以大概估算出山东帮在短短 3 天内的收益情况。华泰台州中心大道营业部（山东帮席位）在 2017 年 2 月 28 日其实就已经大幅进场了（所以想跟山东帮同一天介入次新股，密切关注放量而未开板的次新股龙虎榜信息也是必要的），仅这个席位盈利在 600 万元以上。3 月 1 日，山东帮投入 1 亿多元资金，40%的资金用来盘中吸筹，60%的资金用来接近拉板时的稳盘和封板，当天盈利大概 1.6%，第二天上榜资金大概 2 亿元。3 月 1 日入场的资金基本全部出完，大部分都出在高位，平均获利 8%以上。3 月 3 日开盘大部分砸盘出局，平局亏损 1.8%左右，这样 3 月 1 日和 3 月 3 日赚亏基本抵销。山东帮主要盈利来自 3 月 2 日和华泰台州中心大道营业部的盈利，盈利至少在 2000 万元以上，短短 3 天就有如此收益，这样的模式后续还会经常复制的。

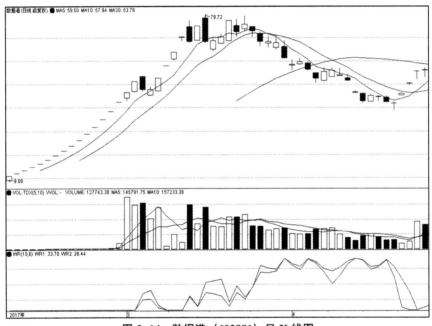

图 3-14　数据港（603881）日 K 线图

4. 如何卖出跟风山东帮的个股

山东帮喜欢"明牌"操作个股，既然不能赶在山东帮席位亮出之前参与同一只个股，那么只能在山东帮"明牌"后第二天参与了，虽然没有前一天参与进场的资金优势灵活，但至少山东帮还会给机会让小散户参与的。大家都不进场，山东帮自己表演也没意思，再说第二天采取开盘快速下杀，山东帮自己心里也不敢确定能不能盈利出局。如果第二天下杀，第三天再拉，那山东帮和温州帮又有什么不同？这也许就是山东帮的个性吧，所以"明牌"后第二天稍微低开后的快速拉升还是可以跟风进场喝点汤的，基本"明牌"第二天也是会涨停的。那么第三天会不会涨停呢？这很关键，为何安正时尚（603839）会在四连板后才下杀，而数据港（603881）二板后就下杀？这

跟山东帮主观意愿有很大关系，但如果大盘处在调整中市场资金接力谨慎，山东帮也不会经常去拉升四板五板给自己难堪，拉高了没人跟风，自己出不了货也很尴尬的。所以大家在山东帮"明牌"第二天入场的，第三天就不要再幻想还有多少个涨停了，最好的办法就是参照以往超短线的原则在开盘时直接卖出，不要再受隔夜消息和龙虎榜数据，以及"山东帮最胖、第二天直接一字板"等言论的影响而错过最佳卖点了。比如2月24日的安正时尚（603839）（当时个股跟风气氛还算比较好，给了早盘充分的出货时间），3月3日的数据港（603881）、2月27日的雄塑科技（300599），如果开盘不跑，当天就是大亏。

其实，最想表达的是任何游资都不是善庄，出货都一样凶狠，并不比温州帮好多少，都是以收割韭菜为目的的。山东帮只是利用资金优势选一种与其他游资或帮派不同的收割手法而已，作为散户所要做的就是按自己的超短线原则对待任何一单交易，顺势跟风，大资金到哪里我们就跟到哪里，对于未来的行情不作过多猜测。

六、与温州帮的区别

山东帮与温州帮有明显的不同，温州帮操作的个股是最反人性的，如果说山东帮操作手法比较简单粗暴，涨得让人不敢相信，那么温州帮操作的个股经常是洗盘洗得让人难以接受。这是判别这两个帮派操作风格的最简单的办法。

1. 温州帮的主要特点

（1）喜欢压单，这一点比其他游资更为突出。

（2）喜欢上下夹单，股价呈现过马路形式。

（3）喜欢洗盘，通常有三种洗盘方式，一个是缩量洗盘，还有冲高5个点，然后回落到绿盘洗盘，这个是比较凶狠的洗盘方法，还有一个是跌停板洗盘，当天减仓，第二天涨停，把前一天跌停的货拿回来。

（4）喜欢对倒造势，比如对倒拉升、洗盘。

2. 山东帮和温州帮的主要区别

（1）温州帮极少在上午就拉升涨停板，90%的涨停都在下午拉升，通常用对倒手法拉到涨停板；山东帮则不同，有时候在上午拉升，有时候在下午拉板，封涨停板不坚决，高位进行减仓。

（2）温州帮的股票极少破板，就是高位精准砸盘；山东帮经常出现封涨停不坚决现象，在高位破板精准砸盘。山东帮在高位精准砸盘时，通常需要考虑以下因素：一是主力手里的底仓筹码已经足够多，达到了控盘，很容易拉到涨停；二是涨停板位置没有太大的抛压；三是连续拉一至两个涨停板，引起了足够的跟风盘；四是必须是小盘股，盘子太大了，拉涨停太难，抛压太大。

（3）山东帮通常在高位进行高换手，通过这样的一种洗盘方法，把之前的获利盘洗出去，其实这是一种新的洗盘手法，即不封涨停，散户看到封不住涨停，通常会卖出，吓出一些获利盘，同时，让跟风盘去接盘，经过这样的换手，新持股的散户，通过在高位接盘后，浮利在2%~5%，第二天卖出的意愿没有低位卖出的意愿大，减少山东帮再次拉升涨停板的抛压。

第五节　逆势抄底　制造爆头——苏南帮

一、主要席位

苏南帮为新生代游资，以做短线为主，资金量较大，实力较强，人员众多；经常连续3~5日大阳线，利润稳定，多为江苏本地联动操作，曾操作过集泰股份、印记传媒、升达林业、群兴玩具、华谊嘉信等个股；一般两个营业部联动有效，单个营业部操作不建议参考。苏南帮主要知名营业部：兴业证券陕西分公司、东莞证券四川分公司、华泰证券江苏镇江分公司、华泰证券江苏江阴分公司、国泰君安南京中央路营业部、国泰君安南京金融城营业部、东北证券常州花园街营业部、国元证券南京建邺路营业部、上海证券南京江东北路营业部、华泰证券南京东苑路营业部、华泰证券南京中华路营业部、华泰证券南京江宁金箔路营业部、华泰证券宁波柳汀街营业部、长江证券武汉友谊路营业部、华泰证券南宁中泰路营业部、中信证券无锡清扬路营业部、华泰证券无锡金融一街营业部。

苏南帮的营业部庞大，操作过程中营业部之间联系紧密程度高，经常同进同出一只或几只股票，随着资金的日益壮大，现在一只股票已经很难容纳资金体量，通常一天介入多只同行业或多个行业的股票。

如图3-15所示，欣天科技（300615）：该股有"5G＋超跌"概念傍身，公司已围绕5G技术参与客户早期研发和预演项目，为射频金属元器件的优选供应商。在2019年1月2日的龙虎榜上，苏南帮集体现身，买一、买三、买四均为该帮席位。买一东莞证券四川分公司，主封买入514.25万元；买三华泰江苏镇江分公司，买入470.33万

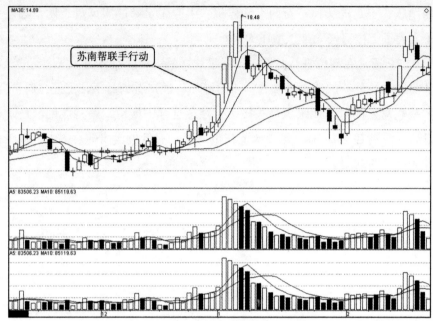

图 3-15 欣天科技（300615）日 K 线图

元；买四国泰君安南京中央路营业部，买入 466.93 万元。

如图 3-16 所示，西部资源（600139）：该股有"有色金属＋锂电池"概念傍身，公司主营有色金属采选业务，2019 年 3 月 7 日早盘强势上板。龙虎榜上，买二为苏南帮

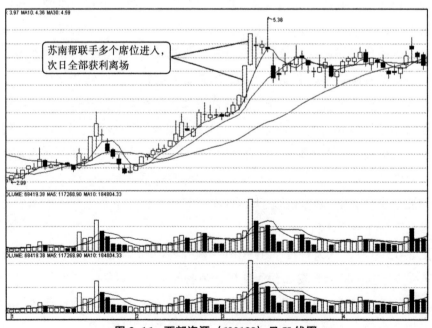

图 3-16 西部资源（600139）日 K 线图

席位东莞证券四川分公司，助攻买入 544.02 万元；买四为苏南帮席位华泰南京金箔路营业部，买入 439.79 万元。次日股价冲高全部获利离场。

二、操作风格

1. 首板诱多 制造爆头股

做首板遇到的最惨情况：爆头股。什么是爆头股？简单理解，就是封板或即将封板时，主力用一笔或连续大卖单砸开封盘，出现爆板现象。爆板后，多数情况下爆头股当日或次日出现走弱现象。

苏南帮在操纵个股首板上，套利手法与其他游资相比可谓技高一筹。他们喜欢做爆头股，由几个关联席位运作，手法恶劣，不同于活跃的温州帮、成都帮等帮派。苏南帮单笔盈利率小，但运作时间短、收割频率高，出货方式更加暴力残忍，因此做首板的很容易中招。

苏南帮的选股策略：前期通常采用大面积吸筹小盘次新股的策略，现在大多选择前期有过连板，具有一定人气、股价通常不高的强势股。比如，2019 年 6 月 20 日的华菱星马（600375）、恒六实业（000622）、凯恩股份（002012）、方盛制药（603998）等，这些个股完成主升浪后，等待股价调整下跌时，苏南帮在低位吸纳筹码，然后用其他关联资金做集合竞价高开，开盘后用少量资金点火拉升到 8 个点附近，做出吸引人的分时走势和 K 线结构，等到有其他跟风资金封板时，立即反向用数笔大卖单连续砸出，血洗封板散户和其他游资，把筹码全部抛出。这是游资圈中赤裸裸的"黑吃黑"行为，也是一种操纵股价的行为。

被苏南帮爆头后的个股，股价全天几乎一路回落，少数个股由于低位或者有日内题材能够回封，但是第二天基本都是继续低开杀跌。这种股票如果买在板上，砸板后隔日亏 10 个点算是起步价。如上述个股亏损幅度达 20%~30% 才能逃出来，这种损失对于任何投资者而言几乎都是无法承受的。

如图 3-17 所示，力帆股份（601777）：该股前期非常强势，见顶后大幅回落，苏南帮低吸筹码后，在 2019 年 5 月 30 日向上稳步推高，股价拉升至涨停板附近，让散户感觉到当天会封板，从而诱导散户打板买入。当散户有了这个习惯后，主力游资反手抛出砸空，导致股价连续下跌。所以，大涨后的反弹首板风险较大，应认真对待。

如果问什么对追板者伤害最大，答案不是龙头股见顶回落，而是苏南帮的做假板爆头手法。可能有人会说，这是技术不够看盘不仔细所致，但像苏南帮这样的"黑吃黑"行为，就是涸泽而渔把鱼仔都吃光，在游资圈实属少见，这也告诉大家炒短线有

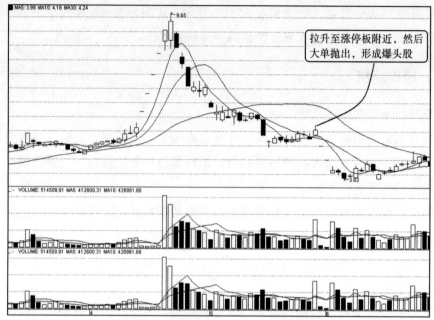

拉升至涨停板附近，然后大单抛出，形成爆头股

图 3-17　力帆股份（601777）日 K 线图

时真的会被主力和游资吃到连皮都不剩。

2. 短线交易　低价小盘股

这里以国泰君安南京金融城营业部为例，揭秘苏南帮的运作情况。近一年来，该营业部上榜后第一日平均涨幅最大，平均涨幅为 0.49%，上涨概率为 42.31%，打板概率为 26.92%。偏好上市 3 年以上的个股，占比 61%，次新股仅占 4%。市值偏好于 10 亿~20 亿元，占比 40%，20 亿~30 亿元的占比 24.14%，30 亿~40 亿元的占比 13.79%，大于 40 亿元的占比 6.21%，小于 10 亿元的占比 15.86%。价格偏好于 10 元以下的个股，占比 60%，10~20 元的占比 28.97%，20~50 元的占比 11.03%，不做 50 元以上的个股。行业偏好机械设备、传媒、通信、汽车和电气设备等板块。

总体上，该席位偏好上市 3 年以上的老股票，个股市值倾向于小盘股，主要集中在 10 亿~20 亿元的盘子。价格上主打低价股，大部分在 10 元以内，10~20 元中价股也有涉及。操作风格上，该席位喜欢启动之初的前两个涨停板进场，也经常在一字板涨停时凭借优势进场，出货时一般选在第二个实体板出局或者冲高时走人。

结论：

（1）操作风格为短线交易，启动之初的涨停板进场、实体板或冲高出货。

（2）从数据上看，主打上市时间较长的低价、小盘股。

（3）该席位上榜后次日打板概率为 26.92%。

（4）上榜后次日平均涨幅为 0.49%，但上榜后 10 个交易日的平均涨幅呈现下行趋势。

苏南帮的席位国泰君安南京金融城营业部进场位置较好，但上榜后的涨幅表现不佳，散户投资者以观望为宜。

3. 逆势抄底　敢撬跌停板

下面解析一下东吴证券苏州西北街营业部，这是苏南帮的重要席位之一。近一年来，该营业部上榜后第一日平均涨幅最大，但平均涨幅为 −0.99%，上涨概率为 43.21%，打板概率为 13.58%。喜欢上市 3 年以上的个股，占比达到 96.3%，不做次新股。市值 10 亿~20 亿元和 20 亿~30 亿元的占比均为 23.53%，30 亿~40 亿元的占比 21.57%，40 亿~50 亿元的占比 13.07%，大于 50 亿元的占比 15.03%，小于 10 亿元的占比 3.27%。价格偏好于 10 元以下的个股，占比 71.24%，10~20 元的占比 22.88%，20~50 元的占比 5.88%，不做 50 元以上的个股。行业上主打电气设备、化工、计算机、公用事业和医药生物等板块。

如图 3-18 所示，天风证券（601162）：2019 年 10 月 22 日，全天一字跌停，但作为苏南帮席位之一的东吴证券苏州西北街营业部逆势买入，排名第 4 位。次日，高开 4.62% 后，冲高获利离场。

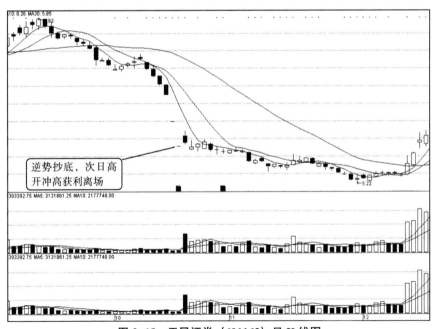

图 3-18　天风证券（601162）日 K 线图

总体上，该席位偏好上市 3 年以上的老股票，市值上没有明显偏好，大中小盘全

覆盖。价格方面主打低价股，大部分不超过 10 元。操作风格上，该席位飘忽不定、风格飘逸，经常在跌停板上抄底，手法较为激进。另外，该席位尤其偏爱做 T，反复倒腾，但上榜后的股票走势却不理想。

结论：

（1）操作风格习惯跌停板抄底并频繁做 T，风格飘逸、策略激进。

（2）从数据上看，主打上市时间较长的低价股，不过于强调盘子大小。

（3）此席位上榜后次日打板概率为 13.58%，上榜后收益率较差。

（4）上榜后次日平均涨幅为 -0.99%，在上榜后连续 10 个交易日的收益率全部为负，且跌幅逐级扩大，不建议散户投资者跟随该席位。

三、操作手法

苏南帮主要有以下操作手法：

（1）通过自己控制的账户进行相互之间的交易，且多次申报价格高于委托前一笔市场成交价格及买一档或卖一档价格，在短期内快速拉升股价，并在半小时之内反向卖出获利。

（2）通过大额、多笔、连续买入拉升个股价格，并在拉升后半小时内反向卖出获利。

（3）在开盘集合竞价阶段，先以涨停板价格申报买入，拉升开盘集合竞价价格，且大部分买入申报在即将成交时撤单，并于上午之前反向卖出获利。

（4）在收盘集合竞价前，连续多笔申报价格均高于委托前一笔成交价格，或申报价格高于市场前一秒卖一档价格，在收盘前拉升股价，并在次日上午反向卖出获利。

苏南帮利用上述几种操作手法或者几种手法同时使用，操作过经纬纺机（000666）、云南锗业（002428）、先锋新材（300163）和圣农发展（002292）等多只股票。比如，在操作经纬纺机（000666）时，就同时使用了 3 种手法。

第六节　擅长潜伏　隐身作战——苏州帮

一、主要席位

苏州帮其实由来已久，以做短线为主，经常连续拉出 3~5 根大阳线，利润较为稳定，资金实力较强。苏州帮主要有以下几个席位：东吴证券苏州西北街营业部、广发证券吴江仲英大道营业部、华泰证券苏州人民路营业部、东吴证券常州通江中路营业部、海通证券杭州文化路营业部、兴业证券上海金陵东路营业部、东吴证券苏州石路营业部、中信建投苏州工业园区星海街营业部、东吴证券苏州工业园区敦煌路营业部、东吴证券常熟商城中路营业部、东吴证券吴江盛泽镇西环路营业部、华泰证券苏州吴中大道营业部、广州证券常州高新科技园营业部、广发证券苏州苏州大道东营业部。

如果说，南京帮的套路是快速消耗接力资金的快刀手的话，那么苏州帮这股资金就是极度消耗超短线的流动性，他们擅长潜伏，资金规模庞大，逐梯次多方面深挖沟渠，隐身作战。

苏州帮的玩法分两步：第一步，选股，选择流量大、当过龙头的股票；第二步，分批纵深进仓，找低吸点位。苏州帮卖出时基本上就一条，有涨停的迹象，分批卖出。

二、手法揭秘

苏州帮在 2018 年年底至 2019 年年初做了两只有代表性的个股——东方通信（600776）和全柴动力（600218），都是市场的龙头，盘面操作非常顺畅。这里分析一下他们的操盘手法。

1. 建仓期间

如图 3-19 所示，东方通信（600776）：2018 年 12 月 3 日、7 日和 10 日，苏州帮在该股采用烂板建仓，这跟以前的庄股手法一样，所不同的是苏州帮鸠占鹊巢在高位烂板建仓，而不是从底部横盘吸筹再拉升的。这个位置属于强势介入，非常强悍，可以快速高效地大量获取筹码。

如图 3-20 所示，全柴动力（600218）：苏州帮在该股于 2019 年 1 月 15 日和 17 日一字涨停板后再拉高烂板建仓，这是最快速最直接的吸纳筹码的方式，而不是底部逐步缓慢吸筹这种低效率的行为，这也是苏州帮跟过去传统庄家手法的区别。

经过一字板和两个烂板的建仓，基本上仓位可以达到 1 亿~2 亿元的底仓，这样的底仓决定了它的主升绝不是普通的 3 个板就能完事的，这样基本可以发现东方通信（600776）高位建仓和全柴动力（600218）都属于同一个操盘手，后面再看洗盘手法。

2. 洗盘手法

如图 3-21（左）所示，东方通信（600776）：2018 年 12 月 26 日，股价向上突破平台后连拉二板，12 月 26 日出现洗盘整理走势，股价小幅高开后向上推升到涨停板附近展开震荡，午后股价向下缓缓回落，回落达到 10% 左右，这里还是带量的下跌，说

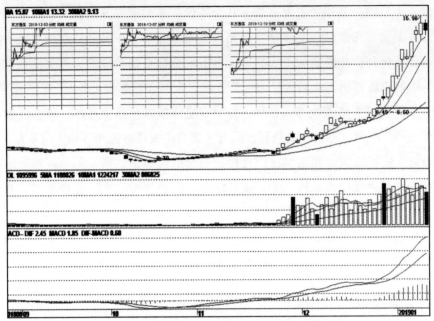

图 3-19　东方通信（600776）日 K 线和分时图

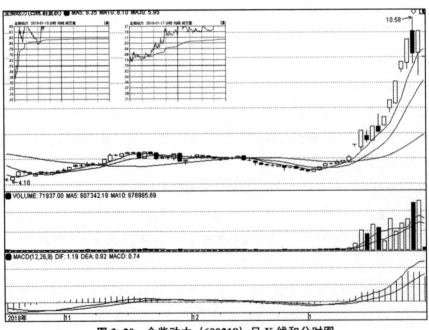

图 3-20　全柴动力（600218）日 K 线和分时图

明有很多资金离场。

如图 3-21（右）所示，全柴动力（600218）：该股在 2019 年 1 月 18 日的洗盘走势中，同样也是大幅建仓完成后洗盘，同样也是大幅回撤 10% 左右，只不过该股在回撤

过程中是无量的，操作手法与东方通信（600776）一致。

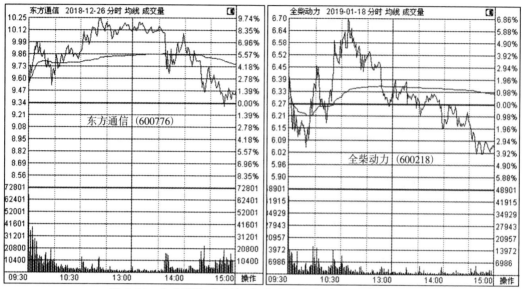

图 3-21　东方通信（600776）和全柴动力（600218）分时图

3.拉升手法

如图 3-22 所示，东方通信（600776）和全柴动力（600218）的拉升手法跟趋势拉升基本一致，游资反包手法用得较多，这个区域较多游资已经参与进来，就看怎么灵

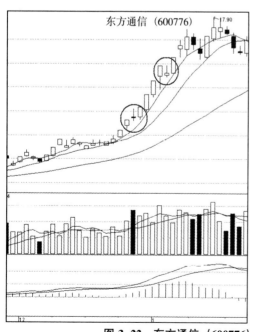
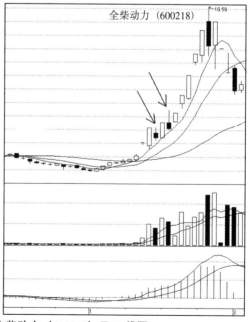

图 3-22　东方通信（600776）和全柴动力（600218）日 K 线图

活理解。维护盘面也简单，在关键位置大单主动维护即可，由于一直处于分歧换手状态，很难出现情绪接力高位加速分歧猝死的情况。

综上分析，这样的涨停建仓 2+4 或 5 结构基本上能卡死其他题材情绪接力个股，比如东方通信（600776）压倒泰永长征（002927），全柴动力（600218）压倒华培动力（603121），完成高度空间，胜者为王。总之，苏州帮的精髓在于主升前的横盘处理，之后的暴力洗盘，其跟其他普通庄家的区别是，更喜欢及时借助热门题材，最重要的一点就是在主升时主流资金可以大仓位参与进来，容量跟以前的龙头无法上仓位完全不一样。对游资的监管紧箍咒就是成交占比过高后的卖出限制，而苏州帮的风格可以化解这方面的烦恼，那就是两个苏州帮营业部烂板建仓+暴力洗盘+反包拉高+突破平台追涨。此外，苏州帮还喜欢做沪市股票，不容易上龙虎榜，以免过早暴露。

三、打造龙头

苏州帮顺应市场喜好，寻找超跌小盘股，结合题材炒作规律，打造换手龙头。

如图 3-23 所示，深大通（000038）：该股在 2019 年 8 月 21 日出现三板，这是 8 月 20 日众多二板中的有力竞争者，因为换手，所以占有很大的优势。苏州帮席位东吴证券苏州石路营业部在二板介入底仓，买入资金 301.65 万元，在 21 日的三板再次买入 414.86 万元，同日卖出 580.38 万元。

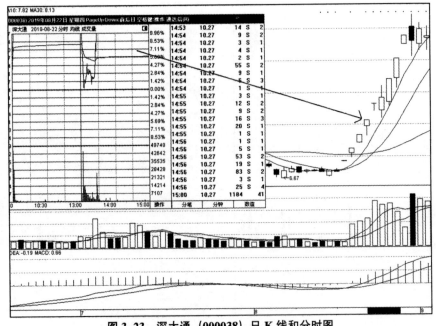

图 3-23 深大通（000038）日 K 线和分时图

8月22日，借助区块链利好，股价高开6%后，强势秒拉四板，抢占市场先机，创造有利地位。从这一天的分时走势及成交明细分析，在有众多助攻的前提下，一般是不可能开板的，可是这样次日容易高开一致下砸，所以午后复盘时苏州帮先把自己的托单撤掉，然后连续大单抛出，封盘被砸开。

从分时走势可以看出垫单维护和多席位协同操作。接下来被市场资金砸到平盘，此时苏州帮在低位几百手小单拿货，趁机逢低做T，其洗盘手法之狠，可媲美山东帮。

释放盘中抛压后，股价再次直线拉板，拉出"妖"性。这时候市场派选手是不敢上的，因为不清楚爆头资金的底细。只有爆头资金敢这样拉升，因为拉升的就是他们自己。

在盘中，苏州帮动用4000手左右的单子强势封板，表现出其实力和合力。接下来，大局已定，有部分单子挂在后面垫单维护盘面。

第七节　庄游并存　牛股为伴——超短帮

一、主要席位

上海超短帮在市场尊称超级机构，资金体量较大，手法彪悍，成功率高，习惯性超短操作，但偶尔锁仓做波段，个股获利空间不错。其介入个股往往要结合市场大环境，再考察个股基本面后重仓出击，值得散户跟踪研究。

从龙虎榜数据中发现，上海超短帮经常协同机构专用席位抢筹拉升，属于右侧趋势交易者，操作的个股涨幅均较大，成为短期市场牛股。上海超短帮有以下主要席位：东方证券上海浦东新区银城中路营业部、申万宏源上海闵行区东川路营业部、东方证券浙江义乌宾王路营业部、国泰君安上海分公司、国泰君安上海新闸路营业部。

上海超短帮的操作风格以短线暴力打法为主，擅长逆向思维交易。其手法娴熟自如，专注于挖掘行业成长股，盘中短时间内积极抢筹，封单主要以百手小单连排为主，反复打开涨停板，制造烂板震仓走势，吸引市场资金关注接力。其操作的思路值得右侧交易者学习，交易要的不是频繁，而是稳定盈利。

上海超短帮对市场板块轮动具有较好的理解能力，经常在市场中，深度挖掘低位补涨品种，吸引市场短线参与炒作，最后得到后知后觉的资金认可接力，快速拉升获

利出局，因此上海超短帮被市场认为是板块轮动的先行者。

通过对上海超短帮的操作模式进行分析，本书总结出以下几个特点：

（1）上海超短帮的操作模式以短线速度建仓吸筹，持股周期在1~5日，经常协同机构专用席位拉升，制造短期牛股。

（2）超级机构属于趋势右侧投资者，短线操作成功率高，擅长逆向思维操作。

（3）盘中操作手法主要以缓慢爆量吸筹、涨停烂板震仓为主，利用资金优势百手中单连排，买入金额较大，一般在5000万元以上。

（4）上海超短帮擅长挖掘高成长低估值的支线板块，引导资金合力封板，营造市场良好的投资机会。

（5）能够深度挖掘低位补涨品种，吸引市场短线参与炒作，是市场板块轮动的先行者。

二、盈利模式

1. 右侧参与　制造"妖股"

如图3-24所示，星期六（002291）：该股具备纺织服装、网络游戏等多个概念。从2019年10月以来，公司股价开始频繁异动，12月13日启动，呈现加速飙涨之势，6天上演了六连板，区间涨幅高达150%。12月20日，股价跳空高开后，快速封死涨

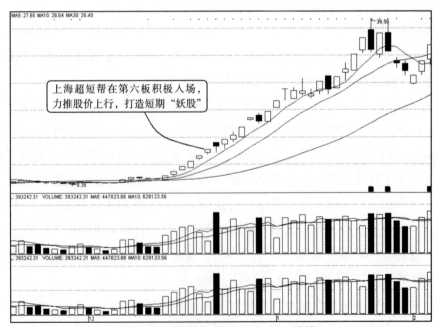

图3-24　星期六（002291）日K线图

停直至收盘，报收 12.75 元，全天换手率 6.21%，涨停封单 43573 手。当日总市值为 84 亿元，流通市值为 50.86 亿元。

该股在 10 月 27 日发布全年净利润增幅预测，预计 2019 年全年归母净利润同比上升 1579.05%~2138.74%，暂时夺得全年"业绩预增王"的宝座。业绩预增是由公司收购的遥望网络并入合并报表范围所致，遥望网络主业为互联网广告投放业务和代理业务，这也意味着该股具备了网络游戏概念。对此，市场以连续暴力拉升股价的方式予以回应。

由于此前对该股三季报有所预期，该公司股价自 10 月下旬开始频繁异动。10 月 24 日、11 月 7 日公司发布股票交易异常波动公告，对股价波动进行说明。

12 月 20 日的龙虎榜数据显示，前五大席位共买入 10238 万元，卖出 7134.39 万元，净买入 3103.61 万元。净买入前三名的席位分别是国泰君安上海新闸路营业部、东方证券上海浦东新区银城中路营业部、国联证券宜兴人民南路营业部，净买入额分别为 5253.42 万元、1778.49 万元、1195.07 万元。据了解，国泰君安上海新闸路营业部为顶级游资，东方证券上海浦东新区银城中路营业部为顶级游资上海超短帮的席位，国泰君安上海江苏路营业部为顶级游资章盟主的席位。

净卖出前三名的席位分别是国泰君安上海分公司、申万宏源上海崇明区川心街营业部、中金财富无锡清扬路营业部，所对应的净卖出额分别为 3269.46 万元、1244.90 万元、1233.21 万元。据了解，国泰君安上海分公司为顶级游资，买五席位财通温岭中华路为知名游资。

当天的龙虎榜共有 10 个席位参与，均为游资席位。在买方的游资席位中，以两个顶级游资国泰君安上海新闸路和东方证券上海浦东新区银城中路为代表，在卖方游资席位中，以国泰君安上海分公司为主导。从整体上来看，多方占据主导地位。次日，股价高开低走完成震荡洗盘后，继续强势上行，成为两市明星牛股。

2. 机构分歧　敢于做多

如图 3-25 所示，信维通信（300136）：该股是当前热门的 5G 概念股和华为概念股，还拥有苹果、无线充电、虚拟现实等多个概念。2019 年 10 月 10 日，股价高开高走，放量涨停，收于 37.11 元。2019 年下半年以来，盘面表现抢眼，股价从 21 元附近涨至 2020 年 1 月的 48 元之上，波段涨幅超过 120%。

在 10 月 10 日的龙虎榜数据中，前五大席位共买入 6.07 亿元，卖出 5.48 亿元，净买入 5863.49 万元。

净买入前四大席位分别是深股通专用、广发证券佛山汾江中路营业部、申万宏源

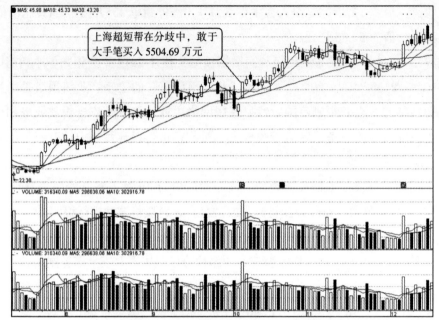

上海超短帮在分歧中，敢于大手笔买入 5504.69 万元

图 3-25　信维通信（300136）日 K 线图

上海闵行区东川路营业部、机构专用，买入净额分别为 13601.7 万元、6482.62 万元、5504.69 万元、5185.42 万元。上海闵行区东川路营业部是上海超短帮的席位，该席位近 3 个月上榜买入了 33 次，上榜后第 1 天、第 2 天、第 3 天的平均涨幅分别为 0.19%、1.21%、0.25%，上涨概率分别为 51.52%、57.58%、48.48%。新浪财经上市公司研究院的数据显示，该席位最近两年上榜 219 次，其中买入 160 次，卖出 59 次，所对应的买入金额为 72.62 亿元，卖出金额为 21.29 亿元，共计 93.91 亿元。

在卖出前五大席位中，有三个机构席位和一个游资席位是净卖出的，三个机构席位的净卖出总额为 2.58 亿元，游资席位净卖出 3712.18 万元。值得一提的是，这三个机构席位只有卖出，没有买入，看空态度坚决。

从龙虎榜数据来看，疑是北上资金和上海超短帮做多。4 个机构席位之间存在分歧，其中 1 个席位全部为买入，另外 3 个席位全部为卖出，净卖出额为 2.07 亿元，以空方为主导。但随后股价强势震荡上行，说明上海超短帮的实力还是非常强大的，敢于在分歧中入场做多，依然轻松获利离场。

3. 游资对决　逃顶成功

如图 3-26 所示，聚飞光电（300303）：该股是最热门的 MiniLED（显示屏）概念股，还具备电子元件、节能环保、深圳特区等多个概念。从 2019 年 12 月 10 日以来，股价一路飙涨，从 3.92 元暴涨至 6.18 元，上演了 8 天 5 个板行情，区间涨幅高达

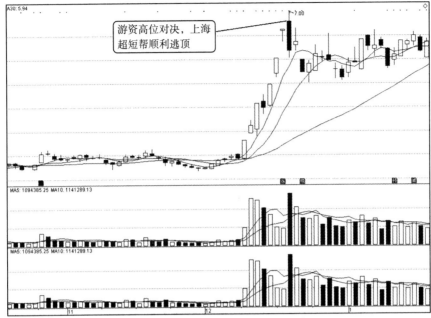

图 3-26 聚飞光电（300303）日 K 线图

57.65%。12 月 19 日，股价跳空高开后一路下行，全天收跌 6.79%，换手率为 25.07%，收于 6.18 元，总市值为 79.02 亿元，流通市值为 70.51 亿元。

2019 年以来，MiniLED 背光终端产品密集发布，苹果、TCL、海信、华硕、群创、友达、京东方等巨头纷纷推出 MiniLED 背光或类似技术的电视、显示器、VR 和车载显示等终端产品。

12 月 19 日的龙虎榜数据显示，前五大席位共买入 1.16 亿元，卖出 1.61 亿元，净卖出 4525.86 万元。

净买入前三名的席位分别是联讯证券沈阳大西路营业部、招商深圳蛇口工业三路营业部、银河杭州庆春路营业部，净买入额分别为 2967.03 万元、2174.90 万元、2021.85 万元。招商深圳蛇口工业三路为知名游资乔帮主的席位，银河杭州庆春路为一线游资。

净卖出前三名的席位分别是机构专用、东方证券上海浦东新区银城中路营业部、国泰君安成都双庆路营业部，所对应的净卖出额分别为 4285.56 万元、3863.12 万元、2373.47 万元。东方证券上海浦东新区银城中路为顶级游资上海超短帮的席位。

当天龙虎榜共有 10 个席位参与，其中 1 个机构席位净卖出 4285.56 万元，另外 9 个均为游资席位。在买方游资席位中，疑是以联讯证券沈阳大西路和知名游资乔帮主为主导，在卖方游资席位中，疑是以顶级游资上海超短帮为主导。整体来看，这似乎

是知名游资乔帮主和顶级游资上海超短帮之间的对决。但从整体上来看，依然是空方占据主导地位。之后，股价出现震荡走势，上海超短帮逃顶成功。

三、短线暴力

龙虎榜上每天资金无数，有的营业部已经名声大噪，如靠着八年一万倍名动江湖的赵老哥、穿越牛熊活跃数十载的佛山系，这些营业部无论何时提起都有讲不完的故事，而另外一些则相对低调，他们没有扣人心弦的故事，却有实实在在的盈利能力。这里重点分析一下上海超短帮主要席位之一的东方证券上海浦东新区银城中路营业部，看看其操作中有哪些可以为我们所借鉴的地方。

如图 3-27 所示，寒锐钴业（300618）：龙虎榜数据显示，2017 年 8 月 28 日东方证券上海浦东新区银城中路营业部介入，大买 7770.80 万元，占总成交额的比例为 10.77%。一同介入的还有多个实力营业部。次日，次新股板块大跌，许多个股当天振幅高达 15%，而该股却表现强势，开板后小幅回落，又快速回封。当天数据显示，一同介入的另外四个营业部均已经出局，而东方证券上海浦东新区银城中路则仅出局了一半仓位。

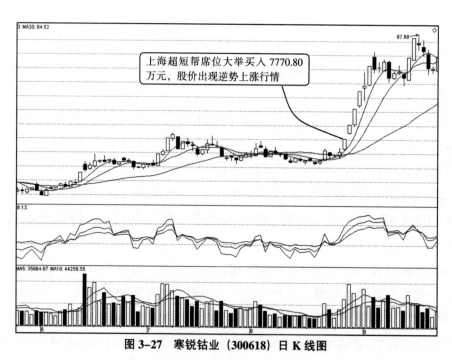

图 3-27　寒锐钴业（300618）日 K 线图

在次新股大跌的情况下，该股依旧强势封板，也就是在短短 3 日内其获利达 30%

以上。那么主力资金为什么选择该股呢？毫无疑问当时的次新股氛围是一个外在的大环境，好的氛围就是风口，在这个大环境的基础上可以做一个技术上的假设，就是做突破，东方证券上海浦东新区银城中路当天买入 7700 万元占据买入榜首位，也就是说他是当天的主力军，点火拉升封板主要是由他打头阵，当天收盘价与上市以来最高点相差无几，盘中抛压盘较大，一度开板。

次日，股价顺势高开，一举解放所有套牢盘，其实由此可以看出主力资金做多的决心，这种强势也会吸引喜欢做强势个股的资金介入，8 月 29 日当天龙虎榜上榜的光大深圳金田路、华泰厦门厦禾路就是其中的典范。

如图 3-28 所示，厦门国贸（600755）：从龙虎榜数据中可以看到，东方证券上海浦东新区银城中路在 2017 年 8 月 25 日与中信上海淮海中路等营业部一同介入该股，股价当天下跌 5%，之后连续两日拉升。从东方证券上海浦东新区银城中路的介入来看，属于低吸模式，所以其介入的仓位也仅仅是 2016.17 万元。

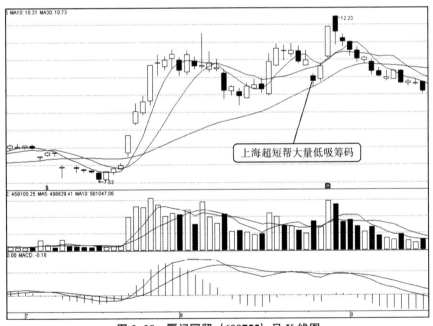

图 3-28　厦门国贸（600755）日 K 线图

通过该股的盘面分析可以看出，上海超短帮无疑是一个低吸打短能手，可以推测其选择该股的原因：一是个股前期走势较好；二是消息面利好仍未兑现，继续存在可炒作的空间。

东方证券上海浦东新区银城中路营业部为顶级游资上海超短帮的主要席位，在

2020年1月上榜买入了16次，上榜后第1天、第2天、第3天的平均涨幅分别为1.57%、4.49%、6.99%，上涨概率分别为62.5%、68.75%、50%，均不低于50%。龙虎榜数据显示，该营业部最近两年上榜246次，其中买入151次，卖出95次，所对应的买入金额为50.81亿元，卖出金额为27.41亿元，共计78.22亿元。

通过上述两个实例分析可以发现，东方证券上海浦东新区银城中路营业部不论低吸、追高或者突破持有，其成功率都是非常高的，我们要做的不是跟随其操作，而是思考其操作背后的逻辑，并且学会运用。

第八节　打板接力　制造妖气——金田路

一、主要席位

金田路是市场历史悠久的顶尖游资之一。他与欢乐海岸齐名，资金实力雄厚，习惯高位接盘做连板，人称"三板接力王"。如人饮水，冷暖自知，金田路一旦做错，其"割肉"出逃就绝不拖泥带水，而一旦认准的牛股，敢于锁仓"吃肉"，对市场资金有一定的引导号召力，操作个股涨幅可观。金田路主要席位有：光大证券深圳金田路营业部、申万宏源深圳金田路营业部、中天证券深圳民田路营业部、中信证券上海淮海中路营业部、中投证券无锡清扬路营业部。

通常行情下，三板介入，四板离场，这是不少游资的基本套路，而金田路的操作手法和风格更是简单粗暴，喜欢超人气品种的三板接力或五板接力，经典战役有河池化工（000953）、四川双马（000935）、泸天化（000912）等。金田路打板成功率极高，其选股目标就是只做强势股，喜欢追连板股，然后利用板上板的趋势来吸引人气，试图打造"妖股"。因此在许多"妖股"背后，大多有该营业部的身影。

金田路不吃独食，总会给散户活路，是市场中为数不多的善庄。但对于金田路的风格要仔细揣摩，不要盲目跟从，认真分析其操作手法，不断汲取其营养。

二、追板接力

以金田路的手法来看，它属于标准的龙头战法，无论是申万宏源深圳金田路还是光大证券深圳金田路的席位，他们选股的标准都很相似，板块龙头——提到板块首先

想到的是那个标的，最强人气——市场中涨幅和强度最大的那个标的。龙头股的交易手法就是追板接力，比较常用的有这四种：二板接力、三板接力、高位接力、反包接力。

1. 二板接力

这种接力要求比较高，一般是在板块第一次联动的第二天预判板块是否具有持续性，选择直接接力龙头股的第二个涨停板。

2. 三板接力

明显是适用在主线板块的一线龙头股，因为很多投机资金都将三板定义为人气高潮的迹象，有时甚至在市场弱势的时候，投机资金会把市场出现三板的个股作为一个人气回升可以入场的标志。所以三板对于存量市场来说，就是意味着眼球效应，那么个股出现三板，就是市场最耀眼的明星。

如图 3-29 所示，安凯客车（000868）：2017 年 10 月 9 日的股价日 K 线图，市场在炒作新能源汽车时，该股作为当时的龙头，一字板开启了第一波行情。这一波行情中涨幅翻倍，接着构筑了一个小平台之后，开启了第二波行情，而金田路接力的正是第二波的第三个涨停板，买入金额 4655.48 万元，为买一席位。可以说，股价当时是处于一个相当高的价位，其涨幅是底部区域的两倍多，在这个位置金田路敢于接力，也是冲着"重势不重价"而来，延续市场情绪去做的，这也是一种高风险高收益的行为。该股作为新能源汽车板块的大"妖股"，高位自然需要金田路这样的风险偏好投资来进

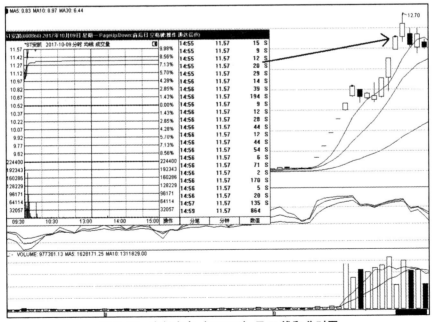

图 3-29 安凯客车（000868）日 K 线和分时图

行高位加速，这也是市场生态环的一部分。该股的走势也算是用来阐述金田路操作风格的最好实例之一。

3. 高位接力

通过对金田路的历史交易进行分析，发现其参与的品种几乎都是市场超人气品种，而且从其交易手法来看，非常简单粗暴，就是直接参与超人气龙头股的高位板接力。就多数个股参与的位置来看，属于标准的超人气品种的空中接力手法。

如图 3-30 所示，星期六（002291）：该股从 2019 年 12 月 13 日开始启动，连拉六板后，第 7 日开板震荡，第 8 日继续拉板，此时股价涨幅已经超过 100%。12 月 25 日，金田路敢于在高位接力（因无当日龙虎榜数据，买入量不详），次日卖出 2143.21 万元，同日买入 1825.15 万元，继续接力造"妖"，12 月 27 日获利卖出 1990.15 万元。

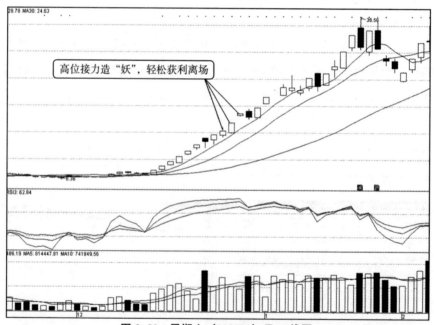

图 3-30　星期六（002291）日 K 线图

从该股的操作上看，金田路这个位置的操作风格就与赵老哥比较相似了，专门做这些大家不敢做的板后板，这种操作也将猎庄派不放在眼中。金田路如此大胆是因为有推板实力，也是利用了板后跟风才敢推进的，不过敢在高位接力拉板，这在游资当中也是不多见的。从多年的交易研究看，板后板除非遇到重大利好，不然散户尽量少碰，否则容易受伤。

4.反包接力

这是指类似于四川双马（000935）和泸天化（000912），适用于超人气品种的首阴买法，一般来说，投机资金会选择龙头股首阴+市场获利盘第一次调整来进入交易，即市场热度在高潮后往往是脉冲震荡的反复活跃，所以第一次调整后都有反复拉升的过程，最强的那个人气股也最容易被接力，泸天化（000912）的走势就是比较经典的案例。

如图 3-31 所示，星期六（002291）：该股连续 11 个交易日拉高成"妖"，11 天出现 9 板，在高位经过一个交易日的震荡洗盘后，在 2019 年 12 月 31 日再次涨停，形成反包接力形态。在这天金田路主封，买入 3796.08 万元，次日 2020 年元旦休市，1 月 2日无龙虎榜数据，从 K 线图形分析，股价快速封板，金田路在这天应该锁仓。1 月 3日再板，金田路主封，买入 4361.53 万元，同日卖出 4294.60 万元（这一笔应该是 12月 31 日的买入单），随后金田路应该平手离场。虽然该股后市仍然强势上涨，但金田路再也没有参与，说明其高位风险意识还是比较强的。

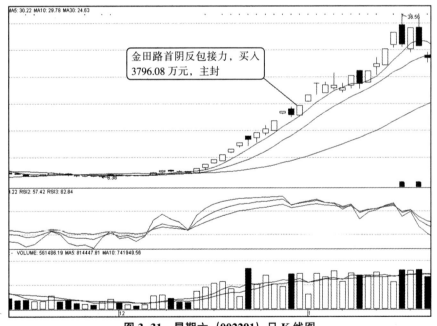

图 3-31 星期六（002291）日 K 线图

需要提醒大家的是，龙头战法必须要考虑其所使用的市场环境，往往在市场处于由弱变强的时候最适合，因为在过强的市场中龙头股基本买不到，太弱的市场又很容易被闷杀。另外，龙头战法交易的前提是必须要有超强的短线交易能力和快速的决断

能力，需要伴随着快速的情绪波动来完成风险与收益的平衡。至于很多人所说的买股就买龙头这种说法，大家听听就好，交易的结果很多时候看似很美好，但是其间的过程往往是千百次交易锤炼出来的血泪经验，如人饮水，冷暖自知。

三、探秘深南哥

藏身深圳金田路营业部背后的牛人是谁？因其前身是"深南"，江湖人称"深南哥"，又因常高位接盘，也被戏称为"割肉哥"，传言其把 6 位数资金做到了 10 位数。

1. 操作手法

深南哥最明显的操作手法就是在涨停板高潮时打板，在个股市场情绪最高昂、股性最活跃时打板。

在股市中，赚钱最多最快的就是做龙头股，尤其是大题材的龙头股，如在次新金融板块中，如果抓住了张家港行（002839）将在短期内获暴利。游资所认为的龙头股不是贵州茅台（600519）那样的行业龙头，而是题材炒作中能连续大涨甚至涨停的龙头股。

一般来说，买龙头股有两种模式，一种是低吸，如果发现了是龙头，很多时候在盘中低点时买入，甚至集合竞价阶段就直接成交，这种买龙头的操作模式，游资一般用得比较少。另一种是打板，也就是在涨停板上买龙头，这种模式游资操作比较多。

游资在强势股或龙头股上的打板时机也分很多种，有的是在第二个涨停板或第三个涨停板上就买，优点是买得早，成本低，缺点是股性还没彻底激活，不好判断能否走"妖"。有的是在第三个或第四个甚至更多个板上买，优点是股性彻底激活，行情也达到高潮，之后有很多资金接力，缺点是如果大盘低落或出现风险，题材熄火时可能暴亏。

深南哥就属于后一种。探秘深南哥龙虎榜操作的股票，可以发现其很多时候就是在个股行情达到高潮时接力，做主流热点的人气股，借市场人气股之势，高潮当天顺势打板，次日逢高离场。二板、三板或以上是其主要获利手段，尤其是三板，是衡量市场人气的重要标志，一般而言，都会有游资参与。2019 年以来，几乎所有的"妖股"都有深南哥的身影，且大都全身而退。

如图 3-32 所示，三钢闽光（002110）：从股价日 K 线图看，这是一只典型的长线控盘庄股，股价当时复牌之后短期涨幅已经超过了 50%，然而当天金田路还是选择接力高位股，打板买入 3922.98 万元，目的就是延续市场的炒作情绪，改变市场的预期，使市场情绪在分歧中形成一致，由原来的平稳达到加速状态，这就是高位接力的魅力所在。当然，一旦第二天没有充足的承接盘，金田路"割肉"出局也是常有的事情。

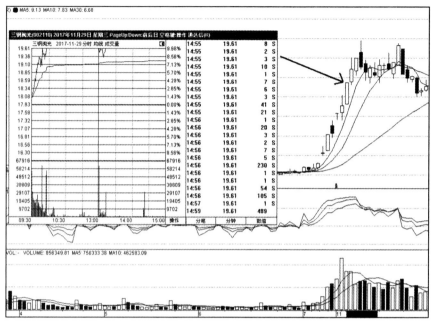

图 3-32　三钢闽光（002110）日 K 线图

把自身功夫练到极致，就要修炼到无剑胜有剑，达到人剑合一的境界。坊间流传着一段深南哥的经典语录："简单的事情重复做，以达到最佳境界，成为某一招数的高手，甚至成为某一招数的完美化身。其终极目标是成为市场焦点，言行对市场资金有重大的影响力，成为趋势引导者！"深南哥在操盘手法上有以下特点：

（1）青睐第一大股东持股比例较大的个股。六成个股第一大股东的持股比例接近或超过 50%，比如煌上煌（002695）、沪天化（000912）等；市场观点通常认为，第一大股东持股比例较大的个股，在游资短线拉升时，所受到的抛压可能相对较轻。

（2）出击市场热门题材，且交易的个股多是所属题材的龙头股。例如，四川双马（000935）、泸天化（000912）、嘉凯城（000918）、英力特（000635）等均具有股权转让概念，而四川双马（000935）、泸天化（000912）均是这一题材的龙头股。其他个股中，海德股份（000567）是债转股概念的龙头股；金桥信息（603918）具有智慧建设概念；名家汇（300506）具有高送转与次新股双重概念；煌上煌（002695）具有高送转概念。这些都是那个时期所属概念的龙头股。

（3）深南哥与中信上海淮海中路营业部、中信上海古北路营业部有很大的不同，深南哥大多在人气高潮时做涨停板。2016 年 10 月 19 日买入金轮股份（002722）2785.74万元，次日卖出 2571.33 万元。10 月 21 日操作了海德股份（000567），11 月 2 日打板买入来伊份（603777），11 月 7 日买入河北宣工（000923），11 月 21 日买入南玻 A

（000012），11 月 29 日买入中国建筑（601668），这些都是金田路在人气高潮时做涨停板的典型例子。

（4）青睐中小市值个股，这一点与其他活跃游资区别不大。其所操作的大牛股中，除了四川双马（000935）外，其余个股的市值均低于 200 亿元，且近半数个股的市值低于 100 亿元；而四川双马（000935）在起涨时，市值也不足 100 亿元。

2. 失败案例

游资为什么要打板？为什么要在涨停板上买？其中最重要的一个原因就是追求确定性。在大盘没系统性风险的情况下，当天板上买入的强势股不会打开，一般在第二天惯性冲高时卖出或锁仓持有一段时间后再卖出。如果不是在涨停上买入，可能当天股价回落就会亏损很多。所以，不是所有的游资都是顺风顺水，也经常有失败的案例。

深南哥在宝塔实业（000595）和梦百合（603313）中也曾遭遇"关灯吃面"。深南哥喜欢打高潮板的操作模式，市场风向一旦变化，往往会吃到"大面"。其在行情较好时，赚得盆满钵满，但在弱市中也伤痕累累。

如图 3-33 所示，宝塔实业（000595）：最典型的"吃面"经历就是 2017 年 1 月 5 日在该股的一次操作。在当天股价盘中冲板之际，深南哥以超级大单打板买进，共计投入 7691.60 万元，但前几天短线获利盘汹涌，股价很快被砸开，随后一路杀跌，最后收盘时下跌 5.08%。也就是说，深南哥自当天涨停板买进到收盘为止已经吃了 1.5 个跌

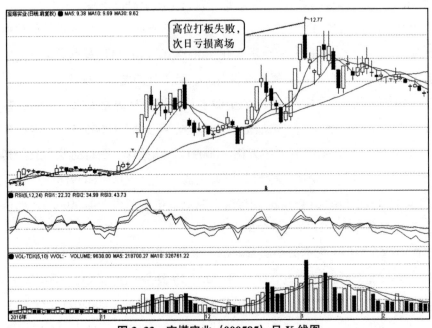

图 3-33　宝塔实业（000595）日 K 线图

停板。1月6日再斩仓6477.66万元。这次操作是深南哥长期以来少见的大惨败，隔夜亏损1213.94万元。

除了宝塔实业（000595），深南哥在梦百合（603313）的操作上也吃了"大面"，2016年11月4日，深南哥在8个点附近扫板8782.72万元，但该股上午打开，当日亏6%。次日深南哥出逃，又亏损了好几个点。

四、光大金田路

光大深圳金田路营业部为一线游资，上榜后第一个交易日涨幅最大，平均涨幅为1.27%，上涨概率为60%，打板概率为30%。偏好3年以上个股，占比73.33%，很少做新股。偏好中小市值个股，10亿~20亿元的占比29.41%，20亿~30亿元的占比22.06%，30亿~40亿元的占比16.18%，40亿~50亿元的占比8.82%，大于50亿元的占比14.71%，小于10亿元的占比8.82%。价格偏好于10元以下的个股，占比38.24%，10~20元的占比32.35%，20~30元的占比16.18%，大于50元的占比10.29%。行业上主打计算机、有色金属、电子、通信、农林牧渔等板块。

操作风格方面，该席位偏好上市3年以上的老股票，股票市值以10亿~20亿元为主，小盘股风格。价格偏好上，最喜欢20元以下的股票，尤其热衷于10元以内的。风格上，既有在低位打首板的思路，又有连续两三个涨停之后在高位做接力板的策略，但都是以超短线为主，两三个交易日出货。

结论：

（1）该席位风格是快进快出，手法是打第一板与追第三板、第四板相结合的方式。

（2）从数据上看，对热点板块较为敏感，主打小盘、低价、上市时间较长的股票，偶尔参与高位高价股。

（3）该席位上榜后，次日打板概率为30%。

（4）上榜后次日平均涨幅为1.27%，但随后便逐级回落变为负值。

金田路席位之一光大深圳金田路营业部手法多样、超短交易，散户投资者应当谨慎对待。

五、交易心得

1. 关于投资交易理念

要成为一个优秀的专业交易员十分简单，只要你能发现在市场上生存的正确原理，并坚持恰当地运用它。

深南哥说："我所关注的重点只是与趋势有关的一切因素，正确地把握趋势后，整个交易系统的胜算就大大提高。"

不要试图预测白云明天的形状和今天有何不同，你只需看到乌云浓密时带一把雨伞出门就行了。金融市场上的语言就是趋势真正突破时跟进。

输家不管是数量上还是资金量上都要远远超过赢家，美国华尔街流行这样一句话：市场一定会用一切办法来证明大多数人是错的。

技术分析只是研判趋势是否能持续、是否会改变而已！深南哥说："我很少受伤，是因为我的最大原则就是避开风险而不是赚多少钱。"

在下跌浪时，找支撑是件吃力不讨好的事，下跌的速度是上涨速度的3倍，因为恐惧比乐观还可怕。

深南哥说，我的自信来自我的失败，策略的目的在于让我们可以控制风险，而不是获取最大利润。

金融投资是一项严肃的工作，不要追求暴利，因为暴利是不稳定的，我们追求的是稳定的交易。做交易的本质不是考虑怎么赚钱，而是有效地控制风险，风险管理好，利润自然会来，交易不是勤劳致富，而是风险管理致富。

"策略重于预测"的观念非常重要，策略可以在你预测不准的情况下挽救你的生命。

要有好的心态，相信自己的理念和模式（当然被证明是正确的），不为暂时输钱而随便改来改去，我们终究能慢慢走向成功。

势不变则守，势变则动。在一个下降趋势没有改变的时候，要坚守住自己的现金；在一个上升趋势没有改变的时候，要坚守住自己的股票。

所谓"趋势"者，乃众缘和合而生。缘聚则生，缘散则灭，如此而已（缘：各种促使、生成趋势的大大小小、方方面面的因素）。趋势来时，应之，随之；此趋势去而彼趋势来时，亦应之，再随之；无趋势时，观之，待之。

投机市场生存的两个基本原则：顺势交易、严格止损。

事物的发展都是需要一个过程的，就像船头的转向一样，越庞大的船只，转向过程就越缓慢，也越艰难。趋势一旦露出苗头，就会延续下去，即使是再次转向，也需要一定的时间来完成。这就是惯性——趋势的本质。在一个大范围内，走势具有极强的惯性，或者说连续性。当中长期均线开始转向的时候，庞大的体系惯性将使它延续这种趋势。这就是市场中的确定性，精明的交易者就是利用市场的惯性来赚钱的。

真正的利器是自己的感悟与思想，是跟随趋势交易永远不被市场淘汰的技术。

深南哥说："我有方法尽快地终止错误，也有办法尽量地延伸正确。听说过技术分

析误区吗？多数人过于关注细节的研究，以致忽略了大图形的踪迹。日常运动的预测不可能达到基本的精确度，但是长期趋势可以判断出来。时间越长，趋势越肯定，秘诀虽简单，但多数人极难做到。不是他们不知道，而是因为人性的弱点。"

你的意思是趋势向上就能无坚不摧吗？是的，做股票讲究的是恰当，而不是精确。

头脑清醒的人，善于审时度势，他们明白真正的勇敢在于善于躲避危险而不是征服危险。

介入的最好时机是等趋势走顺的时候才介入，什么时候趋势走顺了、明朗了，趋势的发展已成为必然了（上涨成为必然），这才是介入的最好时机。常胜将军不一定都骁勇善战，但是他们却善于选择形势，对他们来说是必胜的时候才出击。

2. 亏损时如何调整心理状态

操盘要成功有两项最基本规则：止损和等待。在实际投资中，或许不愿意小赔出场，结果反而将小赔拖成了多赔，最后变成大赔，这种情形下你却又认赔了。相反，如果账面上赚了钱，你就会想立即获利了结，其中的原因是希望到了口袋的钱不会有赔钱的风险，亦即赚小钱却赔了大钱。如果你认为金融操作只是一场游戏，不按照以上两项规则操作就是犯规的话，你就会很自然地照章行事。应该在每天早上思索这些规则，在一天的工作结束后反省当天的交易。如果自己未按规则行事，便应该自我警惕，好让自己往后能采取适当的行动。

消除心理压力的正确方式应该是设法找出造成压力的原因，并发现纾解的方法。有一件很重要的事我必须提出来说明，亦即心理压力的产生经常和个人对事物的看法存在着相当紧密的关系。改变自己对事的看法，有时的确可以纾解个人心理上的压力。成功的交易员对于输钱的看法就和失败的交易员不同。多数人在输钱时会表现得焦躁不安，但成功的投机者则了解，要想赢钱的话先输点钱是可以接受的。或许多数投资人应该改变对输钱的看法。

多数交易员会让情绪主宰交易。事实上，任何操作会产生问题或多或少都和情绪有关。最简单的方法就是控制个人的姿势、呼吸和肌肉舒张。改变这些因素，或许就可以改变个人的情绪。决定也是重大的心理障碍。一般人会参考世俗的分析或看法，作为买进卖出的依据。事实上，你所需要的是自己的操作系统可以迅速告诉你如何行动就够了。

金钱本身并不重要，输小钱是可以忍受的，金融操作是一场游戏，坦然接受失败是制胜的关键。一进场就想知道会不会赢，许多人从事金融操作的目的是赚大钱，这就是造成他们失败的原因，因为他们过分重视金钱本身，很难在输钱时止损，甚至无

法在赚钱时等待。如果把金融操作视为一场游戏，一定要按照游戏规则去玩，一切都会变得很容易。

3. 应该如何修炼内功

一是对自己有极其清醒的认识，对于自己的优缺点了解得非常透彻。

二是对自己所处的环境有清醒的认识，能够审时度势，把劣势转化成优势。

三是要有整合好各类资源的能力。

具备了这样的条件后，在操作上可以从如下几个方面促使自己取得更好的突破，并把自己的内功修炼到更高的境界：

（1）简单的事情重复做，以达到最佳境界，成为某一招数的高手，甚至成为某一招数的完美化身。在这个过程中，不需要太多考虑大盘的涨跌，只严格遵循规则，提高每一笔操作的质量。

（2）在执行规则的过程中，水平高到一定程度，开始认识到严格遵循规则的不足，并发现如果能够把握好大盘的涨跌趋势，避免下跌过程中操作，就可以获得更高收益，于是开始研究市场中的各种影响因素，以踏准市场节拍，并把稳、准、狠、等、忍等特点充分体现在自己的操作思路和操作风格上。

（3）当跑赢大盘的水平达到更高层级后，追随他的人开始增多，资金量开始增加，甚至可以影响市场的变化，成为趋势的影响者，此时，他已经不再是一个人的力量，而是整个追随他个人发展的力量的结合者。

（4）当水平进一步提高后，成为市场注目的焦点，言行对资金有很强的指导性，跟风资金比较多，能够带领市场资金形成新的趋势，最终成为趋势的引导者。

（5）趋势的引导者的力量进一步增强后，能够抵达改变趋势或者创造出新趋势的状态，成为市场中真正能够呼风唤雨的大鳄。

以上五个层级都需要遵循市场运行的规律，即顺势而为。任何不遵循客观规律的行为都会受到市场的惩罚。

还要用平静的心，平静地操作，没有一点的压力，如同一切只是平静的交易，因为交易而感到快乐，因为快乐而战胜恐惧和贪婪。

要看对眼，适合自己的才买。买卖股票更是要选对了才可以，选对股票，还要选对进出时间点，这样才能真正赚到钱。

向市场中最顶尖的操盘手致敬、看齐，站在巨人的肩膀上不断摸索前行，希望有朝一日在市场中与偶像对砸。

第九节　消息灵通　策略激进——北京帮

一、主要席位

北京帮是从 2015 年牛市崛起的游资新势力，消息灵敏，资金实力强，操作手法利落，以短线进出为主，营业部以北京为主，目前还属于资金磨炼操作技能阶段。北京帮游资有以下主要营业部：银河证券北京朝阳门北大街营业部、海通证券北京知春路营业部、国泰君安证券北京金桐西路营业部、光大证券北京东中街营业部、联储证券石家庄友谊南大街营业部、广发证券佛山顺德建设南路营业部、华泰证券北京苏州街营业部、招商证券北京车公庄西路营业部、招商证券北京东四十条营业部、华西证券北京紫竹院路营业部、华泰证券北京雍和宫营业部、光大证券北京中关村营业部。

北京帮除了游资共性外，就是有时过于激进，缺乏成熟套路，总体盈利能力一般。但是，2019 年以来成功参与过银河磁体（300127）、金力永磁（300748）、西菱动力（300733）、中国卫通（601698）、宝鼎科技（002552）、诚迈科技（300598）、新通联（603022）等一批大牛股，在游资圈内声名鹊起，成为市场重点关注的游资帮派之一。

二、手法揭秘

1. 消息灵通

如图 3-34 所示，金力永磁（300748）：该公司是集研发、生产、销售于一体的专业高性能钕铁硼永磁材料高新技术企业。2019 年 8 月 23 日，股价逆势强劲涨停，值得注意的是，换手率达到惊人的 51.91%。当日龙虎榜数据显示，在买入前五名排行中作手新一净买入 2583.50 万元，北京帮买入 2056.30 万元。稀土永磁板块往往与大盘走势相左，在外盘大跌、内盘调整、叠加风险事件增多的情况下，北京帮、作手新一两大游资提前布局，抢占先机。

京城游资消息灵通，敢于杀入该股，应有政策面的支持。基本面，供给端稀土矿供给偏紧持续，成为价格的有力支撑；需求端磁材旺季来临，稀土价格回升；库存端高度集中在上游企业手中，下游各环节库存较少。业内人士指出，受全球贸易形势变化影响，避险情绪加剧提振战略金属市场信心，叠加我国中重稀土矿供应持续偏紧，

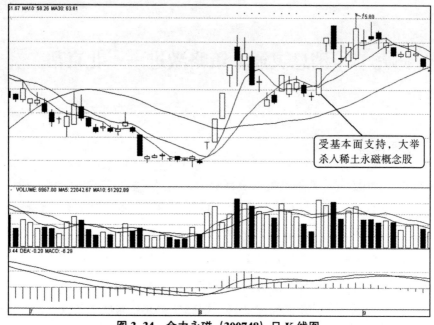

图 3-34　金力永磁（300748）日 K 线图

未来稀土价格易涨难跌，加之目前稀土磁材板块回调较充分，推荐稀土波段投资机会。

2. 策略激进

如图 3-35 所示，皇马科技（603181）：该股上市后表现得非常强势，经过连续一字板后开板震荡，股价再拉三连板。2017 年 9 月 11 日股价高开 4.96%，盘中小幅上冲后快速滑落，股价一度触及跌停价位，全天呈现弱势震荡走势。当天成交金额为 12 亿元，换手率达到 58.31%。

这种情形定有一线游资大幅度抛货，龙虎榜卖出五大席位数据显示，卖一为一线游资欢乐海岸卖出 2781.98 万元，卖二为招商上海娄山关路营业部卖出 1839.31 万元，卖三为银河北京朝阳门北大街营业部卖出 1501.74 万元，卖四为华泰舟山解放东路营业部卖出 1286.84 万元，卖五为中国国际金融云浮新兴东堤北路营业部卖出 1140.10 万元。五大席位共卖出 8549.97 万元，可见主力游资减仓意愿是十分明显的。

就在这一天，北京帮齐头共进，大举进攻该股，包揽了买入全部五大席位。买一为银河北京朝阳门北大街营业部买入 3992.06 万元，买二为招商北京东四十条营业部买入 3292.25 万元，买三为海通北京知春路营业部买入 2790.93 万元，买四为华西北京紫竹院路营业部买入 2030.11 万元，买五为华泰北京雍和宫营业部买入 1500.80 万元。五大席位共买入 13606.15 万元，当天买卖净差 5056.18 万元。可是，该股随后的走势让北京帮损失不少，股价呈单边下调之势。

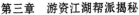

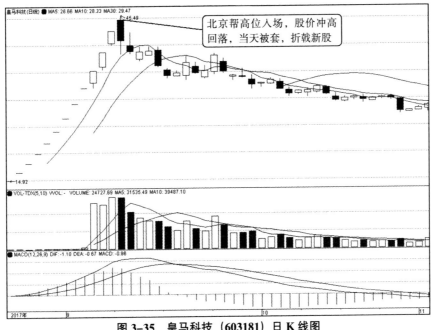

图 3-35　皇马科技（603181）日 K 线图

如图 3-36 所示，建研院（603183）：北京帮折戟皇马科技（603181）后，再次斩仓建研院（603183），一个月内两次失手新股，着实让北京帮伤不起。该股上市后连拉13 个一字板，然后开板震荡再拉二板，2017 年 9 月 26 日股价以涨停价开盘，但受到

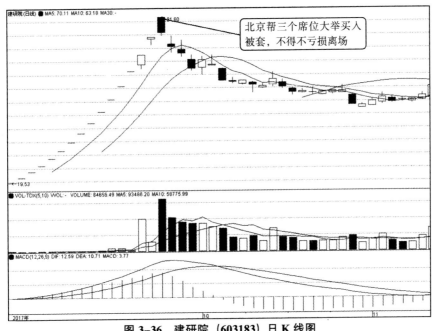

图 3-36　建研院（603183）日 K 线图

次新板块大跌拖累，该股多方也没有坚定封板，股价回落震荡，当日微涨 2.13%收盘。

龙虎榜数据显示，一线游资华泰上海武定路营业部、敢死队光大宁波解放南路营业部及成都帮国融成都东大街营业部均出现在卖出席位中，反映出主力游资离场的意愿明显。然而在买入席位中北京帮占了前三席，分别是银河北京朝阳门北大街营业部买入 4702.39 万元（前一日买入 1374.27 万元）、国泰君安北京金桐西路营业部买入 1957.77 万元、华泰北京雍和宫营业部买入 1595.88 万元，北京帮一共买入 9630.31 万元。可惜当日股价没有回升，北京帮当天被套牢。

次日，股价大幅低开 5.6%后快速下行跌停，下午两点多出现了跌停板翘板行为。北京帮前一日被套后，股价继续低开低走，可以断定北京帮不得不止损出局了。从龙虎榜中发现，北京帮三个席位全部离场，合计卖出 8414.49 万元，亏损 1215.82 万元，这个损失还真不小。

从上述北京帮两次折戟新股的实例分析来看，主要原因在于操作策略过于激进，手法有些粗暴，盲目在新股中贸然追高，既不是接力板，又不是反包板，技术上还需精进，散户投资者切勿盲目跟随。

3. 意外之喜

如图 3-37 所示，诚迈科技（300598）：该股具有华为概念+国产操作系统，2019年 10 月 21 日，股价从跌停开板开盘，盘中股价逐波震荡走高，当日股价收涨 5.51%。

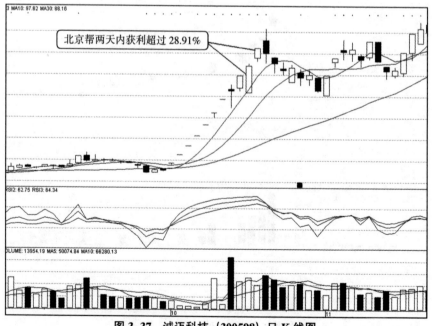

图 3-37　诚迈科技（300598）日 K 线图

龙虎榜数据显示，北京帮在早盘低点买入 5206.02 万元，占总成交额的 5.13%，居买一席位。次日，股价高开 4.62% 后快速强势涨停，随后炸板又封板，北京帮在涨停板位置卖出 6711.30 万元，获利 1505.28 万元，两个交易日收获超过 28.91%。

总体来看，股价再度被游资封板，这与以华为概念为首的科技股再度崛起有一定的关系，而这也进一步提升了游资的炒作预期。从盘面分析看，10 月 21 日从跌停板拉起并收涨，次日继续封板，盘面走势似乎有些牵强，这一点北京帮当时可能并没有意识到，大有意外之喜。

三、席位风格

这里重点剖析一下北京帮主要席位之一招商北京车公庄西路营业部，该营业部在 2019 年行情中，共有 42 只个股上龙虎榜，其中主板 19 只，创业板 10 只，中小板 13 只。总体资金呈现净流入状态，共流入 8.58 亿元。上榜后第一日累计平均涨幅较大，平均涨幅为 0.88%，上涨概率为 50%，打板概率为 21.88%。喜欢上市 3 年以上个股，占比 46.88%，很少做次新股。

偏好中小市值个股，10 亿~20 亿元的占比 63.33%，20 亿~30 亿元的占比 25.33%，30 亿~40 亿元的占比 12%，40 亿~50 亿元的占比 2.67%，大于 50 亿元的占比 10.67%，小于 10 亿元的占比 16%。价格偏好于 10 元以下的个股，占比 42.67%，10~20 元的占比 29.33%，20~30 元的占比 12%，大于 50 元的占比 8%。行业上主打电气设备、有色金属、汽车、医药生物、计算机等板块。

该席位喜欢上市 3 年以上的老股票，市值以中小盘股为主，主要集中于 10 亿~30 亿元的盘子。价格上遵循低价原则，10~20 元股票居多，大部分不超过 10 元。操作风格上，该席位偏好超短线交易，当日进场，次日出局，即使 K 线图形完好，第二个交易日也坚决离场，很少留仓。

结论：

（1）该席位风格为超短线交易，快进快出，第二日坚决离场。

（2）从数据上看，主打上市时间较长的低价、中小盘股票。

（3）该席位上榜后次日打板概率为 21.88%，概率偏低。

（4）上榜后次日平均涨幅为 0.88%，且上榜后 10 个交易日的平均涨幅表现较差，大部分时间跌幅超过 4%。

招商北京车公庄西路营业部策略较激进，一般投资者很难跟上，建议以谨慎观望为主。

第十节　游资鼻祖　骁勇善战——敢死队

一、横空出世

所谓的"敢死队"，原本是指军队为完成极度危险的战斗任务而敢于去冒死的先锋队伍。在股市里所说的"敢死队"就有所不同了，通常意义是指敢于尝试高风险投资的人或机构，往往胆子比较大，以短线投机为主，实盘经验极为丰富，一旦趋势发生变化，就率先抛售离场，将其他中小散户套在其中。

我们常说的敢死队或涨停敢死队，一般是指宁波"涨停板敢死队"，以宁波为操作根据地。据了解，宁波解放南路一共有三家证券营业部，聚集一批做超短线的大户和牛人，其核心人物就是徐翔，"涨停板敢死队"在此应运而生。早期他们拥有三四千万元的资金，当时市场正值熊市，成交量较低，营业部的大部分成交量主要来自这里。此后媒体对其披露之后，宁波涨停敢死队在市场广为流传。

涨停敢死队的操盘手法以"短、快、狠"著称，因而惊动了管理层并对其是否涉嫌违规操作进行专项调查，此后敢死队一度在股市上销声匿迹。直到后来被认定其行为没有违规，其成员才敢再次在公开场合露面。

对于涨停敢死队，坊间有两种说法：第一种说法是当年的宁波涨停敢死队主要由 4 号人物组成，并称为"超短 F4"。1 号人物就是徐翔，是敢死队中年纪最轻的一位。2 号人物姓吴，徐、吴两人从其他营业部转到银河宁波解放南路时资金不过几十万元。3 号人物是徐海鸥，1975 年出生，上大学时就开始炒股，1997 年毕业于北京商学院后没找工作，就直接回宁波专职炒股。4 号人物马信琪，从天一证券（现光大证券）解放南路转移过来。

第二种说法是当年的宁波涨停敢死队成员大致有 10 个。其中，名气比较大的有银河和义路的舒逸民、银河解放南路的徐翔和胡彬、光大解放南路的马信琪和舒晨芳，另外还有后期崛起的短线炒家周建明。

近年来，宁波游资依然是市场上最活跃的群体之一。据宁波证券期货市场最新的统计信息，目前宁波辖区共有 109 家证券公司分支机构，投资者资金账户数为 137.57 万户。每年证券成交总额在 5000 亿元以上，其中股票和封闭式基金成交额超过 4000

亿元。

这些游资偏爱"妖股"操作，之所以在股市中如此活跃，是因为：其一，宁波特有的商业底蕴，让他们对市场更为敏感，也更为热爱市场；其二，他们的家庭资金往往比较宽裕；其三，就是有胆识，这些人胆子比较大。一句话，就是"对市场敏感、钱多、胆大"。这些人的资金来源也是多样的，稳健型的以自有资金为主，而激进型的则是以对外融资为主。

虽然后来因为徐翔出事，宁波游资的操作一度有所收敛，但其做盘手法一直延续至今，甚至为其他游资所效仿。

二、操盘精髓

1. 操盘风格

一般而言，敢死队并不是股票中的真正庄家，他们只是在不停地打短线，往往是从盘口看到某只股票短线势头较猛，有望形成向上突破，这时果断介入。一旦介入，则十分迅猛狠辣，采用逼空手法将大小抛单通吃，一气呵成，封上涨停。因其所选股票此前形态和技术指标均已走好，往往会吸引市场跟风，所以所耗资金并不巨大，却能轻易封住涨停板。其主要操盘风格如下：

（1）不停打短线。遵循了强势原则，专挑那些短期爆发力十足的个股做短线。平均三天打一只，要是持股超过一周，对他们来说就算长线了，这也是市场环境"逼"出来的。

（2）不论盈亏第二天坚决离场。小组成员有铁的纪律，即不论盈亏第二天坚决离场，这样做即使失手，损失也不大。由于涨停个股第二天势头往往不减，仍能震荡上扬，因此他们出货并不困难。一年下来，如此操作总的成功率高达80%，偶尔的几次失误也是因为所参与个股庄家控盘程度较高，怕如此短线操作打乱自己的计划。当游资退出后，庄家马上自拉一个涨停板。

（3）运作非核心资产股。他们的手法是"来如电，去如风"，绝不在某只股票身上持久逗留，这使得涨停敢死队在运作非核心资产股上取得了成功。即使在恶劣的市场环境下，敢死队也在非核心资产股上取得了佳绩，当市市好转的情况下，敢死队大肆在这些股票上疯狂运作。

（4）对大盘走势准确把握。涨停敢死队艺高胆也大，其成功的基础在于他们技艺高超，包括对大盘走势准确的把握，均能提前建仓，一定意义上说，他们是善于借大盘"东风"的"诸葛亮"。

（5）相反理论的实际应用。涨停敢死队实际上是相反理论的实际应用。多数人认为，应该买安全的股票，不应追高。但实际上，越是看似安全的股票越是不安全，越是看似危险的地方其实越安全，由于涨停的个股还常常会顺势上冲，第二天冲高即卖出，快枪手可赚取隔夜的钱，在大盘走弱的情况下，短线持股的方式反而降低了风险。

（6）应者云集。捕捉龙头股、超跌股的选择，均有很高的准确度。由于选择了合适的时机——大盘刚刚见底面临反弹之际，选择了合适的股票——具有领涨性质的龙头股，敢死队振臂一呼，市场便应者云集。

涨停敢死队的作用就是时势造英雄，而英雄又进一步扩大了声势，从而获得了庞大的拥护者，这使得他们屡屡得手。

涨停敢死队是短线技术高手，其操作技巧、选股方法、思维方式等，大家可以适当学习和借鉴。同时，也要提醒大家，他们已到了能用自己的资金施加影响的程度，这一点大家在学习时必须注意，所以不可以不加区分地乱学乱用。

2. 操盘法则

涨停敢死队最主要的投资理念就是"借势"。借大盘之势，借庄家之势，借一切心理、技术、形态共鸣之势。"势"不可当，顺势而为，短线出击那些非常态、高速运行中的股票就是短线的绝招。

涨停敢死队的操作手法，概括起来就是三个字："快""准""狠"。所谓"快"，是指其运作周期短，一般为三至五个交易日，若是持股时间超过一周，就算是中长线了。所谓"准"，就是选股准，选择即将突破的个股。所谓"狠"，是指其出手坚决果断、气势不凡，一旦介入，即采用逼空手法将大小抛单通吃，一气呵成，封上涨停。

短线买入法则：

（1）越不容易追上的涨停，就一定要努力追上。

（2）高开跳空缺口不回补，10：00前封涨停（包括一浪板、二浪板、三浪板），可追涨停。

（3）震荡盘势而上，10：30前封涨停，第二次开板时不创新低，不破均价线、缩量，可追涨停。

（4）股价封涨停后，第二次开板时高于第一次，并不破均价线、无量，且大盘强势，在拐头向上时跟进。

（5）标准突破图形，14：00以后封涨停又开板的，可追涨停。

（6）涨停板向上穿越前期平台，第一个涨停安全性极高，可追涨停。

（7）前期已有一波拉升，然后平台整理，用巨量向上穿越整理平台后封涨停，且均线不凌乱的，可追涨停。

（8）有板块启动时，同一板块中谁最先涨停，可以追谁。

（9）前面有缺口，有底部形态反转之势的涨停，可追。

（10）股价封涨停前成交量巨大，封涨停后成交量萎缩，开板可追涨停。

（11）第一个无量涨停，仍将涨停，直到有大量才可能回调。

（12）连续无量涨停，通常是主力迅速拉高阶段，应果断追涨。连续无量涨停，出现第一个"T"或"T"字不补前日收盘价格，涨停瞬间可追。

短线卖出法则：

（1）标准突破形态，只要不涨停，可先出货（逃顶卖货）。

（2）标准突破形态，突破后回跌，应先出货（回档确认）。

（3）连续涨停后，出现不涨停时，应先退出（见好就收）。

（4）连续涨停后，盘中股价一旦跌破昨日的涨停价，当日不封涨停时，就应坚决离场（乌云盖顶）。

（5）盘中曾经涨停，收盘不封涨停时，应先卖出（拉高出货）。

（6）盘中（第一笔除外）跌停板打开即卖，尤其股价在高位（卖跌停、追涨停）。

（7）第一个无量跌停，仍将跌停，直到大量才可能反弹（能量释放）。

（8）ST股不涨停就卖（卖不涨停之板）。

（9）量小的涨停不是顶，量小的跌停不是底，成交量剧增是一轮反弹或者下跌开始的信号，也就是转势的先兆信号。

（10）只做上升通道的股票，只做涨停黑马。股价跌破30日均线后，不能重新站上，立即卖。大盘跌破60日均线立即空仓。日线、周线、月线指标"死叉"时，立即停止操作，空仓休息。日线、周线、月线指标"金叉"方可重仓操作。

3. 操盘理念

（1）涨停敢死队就是"追必涨之势，杀必跌之势"，追涨杀跌特别是短线操作要判断准确，操作果断不能拖泥带水。

（2）股市中最大的悲哀就是，股价刚刚下跌时，舍不得卖出股票；股市中最大的忌讳就是，股价刚刚启动时，就立刻卖出股票。所以，先看大方向，再定操作策略。股价运行在下降通道中绝对不做长线，股价运行在上涨趋势中最好不要做短线。

（3）对投资者来说，最危险的事情莫过于期盼狂跌中的股票不会再下跌了（事实上还跌），最愚蠢的事情莫过于期盼狂升中的股票不会再上升了（事实上还升）。

（4）只做自己最了解的股票，只用自己认为最有用的技巧，耐心等待最完美的图

形、技术和成交量出现的时候才出手。

（5）控制自己，战胜自己。把一件简单的事情反复做上千上万次，就是不简单。股票没有国际标准的操作方法，达到最终适合自己盈利目标的策略就是成功。

（6）赢家的主要策略：强势中敢于抓住机会，快速换股，敢于重仓；弱势中善于避险，要耐得住寂寞，空仓或者轻仓。空仓最简单，但却最难做到。炒股，时机是最关键的，侥幸是风险的罪魁祸首，犹豫是错失良机的祸根。

（7）在股市中，机会常有，但对于投资者来说，手中没有资金，机会再好、再大也没有意义，要想留住机会，首先要留住资金，只要有资金，在股市中赚钱的机会是无限的，股市就是一个永远向你开放的"聚宝盆"。所以，要坚持生存第一、赚钱第二的操作原则。

（8）最好的操作战略就是保持自己的主动权，时刻注意自己处于什么样的状态，独立思考大盘目前的走势，自己的操作是否处于最有利的状态，相信经过不断的反问，你对自己的操作会更加清晰。总之，有资金就有主动权，最好的股票、最好的黑马就是你手中可以控制的钱，想买谁就买谁，你说了算。

（9）一出手就抓住板块龙头，真正的龙头股上涨的时候非常猛烈，大盘跌的时候还能在"生命线"之上横盘，当大盘企稳走好时，股价马上就上涨，甚至冲击涨停。研究每一个阶段的龙头黑马，以及这些少数的黑马共同的特点，这是抓黑马的最好捷径。

（10）精选个股，谨慎操作。只做最完美的图形，最完美的均线形态，最完美的技术指标配合，最完美的成交量图形。一年就抓几次大上涨的波段，平时空仓不操作，有足够的耐心等待。

三、三大主线

在选股方面，宁波涨停敢死队主要围绕三大主线展开，即强者恒强的强势股、物极必反的超跌股、物以稀为贵的题材股。

1. 强者恒强的强势股

涨停敢死队在技术上喜欢寻找处于上升趋势加速阶段的极端强势股，此类个股的核心灵魂——强势。由于大环境是涨势，按照强者恒强的思路选股，买卖事半功倍，也叫顺势而为。

如图 3-38 所示，中科信息（300678）：该股 2017 年 7 月 28 日上市后，连续拉出10 个涨停，经过一天的震荡整理后，8 月 14 日开始再次形成加速上涨势头，成为短期超级强势股，吸引大批市场游资参与。龙虎榜数据显示，中泰深圳欢乐海岸营业部

（"深南哥"所在席位）在 8 月 21 日买入 1889 万元，22 日锁仓，23 日加仓 1465 万元，24 日再次加仓 265 万元，25 日开始被特停 4 个交易日，9 月 1 日复牌后一字涨停，中泰深圳欢乐海岸营业部继续锁仓，9 月 4 日开始在高位分批撤出，获利非常丰厚。

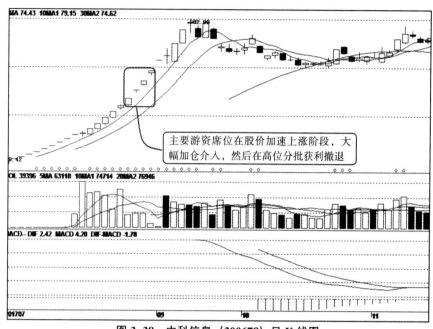

主要游资席位在股价加速上涨阶段，大幅加仓介入，然后在高位分批获利撤退

图 3-38　中科信息（300678）日 K 线图

2. 物极必反的超跌股

涨停敢死队也喜欢选择那些远离套牢区、处于超跌中的极端弱势股。物极必反，否极泰来，超跌股也蕴藏着机会，包括大盘超跌和个股超跌，随时有可能引发报复性反弹行情出现，敢死队也不会放过这样的机会。超跌股不需要考虑太多的外界因素，属于"月满则亏，水满则溢"的自然法则。

如图 3-39 所示，大立科技（002214）：该股调整以来不断向下创新低，盘面极其弱势，短线出现了一波急跌行情，空头能量得到较好释放，反弹行情一触即发，这是短线游资快速捞一把就走的好品种。从龙虎榜中看到，中信上海溧阳路营业部（孙哥所在席位）在 2017 年 11 月 22 日买入 599 万元，23 日加仓 493 万元。24 日没有龙虎榜，根据该营业部的操作风格，应当在 24 日的震荡中全身获利退出。

超跌股的量化标准：短线急跌 15% 被视为短线超跌，波段下跌 40% 被视为波段超跌（重视题材），累计下跌 70% 被视为长线超跌（遍地黄金）。所以，对以上文字仔细分析，从此就再也不怕下跌了。

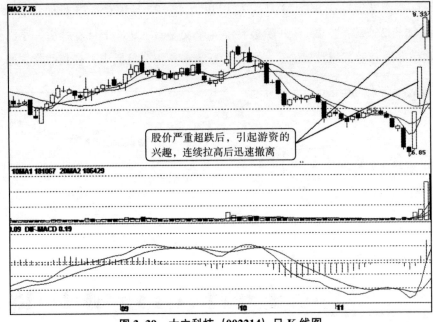

图 3-39　大立科技（002214）日 K 线图

此外，超跌股行情往往伴随着次新股行情，跌势里的反弹阻力是原套牢盘，而次新股的原套牢盘是最轻的，所以超跌行情中，资金通常青睐超跌股（物极必反自然反弹）和次新股（原套牢盘轻），在此不作实例分析。

3. 物以稀为贵的题材股

题材是市场永恒的话题，游资喜欢寻找基本面变化对股价构成重大影响的股票，而且总是提前研究当天或近期出现的各种重大题材，然后根据题材的可操作性进行排序后确定攻击对象。

题材股中稀缺的品种是技术派和价值投资者都很青睐的个股，比如有色里边的小金属（稀有）、军工里边的民营军工（特别）、超级材料里边的石墨烯（稀有）以及通信领域里边的芯片、5G（特别）等。

如图 3-40 所示，中通国脉（603559）：该股具有"大数据＋重组＋次新"等多重利好，特别是 5G 概念推出后，引起了市场游资的积极关注，股价从 2017 年 9 月 19 日向上突破后，出现一波快速拉高行情。从龙虎榜中看到，国泰君安成都北一环路营业部（"葵花宝典"陈新宇所在席位）、财富杭州庆春路营业部（宁波敢死队所在席位）、国泰君安上海江苏路营业部（宁波敢死队所在席位）、光大深圳金田路营业部（"深南哥"所在席位）等多家著名游资席位多次现身龙虎榜。

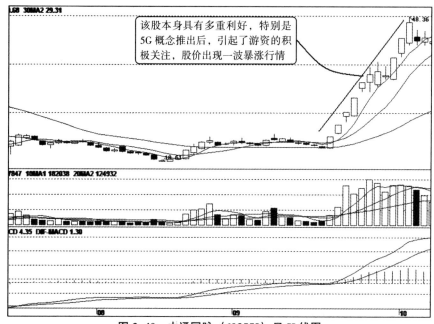

该股本身具有多重利好，特别是5G概念推出后，引起了游资的积极关注，股价出现一波暴涨行情

图 3-40　中通国脉（603559）日 K 线图

四、三个时机

涨停敢死队战法以吃庄家为生，洞悉庄家动向，果断吃进，火速撤离，平均每三天打一只股票。他们与庄家基本没什么联系，但确实以跟庄为生。以他们的水平完全可以看出庄家的性格、偏好、手法、资金量、成本。一方面，他们不会选择远高于庄家成本的股票，以免高位接货；另一方面，他们会选择在庄家准备拉升的一瞬间进场，让庄家被迫拉抬，分一杯羹。

所以，敢死队一般不会提前介入消磨时间，而是恰到好处地择机入场，也就是说，等待别的庄家把底部即将构筑完毕时或者洗盘接近尾声时入场，或者选择在突破或即将突破之时介入，时间一点也不浪费，其实这是占用别人的劳动成果，用行内的话讲就是"黑吃黑"行为。

1. 整理末期建仓

通常股价有一段较长时间的整理过程，这是一段非常难熬的日子，浪费时间还要有耐性，慢慢地忍受庄家的折磨。所以，敢死队不会过早地参与到这段黑暗的日子中，而波段游资选择在股价整理进入末期时悄悄潜伏其中，等待股价上涨，分享获利。

如图 3-41 所示，华资实业（600191）：该股在长时间的下跌调整中，累计跌幅超过 65% 以上，股价严重超跌。从 2017 年 4 月开始股价渐渐企稳，庄家悄然介入建仓，并构筑底部形态。6月21日开始发力上攻。可是，该股的庄家非常狡猾，股价回升到前高附近时，再次停止了拉升步伐，造成股价上涨遇阻的假象。在洗盘过程中，连续收出调整阴线，造成股价无法突破前期小高点的假象，让不坚定的散户离场，而这时正是波段游资介入之时，几个交易日后股价开始放量向上突破，从此走出一波上涨行情。

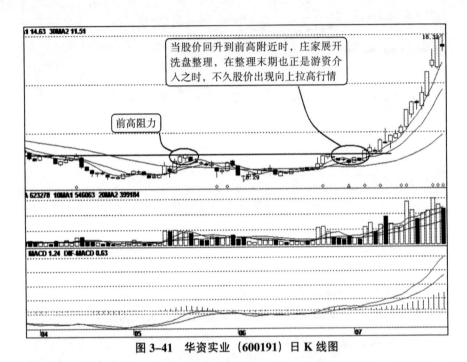

当股价回升到前高附近时，庄家展开洗盘整理，在整理末期也正是游资介入之时，不久股价出现向上拉高行情

前高阻力

图3-41 华资实业（600191）日K线图

这类个股在技术上出现以下特征时，可以作为买入条件：

一是个股整理时间较长，处于盘整或调整阶段末期。

二是盘中出现健康的攻击性量峰结构。

三是股价突破某一重要技术阻力位。

四是均线已从黏合状态渐渐转变为多头排列。

五是个股质地优良，或有突发性重组、资产注入、中标大单等突发利好。

2. 突破之时杀入

过早地介入到股价整理阶段是不经济、不科学的，过晚地介入股价上涨的末期也是不可取、不明智的。敢死队就选择在股价即将突破或已经突破时才开始介入，偷袭别人的劳动果实，立在别人的肩膀上爬高，站在搭好的舞台上高歌。

如图3-42所示，寒锐钴业（300618）：该股创出新高后进入调整，经过一个多月

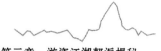

的横向整理，调整接近尾声。作为一只稀有金属龙头股，上市后就受到市场游资的青睐，在调整末期游资更是虎视眈眈，盯着股价的突破。2017 年 8 月 28 日，股价开始放量向上突破，收出一根涨停阳线，市场游资开始涌入。

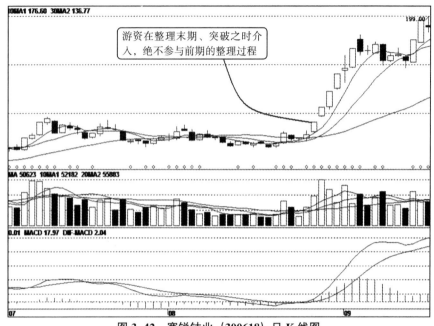

图 3-42　寒锐钴业（300618）日 K 线图

　　当天买入前五大游资席位分别是：东方上海浦东新区银城中路营业部，买入 7770 万元；浙商绍兴解放北路营业部，买入 5021 万元；华泰上海澳门路营业部，买入 4197 万元；东方义乌工人西路营业部，买入 1564 万元；国泰君安上海江苏路营业部，买入 1393 万元。可惜的是次日除东方上海浦东新区银城中路和东方义乌工人西路锁仓外，其余 3 家游资席位均选择出货或减仓。在当日拉高时追进，在次日涨停价附近出货，是典型的涨停板敢死队操作风格。东方上海浦东新区银城中路在 9 月 18 日还大幅加仓 14873 万元，11 月 27 日出货 3989 万元，而东方义乌工人西路一直锁仓，获利极为丰厚。

　　追逐市场热点，该出手时才出手，这是敢死队乃至所有游资的优点和作风，而许多散户没有这方面的思想意识，往往介入一只股票后需要忍受庄家长时间的调整折磨，在即将迎来突破行情时，却做出割舍之举。所以，作为散户应当借鉴游资那种雷厉风行的操作作风，耐得住寂寞，在关键时刻出手。

　　如图 3-43 所示，北京君正（300223）：该股在 2017 年 8 月 31 日之前的调整过程

中，游资是不感兴趣的，只有散户忍受着庄家的折磨，可是到了股价真正突破之时，不少散户已经离场了，而这时正是游资追逐的目标。这是游资选股最突出的一招，这对散户有什么启发呢？

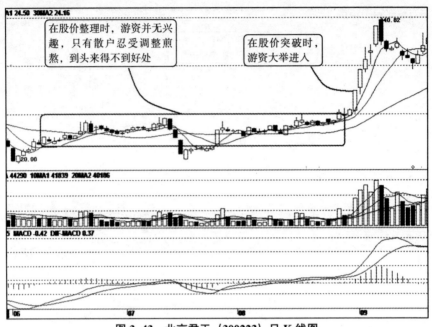

图 3-43　北京君正（300223）日 K 线图

3. 洗盘结束进场

洗盘是中长线庄家不可缺少的一个环节，敢死队具有速战速决的风格，一般不会奉陪庄家到底的。敢死队偷袭庄家一把后，在相对高位出掉筹码，并不参与庄家洗盘过程。当庄家洗盘即将结束时，敢死队又来凑热闹，煮好的锅里蹭一碗粥。游资见风使舵，喜欢搭顺风车、坐顺风舟，这一点比散户敏感。

如图 3-44 所示，皮阿诺（002853）：股价向上脱离底部后，庄家主动展开洗盘整理，此时游资并不参与其中，当股价回落到 10 日均线有效支撑后，2017 年 8 月 28 日开始向上突破，此时国泰君安上海江苏路营业部等知名游资席位第一时间介入其中。那么作为散户是否也应该在这一位置介入呢？

五、四个回避

涨停敢死队在选股方面不是眉毛胡子一把抓的，也不是对所有的涨停个股都有兴趣，他们对涨停案例有独到的研究和分析，哪些个股涨停后市有机会以及机会大小，

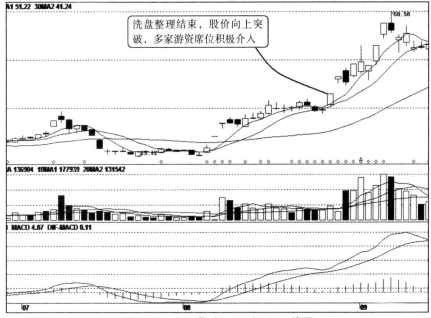

图 3-44　皮阿诺（002853）日 K 线图

哪些个股涨停后市没有机会甚至会有风险，对这些都把握得非常好。在选股时至少做到四个回避：

（1）高位震荡回避。股价被成功炒高后，庄家获利丰厚，但要想将这些获利筹码抛售出去，也是一件不容易的事，所以需要一个出货过程，通常在高位构筑头部区域，涨停敢死队不会在高位震荡阶段轻易介入。

（2）调整初期回避。股价一旦进入调整阶段，是需要一定时间的，特别是中长线调整时间更长。通常中级调整需要 3~6 个月，长线调整超过 6 个月，有的能延续几年的调整，而短期调整一般不超过 3 个月，有的一两个交易日就结束调整。涨停敢死队不会选择在调整初期介入，他们会等待调整末期信号出现时快速入场，时间观念非常强，入场时机也恰到好处。

（3）下降趋势回避。当庄家完成一轮炒作并顺利退出时，股价会步入下降趋势，重心不断下移。这类个股不是涨停敢死队选择的目标，除非在短期内出现快速杀跌时，快进快出搏一波反弹行情走人，否则不会轻易介入。

（4）问题个股回避。在 A 股市场中各类问题股很多，有潜在的、已知的，这类个股风险很大。所以，涨停敢死队不愿意做 ST 类股票，因为 ST 股一天涨幅限制在 5%，这个幅度对他们来说没有太大的吸引力。

如果以传统理念定位，宁波涨停敢死队显然不属于基本分析派，他们甚至不太看

消息，而且所选个股也五花八门，从基本面上简直无迹可寻，业绩好、中、差都有，盘子大、中、小通吃，既有小盘袖珍股，也有超级航母大盘股。但也很难将其归为技术派，因为他们看盘论市都有自己独特的思维，通常不是传统的技术分析方法。

六、操盘手法

以光大宁波解放南路营业部为代表的民间资本开辟了赫赫有名的"追板模式"。其精髓是：盘中寻找表现强势股，以快速连续买入冲击涨停并封涨停板，第二天股价开盘冲高时卖出获利。其"追板模式"形成后，曾红极一时，几乎成为股民的偶像，其操作手法被越来越多的投资者效仿，也曾被监管部门查处过，在市场一度销声匿迹。但近几年来，涨停敢死队有重整旗鼓、卷土重来之势，只不过转移了营业部、更新了操盘手法而已。这种新的短线运作手法，其大体操作过程是这样的："选择好目标后，试探性建仓一两日后，采用边拉高边拿货，尾盘快速拔高股价，然后就是盘中快速拔高股价，最后大卖单砸盘，盘中反复对敲进行出货。"

1. 操作程序

（1）股价为什么会涨停？涨停是主力资金运作的结果，原因在于主力资金的大举介入。涨停显示主力资金的意图：

一是引起投资者的注意，显示自身的实力，展露操作意向。

二是加大吸筹或拔高建仓，大幅震荡吸货。

三是别具一格的洗筹。先拉涨停再连续打压洗筹，边拉涨停边洗筹，在涨停板上变化成交量进行洗筹，连续拉涨停，再反手连续跌停洗筹。

四是快速脱离成本区，拉涨停后一路扬升；连拉涨停脱离成本区；拉涨停后台阶式攀升脱离成本区。

五是涨停诱多出货。

（2）作为"涨停敢死队"，其具有自己的一套操作程序，一般可分为以下四步：

第一步：首先打开"61""63"的涨跌幅，搜索前两板，大盘向好时，要求个股涨幅大于2%，大盘调整时目标个股要强于大盘。如果目标个股是板块热点群体则更好。

第二步：再调出量比排行榜。搜索量比放大超1倍以上的个股，越大越好。然后确定第一步选出的个股是否也在量比排名之中。如果没有则剔除。

第三步：打开所选个股的日K线图，断定其是否处于盘底末期，或上涨阶段初、中期。如果处于上涨阶段末期，或已经处于三个波段上升后的盘头阶段，则立即剔除，如果还在下跌阶段，则更要剔除。

第四步：在满足前面三道程序后，则立即打开周线图。如果该股周线也在盘底完成末期或上涨初期，可立即以较大仓位（≥60%）的第一时间坚决买进。如果大盘在阴跌过程中，则通常只能以小于20%的仓位快进快出。

2. 拉升方式

稍有操盘经验的人都会有这样的疑问：一只股票如果一天进个几百万元资金，通常庄家都会洗盘，像他们这样明目张胆地大举进场，不怕庄家洗盘吗？或者庄家干脆在涨停板上出货怎么办？难道他们和庄家有默契？

一般情况下，短线投机者会在涨停板价位上排队进货，关键在于涨停敢死队能分辨出真、假涨停板。这就像请客吃饭，本来要请10个贵客，突然又进来1位，让他走肯定破坏气氛，因此虽不情愿，也只能让他坐下一块儿吃，吃饱了让他走，而且，毕竟敢死队只是打把短线，第二天就出。要是进去趴下守中长线，等着庄家大幅拉高再走，那庄家就不干了，会展开洗盘的。这样的事也经常出现，敢死队进去后的第二天股价大幅低开，游资不出庄家就不拉，游资一出庄家反倒马上来个涨停，被庄家狠狠地要了一把，但这种情况极少。

（1）制造盘口气势。当大盘较强时，某只股票以不回档的方式涨了5%~6%之后，他们趁股价短暂回落时杀入，用很大的买盘向上扫单，一口气拉上涨停。

早市攻击，他们看好的题材股会以超出昨天收盘价1%~2%的价格集合竞价，开盘后继续向上扫单直至涨停，这个过程用时一般不超过5分钟，由于是早市攻击，所以抛盘并不大，完全借助"短平快"的手法制造强势的感觉。

14：00之后拉抬强势股，一些早市走强的热门股在14：00之后如果还在均价附近缩量整理，他们就会以很大的买盘扫单，股价几乎呈直线上涨，在跟风盘的帮助之下封上涨停。当股价冲上涨停后，往往挂出巨量的买盘稳定人气，降低持股者的卖出欲望，这是炒作成功的关键环节，但如果遇到大盘走软，他们也会毫不犹豫地撤单，"借势"始终是他们操盘理念中的重点。

（2）大量、频繁申报。涨停敢死队与其他许多游资操盘手法相似，在涨停板价格大量、频繁申报异常交易行为。当股价封住涨停后，通过"申报买入—撤销申报—再次申报买入"的循环，在自身证券账户不实际成交的情况下，人为制造涨停价档位有大量买单的盘面信息，诱导其他投资者跟风买入，从而达到维持并强化股价上涨的气势及后续卖出获利的目的。当然，其行为扭曲了相关证券价格的形成机制，也扰乱了市场交易秩序，太过于惹眼也容易被监管层盯上，所以操作手法上也有所隐蔽和收敛，但也难免会失手。

如图 3-45 所示，和邦生物（603077）：这是被监管层盯住的实例，2016 年 1 月 20 日协同账户以涨停价申报买入该股 388.8 万股，形成股价拉升假象并引发大量散户跟风。而后，该账户再次以涨停板价格申报买入 500 万股、180 万股，制造涨停板有大量买单、股票供不应求的假象，人为维持并强化股价涨停的气势。当其申报委托即将成交时，该账户就撤销申报，随后再次以涨停价申报买入。当天该账户以涨停价申报买入共计 3309 万股，撤销申报共计 2770 万股，撤销申报量占其申报买入量的 83.71%。不久，上交所对该账户的虚假申报行为作出限制交易 1 个月的处罚决定。

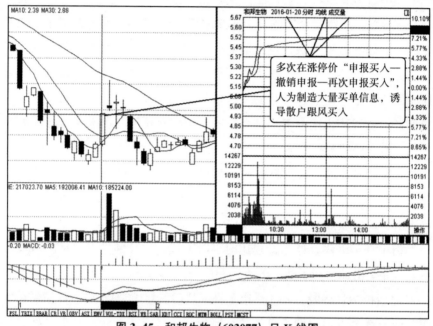

图 3-45　和邦生物（603077）日 K 线图

（3）突破箱体涨停。股价在某一箱体中运行一段时间，然后突破箱体上沿，沿某一方向上升至涨停。这里又有以下三种情况：

一是突破单一箱体拉涨停。以这种方式拉涨停的股票分时走势较规范，它往往出现在股价发生转折的初期，出现在明显的止跌企稳之后。

二是突破复合箱体拉涨停。以这种方式涨停的股票，其分时走势图中，股价运行的轨迹搭成了向上攀登的双层台阶，股价先后运动在两个明显不同的箱体之中。

三是突破多重箱体拉涨停。以这种方式涨停的股票，其分时走势图中的轨迹画出了层层梯田，股价随梯田拾级而上，到达一个新的境界，以这种方式拉出的涨停板，往往突出地暴露出主力运作的痕迹，是主力向上发力的具体表现。

（4）低开后拉涨停。它是指股价以低于昨天收盘的价格开盘，而后拉至涨停。这种方式拉出的涨停板，常常是主力资金为了避开空头抛压而采取的一种运作手法，同时也有吸引新资金进场的目的。它可以较好地隐蔽主力的操作意向，使其在一种并不明了的背景下实现意图。

在通常情况下，股价经过连续拉高后，高位第一次出现低开现象时，多数都会被拉起来甚至封于涨停，但如果连续两个以上交易日都出现低开现象，那么第二次以后的拉高力度会大大减弱，如果出现低开不能封涨停的话，就是主力出货的一个明显信号。散户见此图形时，应在低开冲高回落时迅速离场，具体操作就是除再封涨停可以持有外，其他情况都应该退出。

如图 3-46 所示，永东股份（002753）：2017 年 7 月 28 日，低开 2.14%后逐波拉至涨停，次日低开 4.12%后未能涨停，力度开始减弱，有见顶征兆。8 月 1 日，当股价再次低开 1.55%时，就没有上拉能力了，短期见顶形成。

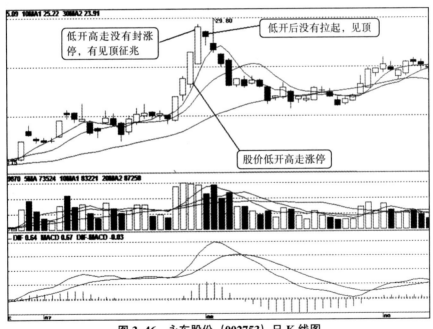

图 3-46　永东股份（002753）日 K 线图

在分析研究集合竞价情况的时候，一定要结合该股票在前一交易日收盘的时候所滞留的买单量特别是第一买单所聚集的量进行分析。这种分析对于当天的操作及捕捉涨停的效果有着十分重要的意义。一般来讲，如果一只股票在前一交易日是上涨走势，收盘时未成交的买单量很大，当天集合竞价时又跳空高走并且买单量也很大，那么这

只股票承接昨日上升走势并发展成为涨停的可能性极大。

另外一种情况是，受前一天跌停或大跌惯性影响，股价出现低开高走至涨停，第一次出现这种现象时可以追进，随后力度依次减弱。

如图 3-47 所示，中毅达（600610）：股价快速杀跌后，出现报复性反弹，连续收出 6 个涨停板，然后出现震荡走势。2016 年 1 月 25 日高位震荡，26 日股价跌停，K线组合构成"黄昏之星"形态。1 月 27 日，股价低开 3.92% 后，一度跌幅达到 8%，随后股价震荡拉高，午后封于涨停。2 月 2 日出现相似的走势，次日股价继续封涨停。然而 2 月 5 日之后出现的低开情况，其性质就不一样了，股价上拉力度明显减弱，渐渐形成短期头部。

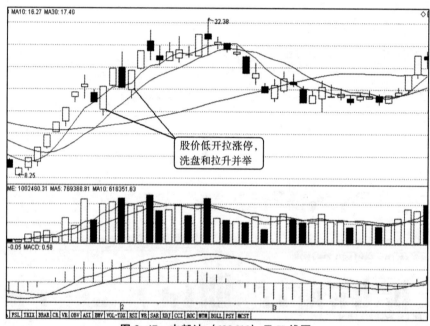

图 3-47　中毅达（600610）日 K 线图

3. 实战法则

涨停敢死队的实战法则，可以将其总结为五条：

（1）选形态较好的个股。这些个股底部构筑较为扎实，且都在温和放量、小阳线向上推升过程中。如果没有他们参与，就算不能放量封涨停，向上突破也是迟早的事。他们在此阶段介入有如推波助澜，时机把握得恰到好处，成功率自然大大提升。

（2）控制持股成本。虽然是在进行短线操作，但成本控制仍是控制风险中非常重要的环节。他们的买入成本往往远低于市场平均成本，因此在拉出涨停板后，也不至于

马上引来大量解套盘，可以保证第二天安全脱身。

（3）不碰高度控盘庄股，尤其是前期经过大幅炒作的庄股。因为这类庄股难以吸引广大散户跟风炒作，自己进出也十分不便，涨停敢死队仅有的几次失误，都是折在此类庄股上。

（4）重"价"更重"势"。绝不参与在下降通道中的个股，因为这些股票上行能量太弱，难以成为短期热点。

（5）绝不做问题股及 ST 股。所选个股往往业绩尚可，或有一定题材支持，具备成为短期热点的一些必要条件。

七、实例剖析

这里以中毅达（600610）2016 年 2 月 2 日的盘口信息为例，剖析一下涨停敢死队是怎么封板、加仓、出货的。

1. 操盘套路

如图 3-48 所示，中毅达（600610）：2016 年 2 月 2 日，当日涨停敢死队以大单封涨停的方式迅速建仓，股价涨停之后以堵单、中途加单等各种大单方式封住涨停板，营造强势的感觉，吸引热钱跟风，次日或者锁仓之后的交易日，在盘中把货倒给涨停板跟风的人。

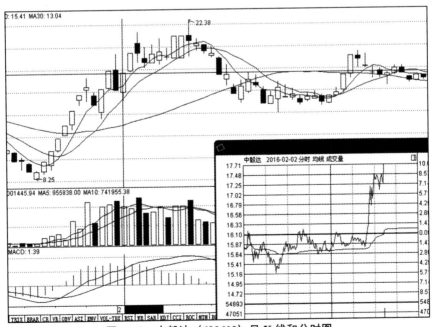

图 3-48　中毅达（600610）日 K 线和分时图

2. 运作过程

（1）最后一笔拉升股价至涨停。该股在 2 月 2 日的交易过程中，在 14：13：40 至 14：13：41 以涨停价申报买入 13 笔 586.17 万股，即时成交 400.78 万股，占当时成交量的比例为 98.01%，成交额约为 1 亿元，将股价由 17.60 元拉升至涨停。从当时的分时成交上很明显就能看出来，瞬间成交的几笔大单将股价拉升到涨停价，这个大资金就是华泰证券的一家游资席位。

这里注意一下，该游资席位是做最后一笔封单的，前面的点火以及拉升与它是无关的，这也说明，它是做打板的，而不是造板的，动用大资金临门一脚，顺势将股价推向涨停板而已。这是该席位的操作风格。

在敢死队这个链条上，有些人是专门点火的，有些人是专门做拉升的，而有些人则是专门封板的。当然了，他们并不是事前合谋的，也没有那么多事先商议的时间，这就是所谓的市场合力，资金的一致预期，大家不约而同都觉得这只股票可以做。

（2）加单营造强势感。14：25：33，该账户在盘中涨停申报已经有 800 万股的情况下，再次以涨停价申报买入 5 笔 325.16 万股，截至收盘，申报未成交，占尾盘封单总量的 51.37%。

由于现在不是交易当天，所以没有委托队列数据，但是从当日的分时委托买单同样可以看得清楚，在 14：25：33 盘中封单量大概 800 万股，14：25：37 封单到了 1040 万手，增加的就是该席位的封单，收盘时一共封单 600 多万元，该账户最后封上的 325 万股都没有成交，占比 50%多。

这是涨停板封板时的一种非常经典的模式，股价封上涨停之后，吸引跟风，有跟风就说明这一次封板已经成功了一半。这种模式不是在涨停瞬间堵单、吃货，而是在跟风单封上之后，在明知不可能成交的情况下继续加单，营造一种非常强势的感觉，以吸引第二天的跟风盘。

这里说明一下，虚假机构玩的也是这种模式，但是区别在于虚假机构是强行封单的，是直接在盘口堵单、强行吃货的，所有的抛压统统照单全收，而且，第二天一般情况下都是早盘直接一波拉升之后砸盘出货的。其他类似手法的机构有"绿景路""解放南"等，只不过细节手法略有差别，本质基本一致。

（3）筹码抛给跟风资金。从当日龙虎榜中看到，华泰浙江分公司买入约 1.2 亿元，占比 7.41%。接下来，可以看看这个席位是怎么通过涨停板封单赚钱的。在 2 月 3 日的龙虎榜中，华泰厦门厦禾路营业部封板 3523 万元，中信保定东风中路营业部助攻 3107 万元，而华泰浙江分公司锁仓不动。

在 2 月 4 日的龙虎榜中，华泰浙江分公司、华泰厦门厦禾路营业部、中信保定东风中路营业部为卖方前三名，从成交金额来看，大部分筹码已经抛出，买方接盘的是一些零散资金。华泰浙江分公司在这一笔交易中，两个交易日一进一出至少赚了 1.5 个涨停板，"厦禾路"和"东风中路"也吃了"大肉"。

剖析到这里，大家应该对涨停敢死队的赚钱模式有了一个大体的了解。在该股中，涨停敢死队亏钱也亏得明白，赚钱也赚得清爽。

3. 模式弊端

可能有人会问：大资金赚钱怎么这么容易？但是要知道每一份收益背后都伴随着风险，这就是零和游戏。

（1）没人接力。游资最大的风险就是第二天没人为他接力拉高，就算自己有雄厚的资金继续封板，若是吸引不了跟风资金照样出不了货，那么封的所有板都是没有意义的。

所以，这就涉及游资的选股选时，以及如何恰当地影响股价吸引资金跟风，这就是资金的难处。这是一方面的风险，另一方面就是监管风险。

（2）被监管层盯上。近年来市场监管力度越来越大，经常会有因为股价异常波动而被停牌的股票，也就是常说的特停。特停的对象就是那些涨幅惊人的、走势怪异独特的"妖股"，如此张扬的股票很容易被发现，一旦被监管层盯上，好的就是复牌出来不跌停已经不错了，弄不好要来一两个跌停，倒霉的就是几年之后，监管层说它操纵这只股票，没收非法盈利并罚款。

第十一节 手法凶悍 行踪神秘——温州帮

一、建仓模式

近年来，市场上所说的短线游资，多以"温州帮"著称。

所谓"温州帮"，不一定就是温州人操盘，而是一些私募机构借用温州民间资金优势，通过股票配资的方式，进行股票短期炒作的一种行为。

据了解，温州帮实际上是江湖老庄刘大力留下的一群人。他们承习出一种新打法——底部吸筹 3 至 5 天迅速拉起，找机会一笔倒掉，比徐翔的"一字断魂刀"还狠，且屡试不爽。这说明所谓的温州帮游资，其实就是城市的民间资金、私募机构通过配

资形式，进而操作股票的过程。市场上除温州之外，杭州、青岛等城市也是股票配资较大的城市。

从市场观察分析，温州帮股票短期涨幅一般在30%左右，有的甚至达到50%，操作时间多则一个月，少则三五天。如此短的时间，如此大的涨幅，能不让市场投资者喜爱吗？所以，在市场中就有越来越多的人关注温州帮的行踪了。在此专门就温州帮运作过程作全面深入的剖析，旨在帮助大家在认识短线游资时有所启发。

温州帮的吸筹方式颇有特色。多数情况下，温州帮吸筹时的股票分时图走得很生硬、很粗暴、不流畅，拉升、打压幅度都比较大，有明显的断层，分时图是跳跃式的，直上直下，还有很多在十几分钟内分时图处于横盘。整体建仓阶段，在K线上表现为小级别的小阳缓缓推升，阳缓阴急，阳多阴少。

温州帮的建仓方式大致有三种：一是缓慢推升式建仓；二是大起大落式建仓；三是快速拉高式建仓。

1. 缓慢推升式建仓

股价企稳后，温州帮悄悄介入，底部缓缓向上移动，但盘面走势十分沉寂，根本不会被场外人士看好，而场内人士看到不温不火的盘面也会做出解套离场的操作，这样经过一段时间的运行后，基本完成了建仓计划，时机一到股价就会快速上涨。

如图3-49所示，北方稀土（600111）：该股经过长时间的下跌调整后，下跌空间

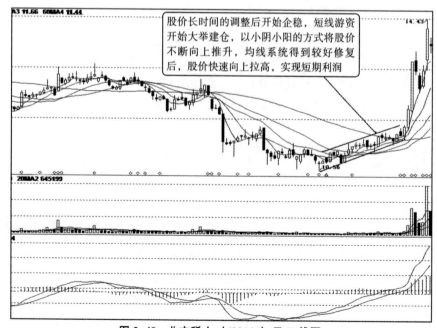

图3-49　北方稀土（600111）日K线图

基本被封杀，股价跌无可跌，这时短线游资选中了这只超跌低价股，当股价企稳后游资悄然介入。从图 3-49 中可以看出，2017 年 6 月初以来，股价重心开始缓缓上移，K线小阴小阳，交错上行，一切在悄然中进行。从盘面中并没有察觉到游资的行踪，在分时走势中毫无规律，走势松散、不流畅，上蹿下跳，让散户没有兴趣介入。当游资成功完成建仓计划后，股价在 7 月 6 日开始加速上涨，并出现连续上涨，带动整个有色板块出现走强。

2. 大起大落式建仓

在股价大起大落的震荡中，有不少散户会选择高抛低吸的操作，而高抛低吸对多数散户来说操作难度较大，往往会造成在低位丢失低价筹码，这样温州帮就很容易拿到散户手中的筹码。

如图 3-50 所示，远望谷（002161）：该股见顶后出现长时间的下跌调整，累计跌幅超过 77%，投资价值显现，这时短线游资看中了该股，当股价下探到 8 元下方后，股价渐渐企稳，游资开始悄然建仓，但由于股价已经下跌到低位，散户止损盘已经不多，这时短线游资采用大起大落的手法与散户捉迷藏，在 2017 年 6 月 15 日和 19 日的两个交易日里，股价大起大落，不少散户经不起折腾而将筹码抛出，然后经过短暂的横向窄幅震荡后，股价在 7 月 4 日拔地而起，出现一波快速拉升行情。

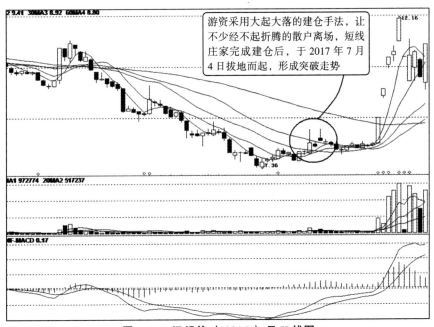

图 3-50　远望谷（002161）日 K 线图

311

通常大起大落式建仓手法有两种盘面表现方式：一种是在分时走势中，盘中出现大起大落现象；另一种是在日 K 线组合中出现大起大落，收出大阴大阳 K 线形态。该股就是在分时走势中出现大起大落的这种情况。

3. 快速拉高式建仓

温州帮讲究的是时间，为了快速完成建仓计划，往往会采用拉高建仓手法，让短线散户获利离场，尽量减少时间成本。

如图 3-51 所示，亿纬锂能（300014）：2017 年 6 月初，股价再次回落到前期低点附近，这时该止损离场的散户早已离场观望，而没有止损的散户也在等待反弹机会离场，于是短线游资投散户所好，开始安抚散户，在 6 月 13 日小幅低开后，股价逐波上涨，最后封于涨停板位置。这时，前期没有止损的散户由于担心股价再次下跌而选择逢高离场操作，可是随后股价并没有出现明显的下跌走势，经过短暂的横向震荡整理后，6 月 30 日发力向上拉升，走出一波短线亮丽行情。

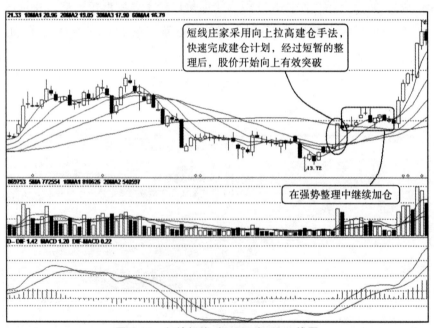

图 3-51　亿纬锂能（300014）日 K 线图

二、洗盘模式

温州帮所选个股大多是一些不被投资者关注的冷门股，最重要的是洗盘出现在小幅拉升之后，由于市场跟风盘多，大多采用低开低走和缩量收大阴线的方式进行洗盘，扰乱了散户的操作思路。其主要特征如下：

（1）洗盘时间较短，大多一两个交易日就结束。

（2）缩量收大阴线或连续收阴，几乎吞没了前面一根或数根阳线。

（3）跌幅也不会很深，一般在10日或30日均线附近。

（4）震荡幅度较大。

下面通过实例作进一步深入分析：

如图3-52所示，上海临港（600848）：这是一个洗盘时间较短的实例。该股在2017年5月23日和24日收出两根阴线，击穿了前期低点支撑，造成加速下跌之势，这时不少散户担心股价大幅下跌而做出止损举动，而短线游资却大量吃进散户抛出的筹码。随后，股价渐渐企稳回升到30日均线上方，短线主力边推升股价边吸纳筹码。

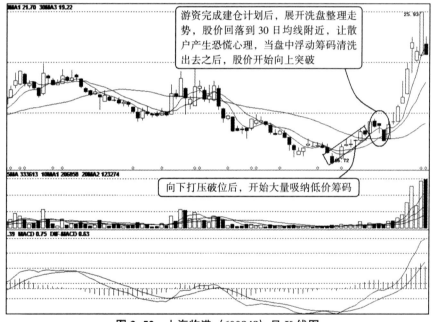

图3-52 上海临港（600848）日K线图

当主力完成建仓计划后，展开一次洗盘走势，整个洗盘过程基本符合上面的几个特征，6月8日开始连收三根阴线，股价回落到30日均线附近，吞没了前期涨幅的一半，而且盘中震荡幅度比较大。

由于此时的整个形态并没有形成强势走势，所以这时会有不少散户随着下跌而做出止损离场举动。当盘中浮动筹码基本被清洗出去之后，从6月13日开始出现一轮上攻走势。

如图3-53所示，洛阳钼业（603993）：该股洗盘时间相对较长，第一波上行之后，

进行了 12 个交易日的洗盘整理过程，然后才展开新的拉升行情。

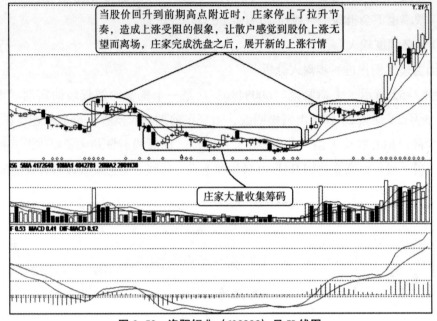

当股价回升到前期高点附近时，庄家停止了拉升节奏，造成上涨受阻的假象，让散户感觉到股价上涨无望而离场，庄家完成洗盘之后，展开新的上涨行情

庄家大量收集筹码

图 3-53　洛阳钼业（603993）日 K 线图

该股主力采用了压力位洗盘方式，即"上涨受阻"洗盘方式，就是主力将股价拉升到一个显而易见的阻力位附近时，故意停止拉升、不突破，而是在阻力位附近制造震荡走势，造成难以突破的假象，从而"放大"了上方的阻力效果，散户看到股价攻而不破时以为后市股价上涨无望而放弃持股，以此达到洗盘目的。

从该股盘面中可以看出，该股在 2017 年 2 月反弹结束后进入下跌调整走势，当股价回落到前期低点附近时，短线游资开始大规模逢低悄然吸纳筹码，从而顺利地完成了建仓计划。从 6 月初开始股价企稳上行，6 月 16 日当股价推升到前期高点附近时，遇到了前期高点附近的压力，此时游资并不急于向上突破，而是在前期高点附近做洗盘整理走势，盘面出现滞涨现象。这时，不少散户发现股价久攻不破，认为上方压力较大，担心股价再次出现下跌，于是纷纷抛出筹码观望。可是，股价在这里经过 12 个交易日的洗盘调整后，7 月 5 日股价发力向上，一举突破了前期高点压力位，此后股价连续走高。

三、拉升模式

一般情况下，温州帮多数是平开后急拉为多，在拉升之前不动声色，风平浪静，一旦进入拉升就如同蛟龙大海，一跌而起，三五分钟就能拉涨停。在时间上，温州帮通常在10：30~11：00或14：00前后人气最旺时将股价拉至涨停。

1. 顽强推升

这种方式在拉升过程中，股价沿着一定方向稳步上行，不受大盘涨跌影响。游资拉升往往一气呵成，中间没有比较明显的大幅度洗盘动作。绝大多数采用依托均线系统边拉升边洗盘的方式，拉升思路明确，股价走势轨迹明显，常常走出单边上涨的独立上升态势。主力开始大幅度洗盘之际，也标志着拉升行情结束之时。这种拉升方法有三个显著的标志：

（1）在拉升行情初期，股价常常走出极小幅度的阴阳交错、慢牛爬坡的缓慢走势，此阶段是主力建仓或加仓阶段。

（2）拉升速度有所增加，经常依托均线系统边拉升边洗盘，拉升前期和中期，主力在早盘将股价推高之后，就任其自由换手，不会过多关注股价，使股价常常出现自由落体之势，在回落至下轨线处或者必要的塑造图形时，主力再度护盘，重新吸引多头买盘，走出极为规律的走势，以吸引多头资金积极买进股票，起到助庄的作用，可谓四两拨千斤。

（3）单边上涨式拉升，后期往往快速拉升、疯狂刺激多头买盘，人气达到高潮，一般会采用各种转换角色的"示形"方式，诱导、促使场外的散户失去正常的投资理智、控制能力，产生一种过量、过度的放大和虚幻的投资激情，这也是行情见顶的信号。

这种拉升方法在大多数情况下都是受客观条件制约的，驻庄期相对长一些。绝大多数庄家控盘要占到流通盘的30%~40%，涨幅50%~100%不等，很少有100%以上的涨幅。

如图3-54所示，华资实业（600191）：该股在上涨初期，K线阴阳交错，股价缓慢上涨。随着股价的上涨，其拉升速度有所加快，边拉升边洗盘依托5日均线上行。在拉升后期，股价出现加速上涨，以刺激多头买盘，使不少失去理智的散户追涨买入。当主力停止拉升时，就是短期见顶信号。

2. 直线拉升

这种拉升方式犹如火箭发射，升势一旦启动，行情就势不可当。特别是第一个涨停，一般都来得非常突然，一步到位，一口气拉涨停，飙升行情可谓惊天动地。

但综观此类个股，在行情飙升之前，往往要经过较长时间的吸货过程。在整个建仓过程中，股价犹如一潭死水，波澜不惊，臭不可闻。然而，当主力悄悄掌握了流通盘50%~60%的筹码后，行情一旦启动，往往升势如虹，气冲霄汉。这种主力干起活

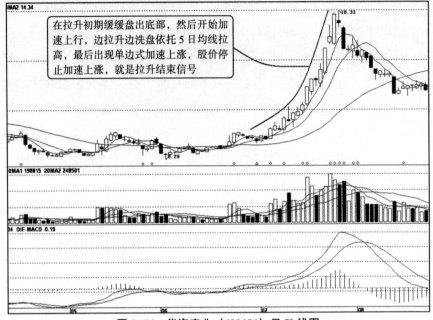

在拉升初期缓缓盘出底部，然后开始加速上行，边拉升边洗盘依托 5 日均线拉高，最后出现单边式加速上涨，股价停止加速上涨，就是拉升结束信号

图 3-54　华资实业（600191）日 K 线图

来，驾轻就熟，清清爽爽，而且实力绝非一般，运作个股一般后市有强大的题材配合，准备工作异常充分。选择的个股多为中等偏下的流通盘。也有的主力炒作起来常常得意忘形，直到把股价玩到令人难以置信的地步，成为真正的空中楼阁，最终导致玩火自焚。

如图 3-55 所示，超讯通信（603322）：游资介入该股完成建仓后，在 2017 年 2 月 21 日快速拉高脱离底部区域，然后回落洗盘整理，等待 30 日均线上行。3 月 20 日洗盘结束，股价放量涨停，随后股价持续拉高，7 个交易日股价达到 66% 的涨幅。从走势中可以看出，股价上涨气势如虹，势不可当，主力思路清晰，有恃无恐，股价一步到位，拉升一旦结束就是阶段性顶部。

3. 拉升手法进化

曾经有人拿温州帮与徐翔相比，但操盘方式进化后的温州帮，其恐怖和凶狠程度显然已经远远超过了徐翔，不少人已经跟不上温州帮的操盘步伐。

如图 3-56 所示，三夫户外（002780）：2016 年 10 月 19 日，该股在午间收盘前开始向上突破，午间开盘后股价继续走高，涨幅最高达到 9.93%。就在大家都期待再一次封涨停时，盘面发生了 180 度大转变。仅半小时工夫，股价就下挫超过 15%，盘中一度跌停，截至收盘跌 9.05%，全天振幅高达 19%。

次日，该股低开后向上翻红，之后开始横盘。午间开盘后，股价开始拉升，最终

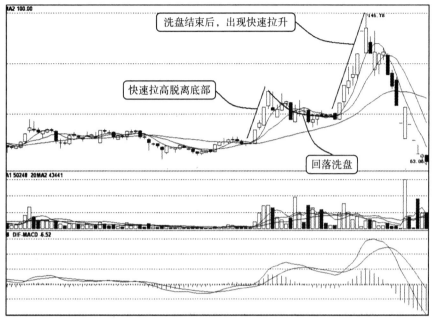

图 3-55 超讯通信（603322）日 K 线图

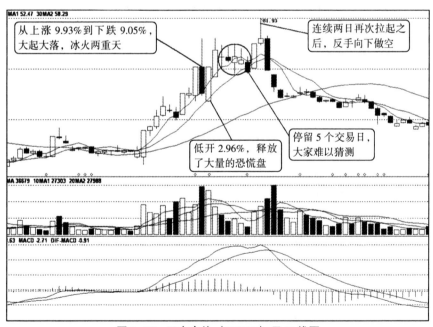

图 3-56 三夫户外（002780）日 K 线图

顺利封板。虽然其间有开板，但尾盘强势回封。

至此，该股在过去 11 个交易日中上涨 60%，在短短两天时间里又走出了一组奇葩的 K 线。从其诡异的分时线来看，基本可以推断其被主力高度控盘，再结合龙虎榜数

据分析，股价大起大落与游资温州帮很难脱开干系。

通过该股走势分析可以发现，温州帮操盘方式更加具有技术性：

（1）更加配合技术性。温州帮通常选择流通盘在 10 亿元左右的"小股票"，然后采取不讲理的拉升方式，迅速收集筹码。之后追求高度换手，通常换手率可以达到100%。完成高换手之后，进行第二波的拉升，并且在拉升过程中逐步出货。在出货尾声阶段，则使用标志性的"一字断魂刀"。

但在该股中，其操盘方式并没有太多不讲理的地方。在 9 月 29 日，温州帮拉升第一天，公司公告拟定增募资 6 亿元复牌，而之前的 7 个交易日，股价走势接近水平线，成交量也极为清淡，每日约在 6000 万元。如此走势的好处在于，多条均线在该处黏合。从技术上来说，均线黏合将为未来走势提供爆发力。

在技术形态提供支撑后，温州帮在拉升当天，运用预先埋伏的少量筹码将股价小幅下压。从 K 线上看，下杀制造的下影线成为当期的新低。早盘下跌 5%，不能说是大跌，但给散户造成较大的心理影响，使手中的筹码更容易被洗出。

在制造适当恐慌之后，温州帮开启股价的拉升之旅。整个拉升过程中用大单尽量吃光卖盘，不给其他游资或散户机会。在当天的龙虎榜上，买一到买三席位都来自温州帮。

（2）以 T+0 代替连续涨停。在完成第一个涨停后，接下去的 5 个交易日内，不曾再有涨停。猜想背后的原因，一方面是连续涨停太过招摇，另一方面则是前期操盘手法被曝光后，有相当多的游资与散户想要"搭便车"，借温州帮拉升做短线，而温州帮显然不愿意为他人作嫁衣，因此在操盘时改变原先连续封涨停的方式，给其他游资及散户造成判断障碍。

通过每天冲高回落的操作，温州帮可以对手头上的筹码进行 T+0 买卖。这样做可以降低筹码成本，也能够迷惑其他投资者，客观上套牢一部分人。

在 T+0 的操作中，温州帮也不那么追求超高换手率。之前操作其他个股时，40%以上的超高换手率在该股中并没有见到。可以说，温州帮正在试图掩藏自己标志性的连续涨停和超高换手率。尽管温州帮席位还会出现在龙虎榜上，但操盘痕迹已经不像之前那么明显了。

（3）未来走势更难捉摸。以往出现"一字断魂刀"之后，温州帮会继续砸盘式出货，但在该股中经历了狂砸 19% 后，温州帮 10 月 20 日再次强势买入拉起，出乎所有人意料。当日龙虎榜买一是温州帮最常用的席位之一，一共买入了近 1.27 亿元。

不知道有多少人在 10 月 20 日低开后因害怕温州帮进一步砸盘而采取了抛售操作。

温州帮近来的操作方式，让那些试图跟着温州帮一起"吃肉"的散户已经跟不上节奏了。当大家都在猜测温州帮要拉涨停的时候，却连续 5 个交易日让股价停留在窄幅区间内。当大家又去猜测温州帮将要进一步砸盘的时候，却又让股价迅速涨停，让抛盘者懊恼不已。

四、出货模式

1. 涨停出货

这种出货法，同为拉高出货，但此方法是股价以涨停板的方式将拉高出货的行为演绎至高级阶段，并带有主动抛盘的性质。主力将股价拉高后进入加速上涨阶段，并且上涨速度越来越快，出现飙升行情，使观望的跟风盘忍受不住股价快速上涨的诱惑，原来获利的跟风盘也由于利润的快速增值而产生虚妄的放大状态，进而产生惜售的心理。庄家往往抓住战机，以巨量的买单将股价封至涨停，从而使多头买入气势达到高潮，此时后进的跟风买单纷至沓来。股价已牢牢地封住涨停，由于 A 股交易规则采取"时间优先和价格优先"原则，那么在涨停价格的挂单是一致的，无法比出高低，而时间上却仍有先后之分。首先时间上处在前列的是庄家的巨量买单，排在后面的是中小散户的跟风盘。这样，庄家采用"明修栈道，暗度陈仓"的方法悄悄撤出挂在前列的买单，然后再将这些买单挂在跟风盘的后面。如此看来，涨停板上的巨量买单数量并无变化，甚至还在增多。庄家可以以小批量的卖单，逐步将手中的筹码过渡给排列在前面的散户。这种涨停出货的手段既能卖上一个好的价格，又不会引起一般投资者的警觉，可谓一箭双雕。

如图 3-57 所示，通合科技（300491）：游资完成建仓计划后，股价快速拉高，短线获利较大，游资需要离场出货。2016 年 11 月 24 日和 25 日连续拉涨停，但封盘并不坚决，盘中频频打开封盘，说明庄家暗中出货，而尾盘均封于涨停，保持完美的涨停板形态。当短线庄家基本完成出货后，股价出现跌停，并在跌停板位置完成清仓离场。

2. 跌停出货

短线游资一旦开始大批量出货，就会采用"断头刀"收尾，或者出现"一字断魂刀"形态，这就是所谓的跌停板出货。在股价快速上涨过程中，由于人类与生俱来的贪婪心理，都奢望卖个更高的价钱，所以在涨升过程中极少有人出手，所以庄家采用快人一步，趁散户好梦未醒时，抢先抛售筹码，首先套住上档后买进的跟风盘，然后一路抛售直至跌停，将敢于抢反弹者一网打尽。这种手法讲究的是心狠手辣，利用大盘或者个股人气极为火爆的时候，使用回马枪的手法，反手做空，往往令众多散户防

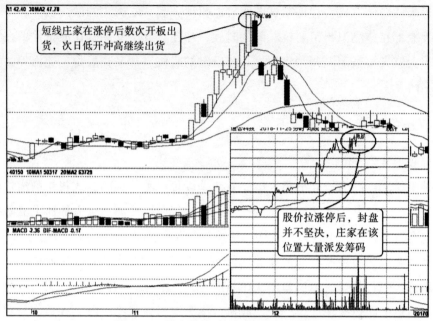

图 3-57　通合科技（300491）日 K 线图

不胜防，这种手法也叫跳水出货。

如图 3-58 所示，超迅通信（603322）：游资介入该股完成建仓后，出现一波快速拉高行情，庄家获利十分丰厚。2017 年 3 月 29 日，大幅低开 8.7% 后，盘中冲高翻红，

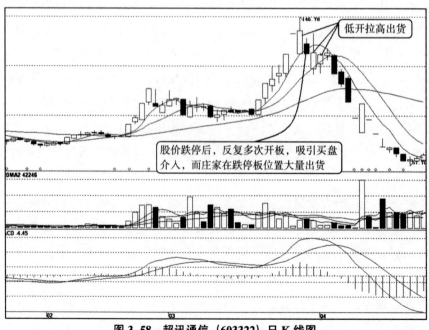

图 3-58　超迅通信（603322）日 K 线图

最高上冲到上涨 7.2%，许多散户看到如此强势上涨，忍不住也买盘介入。可是，第二天继续低开 5.6%，小幅冲高后股价回落走低，直奔跌停。在跌停板位置反复开板，吸引买盘介入，大量派发获利筹码。次日，又是大幅跳空低开，盘中大幅拉高翻红，主力在股价冲高过程中大量出货。当庄家在大幅震荡中成功派发筹码后，股价开始向下跳水，除了跌停还是跌停，出货之惨烈，不忍直视。

3. 推升出货

短线游资庄家无心恋战，心理压力也颇大，在持筹极重的情况下，又想全身而退，不得不采取一边做高股价吸引跟风盘一边借机出货的策略。在股价拉升途中，往往出现下跌时成交量抛单比较集中而且持续性强的现象。从盘面成交量来看，下跌时成交量能相对逐步放大，随后突然出现买单，买单更加集中，也有持续性，股价迅速走高，成交量也放大。总体给人的感觉好像是两个旗鼓相当的多空主力在进行对抗赛。其实操作机理是庄家在跟风盘旺盛的时候抛出一批筹码，再趁上档抛压较轻的时候抓紧时机做高股价，以稳定长期投资者的持股信心，且继续吸引后继跟风盘。周而复始，循环拉升，在股价拉升到剩余筹码有足够的派发空间时，做多动能突然消失，荡然无存，股价进入横盘或下跌阶段，成交量也开始萎缩得很小，使很多散户误以为庄家仍在其中，并没有出局，从而麻痹大意。庄家手中筹码此时已所剩无几。

如图 3-59 所示，江阴银行（002807）：这是一只温州帮介入程度较深的次新股，

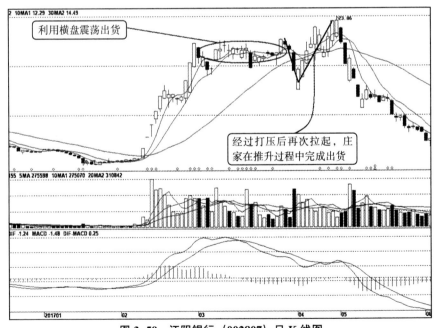

图 3-59　江阴银行（002807）日 K 线图

龙虎榜数据显示，温州帮席位在龙虎榜中的成交额超过千万元。股价大幅拉高后，庄家先是利用横盘震荡出货，在出货后期采用向下打压后再拉起，然后在股价推高过程中继续慢慢出货，当庄家顺利完成出货计划后，股价从 2017 年 5 月 2 日开始大幅向下跳水。

4. 低开出货

股价经过前面的拉高后，采用低开出货，将前一天买入的跟风者全线套牢，然后再采用边打边撤的出货方案。在这一过程中，散户贪婪的心理被庄家充分识破，庄家利用各种形态的心理诱导，使散户不能摆脱对后市发展趋势的盲目幻想，并沉迷在对后市反弹企稳甚至反转的单相思般的恶性循环心理状态。当这种情况持续一段时间后，股价已缓慢下跌到一定的程度，庄家为了使持股者坚定信心，让持币者加入进来，往往会转换多空角色，采用"示形"的方式，反手做多，施展心理诱导的战术，在整个战略做空的基础上战术性做多，重新套牢一批后继的跟风盘。

如图 3-60 所示，福达股份（603166）：短线游资连续拉高股价后，获利非常大。2016 年 7 月 12 日，庄家先是在涨停板位置悄悄出货，第二天出其不意地直接从跌停板价位开盘，这样将前一天买入的散户全线套牢。第二天从跌停板价位开盘后，庄家用巨量打开封盘，股价出现上冲，此时一些缺乏风险意识的散户贸然跟风而入，然后股价又回落到跌停板位置，这样又套牢一批新的散户。第三天，股价继续低开低走，将

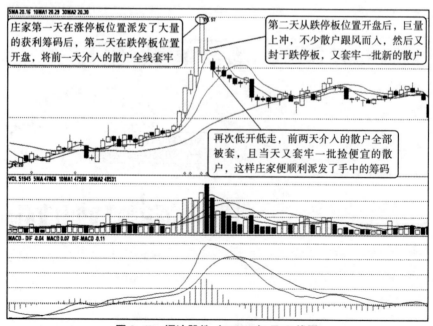

图 3-60 福达股份（603166）日 K 线图

前两天介入的散户全线套牢，且当天又套牢一批捡便宜的散户，几番折腾，庄家顺利派发了手中的筹码。整个出货过程干净利索，流畅自如，不留痕迹。

可见，温州帮出起货来，不讲章法，不顾人情，手法极为蛮横、毒辣。有道是，跟对温州帮让你高兴一阵子，跟错温州帮让你痛苦一辈子。

温州帮介入的多数个股，出货方式就是短时间大单砸死跌停，接下来便是直接一字跌停，众多散户完全来不及反应。以朗源股份（300175）为例，2017年4月11日从跌幅2%左右到跌停，只用了十多分钟。接下来连续两个交易日跌停板开盘，主要席位多个交易日持续净卖出。

如此血腥的出货手段在金发拉比（002762）、健盛集团（603558）、印纪传媒（002143）等个股中也得到了体现。金发拉比（002762）2017年4月13日至17日的龙虎榜显示，中信杭州四季路卖出超过5400万元；健盛集团（603558）4月11日的龙虎榜显示，中信杭州四季路卖出超过1458万元；印纪传媒（002143）4月13日的龙虎榜显示，信达杭州莫干山路营业部卖出1305万元。

2017年4月14日，证监会表态严厉打击次新股炒作后，市场的调整态势更趋明显，个股闪崩现象也更加突出。清源股份（603628）、亚振家居（603389）等多只次新股连续三天跌停价开盘，并最终连续三天收盘跌停。

有意思的是，这些闪崩个股都有温州帮常见席位曾经出入过。比如，清源股份（603628）在3月28日的成交龙虎榜中，买一和买二席位分别是信达温州新城大道和中信杭州四季路证券营业部；卖一和卖二席位分别是信达杭州莫干山路和浙商温州西山东路证券营业部。上述营业部中，买一和卖二席位均是温州当地营业部，买二和卖一则是温州帮常见席位。

有些温州帮介入程度较深的次新股，表现较为抗跌且仍处于相对高位。温州帮席位在龙虎榜中成交额超过千万元的次新股中，无锡银行（600908）、江阴银行（002807）等个股先期抗跌，后期也出现大幅下跌走势，只有海量数据（603138）、平治信息（300571）、德新交运（603032）等个股能够坚挺在高位，且略有上涨。

五、识别温州帮

从上述相关席位操作过的个股可以看出，温州帮的操盘模式概括起来讲，就是横盘—直线飙升—横盘—直线跳水，盘面走势屡见不鲜，大资金频繁出入迹象显著。

1. 主要特点

自2016年以来，温州帮不断地活跃在A股，屡屡制造"惨案"。温州帮的操作模

式具有以下特点：

（1）所选股票盘子非常小，流通市值在 30 亿元以下，方便拉升。

（2）通常选择沪市股票，因为沪市的龙虎榜规则一向苛刻，涨停当日不上龙虎榜，具有非常强的隐蔽性，主要是避免抢筹，也避免结仇，更可避免其他投资者过早地发现他们的意图。

（3）选择冷门股票，尤其是长期不受市场关注的标的个股，这些个股方便建仓，由于不是热点股或者题材股，吸筹就不会提高成本，也相对容易成功。

（4）这些标的股票，出现第一个涨停板时，一般是以快速拉涨停的手法。

（5）喜欢业绩较差的个股，机构投资者少，最好没有。温州帮炒股"英雄不问出身"，做一把走人，更不看业绩如何。

2. 识别技巧

（1）比较简单的方法就是看分时图。在股价上涨的时候，分时图走势非常生硬，直上直下，毫无规律。另外一种情况就是横盘时突然大额下杀，不计成本。

（2）这是比较土一点的办法，就是在收盘后去龙虎榜上看是不是有传说中的温州帮所在席位。但是，随着市场和媒体对温州帮的关注增多，很多资金开始换席位了，这给大家带来一些不便，不过，通过交叉对比或者寻找营业部历史操作记录，找出持股共性，还是能够发现温州帮踪迹的。

（3）因有配资原因，很多温州帮股票容易暴涨暴跌，如果有股票出现了短期内大涨大跌，或前天涨停、后天跌停的股票，就需引起注意，可能后面还有一波快速拉高行情。

3. 主要席位

"温州帮"游资席位较多，主要席位有：银河温州锦绣路营业部、长江温州车站大道营业部、中信杭州四季路营业部、国金上海奉贤区金碧路营业部、华鑫乐清双雁路营业部、华林绍兴金河桥大道营业部、国金上海互联网分公司营业部、中天杭州庆春路营业部、银河温州大南路营业部和华泰上海共和新路营业部等。

近年来，"温州帮"席位操作比较成功的个股有：绝味食品（603517）、正裕工业（603089）、名雕股份（002830）、皖天然气（603689）、新坐标（603040）、兆易创新（603986）、道道全（002852）、牧高笛（603908）和捷捷微电（300623）等，均得到较好盈利。

第十二节 游资江湖 帮派林立

一、浙江帮游资概况

浙江帮的操作模式有其鲜明的特点：短线拉升强势，尤其是尾盘拉升更有特点，而在具体的手法细节上也会出现中单上拉，密集小单下砸，采用做 T 方式，整体拉升幅度客观，后期出货一般较顺利。其主力席位是中信杭州四季路营业部（一线游资，实力雄厚）。浙江帮游资席位较多，主要资金集中在杭州、台州等地，而温州、宁波又呈独特的派系。其主要活跃席位有以下几个：财通证券温岭东辉北路营业部、方正证券台州解放路营业部、平安证券上海分公司、国元证券台州世纪大道营业部、中信证券青岛麦岛路营业部、东方证券杭州体育场路营业部、海通证券常州健身路营业部、西藏东方财富证券深圳益田路营业部、方正证券泉州泉秀路营业部、太平洋证券腾冲光华东路营业部、浙商证券青田前路街营业部、华安证券重庆龙头寺营业部、大同证券上海长寿路营业部、联储证券苏州花池街时代广场营业部、浙商证券路桥南官大道营业部、中信建投证券吉安井冈山大道营业部、申万宏源证券上饶五三大道营业部。

浙江帮手法短线凶残，疯狂拉升，多营业部操作，介入单个股票金额可达两亿元或以上，操作时间短，启动时间常在 14：00 过后，直接拉升至涨停。

浙江帮喜欢做 T，许多做过的股票每天成交量非常大，这是因为每天对倒量很大，而且在 K 线图中有很长的上、下影线，给自己做 T 留出很大的空间。虽然每天涨跌幅度不大，但是其资金量是很大的，虽然每天赚的点数不多，但是金额非常大。

通常情况下，交易软件在统计大单时会有一个疑惑，有些股票天天大单流入，而股价一直不涨，甚至是下跌的，这类股票就是浙江帮做的。浙江帮操作过的个股如泰尔股份（002347）、渝开发（000514）、雪人股份（002639）等，其特点就是大单拉升，小单出货，造成大单净额一直是比较大的现象，很多人以为主力在吸筹，其实这是一种假象。浙江帮操作的各只股票风格大不一样，不容易判断它以后的走势。

二、南京帮游资概况

南京帮从 2018 年 8 月 14 日的汇金科技（300561）开始引起市场关注，他们介入

的个股短则 2~3 天，行情好的时候则持股一周以上。根据推断南京帮主要是一群"85后""90后"的年轻人，人员规模大概几十个人，初始资金两亿元左右，按理说是不算大级别的体量，却在 2019 年的震荡行情中做出往日游资 10 亿元才能做出的效果。

南京帮属于短线强庄，多席位联合坐庄，喜欢小盘股，经常暴力拉升，营业部配合密切。南京帮游资主要席位有：海通证券南京广州路营业部、海泰证券南京广州路营业部、上海证券南京胜太路营业部、上海证券南京溧水致远路营业部、国泰君安南京太平南路营业部、国泰君安南京中央路营业部、华泰证券南京户部街营业部、华泰证券盐城分公司营业部、华泰证券南京中华路营业部、华泰证券南京中泰路营业部、华泰证券镇江句容华阳北路营业部、华泰证券南京中山北路第二营业部、华泰证券宁波柳汀街营业部、华泰证券盐城分公司、中泰证券东营垦利胜兴路营业部、银河证券淮安洪泽东十道营业部、东莞证券苏州广济北路营业部、财通证券南京新模范马路营业部。

南京帮有明显的江浙游资传统操作套路：先观大局看指数，再分析热点和主流，然后介入个股做盘口，通过仓位和策略来保持交易的主动性。但和传统游资又有所不同，其手法会及时升级变化，交易框架里不同行情有不同的手法，会根据当天具体的盘面决定如何操作。其打法主要分为：打底仓，分时点火，次日分仓席位引导加仓，波段搏主升，连板后出货。最主要、效果最好的手法是做热点题材的连板股，其次是做人气股的反包，而反包股只有在主流风口上时才容易连板。

南京帮的操作核心是围绕超短线的连板股、人气龙头股两个主线，以及重磅消息股，这一点跟古北路、溧阳路有些相似，但其在做主流热点的同时，会利用资金席位的优势有意识地引导盘面，资金环境越不好的时候，越打造强势股吸引市场眼球，引导热门资金跟风。需要说明的是，这帮年轻人很猛，性情暴躁，一言不合就来个天地板，消耗了太多的接力资金，原本能五连板的股，这么一搞，三个板大家就扛不住了，侧面上也影响了正常的游击型接力生态。

股票的本质是博弈，从最初的纯技术博弈到资金博弈，再到现在的参与者情绪博弈，每一轮博弈就是一次升级。南京帮深谙资金博弈和心理博弈之道，从热门题材中选小资金的个股，不容易被发现，成交量小的时候，迅速拉升诱惑跟风者进场，两三个板，或者最多四个板，擦着监管层的警戒线走人。有时候吃相太难看，先拉涨，后狂砸十几个点，分时线呈瀑布式一泻千里，这可把跟风者害惨了。

三、广东帮游资概况

广东帮使用的席位地区较为分散，资金量较大，操作手法上习惯用"大阳线—调整数日—大阳线"反复拉升，幅度大概为 30%，主力席位为财通温岭东辉北路营业部（敢死队，实力中等）。广东帮游资主要席位有：爱建证券长沙中山路营业部、华福证券厦门湖滨南路营业部、万联证券广州番禺清河东路营业部、东方证券上海黄浦区中华路营业部、申万宏源杭州密渡桥路营业部、德邦证券上海岳州路营业部、中信证券上海长寿路营业部、华安证券重庆龙头寺营业部、招商证券武汉中北路营业部、海通证券蚌埠中荣街营业部、财富证券深圳彩田路营业部。

广东帮席位偏好上市 3 年以上的老股票，另外次新股也是其主要标的之一。市值以中小板为主，大部分在 10 亿~30 亿元。价格偏好上比较均衡，主打 10~20 元的中低价股，50 元以上的高价股也颇受关注。风格上，该席位以短线交易为主，箱体震荡或低位股票一般在第二个涨停板杀入，如果是高位、新股，则往往以第一根大阳线为介入点，进出时态度坚决。

四、深圳帮游资概况

深圳帮被誉为短线超级主力，8 个营业部常常联合坐庄，拉升股价，个股利润稳定，是不可多得的游资营业部组合。其主要席位包括：国信证券深圳泰然九路营业部、华龙证券深圳深南大道营业部、恒泰证券深圳梅林路营业部、华鑫证券深圳益田路营业部、恒泰证券武汉西北湖路营业部、华泰证券福州六一中路营业部、财通证券绍兴柯桥区钱清钱门大道营业部、中信证券深圳新闻路营业部。

深圳帮主力席位为国信深圳泰然九路营业部，手握资金超过 10 亿元，是最近几年蜚声游资江湖的后起之秀，该营业部成交金额在诸多营业部中首屈一指，是深圳帮游资的主战场，也是近年来最活跃的营业部之一。其特点是：偏好炒作新股及重组题材，多是以自买自卖的形式出现在龙虎榜上。从交易情况来看，快进快出仍然是其典型的风格，持股时间相对较长，虽然经常出现在龙虎榜中，不过手法很低调，很少出现在买一席位。由于该营业部客户众多，资金较为分散，经常出现在新股的卖出席位上，而一般买入席位也很少超过千万元手笔，该营业部团队应该都是各自为战。客户量达到 36 万户，托管金额达到 600 多亿元，成为全国最大的营业部之一。

五、福建帮游资概况

自从前期的四川双马（000935）等数只"妖股"屡屡大涨之后，市场游资似乎变得更加大胆，屡屡创造暴涨神话。但与之不同的是，这些暴涨股如同闪电一般，突然启动，又在很短时间内快速跌落，暴涨暴跌之际，让人不得不联想到温州帮的风格。从龙虎榜数据发现，除了温州帮游资操作的个股有此现象外，以福建本地游资组成的一股新锐力量，出现了同样的操盘手法。继游资帮派温州帮之后，福建帮在游资江湖中横空出世。福建帮游资主要有以下几个席位：中信建投福州市东街营业部、国海证券福州五四路营业部、安信证券福建分公司、信达证券福州远洋路营业部。

福建帮的代表人物是陈赟。最经典的案例当数前期大涨的宏盛股份（603090），这是福建帮首次联合出击坐庄的个股。该股走势在短短数个交易日内出现惊人四连板，盘中有时振幅达18%。相比温州帮，其吸筹—洗盘—拉升的暴力手法有过之而无不及。同时，福建帮在拉升过程中，分时图上出现的顶级大单只挂不撤，手法与温州帮相似，但又有些不同。虽然个股偶尔在盘中会有小幅跳水，但整体走势较为平顺，而不像温州帮游资，分时图上蹿下跳，整体给人感觉生硬。

福建帮从2016年10月开始联合操作，除了宏盛股份（603090）外，还包括近期参与的奇正藏药（002287），都是在短时间内连续拉板，然后高位出货。相比温州帮的中电电机（603988）、三夫户外（002780）更讲究一气呵成，不达目的誓不罢休，操盘技术比温州帮更加犀利，个股短期内涨幅远超温州帮，平均达到3个涨停左右，想象空间十足。

后 记

    股市是一个惊心动魄、让很多人难以割舍的江湖，这个江湖里的水很深，有大师，有高手，有老手，也有新手。真正的江湖闯不好会殒命，股市江湖闯不好会亏钱。真正的江湖闯好了，可以叱咤风云，神采飞扬；股市江湖闯好了，则可以在市场中呼风唤雨，赚得盆满钵满。那么，怎样才能闯好这个股市江湖呢？

    进入股市江湖的人无一例外都是冲着钱来的，因为股市就是一个钱的世界，天下熙熙皆为利来，天下攘攘皆为利往，你想赚钱，他想赚钱，我也想赚钱，股市里从来不缺钱，也不缺赚钱的机会。

    当你选择了股市这条路之后，就意味着走上了这条让你有时兴奋、有时落寞、有时不知所措的不归路。之所以说是不归路，并不是死路一条，而是一入股市江湖，就被这个江湖深深地吸引了，想离也离不开，再说很多人从来没有想过要离开，即便"割肉"甚至"断胳膊断腿"，也舍不得退出股市江湖，虽然这里面处处有陷阱，充满着欺诈和谎言，但是也到处是机遇，既是高手赚钱掘金的提款机，又是修炼人性心理的绝佳场所。武林中绝顶高手的最高境界是手中无剑而心中有剑，视一切如无物，股市江湖中的绝顶高手则是经过了痛苦的磨炼，修炼出了洞穿万物的双眼和泰山崩于前而面不改色的心态。

    "一箫一剑走江湖，千古情愁酒一壶。"古人一箫一剑一壶酒闯荡江湖，在股市中没有一技之长难有立足之地。一切高超的短线技术都是围绕涨停板展开，或低吸或追涨，由此衍生出无数的操作手法，在短短几年时间里市场诞生出许多赫赫有名的游资大佬。之后，一些散户借鉴游资大佬的手段和技巧，也快速使资本从几万元、十几万元积累到百万元、千万元甚至上亿元，在股市江湖叱咤风云。特别是近年来，一些年轻炒手，虽然其入市时间不长，但资金雄厚，胆识过人，肯于钻研，精于分析，或有大佬提携，或是灵性十足，再次借鉴并改进、变换游资大佬的操盘手法，正在快速地发展壮大，成为股市的一大短线主力，也成为人们竞相效仿的"偶像"。

    当然，游资手法渐渐被越来越多的人掌握，游资足迹也被越来越多的人跟踪，单

纯的老手法、老套路或许已不能再创造奇迹，股市江湖也正在发生微妙的变化，操盘手法不断推陈出新。所以，希望投资者将本书中的原理、技巧和方法，在即时行情中进行活学活用，切不可生搬硬套。在实盘操作中，不断积累经验，探索规律，感悟股性，逐步形成一套适合自己的操盘体系，运用自己独特的操盘模式和灵活的操盘策略，来应对瞬息万变的游资手法，这样才能笑傲股市江湖。

在这里，我要感谢太多给予我帮助的人，有太多的人可以分享本书出版的荣誉。没有广大读者朋友的普遍认可，就没有本书的生存市场，所以第一个要感谢的是广大读者朋友的支持。在此还要感谢经济管理出版社的大力支持，本书的责任编辑、印制人员和发行人员等在编辑出版过程中付出了大量的心血，在此付梓之际，一并致以最衷心的谢意！

愿本书为广大投资者在实盘操作中带来一点启示，创造一份财富。如是，我将深感欣慰。